Kreation und Leitung Hans Höfer

APA GUIDES

Norwegen

Herausgegeben von Doreen Taylor-Wilkie

Aus dem Englischen übertragen von Petra Pyka
Deutsche Redaktion Dieter Vogel

APA PUBLICATIONS

Apa Guides

Ägypten
Alaska
Amazonas Erlebnis Natur
Amsterdam
Andalusien Costa del Sol
Argentinien
Athen
*Atlanta **
Australien
Bahamas
Bali
Baltische staaten
Bangkok
Barbados
Barcelona
Belgien
*Belize**
Berlin
Bermuda
Boston
Brasilien
Bretagne
Brüssel
Budapest
Buenos Aires
Burgund
Burma/Myanmar
Chicago
Chile
China
Costa Rica
Côte d'Azur
Dänemark
Delhi/Jaipur/Agra
Deutschland
Dresden
Dublin
Düsseldorf
Ecuador/Galapagos
Edinburgh
Elsass
Finnland
Florenz
Florida
Frankfurt
Frankreich
Gambia und Senegal
Glasgow
Gran Canaria
Griechenland
Griechische Inseln
Great Barrier Reef
Grossbritannien
Hamburg
Hawaii
Hongkong
Indianer Reservate USA
Indien
Indien Erlebnis Natur
Indonesien
Irland
Island
Israel
Istanbul
Italien
Jamaica
Japan
Java
Jemen
Jerusalem
Jordanien
Kairo
Kalifornien
Kanada
Kanalinseln
Karibik
Katalonien
Kathmandu
Kenia
Köln
Korea
Korsika
Kreta
*Kuba **
Lissabon
Loire, das Tal der
London
Los Angeles
Madeira
Madrid
Malaysia
Mallorca und Ibiza
Malta
Marokko
Melbourne
Mexico City
Mexiko
Miami
Montreal
Moskau
München
Namibia
Neapel, der Golf von
Neuengland
Neuseeland
New Orleans
New York City
New York State
Niederlande, die
Nil, der
Nordkalifornien
Norwegen
Ostafrika
Ostasien
Österreich
Oxford
Pakistan
Paris
Pazifischer Nordwesten
Peking
Peru
Philippinen
Polen
Portugal
Prag
Provence
Puerto Rico
Rajasthan
Rhein, der
Rio de Janeiro
Rocky Mountains
Rom
Russland
San Francisco
Sardinien
Schottland
Schweden
Schweiz
Seattle
Singapur
Sizilien
Spanien
Sri Lanka
St. Petersburg
Südamerika
Südindien
Südkalifornien
Südafrika
Südasien
Südostasien
Südostasien Erlebnis Natur
Südtirol
Sydney
Taiwan
Teneriffa
Texas
Thailand
Tokio
Toskana
Trinidad und Tobago
Tschechische & Slowakische Republik
Tunesien
Türkei
Türkische Küste
Umbrien
Ungarn
Unterwasserwelt Südostasien
USA
Vancouver
Venedig
Venezuela
Vietnam
Wales
Washington D.C.
Wasserwege in Westeuropa
West Himalaya
Wien
Zypern

Pocket Guides

Ägäische Inseln
Algarve
Athen
*Atlanta **
*Bahamas **
*Baja Peninsula **
Bali
Bangkok
Barcelona
Bayern
Berlin
Bermuda
Boston
Bretagne
*Britisch Columbien **
Brüssel
Budapest
Chiang Mai
Costa Blanca
Costa Brava
Côte d'Azur
Dänemark
Elsass
Fijiinseln
Florenz
Florida
Gran Canaria
Hawaii
Hongkong
Ibiza
Irland
Istanbul
Jakarta
*Jamaica **
*Kanton **
Kathmandu Bikes & Hikes
Kenia
Korsika
Kreta
Kuala Lumpur
Lissabon
Loire, das Tal der
London
Macau
Madrid
Malakka
Malediven
Mallorca
Malta
Mailand
Marbella
Marokko
*Mexico City **
Miami
*Montreal **
Moskau
München
Nepal
New-Delhi
New York City
Neuseeland
Nordkalifornien
Oslo/Bergen
Paris
Peking
Penang
Phuket
Prag
Provence
*Puerto Rico **
*Quebec **
Rhodos
Rom
Sabah
San Francisco
Sardinien
Schottland
Sevilla
Seychellen
Singapur
Sizilien
Sri Lanka
St. Petersburg
Südkalifornien
Südostengland
Sydney
Teneriffa
Thailand
Tibet
Tunesien
Toronto
Toskana
Türkische Riviera
Ungarn
Venedig
Wien
Yogyakarta
*Yucatan Peninsula **

** erscheinen demnächst*

NORWEGEN

ISBN 3-8268-1305-7

Alleinvertrieb: Travel Media, Langenscheidt KG Postf. 40 11 20, 80711 München

Druck: Höfer Press (Pte) Ltd
Fax: 65-8616438

ZU DIESEM BUCH

Fjorde, Mitternachtssonne und Wikinger sind wohl die bekanntesten Attraktionen Norwegens. **Doreen Taylor-Wilkie,** die Herausgeberin dieses Buches, und ihr Team von Fachautoren gehen davon aus, daß das Land mehr zu bieten hat. Norwegen ist eines der ältesten Länder der Erde und zugleich einer der jüngsten Staaten. Der nordische Staat wurde erst 1905 gegründet, nach 400 Jahren dänischer Herrschaft und einem knappen Jahrhundert unter dem Schwedenkönig.

Man hat das Land salopp charakterisiert als eine Art „Schottland, nur noch mehr davon". Doreen Taylor-Wilkie ist Schottin. Ihr fiel die verblüffende Ähnlichkeit mit ihrer Heimat bei der ersten Norwegenreise Ende der siebziger Jahre auf, „wenn auch in Norwegen die Fjorde tiefer und die Berge höher sind." Sie ist Journalistin, Reiseschriftstellerin und arbeitet viel für den Rundfunk.

Beide Länder haben auch sprachliche Gemeinsamkeiten. Sie rühren wohl von den Reisen der Wikinger her und dem starken norwegischen Einfluß auf die nördlichen Orkney- und Shetlandinseln seit dem 15. Jahrhundert.

Das Autorenteam

Doreen Taylor-Wilkie wurde in Norwegen zu ihren ersten Reiseberichten angeregt. Wer schwelgt nicht gerne in Erinnerungen? Die Kapitel über die schönsten und längsten Fjorde, über das Hordaland und Bergen, eben über den südlichen Teil der skurril in tiefen Einschnitten verlaufenden norwegischen Westküste, der Seele des Landes, schrieb Frau Taylor selbst.

Rowlinson Carter kniete sich immer tiefer in das Leben der Wikinger und die Berichte des Isländers Snorri Sturlusson hinein, der ihre großen Taten beschrieb. Carter ist Journalist mit Schwerpunkt Philosophie und Geschichte und engen Beziehungen zu Norwegen. Während der wochenlangen Schreibarbeit verschwand er des öfteren in der London Library und tauchte mit Stapeln alter Bücher im Arm wieder auf, die er zu Hause durcharbeitete.

Die jahrhundertelange Unterdrückung des Landes erklärt, warum die Norweger heute so begeistert ihre Nationalflagge schwenken, ihre Lieder singen und einen so ausgeprägten Nationalstolz haben, wie ihn **Michael Brady** fundiert beschreibt. Brady kam 1958 aus den Vereinigten Staaten nach Norwegen, mit Skiern, Wanderbüchern und einem Fulbright-Stipendium im Gepäck. Als begeisterter Naturfreund und Fachautor für Bücher und Artikel über Skisport und Fitneß teilt Brady den Hang der Norweger zum Leben im Freien. Er sagt, seine Wahl-Landsleute seien „privilegiert, in Norwegen zu leben. Dessen sind sie sich bewußt, und doch sind sie manchmal mit einem Minderwertigkeitskomplex behaftet." Wissen und Erfahrung Bradys sprechen dafür, daß er engagierte, sachkundige Berichte über Norwegens Sitten und Gebräuche, Sport und Natur schreiben kann.

Der Umwelt- und der Naturschutz ist das Hauptthema von **Inga Wallerius**, einer der bekanntesten schwedischen Publizistinnen. Sie studierte Sozialanthropologie und Ökologie an der Universität von Göteborg. Der Schwerpunkt ihres Interesses liegt bei den ursprünglichen Volkskulturen. Einfühlsam schreibt sie über die nordnorwegischen Sami, die Weideplätze für ihre Rentiere auch in Schweden und Finnland suchen.

Bobby Tulloch stammt von den norwegisch beeinflußten Shetlandinseln und schrieb das Kapitel Spitzbergen (oder – in korrektem

Taylor-Wilkie

Carter

Brady

Wallerius

norwegisch – Svalbard). Er ist Ornithologe und kann viele Veröffentlichungen über Vögel, andere Tiere sowie die Shetlandinseln vorweisen. Darüber hinaus gilt sein Interesse den Bindegliedern zwischen Norwegen und seiner Heimat. Tulloch hat Expeditionen von Vogelbeobachtern geleitet, die im Süden bis auf die Falklandinseln, im Norden bis in die Arktis führten. Sein Lieblingsrevier ist aber die norwegische Nordküste, insbesondere Spitzbergen. Das betreffende Kapitel ist das Ergebnis seiner jüngsten Expedition dorthin.

Als **Jim Hardy** nach zwei Jahrzehnten in Skandinavien in die Vereinigten Staaten zurückkehrte, fühlte er sich mehr als Skandinavier denn als Amerikaner. Die Jahre in Schweden hatten seine Ansichten verändert („Ich bin, was Wohlfahrtsstaat und verstaatlichtes Gesundheitswesen angeht, etwas links der Mitte gerückt“) Seine Verwandten waren schockiert darüber, daß er sich von der „Hilf-dir-selbst-sonst-hilft-dir-keiner“-Philosophie distanzierte. Zurück in Stockholm, wo er über Gartenarchitektur und Baukunst sowie die skandinavische Malerei schreibt, verfaßte er die Kunstkapitel des Führers.

Karen Fossli, in diesem *APA Guide* zuständig für Ölindustrie, Film und Nachbarstaaten, ist Amerikanerin und Oslo-Korrespondentin der Londoner *Financial Times*.

Die vierte Amerikanerin, **Anita Peltonen,** schrieb die Kapitel über Oslo und Umgebung. Die Autorin verwies uns auf ihren steilen Aufstieg – zumindest, was die Breitengrade anbelangt. Geboren in New York City, ging sie zunächst nach Montreal, dann nach London und macht nun von Finnland aus Skandinavien unsicher. Sie erkundete Oslo, seine neue Künstlerszene und die Nachtlokale, deren Betreiber kommen und gehen. Fasziniert ist sie vom schnellen Wandel Oslos von der provinziellen Hauptstadt zu einer modernen Metropole mit Glashochhäusern und einer Stahlfabrik.

Faszinierende Fahrt

So beeindruckend Hauptstadt und Fjordland auch sind, Norwegen bietet immer noch mehr. Einer der Autoren, die auch den letzten Winkel kennen, ist **Robert Spark**. Seine Liebe zu diesem Land entbrannte vor 30 Jahren bei einem Besuch in der Kälte Narviks. Seither ist er für seine Skandinavien-Autoführer immer wieder kreuz und quer durchs Land gefahren. Für dieses Buch wählte er die faszinierende Strecke nördlich des Mjösa-Sees, keine 160 Kilometer von Oslo entfernt, durch das Kernland Norwegens bis nach Kirkenes an der sowjetischen Grenze.

Nach seinen Fahrten über größere und kleinere Straßen, die oft wenig mehr als Feldwege waren, meinte Spark: „Die jüngst angelegten Straßen haben auch schlecht zugängliche Regionen für Touristen leichter erreichbar gemacht; es steht zu hoffen, daß diese Entwicklung nicht zu weit führt und nicht noch mehr Natur zerstört wird.

Andererseits ist es natürlich schade, daß sich bislang viele Besucher auf die bekannteren Gegenden konzentrieren, wo es so viel mehr zu sehen gibt.“ Diese salomonische Ansicht wird seiner Meinung nach von vielen Norwegern geteilt.

Die deutsche Ausgabe des *APA Guide Norwegen* basiert auf dem von Petra Pyka gelieferten Text, der 1993 überarbeitet wurde. **Herbert von Brandenstein,** der die Produktion leitete, schleuste das Buch durch die McIntosh-Computer.

APA Publications

Hardy

Peltonen

Spark

INHALT

Geschichte und Kultur

Orte und Plätze

Inhalt

Karten

KURZFÜHRER

Ausführlicher Überblick siehe Seite 361

Stigersveien
2

„Ich bin Norweger“, verkündet jemand in einer Geschichte von Hans Christian Andersen, „und wenn ich sage, ich bin Norweger, ist damit wohl alles gesagt. Ich ruhe fest in mir wie die ewigen Berge Norwegens ... Es durchschauert mich bis aufs Mark, wenn ich daran denke, wer ich bin, und meine Gedanken werden zu Worten aus Granit.“

Andersen war Däne und macht sich hier über die Norweger lustig, wie es deren skandinavische Nachbarn gerne tun. Wie die Italiener in der Satire als Liebhaber tränenreicher Opern und süßer Eiscrem gelten und Franzosen zu derben Philosophen mit Zwiebelketten werden, so wird der typische Norweger als einfacher, sturer Bauer dargestellt, dem man von Zeit zu Zeit ermunternd auf die Schultern klopfen muß.

Die Norweger sehen sich selbst völlig anders. 200 Menschen aus zwölf Ländern wurden einmal gebeten, ihr Land in bezug auf Kultur, Essen, Lebensstandard, Schönheit der Natur und der Frauen, Lebensfreude und Nationalstolz einzustufen. Die Norweger gaben sich praktisch in jeder Kategorie Bestnoten. Während wohl kaum ein Beobachter die Schönheit des Landes und seiner Frauen leugnet, ist es schon schwieriger, sich Norwegen als Sieger in einem Rennen um kulinarische Auszeichnungen vorzustellen. Verschiedene Heringsgerichte könnten zwar zum Kreis der Favoriten zählen, aber wie stünde es um den Fischpudding, eine Substanz, die uneingeweihte Gaumen schwerlich von Schaumgummi zu unterscheiden vermögen. Der überwältigende Heimsieg Norwegens wurde übrigens nur noch von der dünkelhaften Selbsteinschätzung der Amerikaner übertroffen.

Großzügige Gastfreundschaft: Natürlich ist die norwegische Mentalität vielschichtiger, als Andersen anerkennt oder die Umfrage ausdrückt. Manchmal wird behauptet, die Norweger seien fremdenfeindlich. Das mag übertrieben sein, doch Kritik von außen verträgt man nicht so gut. Andererseits übertrifft die Gastfreundschaft bei weitem die internationalen Ansprüche an gute Manieren. So wurde ein Engländer spontan zu einer Hochzeit in Oslo eingeladen. Als einziger Ausländer unter 200 Gästen erlebte er sprachlos, wie der Brautvater – von der überraschenden Anwesenheit dieses Gastes in Kenntnis gesetzt – seine Tochter auf englisch dem Bräutigam übergab. Obwohl vor allem die älteren Gäste nichts verstanden, billigten sie diese Geste.

Derselbe Engländer blockierte nach einem Sturz mit den Skiern eine schmale Loipe und brachte dadurch eine Gruppe Norweger zu Fall, die ihn in seiner heiklen Lage zu spät entdeckt hatten und nicht mehr rechtzeitig anhalten konnten. Die Opfer des „Auffahrunfalls“ waren verstimmt, bis sie die englisch hervorgestotterten Entschuldigungen hörten. Danach taten sie alles, um dem Fremden das Gefühl zu geben, daß das gewaltsame Zusammentreffen unter diesen Umständen für sie eine unerwartete Freude gewesen sei.

Bestimmte Willkommensrituale sind selbstverständlich. Ist ein Gast im Haus, werden Kerzen angezündet – vermutlich ein Relikt aus der Zeit, als die Häuser ziemlich düster waren, abgeschottet gegen die Kälte an den

Vorherige Seiten: Winter am Fjord. Porsangerfjord, der nördlichste der Fjorde. Roros, eine alte Kupferminen-Stadt. Konfirmation in Kautekeino. Links: Sonntag auf dem Fjord. Oben: Verkaufsstand auf dem Karl Johansgate in Oslo.

ohnehin dunklen Wintertagen. Bis vor kurzem lebte die Mehrheit der gut vier Millionen Einwohner Norwegens in kleinen Gemeinden im weiten Land verstreut; Besucher hatten meist eine lange und mühsame Reise hinter sich, oft auf Skiern. Man nahm deshalb an, daß sie hungrig eintrafen, und noch heute werden dem Gast Speise und Trank wie von Geisterhand hervorgezaubert aufgetischt. Bei einem richtigen Gastmahl wird der Tisch feierlich gedeckt, Silber, erlesenes Kristall und Leuchter werden zur Schau gestellt.

Ohne einen Blick ins Familienalbum und einen Rundgang durch das Haus wird man keinen Gast gehen lassen. Man erwartet, daß jedes Detail aufmerksam gemustert und alles

sichtlich Neue entsprechend gewürdigt wird. Norwegens vielgerühmter hoher Lebensstandard ist relativ jungen Datums; viele Menschen haben immer noch die Armut der Vorkriegszeit nicht vergessen. Das mag den Wunsch erklären, daß manche Norweger von allem das neueste Modell besitzen wollen.

Kritischer Blick: Die rätselhafteren Aspekte der norwegischen Seele – der nordische Trübsinn etwa, der nach einem Glas zuviel hervorbricht – sind im Werk Henrik Ibsens dargestellt. Ibsen ist in kleinen Gemeinden aufgewachsen und hat diese Erfahrung während seines langen Exils verarbeitet. Immer wieder behandelt er die Zweischneidigkkeit dieser Lebensform: Man hilft sich gegenseitig, aber der einzelne hat kein Privatleben mehr.

Aksel Sandemose, ein unbekannter Autor, schrieb die „Zehn Gebote für das Dorfleben", die Demut bis an die Grenze der Selbsterniedrigung predigen. Ein Beispiel: „Du darfst nicht glauben, daß du irgendetwas wert bist; du darfst nicht glauben, daß du besser bist als andere; du darfst dich nicht zu etwas Sinnvollem fähig oder in irgendeiner Beziehung für außergewöhnlich halten."

Der Hang zu chauvinistischem Schulterklopfen ist zum Teil auf Norwegens besondere Lage zurückzuführen. Es ist eine der ältesten Nationen in Europa, wenn nicht die älteste überhaupt, als Nationalstaat gehört es zu den jüngsten des Kontinents. Die älteste Nation ist Norwegen, weil seine Bewohner in direkter Linie von den Menschen abstammen, die das Land schon in vorgeschichtlicher Zeit bewohnten – weit vor dem Beginn der westlichen Zivilisation in der Ägäis.

Der moderne norwegische Staat wurde erst 1905 gegründet – er ist jünger als die meisten Junior-Mitglieder der Vereinten Nationen, Länder also, die im 19. Jahrhundert von den Großmächten zusammengerafft wurden. Jahrhundertelang in der skandinavischen Politik auf einen Platz in den hinteren Rängen verbannt, müssen sich die fernen Nachfahren der illustren Wikinger immer wieder bewußt machen, daß ihre Unabhängigkeit mehr als nur ein grausamer Traum gewesen ist.

Norweger werden im allgemeinen erstaunlich alt. Die achtzigjährige Großmutter, die auf Skiern vorbeisaust, gehört keineswegs ins Reich der Legende. Auch heute leben noch Norweger, die sich an den Jubel bei der Befreiung von den herrschenden skandinavischen Partnern erinnern können oder selbst darin eingestimmt haben. So gut wie jeder Haushalt besitzt einen Fahnenmast, auf dem beim geringsten Anlaß die Fahne gehißt wird.

Dieses fanatische Fahnenschwingen könnte man als Grobheit gegenüber den Schweden interpretieren, die zu Zeiten der Union darüber entschieden, wo und wie die norwegischen Farben in fremden Gewässern gezeigt wurden und sie als kleinen Flecken auf eine große schwedische Fahne setzten. Welche Flagge auf den norwegischen Schiffen wehte, war vor der Unabhängigkeit ein ständiger Streitpunkt.

Die Vorstellung, ihre verehrte Fahne könnte für das Design von Unterwäsche oder Einkaufstüten entweiht werden, würde jeden Norweger entsetzen. Die Würde des souveränen Staates darf nicht trivialisiert werden. Als der schwedische König Norwegen widerstrebend in die Unabhängigkeit entließ, prophezeite er, daß die Unfähigkeit, ihr Land zu verwalten, die Norweger bald dazu bringen würde, um die Rückkehr unter die Fittiche der Union zu betteln. Gegenüber Außenstehenden fällt es den Norwegern daher schwer, auch nur die Möglichkeit eines Fehlers zuzugeben; als ob andernfalls die Vorhersage des Schweden bestätigt würde.

Solange die Autorität in den Händen Fremder lag, achteten die Norweger sie nicht besonders. Doch als sie selbst die staatliche Macht übernahmen, verliehen sie ihr die Aura göttlichen Rechts, dem sich der loyale Bürger freiwillig unterwirft. Die norwegische Geschichte ist voll von solchen Wendungen von einem Extrem ins andere. Als Heiden, die der Christianisierung lange widerstanden hatten, wurden sie nach ihrer Missionierung verbissene Fundamentalisten, blieben es teilweise bis heute. Oder: Die Nation, die Gefahr lief, dem Alkohol zu verfallen, hat die Flasche keineswegs begraben. Trinken wird gemeinhin als Laster angesehen, und um den Schein zu wahren, stimmen die meisten der restriktiven Politik des Staates zu.

Im Fernsehen wird fast täglich der hohe Standard des Gesundheitswesens und des Wohlfahrtssystems gerühmt. In Sendungen mit Kindern – beim Auftritt von Kinderchören zur Weihnachtszeit etwa – wirken grundsätz-

Ganz links: Tormod Finner, 89, mäht das Gras noch selbst. Links: Urgroßmutter mit ihrem 19. Enkelkind. Oben: Im Licht der Septembersonne.

lich überproportional viele Kinder von Einwanderern aus der Dritten Welt mit. Und wenn die Kamera nach schwarzen, braunen oder gelben Gesichtern sucht, sie festhält und im Kampf mit den ungewohnten Tönen und Wörtern zeigt, entsteht der Eindruck, als wolle Norwegen der Welt eine Lektion in Wohltätigkeit und Großzügigkeit erteilen. Diese Rolle ist sehr beliebt. Spendenaufrufe internationaler Hilfsorganisationen bei Hungersnöten oder anderen Katastrophen werden immer mit erstaunlicher Großzügigkeit befolgt, das Land spendet pro Kopf der Bevölkerung mehr als irgendein anderes in der westlichen Welt.

So viel Freigiebigkeit führt unvermeidlich auch zu Mißbrauch, und die Fragen werden drängender, wieviele politische Flüchtlinge wirklich in der Schar derer sind, die sich ihren Anteil an den reichen Gaben holen. Wenn die Wahrheit ans Licht kommt, wird sie nicht leicht zu verdauen sein; so wie damals, als die Statistik enthüllte, daß in einem bestimmten Zeitraum die Zahl der Selbstmorde höher war als die der Verkehrstoten. War das nicht, wie man entschuldigend anmerkte, ein hervorragender Beweis für die Sicherheit der Straßen?

Im Gegensatz zu diesen Beispielen leichter Paranoia sind die Norweger da bemerkenswert robust, wo man eher Empfindlichkeit erwarten würde. So regt sich niemand über den Einfluß des Satelliten-Fernsehens auf die Sprache auf, einer Sprache, die außerhalb Norwegens kaum existiert. Auch sind die Norweger weit davon entfernt, sich über Besucher zu ärgern, die sie dreist in einer fremden Sprache ansprechen.

Dieses Vertrauen in die Stärke ihrer Sprache widerspricht eigentlich der historischen Erfahrung. Bis nach 1950 war die Sprache ein brennendes Problem der norwegischen Politik, 1912 ist ein Premier daran gescheitert. Begonnen hatte der Sprachenstreit als Form des Widerstandes gegen die dänische Herrschaft, als Dänisch die Sprache der Verwaltung, der Schulen und der Kirche war.

Noch lange nach der Reformation war die revidierte Fassung der Bibel nur auf Dänisch im Umlauf, ebenso die neuen Kirchenlieder. Dänemark hatte schon 1480 seine erste Druckerpresse, Norwegen mußte bis 1643 warten. Bis dahin waren nur importierte Bücher erhältlich – auf Dänisch.

Wenn sie laut lasen, veränderten die Norweger das Dänische durch die ihnen eigene Aussprache und Intonation. Nach und nach entstand daraus ein Zwitter, das sogenannte *bokmal* (Sprache der Bücher). Doch für die Nationalisten des 19. Jahrhunderts blieb es grundsätzlich Dänisch; sie strebten eine authentische norwegische Nationalsprache an. Unglücklicherweise existierte keine norwegische Hochsprache, nur eine Vielzahl von Dia-

lekten. Um nicht einen Dialekt auf Kosten der anderen zu bevorzugen, machten sich die Sprachreformer daran, aus den verschiedenen Dialekten eine neue Sprache zu entwickeln.

Zu den frühen Sprachreformern gehörte Knut Knudsen, ein Lehrer, der die Probleme seiner Schüler mit der dänischen Rechtschreibung kannte. Er entwickelte ein Idiom, das als *landsmal* oder *nynorsk* bekannt wurde. Doch die Bemühungen waren nicht unumstritten. Dänisch war die Sprache der Gesellschaft, und wenn man schon Norwegisch sprechen mußte, dann bitte schön mit dänischem Akzent. Das änderte sich erst, als Intellektuelle wie Ibsen der Bewegung, das Norwegische wiederzubeleben, Rang und Ansehen verliehen.

cher auf dieses Idiom umzustellen. Massiver Protest zwang die Regierung, klein beizugeben. Seitdem versucht man, beide Sprachen gleichberechtigt zu behandeln und hofft weiterhin, daß sie eines Tages verschmelzen. Trotz verschiedener Versuche, *nynorsk* durch Radio und Fernsehen zu stützen, scheint es zur Zeit an Boden zu verlieren.

Die Sprache der Gebildeten wird im Südosten des Landes gesprochen, aber das hindert die Leute vom Lande nicht daran, bei einem Besuch in der Hauptstadt aus ihrem breiten Dialekt kein Hehl zu machen. Die Menschen aus Bergen – im Herzen des *nynorsk*-Gebietes – sind im Gegenteil stolz auf ihre besondere Ausdrucksweise.

1929 wurden *bokmal* und *nynorsk* zu offiziellen Landessprachen, wobei man hoffte, sie würden sich im Laufe der Zeit zu einer neuen Sprache, *samnorsk*, vermischen. Städte und Gemeinden verloren ihre dänischen Namen. Christiana z.B. erhielt den guten alten norwegischen Namen Oslo. Auch die Gewohnheit, von der Zahl 25 als „fünf-und-zwanzig" zu sprechen, wurde von den Reformern angeprangert; 25 wurde zu „zwanzig-fünf".

Fortschritt in Sachen *samnorsk* versprach in den 50er Jahren der Vorschlag, die Schulbü-

Links: Winterfreuden in der Nordmark. Oben: Im Sommer ist der Strand ein beliebtes Ausflugsziel.

Die regionale Zersplitterung, der Kern des Sprachenstreits, beeinflußt die meisten Bereiche des kulturellen und wirtschaftlichen Lebens. Norwegen, seit Wikinger-Zeiten eine einzige Nation – eine Identität, die auch vom angeblichen Aufgehen in Dänemark und Schweden nicht erschüttert wurde – war immer auch eine Konföderation vieler Teile. Wie schon die Renaissance, so ist auch die industrielle Revolution kaum bis Norwegen vorgedrungen. Das Land erlebte keine überstürzte Urbanisierung. Trondheim, Bergen und Oslo waren eher Kleinstädte als urbane Zentren. Stavanger, eine spätere Gründung, verdankt seine Existenz einzig und allein den riesigen Heringsschwärmen, die Arbeitsplätze schufen, den Handel ankurbelten und eine moderne Geldwirtschaft entstehen ließen. Der größte Teil Norwegens verharrte in bäuerlicher Subsistenzwirtschaft.

Die Familien lebten auf dem Land ziemlich isoliert und waren zur Selbstversorgung gezwungen. Der Boden war nicht gut genug, um mehr als ein oder zwei Familien pro Tal zu ernähren. Von ihren Nachbarn durch Berge getrennt, die ironischerweise im Winter (auf Skiern) leichter zu überqueren waren als im Sommer, lebten sie in getrennten Welten. Nur in wenigen Dörfern waren Handwerker ansäßig. Die vielseitige Familie machte alles selbst, aus eigener Kraft – und das liegt den

Norwegern immer noch im Blut. Viele junge Paare in Oslo bauen ihr erstes Haus mit Hilfe von Freunden selbst.

Die Bevölkerungsdichte gering zu halten, ist ein Imperativ der norwegischen Geschichte. Schon die Expeditionen der Wikinger dürften zum großen Teil von peinigendem Landhunger ausgelöst worden sein. Das moderne Norwegen macht aus dieser Not eine Tugend. Die ideale *hytte* (Hütte, kleines Haus auf dem Lande) liegt einsam. Sie hat vielleicht Strom, aber kein fließendes Wasser. Besucher, die sich entscheiden, eine *hytte* zu mieten, werden bald erkennen, daß frisches Flußwasser nicht nur eine Sache ländlicher Nostalgie ist, sondern auch besonders gut schmeckt. Im Winter kommt dazu noch das Vergnügen, ein Loch in das Eis bohren zu müssen,wenn man frisches Wasser haben will.

Diese Zwänge aus alten Zeiten bilden eine gute Überleitung zur leidenschaftlichen Liebe der Norweger für Boote. An milden Sommerabenden ist der Osloer Fjord voll von privaten Booten, und so sieht es überall am Wasser aus. Auch wenn man den Norwegern nachsagt, sie würden auf Skiern geboren – mit dem Boot das Land zu erkunden, gehört ebenso zu ihren Gewohnheiten. Skier und Boote waren die wichtigsten Transportmittel in diesem Land, wo der Bau von Straßen und Eisenbahnen wegen der Berge und der tief ins Land einschneidenden Fjorde unerschwinglich ist.

Obwohl das Land gut erschlossen ist, auf den Binnenseen und an der Küste ist das Boot immer noch Gebrauchsgegenstand und Quelle der Erholung zugleich. Bereits im 8. Jahrhundert bauten die Wikinger Schiffe, mit denen sie das offene Meer nach Britannien, zum europäischen Festland und schließlich nach Amerika überquerten. Diese Geschicklichkeit und Verwegenheit auf See erwachte während des Zweiten Weltkriegs zu neuem Leben, als norwegische Widerstandskämpfer mit kleinen Booten eine der alten Routen befuhren und sie salopp „Shetland-Bus“ tauften.

Das heutige Norwegen hat den Ruf, ein aufgeklärtes, fortschrittliches Staatswesen des skandinavischen Modells zu sein. Doch blickt dahinter immer wieder die alte Wikinger-Herkunft hervor. Ein Mann saß in einer Höhle auf dem verschneiten Osloer Golfplatz und erklärte mit einem Augenzwinkern, seine Vorfahren hätten ein System entwickelt, Höhlen zu graben, die, unter Berücksichtigung der Windrichtung und anderer Faktoren, bei Schneestürmen einen ziemlich komfortablen Notunterstand bieten würden. Er wolle seinen Teil dazu beitragen, das Erbe seiner Väter für die Nachwelt zu erhalten. Sprach's, legte die Handflächen an die Schläfen und wackelte mit den gestreckten Fingern.

Daß die Wikinger Hörner trugen, ist umstritten, wahrscheinlich gar schlicht Unsinn. Wer wollte jedoch einem Mann, dem es Spaß macht, in einer Höhle im Schnee zu sitzen, in historischen Fragen eine gewisse dichterische Freiheit versagen?

Links: Am Ende des Tages. Rechts: Kirchgang in *bunads*, der norwegischen Nationaltracht.

Die geographische Lage und das Klima haben das Leben in Norwegen stark geprägt. Die Ureinwohner siedelten vor allem in den Küstengebieten, die vom Golfstrom erwärmt wurden und so das Leben erträglicher machten. Mit dem langsamen Abklingen der letzten Eiszeit vor etwa 12 000 Jahren wagten sich die Jäger und Fischer allmählich nach Norden vor, und auch dies nur wieder entlang den Küsten, denn im Landesinneren war es nach wie vor kalt und ungastlich.

Auf die Tauperiode folgte eine Zeit milden Klimas – milder als je zuvor und danach. Um 500 v.Chr. schlug es auf unerklärliche Weise um. Der plötzliche Einfall von kälterem, nasserem Wetter erinnert an die heutigen Voraussagen eines „nuklearen Winters".

Während der vorausgegangenen Bronzezeit hatte man enorme Fortschritte gemacht, vor allem was Waffen, Schmuck und Gerät betraf; die Metalle dazu wurden aus England und dem europäischen Festland importiert. Zeitgenössische Steinritzzeichnungen und Grabsteine zeigen Schiffe, die 30 Männer tragen konnten (wenn auch noch ohne Segel), berittene Krieger und sowohl zwei- wie vierrädrige Karren, die von Pferden oder Ochsen gezogen wurden.

Das Überleben in der neuen Eiszeit erforderte kulturelle Umstellungen. Die Männer, die bislang eine Art gegürteten Umhang trugen, zogen Unterwäsche und lange Hosen an. Im Gegensatz zum bisherigen halbnomadischen Leben mußte man sich nunmehr auf Höfen niederlassen, damit für Winterfutter und Obdach für das Vieh gesorgt war, das bisher das ganze Jahr über auf der Weide geblieben war. Menschen und Tiere bewohnten die zwei Enden des gleichen Hauses.

Wie der größte Teil Europas litt Norwegen im 14. Jahrhundert unter der schlechten Witterung. Der ökonomische Verfall beschleunigte sich sich durch eine Pestepidemie. Eine der vielen Folgen war, daß die aristokratischen Güter zusammenbrachen. Die Zahl der norwegischen Ritter fiel von 270 auf 60.

Die Geschichte fängt spät an: Wer waren diese Menschen? Die überlieferte Geschichte Norwegens beginnt erstaunlich spät – erst um 800 n.Chr.; archäologische Hinweise auf frühere Zeiten sind vergleichsweise rar. Die Antike hatte sonderbare Vorstellungen von den alten Nordmenschen. So gab z. B. Pomponius Mela (43 n.Chr.) zum besten, daß die Leute dort Hufe an den Füßen hätten und von Vogeleiern lebten. Ihre Ohren seien so groß, daß sie ihren Körper darin einwickeln und somit ohne Kleidung auskommen könnten!

Ein anderer Schreiber griechischer Abkunft ließ das Gebiet von *Hyperboräern* bevölkert sein – einer fröhlichen Rasse, die in Wäldern lebte und sich singend und tanzend eines unglaublich langen Lebens erfreute. Wenn sie das Leben dann schließlich satt hatten, gaben sie ein Festmahl, schmückten sich über und über mit Blumen – und warfen sich von den Klippen. Bis heute leben die Norweger länger als kaum ein anderes Volk. Auch zeigen sie bis ins hohe Alter große Vitalität.

Leutnant W. H. Breton, ein Tourist aus dem 19. Jahrhundert, notiert voller Staunen das Gerücht von der Heirat eines 113jährigen, der es dann noch auf 146 Lenze gebracht haben soll. Ein anderer früher Besucher schreibt von vier Bauern, die als Cheftänzer bei einem Fest für König Christian IV. auftraten – alle vier waren weit über 100.

Frisches Blut: Daß den Ureinwohnern Norwegens gelegentlich frisches Blut zufloß – vermutlich aus dem Osten –, geht aus kunsthandwerklichen Funden hervor, nach denen die jeweiligen Kulturen benannt wurden: das Trichterbecher-, das Schlachtaxt- oder das Schiffsaxt-Volk. Ein weiterer Anhaltspunkt für Zuwanderungen sind außerdem Veränderungen in den Bestattungsriten.

Früher glaubte man, daß die Sami (die Lappen der Finnmark) die Ureinwohner gewesen wären. Mit ihrem mongoloiden Einschlag und kleinen Körperwuchs unterscheiden sie sich sehr vom skandinavischen Durchschnittstyp. Anscheinend sind sie erst in jüngerer Zeit aus Sibirien migriert, lange nach dem Auftreten der europäischen Typen. Die große Mehrzahl der Norweger sind zweifelsohne direkte Abkömmlinge derjenigen Menschen, die ihr Land schon weit vor 3000 v.Chr. innehatten, also schon vor dem Zeitpunkt, der gemeinhin als Anfang der westlichen Zivilisation gilt.

<u>Vorherige Seiten</u>: Goldschmuck aus der Wikingerzeit. <u>Links</u>: Odin, der König der nordischen Götter.

Wie ein nordischer Rip van Winkle (Romangestalt, die in einem anderen Zeitalter aufwacht, Anm. d. Ü.), hat Norwegen jenes Jahrtausend verschlafen, in dem Hellas und Rom blühten, obwohl schon um das 3. Jahrhundert n.Chr. das Runen-Alphabet auftaucht. Es ist dem Ursprung nach lateinisch, verzichtet aber auf Rundlinien, wohl weil gerade Linien leichter in Holz, Stein und Metall zu schnitzen waren.

Die zivilisierte Welt jedoch ignorierte Norwegen bis zum 8. Jahrhundert; inzwischen war die islamische Flut zurückgedrängt worden, errichtete Karl der Große bereits sein Reich. Nirgendwo in den Annalen der damals in Europa bekannten Welt, weder bei Plinius

dem Älteren noch bei Tacitus oder Ptolemäus wird das Norwegervolk namentlich erwähnt. Selbst das Wort „Skandinavien" ist einer fehlerhaften Lesart einer Plinius-Handschrift zuzuschreiben, in der das unbekannte Land jenseits von Jütland als „Scatinavia" bezeichnet worden war.

Daß man draußen nichts wußte, hieß aber nicht, daß drinnen nichts passierte. Die Weiterentwicklung des Schiff-Designs war die gewaltigste dieser verborgenen Errungenschaften. Die Phönizier hatten schon sehr viel früher imponierende Seereisen unternommen, aber sich nie über die Sichtweite der Küstenlinie hinausgewagt. Die Norweger dagegen arbeiteten an Schiffen, die ganze Meere überqueren konnten. Das Gokstad-Schiff, im Jahre 1880 in einem Grabhügel bei Sandefjord gefunden, war ein Meisterwerk – aus Eichenplanken gezimmert, 25 Meter lang und fünf Meter breit. Es hatte einen Mast und 16 Paar Ruder. Die Mannschaft betätigte je ein Ruder, was noch genügend Raum für eine ebensogroße Besatzung ließ. Das Steuer ließ sich zwecks schnellen Anlegens einholen. Eine moderne Kopie überquerte den Atlantik in knapp vier Wochen und machte zwölf Knoten Höchstgeschwindigkeit. Diese Schiffe operierten mit einer gefährlichen Beweglichkeit, und wann immer die Norweger es für gut befanden, ihre ahnungslosen Nachbarn im Süden zu überfallen, so konnten sie dies mit erstaunlicher Gründlichkeit tun.

Die Wikinger tauchen auf: Im Jahre 793 machten die Wikinger endgültig ihre Absichten klar, indem sie die Abtei von Lindisfarn – eines der wichtigsten Heiligtümer der westlichen Christenheit – plünderten. Im nächsten Jahr überfielen sie das Kloster Jarrow in Northumbria, und im Jahr danach erschienen sie mit einer Flotte von hundert Schiffen in Südwales. Sie wurden von König Maredudd abgeschlagen; das bewog sie dazu, sich für einen Zeitraum von 40 Jahren weniger schwierigen Zielen in Irland zuzuwenden.

Über den Ursprung des Wortes „Wikinger" gibt es verschiedene Meinungen, aber unter ihren Opfern während des 9. und 10. Jahrhunderts herrschte kein Zweifel, daß mit diesem Wort „Piraten" gemeint waren.

Gründliche Untersuchungen geographischer und demographischer Natur über Norwegen wurden unter Alfred dem Großen begonnen – der allen Grund hatte, sich zu fragen, was es denn wohl mit diesen Leuten auf sich hatte, die ihm das Leben so zur Hölle machten. Ein reicher Norweger aus Halogaland namens Ottar konnte ihn aufklären; er berichtete dem König, daß Norwegen ein sehr langes und schmales Land voller Berge und Felsen sei.

Die einzigen Orte, die sich als Weide- oder Ackerland eigneten, lagen am Meer. Die Einwohner hielten Schafe und Schweine und züchteten Rentiere. Laut den Artursagen des mittelalterlichen Englands waren die Norweger „unerbittlich wild und barbarisch und hatten keinen Funken Liebe in sich, weder zu Gott noch zu ihren Nachbarn".

Tatsächlich waren die Wikinger landhungrige Abenteurer, für die die reichen und unbewachten Abteien an den Küsten unwiderstehliche Pfründe darstellten. Sie hatten keinerlei Skrupel, betrachteten sie nicht als sakrosankt, sondern sahen das Christentum im Gegenteil als eine ketzerische Bedrohung ihrer Glaubenswelt an.

Die Kloster-Chronisten, die diese heidnische Frömmigkeit über sich ergehen lassen mußten, waren sich ihrer Hilflosigkeit bewußt. Die einzige Erklärung, die ihnen einfiel, war die, daß sie der Zorn Gottes wegen nicht näher bekannter Sünden ereile. Sie beteten folglich um „Erlösung von der Geißel der Nordmänner".

Widerstand in der Bevölkerung: Während die Christen ihren Glauben auf das Zeichen des Kreuzes richteten, vertrauten die Wikinger dem Hammer Thors des Donnerers, der den Himmel gegen Riesen, die Menschen gegen Drachen und sie selber gegen „die Anhänger des Weißen Kreuzes" (wie sie die Christen nannten) schützte. Kleine Wikinger-Überfallkommandos, die es auf Landstriche abgesehen hatten, die dicht besiedelt und wehrhaft waren, erkannten schnell, daß ihr Ruf, alles kurz und klein zu schlagen und niederzumetzeln, sehr zu ihrem Vorteil war, da das den Feind zur Flucht statt zum Widerstand bewog.

Zu den Siegesfeiern der Wikinger („wüste und triumphierende Freudentaumel") gehörten Einschüchterungsmethoden wie das Durchbohren von Kindern und das Trinken aus Schädeldecken gefallener Feinde.

Die Wikinger haben aber auch Fürsprecher, die es vorziehen, das Augenmerk auf ihre offensichtliche Organisationsbegabung in besetzten Gebieten zu lenken, oder auf ihre künstlerische Ader, die sich in den feinziselierten Ornamenten zeigt – Schiffsausgrabungen brachten es ans Licht. Montesquieu pries sie als eine Armee freier Männer, zu einer Zeit, da Armeen gewöhnlich aus armseligen Mietlingen bestanden. Der Historiker Snorre Sturlusson ist entwaffnend indifferent gegenüber Zügen, die andere als schlimme Fehler im Charakter von Helden ansehen würden.

Harald Gille etwa, der Anspruch auf den Thron erhebt, wird als „freundlich, kameradschaftlich, spielerisch, bescheiden, großzügig, verbindlich und gefügig" beschrieben – Eigenschaften, die den Umstand vergessen machen (und Snorre selbst erzählt es mit offensichtlichem Gusto), daß er einen Rivalen blendete und kastrierte, einen Bischof hängte und betrunken in den Armen seiner Geliebten starb, während seine Frau danebenstand. Nach der Auflistung all dieser Verbrechen erwähnt ihn Snorre schon auf der nächsten Seite als Heiligen!

Links: Frühe Segelausstattung. Oben: Wikingerschiff im gleichnamigen Museum in Oslo.

Als Grund für die fieberhafte Expansion der Wikinger in fremde Gebiete wurde angeführt, daß es sich dabei um die Folgen einer anderen Expansion handle, nämlich die der Bevölkerung, die auf die allgemeine Polygamie zurückzuführen gewesen sei. Das ist nur zum Teil richtig. Überbevölkerung herrschte in der Tat in Westnorwegen, wo das Ackerland rar war; in anderen Landstrichen dagegen war das Problem weniger akut.

Trotzdem: Alle Söhne, ob legal oder nicht, hatten das gleiche Anrecht, das Erbe unter sich aufzuteilen, und da politische Macht und Gesellschaftsrang von Landbesitz abhing, weigerte sich vor allem der Adel, das Land in immer kleinere Parzellen zu zerstückeln. Die

überzähligen Söhne wurden daher ermutigt, ihr Glück im Ausland zu versuchen.

Vernichtung der Einwohner: Oft begleiteten die Frauen und Kinder die Männer, aber sie wurden gewöhnlich in befestigten Lagern untergebracht, während die Männer Raubzüge unternahmen. Manchmal waren sie aber auch dabei, und eine von ihnen, eine Amazone, die zur Heerführerin in Irland aufstieg, wurde als die „Rote Maid" berühmt.

Wenn die Wikinger auf unbesiedeltes Land stießen, oder es dazu machten – wie im Falle der Orkney-Inseln, deren Bevölkerung sie vernichteten –, ließen sie sich eiligst dort nieder. Wenn sich das aber als undurchführbar herausstellte, mochte ein Überfall immerhin ein paar Sklaven abwerfen, die entweder verkauft wurden oder zunehmend auch zu Hause gute Verwendung finden konnten. Manchmal ließen sich die Wikinger aber auch willig auf ganz normale Handelsgeschäfte ein.

Aus den Profiten durch Piraterie und Handel entstand in Norwegen der Kern jener Kaufmannsklasse, die die traditionelle Struktur von adligen Grafen, Freien und *thralls* (Sklaven) ergänzte. Die Hackordnung spiegelte sich in Westnorwegen im System der *wergild* wider, der Entschädigungsvorschrift im Falle von Mord. Demnach war ein Sklave einen halben gewöhnlichen Bauern wert, aber nur ein Viertel Landbesitzer. Ein Landbesitzer wiederum war ein Viertel Häuptling und nur ein Achtel König wert.

Sklaven dürften sehr geschunden worden sein, denn eine Rechtsvorschrift sah vor, daß Sklavenhalter schuldfrei ausgingen, wenn ein Sklave durch Erschöpfung oder schlechte Behandlung starb. Die Besitzer durften die Kinder gestorbener Sklaven in ein offenes Grab werfen, wo sie schutzlos der Witterung ausgeliefert starben. Sie mußten aber das letzte überlebende Kind eigenhändig wieder aus dem Grab herausholen. Einige Sklaven waren gefangengenommene Handwerker, die wertvolle Güter für den örtlichen Konsum und den Export herstellten. Sie galten viel, ebenso wie junge Frauen, die dazu taugten, den Herren Zuwachs oder Vermehrung der Arbeitskräfte zu bescheren. Anders als in Schweden blieb in Norwegen das Kind eines Herren mit einer Sklavin im Sklavenstand.

Die Wikingerfrauen genossen im Ausland den Ruf – modern ausgedrückt –, „emanzipiert" zu sein. Im Jahre 844 tauschte ein norwegischer König, der in Dublin herrschte, Botschafter mit dem Mohrenführer Emir Abderrhaman II. in Spanien aus.

Alghazal, ein Dichter, wurde an den Hof des „Königs der Heiden" entsandt und ließ sich dort von der Königin bezaubern. Er hätte sich ihr gerne genähert, fürchtete jedoch die Folgen, falls der König seine Avancen bemerken würde. Da beruhigte ihn die Königin mit den Worten: „Es ist nicht Sitte bei uns, eifersüchtig zu sein. Unsere Frauen bleiben nur so lange bei ihren Männern, wie es ihnen Spaß macht. Wenn ihnen danach ist, verlassen sie sie." Allerdings scheint sie nicht erwähnt zu haben, daß es die Wikinger-Ehemänner ebenso hielten: Die Männer tauschten Frauen aus oder verschenkten sie, wenn sie sie langweilten oder ihr Mißfallen erregten.

Die Mitgift: Die späteren Raubzüge der Wikinger gingen von der Westküste Norwegens aus, aber auch von den Festungen auf den schottischen Inseln oder dem Norwegerreich auf Irland, dessen Mittelpunkt eine Burg war, die von Torgisl im Jahre 841 in Dublin errichtet wurde. Die Wikinger waren in Irland eher Zwangsherren denn Siedler, auch wenn es zu Mischehen kam.

Norwegen könnte noch heute Überseebesitzungen haben, wenn nicht ein Dänenkönig, wie wir noch sehen werden, die Orkney- und Shetland-Inseln als Pfand für die Mitgift seiner Tochter versetzt hätte. Das Wikingerreich auf der Insel Man hielt bis 1405; dann fiel es unter Henry IV. an England.

Die Wikingerüberfälle auf Europa kamen jährlichen Sommerausflügen gleich, und mit jedem Jahr wuchsen die Flotten an Umfang. Karl der Große beeilte sich, Militärposten entlang seiner nördlichen Grenzen einzurichten. Die Verteidigung von Paris gegen die Wikinger wurde von einem anderen Karl geleitet, der sich „der Kahle" nannte, wohl zur Unterscheidung von Karl „dem Großen".

Die Stadt wurde im Jahre 857 angegriffen und 861 geplündert. Karl bot einer der Wikingerhorden 3000 Pfund Silber an, wenn sie statt seiner eine andere Wikingerhorde angreifen würden. Aber 885 kamen sie alle beide zurück, und es kostete nochmals 700 Pfund Silber, um sie wieder loszuwerden. Um ihnen den Deal zu versüßen, bekamen sie die Erlaubnis, auf dem Heimweg Burgund zu plündern. Am längsten in Frankreich hielten sich die Wikinger in der Normandie, die natürlich ihren Namen von ihnen hat. Es fing an mit Rolf dem Vormann, einem Wikinger, der sich als Nachfahre von Harald Harfagre ausgab und so korpulent war, daß kein Pferd ihn tragen konnte. Er war gezwungen, seine umfangreichen Reisen zu Fuß zurückzulegen. Diese Armeen der Wikinger – und seine war nur eine unter vielen – wuchsen zu enormen Ausmaßen heran, und erst der deutsche Kaiser Arnulf konnte sie 891 vertreiben.

Obwohl die Wikinger überall dort aktiv wurden, wo reiche Beute lockte (einmal belagerten sie Lissabon), empfahlen sich ihnen vor allem die britischen Inseln durch ihre geographische Nähe. Ab 834 gingen die Angriffe auf sie erst richtig los. Am weitesten spannten sie den Bogen, als sie mit 350 Schiffen die Themse hochfuhren, erst Canterbury nahmen und dann London stürmten. Damals war Wessex im Südwesten das führende englische König-

Links: Blutige Auseinandersetzung – aus der Frithiof Saga von E. Tegnér, III. Bild von Knut Ekwall. Oben: Runeninschrift auf Wikingermonument.

reich, und von dort aus rückte dann Ethelwulf zum Gegenangriff an und schlug die Eindringlinge in der Schlacht von Aclea.

Winterfeldzug: Drei Jahre später waren die Wikinger wieder da, danach kreuzten sie jeden Sommer auf, und 866 wurde der größte Teil Englands von einer übermächtigen Wikingerarmee unterjocht. Nicht genug damit – sie richteten sich ganz offensichtlich auf Dauer ein. Der große Stolperstein war Wessex, das unabhängig blieb und nun von Alfred dem Großen regiert wurde.

878 taten die Wikinger Unerhörtes: Sie starteten einen Winterfeldzug. Das verursachte eine Panik, die Alfred zwang, sich auf einer Insel im Fluß Perrot in Somerset zu verstecken. Dies ist der historische Hintergrund jener phantasievollen Geschichte, nach der er die Kuchen verbrannte. Nach seinem anschließenden Sieg mußten die geschlagenen Wikingerführer die christliche Taufe über sich ergehen lassen, doch gestand der Friedensvertrag ihnen eine gute Scheibe Englands zu, und sie durften ein northumbrisches Königreich mit York als Stützpunkt behalten.

Im Jahre 1066, dem gleichen, in dem Wilhelm der Eroberer von Frankreich her übersetzte und bei Hastings die Entscheidungsschlacht gegen Harold von England gewann, hatte kurz zuvor Harald Hadrade genau das gleiche versucht, war aber in der Schlacht von Stamford Bridge in Lincolnshire abgeschlagen und getötet worden.

Der territoriale Ehrgeiz der Wikinger beschränkte sich nicht auf Britannien und das europäische Festland. Sie segelten ostwärts bis nach Island und Grönland, ja bis zum amerikanischen Kontinent. 20 000 Norweger emigrierten nach Island, und in der zweiten Hälfte des 10. Jahrhunderts hatten sich dort nicht weniger als 39 Zwergreiche gebildet. Ins Mittelmeer drangen sie auch vor und gelangten bis nach Konstantinopel.

Diese Springflut, gemischt aus Kolonialismus, Seeräuberei, Handel und purer Abenteuerlust, hielt zwei Jahrhunderte an – vom Fall des Römischen Reiches bis zum Ersten Kreuzzug – und führte um ein Haar zum Untergang des Christentums in Europa (den zuvor fast auch die Muslims herbeigeführt hatten). Die Daheimgebliebenen profitierten beträchtlich davon. Ein nie gesehener Wohlstand kennzeichnete diese Zeit, und er bildete die Grundlage für eine homogene Kultur, die es all den chaotischen kleinen Königreichen und Häuptlings-Klans gestattete, zu einem erkennbaren Land zu verschmelzen – dem heutigen Norwegen.

Oben: Aus Snorri Sturlussons *Nordische Könige*. Zeichnung von Halvfdan Egedins. Rechts: Romantische Vorstellung von einem Wikinger (1828).

EIN WIKINGERBEGRÄBNIS

Im Jahre 921 traf ein umherziehender Araber namens Ahmad bin Fudlan auf Wikinger, die sich am Ufer der Wolga niedergelassen hatten. Sie trieben Handel mit Konstantinopel und tauschten Felle und Sklaven gegen Gold- und Silberschmuck, Seide und sonstige Luxusartikel. Während er bei ihnen weilte, starb einer ihrer Häuptlinge; Ahmads Bericht über das Begräbnis stellt ein Gegengewicht dar zu romantischen Darstellungen der Wikinger.

Als der Häuptling starb, erzählte Ahmad, wurden seine Mägde gefragt: „Wer von euch ist bereit, mit ihm zu sterben?". Die erste, die sich freiwillig anbot, wurde sogleich bewacht, für den Fall, daß sie es sich anders überlegen sollte, obwohl sie zu solchen Befürchtungen keinerlei Anlaß gab. Zu Ahmads Verwunderung verbrachte sie „den ganzen Tag trinkend und singend, glücklich und voller Fröhlichkeit".

Dann begann man mit der Aufteilung des Besitztums des Häuptlings in drei gleiche Teile. Der eine ging an seine Familie, der zweite sollte die Begräbniskosten decken, und der letzte war für Getränke gedacht.

Das Schiff, auf dem der Häuptling ins Jenseits befördert werden sollte, wurde aus dem Wasser gezogen und mit Bettdekken und Kissen ausgestattet. Ahmad traf dann den „Todesengel"; er beschreibt ihn als eine dunkle, kräftige Frauengestalt mit einem strengen Gesichtsausdruck. Ihr fiel am Ende die Rolle zu, die zechende Magd zu töten. Die Leiche des Häuptlings wurde aus dem provisorischen Grab geholt, in dem sie zehn Tage lang gelegen hatte. Die Leiche wurde in prunkvolle Gewänder gehüllt und in einem auf dem Schiff errichteten Zelt auf Kissen aufgebahrt.

„Nun brachten sie alkoholische Getränke, Früchte und Kräuter und legten alles neben ihm nieder, sie brachten Brot, Fleisch und Zwiebeln und warfen sie vor ihn hin. Sie brachten einen Hund herbei, hieben ihn in zwei Stücke und warfen ihn auf das Schiff. Dann wurden alle seine Waffen gebracht und ihm zur Seite gelegt. Zwei Lasttiere wurden so lange getrieben, bis sie schwitzten und dann mit Schwertern in Stücke zerhackt; ihr Fleisch wurde auf das Schiff geworfen. Zwei Kühe wurden ebenfalls zerstückelt und auf das Schiff geworfen. Das Mädchen, das getötet werden sollte, wanderte umher, trat in ein Zelt nach dem andern, und ein Mann nach dem andern hatte Geschlechtsverkehr mit ihr. Jeder von ihnen sagte zu ihr: „Sag deinem Meister, daß ich dies nur aus Liebe zu ihm tue".

Später wurde das Mädchen zum Schiff gebracht, wo sie dem „Todesengel" und den beiden Mädchen, die sie bewacht hatten, ihre Armbänder und Fußspangen überreichte. Ihnen folgten Männer, die Schilde und Holzstücke trugen. Trinkend und unter Gesängen nahmen sie Abschied von der Leiche, bis, so Ahmad, „ich sah, daß sie verwirrt war und in das Zelt eintreten wollte". Die alte Frau folgte ihr ins Zelt, worauf „die Männer begannen, mit den Holzstücken auf ihre Schilde zu schlagen, damit die Schreie des Mädchens nicht zu hören waren und die anderen Mädchen nicht verängstigt und von ihrem Wunsch abgebracht werden könnten, mit ihren Meistern zu sterben. Sechs Männer betraten das Zelt, und alle hatten Geschlechtsverkehr mit ihr. Sie bedeuteten dem Mädchen, sich an die Seite ihres toten Meisters zu legen; zwei ergriffen ihre Hände und zwei ihre Füße. Die alte Frau, die „Todesengel" genannt wurde, legte ein zur Schlinge gewundenes Seil um ihren Hals und gab es zwei Männern zum Ziehen. Sie näherte sich mit einem großen Messer und begann, es dem Mädchen unablässig in die Rippen zu stoßen, während die zwei Männer sie zu Tode würgten.

Die Verwandten des Häuptlings gingen sodann rückwärts schreitend zum Schiff und zündeten Brennholz an, das darunter gelegt worden war. Die restlichen Männer taten es ihnen gleich. In diesem Augenblick erhob sich ein furchterregender Sturm, der die Flammen höher schlagen ließ und eine wilde Feuersbrunst entfachte. Einer der Wikinger verglich die Bestattungsfeier mit Erzählungen, die er über islamische Riten gehört hatte. „Ihr Araber seid dumm", sagte er zu Ahmad, „Ihr nehmt eure besten, ehrbarsten Männer und werft sie in den Staub, wo sie von kriechendem Getier und Würmern gefressen werden. Wir verbrennen sie im Feuer im Handumdrehen, und in der gleichen Stunde noch sind sie im Paradies. Dann, so Ahmad bin Fudlan, „fing er herzhaft an zu lachen".

Borgund Church.

Mit Snorre Sturluson beginnt die norwegische Geschichte, für sich selbst zu sprechen, anstatt von Fremden zu zehren, die wunderliche Geschichten über Land und Leute beobachteten und weitergaben. Snorres Epos *Heimskringla*, die Saga der altnordischen Könige, ist ein geniales Werk.

Der Autor war nur zweimal in Norwegen, sammelte aber bei seiner Arbeit auf der abgelegenen Sagainsel in Island eine Menge von Informationen über die vorgeschichtliche Mythologie bis zum Jahre 1177 (zwei Jahre vor seiner Geburt), als die Wikinger gebändigt waren, das Christentum in Norwegen Fuß gefaßt hatte und das Land in einen 100jährigen Bürgerkrieg gezwungen worden war.

Amüsante Erzählung: Obwohl Snorre Ausländer war, ließ er sich von der mündlichen *Skalden*-Überlieferung an den norwegischen Königshöfen inspirieren. Er war ein scharfsinniger Historiker, ließ sich jedoch nie eine lustige Erzählung entgehen.

Die Saga enthält nicht weniger als 2000 Personen- und Ortsnamen, und Snorre vermittelt einen lebhaften Eindruck von dem, was sich „zu Hause" abspielte. Zur Belohnung wurde Snorre allerdings 1241 von den Mannen des norwegischen Königs ermordet.

Snorre beginnt die norwegische Königsfolge mit der Gestalt Halvdans des Schwarzen, der darunter litt, daß er einfach nicht träumen konnte. Halvdan beriet sich mit Torleiv dem Weisen, der ihm sagte, er habe dieses selbe Leiden dadurch geheilt, daß er in einem Schweinestall schlief. Der König folgte seinem Beispiel, „und von da an geschah es, daß er immer träumte."

Man könnte meinen, ein im Schweinestall träumender König gehöre eher in den Bereich der Mythologie als den der Geschichte, aber dieser hat tatsächlich gelebt. Das 1904 in Vestfold ausgegrabene Oseberg-Schiff erwies sich als die Stätte, in der seine Mutter, eine dänische Prinzessin, bestattet war. Als Halvdan starb, wurde seine Leiche in viele kleine Teile zerhackt und in alle Winde zerstreut, damit sie möglichst vielen Findern Glück bringen konnten.

Links: Eine der ältesten Holzkirchen des Landes in Borgund. Oben: Harald Hårfagre (circa 1200).

Weibliche Ansprüche: Halvdans Sohn, bekannt als Harald Hårfagre (Schönhaar), wurde der erste Herrscher über ein geeintes Norwegen. Zu der Einigung des Landes soll ihn eine Frau bewogen haben, die er ins Bett nehmen wollte. Ihre Antwort auf seinen Antrag war, daß sie unmöglich ihre „Jungfräulichkeit an einen Mann wegwerfen" könne, dessen Reich sich im Vergleich zur Größe Schwedens und Dänemarks allzu bescheiden ausnehme.

Harald rückte von Vestfold nach Norden vor, um seine Heiratschancen zu verbessern.

Er verbündete sich mit dem mächtigen Grafen Hakon, der ein Auge auf das Gebiet südlich von Tröndelag in der Nähe des späteren Trondheim geworfen hatte. Die nüchternen Tatsachen sind nie so amüsant wie Snorres Bericht: Harald und Hakon sahen die beiderseitigen Vorteile des Handels, mußten jedoch die aufsässigen Wikingerbanden an der Küste bezwingen, die solche Pläne vereitelt hätten.

Da Harald Hilfe brauchte, wandte er sich an Ethelstan, König von England, und begann die langwährende Verbindung zwischen dem norwegischen und dem englischen Thron.

Haralds Feldzüge veranlaßten viele seiner enteigneten Gegner, in Island, Shetland, auf den Orkney-Inseln und den Hebriden Zuflucht zu suchen. Die entscheidende Schlacht fand im Jahre 900 in Hafrsfjord, in der Nähe des heutigen Stavanger im Südwesten Norwegens, statt. Der Sieg, so Snorre, machte Harald zum ersten König der Norweger und brachte ihm die Hand des besagten Mädchens ein, das ihm fünf Kinder gebären sollte. Eine heiße Liebe war es wohl nicht: „König Harald hatte viele Frauen und Kinder", schreibt Snorre. „Man sagt, als er Ragnhild die Mächtige (die Tochter des jütländischen Königs Erik), zur Frau nahm, habe er sich von neun anderen Frauen getrennt."

Zu viele Kinder: Die unglaublich hohe Zahl königlicher Nachkommen sollte verheerende

Folgen bei der Wahl des Nachfolgers haben. Der englische Chronist Roger of Hoveden schrieb: „Im Königreich Norwegen ist es Brauch, daß jeder, der als Sohn eines norwegischen Königs anerkannt ist, auch die unehelichen Kinder einer Dienstmagd, den gleichen Anspruch auf das norwegische Königreich hat wie der eheliche Sohn eines Königs und einer Freien. Dies führt zu ständigen Kämpfen, bis einer von ihnen besiegt und erschlagen ist."

Einer der vielen Söhne Harald Hårfagres, der einzige, den ihm die mächtige Ragnhild gebar, war der böse Eirik Blutaxt, der seine Nachfolge durch die Ermordung aller legitimen Halbbrüder – mit einer Ausnahme – erzwang. Die Ausnahme war Håkon, der Junge, der von König Ethestan in England aufgezogen worden war.

Eirik besaß nichts von der Autorität seines Vaters, und das geeinte Reich zerfiel bald in zerstrittene kleine Reiche unter verschiedenen unehelichen Söhnen Haralds. Bei Håkons Rückkehr aus England war Eirik gezwungen, in die entgegengesetzte Richtung zu fliehen.

Der erste Christ: Håkon dem Guten gelang es besser als Eirik, die feindlichen Splittergruppen zusammenzuhalten, und bevor er starb, war er als König über die gesamte Küste von Oslo bis Hålogaland anerkannt. Ein bemerkenswerter Reformer des Rechts- und Verteidigungswesens, war er auch der erste christliche König Norwegens: Er war in England getauft worden und brachte einen englischen Bischof und Missionare ins Land in der Absicht, seine Landsleute zu bekehren, aber das erwies sich als nicht so leicht.

Nirgendwo fand der Widerstand gegen das Christentum stärkeren Ausdruck als in Trondheim, das damals vor allem gegen jede Form aufgezwungener Autorität war, sei es von Seiten Håkons oder, wie die Trondheimer gerade überzeugend demonstriert hatten, vom rivalisierenden König Oystein von Oppland. Oystein, für manche „der Mächtige", für andere „der Böse", hatte ihnen als König einen seiner Knechte, bekannt als „Tore der Haarige", oder seinen Hund „Saur" zur Wahl gestellt. Sie wählten den Hund. „Sie behexten dann den Hund mit dem Verstand dreier Männer", und das genügte, ihn zu befähigen, sich in einer Mischung von Bellen und Sprechen zu verständigen, wobei anscheinend ein Wort auf zweimal Bellen kam. Der König lebte in einem palastähnlichen Hundezwinger und wurde bei nassem Wetter auf den Schultern seiner Untertanen umhergetragen.

Vor diesem Hintergrund versuchte Håkon, das Christentum einzuführen. Er ermahnte die Leute, „an einen Gott zu glauben, an Christus, den Sohn Mariens, alle Blutopfer und Heidengötter aufzugeben, den siebten Tag heilig zu halten und nicht zu arbeiten, und jeden siebten Tag zu fasten". Aus der typischen Zuhörerschaft ertönte „sofort ein mächtiger Lärm", gefolgt von hinterhältigen Tricks, Håkon an einem Tag, an dem er selbstgerecht fastete, zu einen Bissen Pferdefleisch oder zu einem Umtrunk auf das Wohl eines ihrer geliebten heidnischen Götter zu verführen.

Håkons importierte Missionare waren verzweifelt. Die Opfer ihres Eifers ließen es sich nicht nehmen, morgens, mittags und abends auf ihre Götter anzustoßen. Sie fürchteten, ihre potentiellen Gemeindemitglieder könnten sich zu Tode trinken und hofften, sie durch Unterweisung im Obst- und Gemüsebau zu bewegen, wenigstens etwas feste Nahrung zu sich zu nehmen. Daß sie unablässig tranken und ständig Durst verspürten, hing wohl mit ihrer Nahrung zusammen, die zur besseren Konservierung reichlich gesalzen war.

Schließlich sahen die Missionare ein, daß sie mit ihrem Bemühen um fromme Nüchternheit gescheitert waren. Sie konnten allenfalls hoffen, das Trinken zu Ehren christlicher Heiliger anstatt der Heidengötter umzufunktionieren. Sie erstellten eine lange Liste mit Namen von Heiligen, und einige Gemeindemitglieder waren anscheinend willens, mit ungebremstem Eifer und großem Vergnügen auch auf diese Heiligen anzustoßen.

Gewalt gegen Missionare: Die Missionare hatten weniger Glück mit der Abschaffung von Traditionen wie Blutopfer (gewöhnlich Tiere, gelegentlich Menschen), Polygamie, Fehden, Aussetzung unerwünschter Kinder und Auswüchsen bei der Sklavenhaltung. In Trondheim zeigte man sich besonders halsstarrig und schickte vier Schiffe auf die Suche nach lästigen Missionaren: Sie „erschlugen drei Priester und brannten drei Kirchen ab, bevor sie wieder nach Hause fuhren."

Selbst als das Christentum schließlich in Norwegen angenommen war, lebte noch viel von der alten Religion fort bis hin zur Reformation und darüber hinaus.

So ignorierte die frühchristliche Geistlichkeit beispielsweise päpstliche Verfügungen hinsichtlich des Zölibats. Die mittelalterlichen Holzkirchen mit ihrer komplizierten Bauweise, die auffallend dem Kiel eines Wikingerschiffs ähnelt, und mit ihrem Girlandenschmuck von Drachenköpfen and Szenen aus der heidnischen Mythologie sind ein weiteres Beispiel. Viele dieser Kirchen wurden im Sturm des Pietismus im 19. Jahrhundert abgerissen, einer Art christlichen Fundamentalismus, der in vielen Landstrichen heute noch vorherrscht und in einigen (vorwiegend ländlichen) Gemeinden für ein strenges Alkoholverbot verantwortlich ist.

Militärisch gesehen wurde Håkon im 10. Jahrhundert durch Eirik Blutaxts rachsüchtige Söhne ständig unter Druck gesetzt, die von Northumbria herüberzukommen drohten. Als dies fehlschlug, wandten sie sich an ihren

Links: Monument von Harsfjord. Hier wurde Norwegen von Harald Hårfagre zu einem Einheitsstaat vereinigt. Oben: Hauptportal mit Rosettenfenster der Nidaros Kathedrale.

Onkel, den dänischen König Harald Blauzahn, der die dänischen Gebiete an der Oslofjordmündung zurückgewinnen wollte. In der entscheidenden Schlacht im Jahre 960 wurde Håkon getötet. Das Christentum hatte in Norwegen vorerst seine Chancen verspielt.

Es mußte bis Olav Trygveson, den späteren König Olav I. und ein Monument norwegischer Geschichte, warten. Snorre schreibt, er sei ein hervorragender Sportler gewesen, der auf den Rudern an der Außenseite eines Schiffs gehen, „mit beiden Händen gleichermaßen zuschlagen" und zwei Speere gleichzeitig werfen konnte. Er war „der glücklichste Mensch, leichtherzig, fröhlich und versöhnlich, leidenschaftlich in allen Dingen, großzügig seinen Kameraden gegenüber, im Kampfe an Kühnheit alle überragend..."

Mit zwölf Jahren war er bereits ein vollblütiger Wikinger; er durchkreuzte die Ostsee als Befehlshaber von fünf großen Schiffen, wandte sich dann nach Westen, um die englische Küste zu terrorisieren. Seine Persönlichkeit änderte sich durch eine zufällige Begegnung auf den Scillyinseln, wo er sich nach anstrengenden Greueltaten erholte. Ein alter Weiser nahm ihn zur Seite und lehrte ihn den Weg der Wahrheit. Über Nacht verwandelt kehrte Olav nach England zurück „und lebte fortan friedvoll, denn England war ein christliches Land, und auch er war Christ".

Militante Bekehrungen: Er war weniger friedfertig, als es darum ging, seine Landsleute zu bekehren. Die sich ihm widersetzten, „behandelte er hart; einige erschlug er, andere verstümmelte er, wieder andere vertrieb er des Landes". Die abgeschlagenen Köpfe derer, die anderer Meinung waren, fuhr er auf einem Karren umher.

Olav Triyggvason hatte kein Glück in der Liebe. Als er der wohlhabenden Königin Sigrid von Schweden einen Heiratsantrag machte, bestand er darauf, daß sie sich taufen ließ. Sie weigerte sich. „König Olav war erzürnt und antwortete heftig: 'Wie sollte ich dich heiraten, du heidnische Hündin', und schlug ihr zur Bekräftigung seiner Rede ins Gesicht. „Das könnte dir den Tod bringen", bemerkte sie; zu Recht, wie sich herausstellen sollte.

Sie war eine listige Gegnerin. Ihr Reichtum zog unzählige Anträge unbedeutender Kleinkönige an, was sie verdroß. König Svein Gabelbart von Dänemark, ein Sohn Harald Blauzahns, war mehr nach ihrem Geschmack, und sobald sie vermählt waren, begann sie, eine kleine Angelegenheit zu erwähnen, die sie mit Olav bereinigen wollte. Zu diesem Zweck überredete sie Svein Gabelbart zu einem Bündnis mit dem schwedischen König Olav, dem Steuereintreiber. Eine große Seeschlacht folgte, auf deren Höhepunkt Olav, auf dessen Seite König Boleslaw von Polen kämpfte, gezwungen war, vom Schiff zu springen. Er ward nie mehr gesehen, und die Sieger, einschließlich der befriedigten Königin, teilten Norwegen unter sich auf.

Der erste Heilige: Der Mann, der Norwegens Einheit bald wiederherstellen sollte, hatte, wie Olav Trygveson, seine Karriere mit zwölf Jahren in der Seefahrt begonnen. Olav Haraldson, später Olav der Heilige, war in England, als derselbe Svein Gabelbart seine Streitkräfte dort landete und dafür verantwortlich zeichnete, daß der damalige englische König Ethelred für immer als „der Ungerüstete" gebrandmarkt wurde.

Olav verbündete sich mit Ethelred in einem anti-dänischen Krieg, der seinen Höhepunkt an der Londoner Themsebrücke fand. Die Dänen sahen in ihren Befestigungen auf der Brücke unbezwingbar aus und fühlten sich wahrscheinlich auch so; sie hatten jedoch nicht mit Olavs kräftig gebauten Wikingern gerechnet. Diese befestigten Seile an den Pfählen unter der Brücke, zogen an den Rudern und holten die ganze Geschichte herunter (mehrere Kirchen in England wurden aufgrund dieser erstaunlichen Tat dem heiligen Olav geweiht.)

Olav gelang es, das Fundament der Kirche zu legen, selbst in dem widerstrebenden Trondelag, aber er machte sich dadurch viele potentielle Rivalen zum Feind. Vom Ausland her drohten ihm größere Gefahren durch den expansionistischen König Knut von Dänemark, der im Jahre 1028 mit der eindeutigen Absicht der Annexion mit überwältigenden Streitkräften in Norwegen einfiel.

Olav flüchtete nach Kiew, bis er erfuhr, daß der Graf, den Knut zum Herrscher über Norwegen ernannt hatte, tot war. Er kehrte zurück, um sein Königreich zurückzugewinnen, schätzte den Grad der Unterstützung in Tröndelag jedoch falsch ein und wurde getötet. Knut entsandte seinen unehelichen Sohn, der das Land regieren sollte.

Olav wurde heiliggesprochen und in der Kirche St. Clemens in Trondheim beigesetzt (der Leichnam wurde später entfernt). Trotz seines rücksichtslosen missionarischen Eifers ist sein Name mit der Vorstellung eines geeinten und unabhängigen Königreichs Norwegen auch über die Unruhen der kommenden Jahrhunderte hinweg verbunden.

König Knuts Königreich zerfiel nach seinem Tode; der skandinavische Teil spaltete sich wieder in drei separate und allgemein feindselige Königreiche auf. Norwegen wurde zunächst von Magnus I., dann von Harald Hadrada regiert, dem, wie wir bereits wissen, mißlang, was Wilhelm der Eroberer im gleichen Jahr 1066 vollbrachte.

Adlige Söldner: Harald ist typisch für jene jungen Adligen, die im Ausland ein Vermögen machen mußten. Er verdingte sich als wäringischer Söldner für den byzantinischen Kaiser in Konstantinopel und diente in Syrien, Armenien, Palästina, Sizilien und Afrika. Der abenteuerliche Krieger täuschte während einer Belagerung sein eigenes Begräbnis vor, und in Anlehnung an das trojanische Pferd überredeten seine Männer die Stadtbewohner, den Sarg in die Tore einzulassen, der – so versprachen sie – sich von großer Zauberkraft zu ihren Gunsten erweisen würde.

All dies war ungeheuer einträglich, da die Söldner von den Schätzen der eroberten Paläste so viel behalten durften, wie sie mit beiden Händen fassen konnten. Indirekt wurde Norwegern wie Harald, die bei den Wäringern dienten, ein Denkmal in Form eines wäringischen Graffiti gesetzt, einer weitgehend verblaßten aber dennoch sichtbaren Inschrift, eingeritzt in die Flanken des Piräischen Marmorlöwen, den die Venetianer nach der Eroberung Athens im Jahre 1687 mit sich trugen und der heute am Eingang des Arsenals von Venedig steht.

Harald festigte das norwegische Königreich. Wie alle Könige Norwegens von den Bewohnern Tröndelags und dessen Hauptstadt Trondheim bedrängt, gründete er als Gegengewicht Oslo. Er gab der Stadt einen Schutzheiligen, St. Hallvard, dessen Anspruch auf Heiligkeit anscheinend hauptsächlich darin bestand, daß seine Leiche nicht sinken wollte, nachdem er mit einem Stein um den Hals in einen Fjord geworfen worden war.

Niederlage in England: Da man König Knuts Oberherrschaft noch lebhaft in Erinnerung hatte, war es vielleicht unvermeidlich, daß der kühne Harald ähnliche Ambitionen entwikkelte. Das ständige Hin und Her zwischen der Westküste Norwegens und Britannien hatte ohnehin bewirkt, daß die Gemeinsamkeiten hier vielleicht stärker ausgeprägt waren als zwischen den über das weite norwegische Land verstreuten Siedlungen. Harald fühlte sich daher wohl zu seinem Überfall auf England berechtigt.

Runenzeichen bei Skjeberg, südlich von Oslo.

Von Norden vordringend wurde er in Stamford Bridge in Lincolnshire aufgehalten (dieses Stamford ist nicht zu verwechseln – wie das in manchen Reiseführern geschieht – mit dem gleichnamigen Londoner Ortsteil, der Heimat des „Chelsea Soccer Club"). Einige Historiker behaupten, die Tatsache, daß die englische Armee nach Norden eilen mußte, um Harald Einhalt zu gebieten, habe ihren Widerstand gegenüber Wilhelm im Süden geschwächt.

Harald fand in diesem mißlungenen Eroberungsversuch den Tod. Nachfolger waren seine Söhne Magnus und Olav der Stille; letzterer gründete die Städte Bergen und Stavanger, bevor er von seinem Sohn abgelöst herrscher, wurde jedoch während seiner Regierungszeit immer wieder mit den komplizierten Thronfolgeregelungen konfrontiert.

Thronstreitigkeiten: Die Kämpfe um den norwegischen Thron gingen weiter. Zwischendurch gab es glänzende Abschnitte unter einem König wie Sverre, aber meist wurde um die Thronfolge von Mächten gestritten, die hinter den offiziellen Thronanwärtern standen, nicht selten Kinder. Mit der Stabilität der 46jährigen Regierung Hakons IV. und der seines Sohnes, Magnus des Gesetzesverbesserers, erreichte Norwegen im 13. Jahrhundert seine „große Zeit".

Es wurde Geld für Kathedralen und Kirchen ausgegeben, die Künste blühten auf, die Nor-

wurde, wiederum einem Magnus, in diesem Fall jedoch dem unvergeßlichen „Barfuß", der nach einem Besuch in Schottland (das er so gerne annektiert hätte) dazu überging, einen Kilt zu tragen.

Magnus' Tod zog die üblichen Erbstreitigkeiten nach sich; in diesem Fall wurden drei Könige, alle minderjährig, gleichzeitig ausgerufen. Einer starb in jungen Jahren, Sigurd ging ins Heilige Land, um sich den Titel des „Kreuzfahrers" zu verdienen, und Oystein unternahm Wikingerüberfälle, sorgte aber auch dafür, daß Fischereien, Häfen und Straßen gebaut und neue Klöster gegründet wurden. Sigurd war nach Oysteins Tod Allein-

weger studierten fleißig und schlossen sich der europäischen Lebensweise an. Dieser kulturelle Aufschwung erwuchs teilweise aus dem Schaffen einer wohlhabenden Oberschicht und aus der Festigung von Staat und Kirche. Er war weniger förderlich für die Bauern; der Wohlstand war ungleichmäßig verteilt, und die Zahl der selbständigen Bauern nahm durch die Zinsknechtschaft beträchtlich ab. Kirche und Großgrundbesitzer hatten leichtes Spiel, sich die freigewordenen Ländereien anzueignen.

Norwegens überseeische Besitzungen trugen zu einem Gefühl der Größe bei. Jämtland in Schweden war norwegischer Besitz, ebenso die Orkney- und Shetlandinseln. 1262 akzeptierte Island die norwegische Oberhoheit, desgleichen Grönland. Auch das Aufblühen von Städten wie Bergen mit seinem lebhaften Handel mit getrocknetem Fisch aus dem Norden gehört in diese Zeit. Der Außenhandel war zunächst auf Britannien beschränkt, orientierte sich dann jedoch in Richtung Ostseeküste, besonders nach Lübeck. Die reichen Kornbestände und der Fischmangel der Deutschen lieferten eine ausgezeichnete Handelsgrundlage mit Norwegen.

Lübecks Kaufleute wurden immer mächtiger, da Norwegen fast gänzlich von ihnen abhängig war. Sie durften in Bergen Grundbesitz erwerben und sich dort niederlassen. Kam man ihren Forderungen nicht nach, so drohten sie mit der Einstellung der Getreidelieferungen. Diese Abhängigkeit von Einfuhrgütern kostete das Land tatsächlich einen großen Teil seiner Unabhängigkeit, eine empfindliche Schwäche, die sich heute noch darin ausdrückt, daß der norwegische Staat die Landwirtschaft, wenn nur irgend möglich, großzügig subventioniert.

Der schwarze Tod: Ganz Europa mußte im 14. Jahrhundert den Gürtel enger schnallen. Isländische Wetterchroniken berichten von Vulkanausbrüchen, Erdbeben, ungewöhnlich starken Schneefällen, gefolgt von Frühjahrsüberschwemmungen. Um die Katastrophe perfekt zu machen, brachte ein in Sizilien anlegendes Schiff aus dem Fernen Osten im Oktober 1347 den schwarzen Tod mit sich. Innerhalb weniger Jahre wurde ein Drittel der europäischen Bevölkerung Opfer der Pestepidemie.

Die Pest wurde 1349 durch ein englisches Schiff in Bergen eingeschleppt. Die Auswirkungen waren vor allem auf die isolierten norwegischen Landgemeinden verheerend: Höfe, die unter großen Opfern aufgebaut worden waren, zerfielen, viele für immer.

Die Gutshöfe, auf denen die Werte erzeugt wurden, die die Grundlage eines allgemeinen Wirtschaftswachstums waren – konnten nicht fortbestehen, solange die Landarbeiter einfach wegstarben. Die überlebenden Adligen mußten wie die gewöhnlichen Sterblichen ihren Lebensunterhalt mühsam dem Boden abringen. Höhere Gewalt war es also, die eine Art sozialer Nivellierung mit sich brachte, die mit erklären mag, warum Norwegen bis heute kaum klassenkämpferische Auseinandersetzungen erlebt hat.

Die Dezimierung des Adels ließ die landesüblichen Kämpfe um die norwegische Thronfolge erlahmen. Zwei Könige, die nacheinander unangefochten eine lange Regierungszeit absaßen, gaben einen Vorgeschmack auf die relative Stabilität, die ganz Skandinavien im späten 13. Jahrhundert dank der schlauen Politik von Margareta, der Witwe König Hakons, aufgezwungen werden sollte.

Die dänische Prinzessin, als Zehnjährige mit dem König vermählt, war mit den Mechanismen der Monarchie wohl vertraut. Ihr wird die „größte Machtposition, die es je in Skandinavien gab", zugeschrieben, und sie wurde zuweilen mit „Frau König" angesprochen. Sie überredete als erstes die Dänen, ihren damals fünfjährigen Sohn Olav als König zu akzeptieren.

Während seine Mutter hinter den Kulissen agierte, übernahm Olav mit zehn Jahren auch die norwegische Krone. Kurz danach erbte er die Thronansprüche des verwaisten schwedischen Geschlechts der Folkunger. Als er mit 17 Jahren unerwartet starb, fand Margareta in ihrem fünfjährigen Neffen Erich von Pommern einen geeigneten Nachfolger, dem sie die Krone aufs schmale Haupt setzen konnte.

<u>Links</u>: Der Ring von Brogar, steinerne Zeugnisse der Wikingerzeit im schottischen Orkney. <u>Oben</u>: Das Arkershus Fort. Hier wurde der Patriot Knut Alvsson hinterhältig ermordet.

Die Union der drei Kronen wurde offiziell bei der Krönung in der schwedischen Stadt Kalmar nahe der dänischen Grenze vollzogen, die man für den Trinitatissonntag des Jahres 1397 angesetzt hatte. Die Krönung nahmen der dänische und der schwedische Erzbischof vor. Norwegen war vertreten durch den Bischof von Orkney, der zufällig auch noch Engländer war. Möglicherweise wollte man bei dem Verfassungsentwurf eine dauerhafte Einigung der drei Reiche unter einem König erreichen, doch die Thronfolgeregelung entsprach nicht dieser Absicht. Erik konnte die Krone nach seinem Gutdünken vererben, was gleichbedeutend war mit einer Rückkehr zu den alten Verhältnissen nach seinem Tod.

Tatsächlich scheiterte die Union noch zu seinen Lebzeiten. Sein größtes Problem war die Finanzierung des Hofes und der Zentralverwaltung in Kopenhagen. Die vereinigte Krone hatte keine nennenswerten eigenen Ländereien wie der wohlhabende Adel, der jedoch nicht gewillt war, seinen Reichtum zu teilen. Erik versuchte, die Macht des Adels zu unterlaufen, indem er Titel wie Kastellan oder Landvogt – örtlicher Militärkommandant – an Angehörige des niedrigeren Standes oder gar an Ausländer vergab, besonders gern an pommerische Landsleute. Auch versuchte er, den hanseatischen Kaufleuten Geld abzuringen, was diese schließlich zum Angriff auf Kopenhagen veranlaßte. Abgewehrt wurden sie von 200 Exemplaren einer neuen Erfindung, der Kanone. Weniger erfolgreich war Erik, als die Kaufleute mit einer Blockade antworteten. Am empfindlichsten traf diese den Adel und die reichen Kaufleute, die Erik für ihr Mißgeschick verantwortlich machten und sich gegen ihn verschworen.

Erik zog sich auf die Insel Gotland zurück in der Hoffnung, sie würden ihre Meinung ändern und ihn zurückrufen. Norwegen hätte das auch getan, doch die Dänen waren für einen völlig neuen Anlauf. Der Thron wurde Christian von Oldenburg angeboten, der, vordem Graf eines unbedeutenden Teils von Deutschland, zum Gründer einer Dynastie wurde, die mehr als vier Jahrhunderte überdauern sollte. Schweden lehnte diese Wahl ab, doch Norwegen akzeptierte Christian.

Christian I. war beinahe ebenso knapp bei Kasse wie Erik. Seine Versuche, zu Geld zu kommen, gingen stets zu Lasten des schwächeren Partners Norwegen. Die 60 000 Gulden Mitgift für die Verheiratung seiner Tochter Margaret mit dem schottischen Thronerben brachte er auf, indem er die Orkneyinseln für 50 000 an Schottland verpfändete.

Als schließlich der Hochzeitstag nahte, fehlten Christian immer noch 8000 Gulden, und so verpfändete er auch noch die Shetlandinseln. Um 8000 Gulden aufzutreiben, gab er ein paar Jahre später dreimal soviel für eine Reise nach Rom aus. (Das Geld borgte er sich bei den Hanseaten.) Die Schotten triumphierten, nicht nur, weil der Preis so gering war, sondern auch, weil Margaret „es höher schätzte, Königin von Schottland zu sein als Tochter eines Königs mit drei Kronen".

Meuchelmord: Norwegens Zorn über die stetige Ausbeutung kam schließlich zum Ausbruch. Zur 16. Jahrhundertwende führte Knut Alvsson, ein schwedisch-norwegischer Edelmann, einen Aufstand an, der einen potentiell unabhängigen Staat von Oslo bis Bergen zur Folge hatte. Dänische Truppen wurden ausgeschickt, um dem Ganzen ein Ende zu setzen. Es sollte ein wenig ehrenhaftes Ende werden. Alvsson, der sich in Schloß Akershus in Oslo festgesetzt hatte, wurde mit einer weißen Waffenstillstandsfahne zu Verhandlungen gebeten und hinterrücks ermordet. In dem Gedicht *In Akershus* nennt Ibsen seinen Tod einen Stich in Norwegens Herz.

Norwegens Unmut über die tückische Ermordung Alvssons wurde noch geschürt durch die Strafsteuern, die es für den Krieg Christian II. von Dänemark gegen die unermüdlichen Schweden zahlen mußte. So waren die Norweger nicht traurig, als er gestürzt und ins Exil geschickt wurde, doch sein Nachfolger Frederik I. fand ebenfalls nicht ihre Zustimmung. Norwegen war nominell römisch-katholisch und hatte daher wenig Interesse an den reformatorischen Kräften, die hinter dem Gerangel um den dänischen Thron standen. In Norwegen fehlte das städtische Bürgertum, das sich in anderen Ländern so rasch zu Luther bekannte. Norwegens Bauernkultur war zutiefst konservativ, um nicht zu sagen rückständig. Nicht von ungefähr bezeichnen viele Gelehrte Norwegen bis ins frühe 16. Jahrhundert als „mittelalterlich".

Man könnte sagen, daß die Reformation die erste große kulturelle Kraft Europas war, die Norwegen erreicht und nennenswert beeinflußt hat. Der Feudalismus setzte sich ebensowenig durch (nie rettete ein norwegischer Ritter in glänzender Rüstung edle Jungfern aus der Not) wie die Renaissance. Weite Teile des ländlichen Norwegens lebten tief in der Vergangenheit, wobei das Christentum nur ein Lichtstrahl in der im Grunde noch herrschenden heidnischen Finsternis war. Die Bauern hatten sich noch gar nicht richtig an das Christentum gewöhnt, wie sie es kannten, als sich Europa schon für eine ganz andere Ausprägung begeisterte, die man in Norwegen nur skeptisch zur Kenntnis nahm.

Der neue Führer: Zu dieser Zeit erschien ein neuer Führer der Norweger auf dem Plan. Es

war Olav Engelbrektsson, Erzbischof von Trondheim (oder Nidaros, wie es damals hieß). Olav stellte eine Armee auf und wollte Christian II. wieder auf den Thron heben. Der Exilmonarch konnte mit niederländischer Hilfe eine Flotte aufstellen und segelte 1531 gen Oslo. Doch seine Schiffe gerieten in einen Sturm, so daß nur ein kleiner Teil der Flotte Schloß Akershus erreichte. Der Angriff wurde zurückgeschlagen, Christian gefangengesetzt und die Norweger gezwungen, Frederik I. als ihren König anzuerkennen.

Christian II. war noch im Gefängnis, als Frederik starb und Christian III., ein Protestant, den Thron bestieg. Er rief die dänischen

Links: Das traditionelle Norwegerhaus hatte schwarze Außenwände und ein Grasdach. Oben: Wale wurden bereits im 17. Jahrhundert gejagt.

Bischöfe zusammen und befahl die Auflösung des Erzbistums Trondheim, wenn nötig mit Gewalt. Olav dachte an Widerstand, doch angesichts der wahrscheinlichen Konsequenzen entschloß er sich schließlich zur Flucht in die Niederlande.

Jede Hoffnung auf die norwegische Unabhängigkeit wurde von einem Erlaß Christians III. im Jahre 1536 im Keime erstickt, der das Land zur regulären dänischen Provinz erklärte und der verkündete, daß „es von nun an kein eigenes Königreich mehr sein und auch nicht so genannt werden sollte". Dieser erniedrigende Status sollte auf immer beibehalten werden. Tatsächlich dauerte er aber nur knapp 300 Jahre, wurde aber nicht durch die Unab-

hängigkeit beendet, sondern 1814 von der Eroberung durch die Schweden. Norwegen war nämlich für seine mächtigeren Nachbarn zur begehrten Trophäe geworden.

Der Verlust der politischen Souveränität unter dänischer Herrschaft bedeutete nicht zwingend auch den Verlust der eigenen Identität. Man sprach weiter dieselbe Sprache, und auch die Regionalverwaltung behielt viele ihrer traditionellen Züge bei. Nach und nach taten die Reformation und die Entschlossenheit Christians III., Norwegen zu dänisieren, aber doch ihre Wirkung.

Der dänische Einfluß: Die meisten der neuen protestantischen Geistlichen waren Dänen. Auch die revidierte Bibelfassung gab es nur auf Dänisch, ebenso die Kirchenlieder. Verwaltungsposten wurden ausschließlich an Dänen vergeben, die sie in dänischer Sprache ausübten und der Regierung in Kopenhagen Bericht erstatteten.

Mit Ausweitung der Schulbildung und der Verbreitung dänischer Bücher (die Druckerpresse kam erst sehr spät nach Norwegen) entwickelte sich das Phänomen, daß die Menschen in einer Sprache sich verständigten, eine andere jedoch lasen und schrieben – wenn auch mit charakteristisch norwegischem Akzent. Es entstand eine dänisch-norwegische Hybridsprache, die zu einem Sprachenstreit führte, der bis heute noch nicht beigelegt ist.

In den zahlreichen Kampfhandlungen Dänemarks und Schwedens erwarben sich die Norweger den dänischen Respekt, da sich die norwegischen Einheiten stets tapfer hielten. Allmählich begriff man in Dänemark, daß Norwegen nur auf seine Weise regiert werden konnte. Schweden warf über Dänemarks Schultern neidvoll begehrliche Blicke auf Norwegen. Wenn die Norweger ein vorteilhafteres Unionsangebot von schwedischer Seite angenommen hätten, wären neue Spannungen die Folge gewesen.

Nach langer Krise gab es in Norwegen einen wirtschaftlichen Aufschwung, der teils den riesigen Heringsschwärmen vor der norwegischen Küste zu verdanken war, teils der Erfindung der wasserbetriebenen Säge, die die Holzindustrie zu einem lukrativen Geschäft machte. Christian IV. stand Norwegen viel positiver gegenüber als seine Vorgänger. Er besuchte das Land mindestens dreißigmal, einmal sogar völlig außerplanmäßig, als im heutigen Kongsberg Silber entdeckt wurde. Er beaufsichtigte die Gründung der Stadt. Daher stammt auch der Name, der soviel bedeutet wie „Königsberg". Er gründete und taufte Kristiansand und nannte die neue Stadt, die dort gebaut wurde, wo das ehemalige Oslo 1624 abgebrannt war, „Christiania".

Dennoch lenkte Christian das Land, als wäre es ein Privatunternehmen. Er zwang die hanseatischen Kaufleute, die norwegische Staatsbürgerschaft anzunehmen, oder aber das Land zu verlassen. Einwanderer aus anderen Landesteilen wurden ermutigt, ihr Können, ihren Unternehmungsgeist und vor allem ihr Geld nach Norwegen zu bringen. Dank Christians Förderung entwickelten sich

Handelsstationen wie Drammen, Moss, Larvik, Mandal und Arendal zu blühenden Städtchen. Die Norweger begrüßten die Fremden nicht immer ungeteilt freudig. Im Jahr 1700 zum Beispiel eskalierte ein Geplänkel zwischen zwei Männern unversehens zur schönsten Schlägerei, bei der alle 900 Neuankömmlinge gegen die restlichen Einwohner standen. Die Streitigkeiten währten eine Woche. Dennoch erholte sich die vom Schwarzen Tod auf rund 180 000 Menschen geschrumpfte Bevölkerungszahl unter Christians tatkräftiger Politik und belief sich 1665 wieder auf 440 000 und 1801 auf knapp 900 000.

Nicht alle seine Nachfolger behandelten die norwegische Belange mit der Einfühlsamkeit

Christians IV. Es gab Zeiten, in denen die dänische Krone autokratisch und absolutistisch herrschte. Für Norwegen stand und fiel dann alles mit der Einstellung des jeweiligen Statthalters, des für Norwegen verantwortlichen Beauftragten der Krone.

Ulrik Frederik Gyldenlöve, ein unehelicher Sohn Frederiks III., trat für seine norwegischen Untertanen ein und bewahrte die Bauern vor noch unverschämteren Steuerforderungen aus Kopenhagen. Er war es auch, der eine norwegische Armee aufstellte, die 1677 bei Kvistrum die schwedische Übermacht das Fürchten lehrte. Peter Wessel Tordenskiold wurde aufgrund seiner vielen wagemutigen Taten zum Helden der Seefahrer. So segelte er einmal mit einem kleinen Geschwader einen Fjord hinauf (Dynekilen) und zerstörte eine schwedische Flotte.

Höllenfeuer und Schwefel: Als Norwegen endlich das Mittelalter abschüttelte und sich mit dem Protestantismus anfreundete, wurde der neue Glaube so begeistert aufgenommen, wie man einst das Heidentum bekämpft hatte. Besonders auf dem Lande verbreitete sich der Pietismus, der mit Höllenfeuer-und Schwefel-Gefasel den Bauern weismachen wollte, ihr entbehrungsreiches Dasein sei verabscheuungswürdig und sündhaft. In einer Art fundamentalistischem Wahn unterdrückten sie ihre Volkskultur und folgten – insbesondere im 19. Jahrhundert, als der Pietismus noch stark war – dem Aufruf, ihre schönen Stabkirchen abzureißen. Konfirmation und sonntäglicher Gottesdienstbesuch waren Pflicht. Bei näherem Hinsehen entdeckten die Pietisten zu ihrem Entsetzen, daß in ihrer Mitte, oder zumindest innerhalb der Landesgrenzen, noch Heiden lebten. Thomas von Weston, ein begabter Linguist, machte sich auf, um die Lappen der Finnmark zu bekehren. Hans Egede ging bis nach Grönland, um dort Seelen zu

Links: Blick in einen der landesüblichen *stuene* (Wohnraum). Oben: Die traditionelle norwegische Familie scharte sich sonntags um die Bibel.

retten, doch trotz unermüdlicher Bemühungen brauchte er acht Jahre, bis der erste Inuit konvertierte.

Den Einfluß des Pietismus verkörpern nicht so sehr die zahlenmäßig unbedeutenden, fanatischen Gruppierungen, die immer noch die Prohibition fordern. Gewichtiger ist die Nachgiebigkeit des Staates gegen den Druck, den diese Gruppen ausüben und der auch dem Besucher aus dem Ausland nicht verborgen bleiben wird. Andererseits machten sich liberale Strömungen in Kopenhagen stets auch in Norwegen bemerkbar. So ging die Regentschaft, nachdem Christian VII. wahnsinnig geworden war, in die Hände des deutschen Arztes Johann Struensee über, der für uneingeschränkten Handel, und die Pressefreiheit eintrat. Norwegen erlebte dankbar die Abschaffung eines Systems, das die norwegischen Eisenimporte nach Dänemark zu festen, künstlich niedrig gehaltenen Preisen vorsah, während dänisches Getreide zu Marktpreisen nach Norwegen eingeführt wurde. Es tat wohl, daß solche Ungerechtigkeiten beseitigt wurden, doch die Aussicht auf weitere Wirtschaftsreformen schwand, als man Struensees Affäre mit Caroline Mathilde, der Frau seines geistesgestörten Patienten, entdeckte. Struensee wurde hingerichtet.

Vor dem Hintergrund pietistischer Strenge und der Todesstrafe für sexuelle Verfehlungen tauchte in Person von Ludvig Holberg ein Silberstreif der Aufklärung am Horizont auf. In Bergen geboren, zog Holberg später nach Kopenhagen, war Schriftsteller, Historiker und Satiriker (in lateinischer Sprache) und hatte, so jedenfalls der anerkannte Historiker T.K. Derry, „in seiner Generation keinen, der ihm geistig überlegen war, bis auf Voltaire“.

Es ist schwierig, eine Trennungslinie zu ziehen zwischen norwegischer und dänischer Geschichte in den vierhundert Jahren, die die Länder eng verbunden waren: Beide Nationen beanspruchen Holberg heute für sich.

Angriff Nelsons: Die Koexistenz von Dänemark und Norwegen wurde ausgerechnet von Napoleon Bonaparte erschüttert. Großbritannien hatte sich mit Dänemark (und folglich auch Norwegen) wegen des dänischen Bündnisses mit Preußen und Rußland überworfen. 149 dänische und norwegische Schiffe wurden in britischen Häfen geentert. Daraufhin marschierten dänische Truppen in Hamburg ein und beschlagnahmten britischen Besitz im Wert von 15 Millionen Pfund.

Nelson nahm mit einer mächtigen Flotte Kurs auf Kopenhagen. Eine Blockade aus dänisch und norwegisch besetzten Schiffen verteidigte die Stadt tapfer, doch nach sechsstündiger Schlacht rief Nelson den dänischen Prinzregenten zur Kapitulation auf und drohte mit der Zerstörung der Blockadeschiffe.

Ein paar Jahre später verlangte Napoleon von Dänemark-Norwegen, sich seinem Kontinentalsystem anzuschließen und ihre Häfen für britische Schiffe zu schließen. Eine große britische Flotte forderte die Übergabe der dänischen Marine, die Napoleon nach dem Verlust seiner eigenen bei Trafalgar so dringend brauchte. Als die Dänen ablehnten, wurde Kopenhagen drei Tage lang von mindestens 14 000 Geschützen beschossen.

Britische Truppen besetzten die Hauptstadt sechs Wochen lang und fuhren dann nach Hause – die dänische Flotte und große Mengen an Schiffsvorräten im Schlepptau. Die Gewalt dieses Übergriffs auf ein an sich neutrales Land trieb Dänemark und Norwegen geradewegs ins napoleonische Lager, wodurch sie dann auch verpflichtet waren, ihn bei seinem Angriff auf Schweden zu unterstützen.

Der Keil, der so zwischen Schweden und Dänemark getrieben wurde, sollte noch schwerwiegende Folgen haben. Der ohmächtige Dritte mittendrin war Norwegen. Das Unvermeidliche kam 1810 ins Rollen, als Schwedens König Karl XIII. den napoleonischen Marschall Jean-Baptiste Bernadotte (ausgerechnet ihn, nach allem, was vorgefallen war) zu seinem Nachfolger bestimmte.

Links: Die alte Bergbaustadt Röros. Oben: Friedhof im hohen Norden in Andöy, Vesteralen.

Bernadotte änderte seinen Namen zum schwedischer klingenden Karl Johan und bestieg 1818 den Thron.

Karl Johan entwarf einen Plan, nach dem Rußland und England schwedische Ansprüche auf Norwegen unterstützen sollten. Die beiden Länder stimmten zu, und so wurden die norwegischen Häfen gesperrt, um die „freiwillige“ Union mit Schweden zu sichern.

Der dänische Kronprinz Christian Frederik wollte sich der norwegischen Loyalität versichern, indem er unter anderem der lange geforderten Gründung einer norwegischen Nationalbank zustimmte. Die endgültige Entscheidung lag aber nicht in dänischem oder norwegischem Ermessen. Die Union zwischen Schweden und Norwegen wurde im Frieden von Kiel (nach Napoleons Niederlage bei Leipzig) 1814 festgelegt.

Kampf um den Thron: Christian Frederik wollte Norwegen nicht kampflos aufgeben. Er hatte die Idee, sich vom Volk als König ausrufen zu lassen, doch viele Norweger glaubten, die dänische Linie habe ihre Souveränität verloren und wollten ihren neuen König selbst bestimmen. Im April 1814 trafen sich 37 Bauern, 16 Geschäftsleute und 59 Bürokraten in Eidsvoll, um über die Zukunft zu entscheiden. Die von ihnen ausgearbeitete Verfassung wurde am 17. Mai unterzeichnet, der heute Norwegens höchster Feiertag ist.

Der Trennung von Dänemark folgten Streitigkeiten über die Aufteilung gemeinsamer Besitztümer. Dazu zählten Island, Grönland und die Färöer, die, wie Norwegen anführte, schon lange vor der Union mit Dänemark norwegische Kolonien gewesen waren. Zu den Verpflichtungen zählten die dänisch-norwegischen Staatsschulden.

Wer schuldete nun was? Der norwegische Standpunkt war, daß Dänemark nicht nur die Gesamtlast alleine tragen sollte, sondern Norwegen auch noch Ausgleich schuldete für die jahrelange Ausbeutung. Wie es der Vertrag von Kiel, in dem die neue Union beschlossen wurde, vorsah, konnte Karl Johan verfügen, daß Norwegen einen Teil der Schulden übernehmen würde. Die Kolonienfrage wurde erst 1931 endgültig geregelt, als der Internationale Gerichtshof in Den Haag für Dänemark entschied.

Zwei Königreiche: Von Anfang an gab es Reibungspunkte zwischen Karl Johan und der norwegischen Hälfte seines Reiches: Karl Johan schwebte eine allmähliche Verschmelzung der beiden Königreiche vor, Norwegen dagegen war entschlossen, die in der Verfassung von 1814 festgeschriebene Unabhängigkeit zu verwirklichen.

Ein Verfassungsstreit entbrannte über einen Gesetzentwurf zur Abschaffung aller Adelstitel und Privilegien. Wieder und wieder legte das Storting (Norwegens Parlament) das Papier vor – und der König weigerte sich standhaft, es zu unterzeichnen. Die Verfassung sah vor, daß der König einen Gesetzentwurf nur zweimal ablehnen durfte. Beim drittenmal wurde er automatisch Gesetz. Doch Karl Johan widersetzte sich strikt einer Einschränkung seiner Vollmachten.

Die Kontroverse um diese Grundsatzfrage erhitzte lange Zeit die Gemüter. Sie blieb der größte Streitpunkt, der die Union begleitete und trug schließlich auch zu ihrer Auflösung bei. Der norwegische Stolz war empfindlich getroffen. Handelsschiffe durften in Heimatnähe unter norwegischer Flagge fahren, nicht jedoch in Gewässern, die von nordafrikanischen Piraten unsicher gemacht wurden. Schweden hatte sich von den Piraten Immunität erkauft, die sich jedoch nur auf Schiffe unter schwedischer Flagge erstreckte. Wollten norwegische Schiffe davon profitieren, mußten sie die schwedische Flagge hissen.

Daß Schweden eigene norwegische Diplomaten und Konsulate im Ausland strikt ablehnte, war nicht nur für Norwegen demütigend, sondern auch ein praktisches Hindernis, weil die norwegische Handelsflotte 1880 dabei war, die drittgrößte der Welt zu werden.

Links: Eidsvoll, wo 1814 die norwegische Verfassung beschlossen wurde. Oben: König Karl XIV. Johan von Norwegen und Schweden.

Ihre weitgereisten Mannschaften wollten und brauchten norwegische Vertretungen.

Wieder Oslo: Karl Johan machte seiner Popularität zuliebe gerne hier und da ein Zugeständnis, und so war die Begeisterung bei seinem Besuch in Christiania 1838 vermutlich echt, ebenso die Trauerbezeigungen bei seinem Tod sechs Jahre später. Durch die Namensänderung von Christiania auf Oslo wurde zwar ein Relikt der Dänenherrschaft getilgt, doch die Benennung der Prachtstraße der Hauptstadt nach Karl Johan ist nach wie vor unumstritten.

Dessen Nachfolger Oskar I. versuchte unverzüglich, Norwegen durch Gesten zu besänftigen, etwa durch seinen Titel, der im Lande König von Norwegen und Schweden lautete, und nicht anders herum. Ebenso stimmte er einer neuen Unionsflagge zu, in der die schwedischen und norwegischen Farben zu gleichen Teilen vorkamen. Die politische Szene Norwegens beherrschte im 19. Jahrhundert die separatistische Venstre-Partei, die das königliche Vetorecht ablehnte. Ihr Vorsitzender, der Anwalt Johan Sverdrup, machte sich für das Bündnis von radikalen Städtern und reichen Bauern stark. Doch die Interessen beider Gruppen gingen zu weit auseinander, und so zerbrach die Partei und schuf Raum für eine starke sozialistische Bewegung, die große Teile des 20. Jahrhunderts prägte.

Den ärmeren Bauern, die die Regierungsgeschäfte bisher den Grundbesitzern und Kaufleuten überlassen hatten, wurde klar, daß sie ihre Interessen nur durchsetzen konnten, wenn sie selbst politisch aktiv würden. Die nationalromantische Strömung, die nordische Version des Glaubens an den edlen Wilden von Rousseau, kam ihnen dabei sehr entgegen. Der norwegische Bauer fungierte in dieser nationalen Strömung als das Salz der Erde.

Auch wenn den Bauern Sonderrechte gewährt wurden, die harten Lebensbedingungen verbesserten sich dadurch noch lange nicht. Die ersten USA-Auswanderer wurden 1825 registriert. Laut Statistik wanderten dann am meisten Norweger aus, wenn die wirtschaftliche Lage im eigenen Land gut, die wenigsten, wenn sie schlecht war. Vielleicht konnten die Leute in schlechten Zeiten einfach nicht das Geld für die Überfahrt aufbringen. 1882 emigrierte eine Rekordzahl von 29 000 Norwegern. Um 1910 lebten über 400 000 Menschen norwegischer Abstammung in den Vereinigten Staaten, und die Zahl nahm während des Ersten Weltkriegs stetig zu.

Blütezeit der Kunst: Die Welle des Nationalismus in ganz Europa löste in Norwegen eine einzigartige Blütezeit der Kunst aus. Ibsen und Kielland, die ganz Großen einer hochbegabten Schriftstellergeneration (nicht zu vergessen Edvard Grieg, der Komponist, und Edvard Munch, der Maler), vermittelten der Welt einen tieferen Einblick in Norwegens Gesellschaft als die Romantiker mit ihren schwammigen nationalistischen Ergüssen.

Für nervenstarke Gemüter hier kurz der Handlungsablauf eines solchen Machwerks, *Thelma: Eine norwegische Prinzessin* von Marie Corelli, das immerhin 47 Auflagen erlebte: Sir Philip Bruce-Errington begegnet in Altenfjord am nördlichsten Zipfel Norwe-

Oben: Emigranten in Stavanger beim Aufbruch in die Neue Welt. Rechts: Dieser achtjährige Junge überquerte nach dem Tod seiner Mutter 1907 allein den Atlantik.

DER GROSSE EXODUS

Tausend Jahre nachdem die ersten norwegischen Wikinger ihre Schiffe westwärts gelenkt und bis nach Nordamerika vorgedrungen waren, machte sich eine zweite Welle von Norwegern in die gleiche Richtung auf.

Die Motive dieser neuerlichen Auswanderer waren ähnlich – Chancenlosigkeit und Armut –, doch fehlte ihnen die kriegerische Begeisterung ihrer Vorfahren. Die neuen „Wikinger" suchten einen Ort, wo sie arbeiten und gut leben konnten.

Das erste kleine Auswandererschiff, die 16-Meter-Schaluppe *Restauration*, war kaum hochseetüchtiger als die glänzend konstruierten Wikingerboote. Auch in punkto Komfort war es mit 52 Mann Besatzung und Passagieren an Bord kaum überlegen. Die Leiden der schwangeren Frau, die auf der Überfahrt ein Mädchen zur Welt brachte, bleiben besser unerwähnt.

Doch die ersten Auswanderer, die im Juli 1825 von Stavanger in See stachen, waren voller Idealismus. Ihr Anführer, Lars Larsen Geilane, war Quäker, auch einige Anhänger der Haugeaner-Sekte gehörten zu diesen Pionieren. Ihre Absicht, in Amerika eine klassenlose Gesellschaft zu gründen, in der sie ihre Religion praktizieren konnten, wurde bestärkt durch Berichte des bekannten norwegischen Pioniers Cleng Peerson, der aus dem gelobten Land zurückgekehrt war und berichtete. Die *Restauration* erreichte New York im Oktober 1825, und die Bauern, meist aus Rogaland *fylke*, dem Gebiet um Stavanger, besiedelten unverzüglich das Land, das Cleng Peerson bei Kendall am Ufer des Ontariosees für sie gekauft hatte. Die Siedlung wurde Postkutschenstation auf der Strecke nach Illinois.

Als die *Restauration* ablegte, lebten in Norwegen lediglich eine Million Menschen. Aus den nächsten drei Generationen wanderten 750 000 Norweger nach Nordamerika aus. Dies war dem raschen Bevölkerungswachstum zu verdanken und hatte nicht das Ausbluten der ländlichen Gebiete zur Folge. Die ersten Industriellen warnten jedoch bereits vor den Folgen der Abwanderung von Arbeitskräften. Die frühen Pioniere hatten mehr mit den Pilgervätern gemein, die zweihundert Jahre vor ihnen auf der *Mayflower* Plymouth verlassen hatten, als mit den norwegischen Emigranten, die nach ihnen kamen. Die Hauptauswanderungsgründe für die zweite und spätere Wellen der Landbevölkerung waren weniger politischer oder religiöser Natur, sondern die Aussicht auf guten Boden und gute Lebensbedingungen. Ein *Odelsbonde* zu sein, der eigenes Land besaß, hieß, ein freier Mann zu sein, das Ziel eines jeden norwegischen Landmannes.

Viele, die in Norwegen als Tagelöhner oder Seeleute gearbeitet hatten, konnten in der Neuen Welt eigenes Land bestellen. Auch die amerikanische Handelsflotte warb um die norwegischen Seeleute, deren Vorfahren seit Generationen vom Meer gelebt hatten. Die Briefe und Berichte der Neuankömmlinge sowie die norwegischen Besucher aus der Neuen Welt heizten das Emigrationsfieber an. Staaten im Mittelwesten engagierten Agenten, die Auswanderer anwerben sollten.

Um 1835 waren einige der ersten Einwanderer und Neuankömmlinge nach Illinois weitergezogen, wo die hartgesottenen Norweger die Kältegrade eines Winters im Mittelwesten überstanden. Gegen Mitte des 19. Jahrhunderts waren 2500 der insgesamt 80 000 Einwohner von Illinois Norweger. Zwanzig Jahre später waren es schon über 12 000. Das Homestead Law von 1862, das Einwanderern Land zusprach, verwandelte das erste Rinnsal in einen Strom, und Cleg Peerson gründete ganze norwegische Siedlungen in Iowa.

Patriotische Norweger betrachteten es als ihre Pflicht, die Expansion zu unterstützen. Der weltbekannte Geiger Ole Bull hatte große Pläne mit einer Siedlung namens „Oleana" in Pennsylvania, die jedoch fehlschlugen. Er hatte sich zu weit von seinen bäuerlichen Wurzeln entfernt. Der Boden war schlecht, Kommunikation unmöglich. Bull verlor bei diesem Projekt über 40 000 Dollar.

Norweger siedelten auch in Kanada. In den dreißiger Jahren versiegte der Emigrantenstrom. In Gegenden, wo sich Norweger angesiedelt hatten, war ihr Einfluß groß. Vielerorts wurden noch über Generationen die norwegische Sprache gelehrt, die lutherische Kirchentradition gepflegt. Die Skier und die Kunst des Skilaufens brachten Norweger ins Land. Wer glaubt, heute sei das Norwegische verschwunden, der sollte Garrison Keillors reizende Geschichten über das Leben am Lake Wobegon lesen.

gens einem verrückten Gnom. Sir Philip und der Zwerg unterhalten sich in fließendem Englisch, doch das mindert nicht Sir Philips Verblüffung über die Intelligenz des Gnoms, der das Herkunftsland des anderen errät.

Dann macht Sir Philip die Bekanntschaft des alten Olaf Guldmar, Prinzessin Thelmas Vater, eines heruntergekommenen Kleinbauern, der, wie der verrückte Zwerg, perfekt Englisch kann und sogar seinen Knecht so anredet. Voller Hochachtung und Bewunderung erblickt Sir Phlip Olafs Bibliothek mit den Werken von Shakespeare, Scott, Byron, Keats, Gibbon, Plutarch und Chapmans Homer-Übersetzung. Es stellt sich heraus, daß Olaf zwar Latein beherrscht, doch in religiöser

Hinsicht noch unbedarfter Heide ist, mit dem Lieblingsausspruch „Bei Walhalla!".

Nicht einen Augenblick zu früh fühlt Olaf seinen Tod nahen und läßt sich nach alter Sitte auf sein Schiff bringen, das in Brand gesteckt und aufs Meer hinausgeschoben wird. „Er hob die Arme wie in Ekstase: 'Ruhm! – Freude! – Sieg!' Und wie ein edler Baum, vom Blitzschlag getroffen, fiel er – tot."

Daß sich die norwegische Wirklichkeit von dem gerade Geschilderten unterscheiden könnte, wurde, jedenfalls in England, erstmals angedeutet durch einen Artikel, der 1872 im *Spectator* erschien. Er handelte von einem bis dahin unbekannten norwegischen Dichter namens Ibsen, der „kurze Gesänge in unregelmäßigem Versmaß nach Art Heines" verfaßt hatte. Der Dichter schrieb einen Dankesbrief an den Autor Edmund Gosse, in dem er bemerkte: „Ich würde mich glücklich schätzen, wenn Sie sich entschließen könnten, eines oder mehrere meiner Bücher zu übersetzen."

Dichter und Stückeschreiber: In ihrer Heimat waren Ibsen und andere wie Björnsterne Björnson öffentlich gegen die dänische Vorherrschaft auf dem Gebiet der Kunst eingetreten. Sie forderten unter anderem, daß keine dänischen Schauspieler mehr auf norwegischen Bühnen spielen sollten.

Henrik Johan Ibsen erblickte 1828 in dem kleinen Städtchen Skien in Telemark das Licht der Welt. Die finanziellen Unregelmäßigkeiten des Vaters stürzten die Familie in Armut, und so verdingte sich Ibsen als Lehrling in der Apotheke des noch kleineren Ortes Grimstad. Erste Gedichte wie *Resignation* oder *Zweifel* vermitteln einen Eindruck von der majestätischen Düsterkeit – aufgelockert durch brillanten Witz – seines späteren Werkes. Nach seiner Tätigkeit am Theater von Bergen ging er nach Christiania (Oslo) ans Norske Theater. Ein Mißerfolg jagte den anderen, er war gesundheitlich und finanziell am Ende. Am Abgrund der Depression begann er, die beklagenswerte Lage des schöpferischen Künstlers in der Gesellschaft in Frage zu stellen und kam ausgerechnet dadurch auf den Weg zum Erfolg. *Die Kronprätendenten*, 1864 uraufgeführt, wurden ein großer Erfolg und verhalfen ihm zu einem Auslandsstipendium. Er ging zunächst nach Italien und kehrte erst nach 27 Jahren in sein Heimatland zurück.

Seine bekanntesten Stücke entstanden ab 1877. *Stützen der Gesellschaft* schuf mit der Darstellung der Verlogenheit und Trivialität eines Provinznestes eine neue Gattung. Durch seine zahlreichen großen Frauenrollen berührte Ibsen Themen, auf die Theaterpublikum und Kritiker nicht vorbereitet waren.

Mochten seine Werke in Norwegen umstritten gewesen sein, so wurden sie, als sie im Ausland aufgeführt wurden, von der Kritik verrissen. Der *Daily Telegraph* über die erste Auslandsaufführung von *Gespenster*: „einfach verabscheuungswürdig ... diese anstößige Darstellungsweise ... eine schmutzige Handlung, in der Öffentlichkeit begangen, eine (Toilette) mit geöffneten Türen und Fenstern ... vulgäre, ja, abstoßende Unschicklichkeiten ... literarisches Aas ... wirres Zeug." Ein anderer Kritiker ging noch weiter: „Schwermütige Diagnose von Verkommenheit und Unanständigkeit ... Verirrungen hinterwäldlerischer Norweger."

Eine andere Meinung verrat Havelock Ellis oder, nachdem sich der Sturm gelegt hatte, George Bernard Shaw, der über Ibsens Werk urteilte: „Ibsens Wirkung in England war beinahe so heftig, wie die Wirkung von drei Revolutionen, sechs Kreuzzügen, mehreren Einfällen fremder Truppen und einem Erdbeben. Der normannische Siegeszug war nichts im Vergleich zum norwegischen Siegeszug."

Während sich beim Werk des großen Holberg aus dem vorigen Jahrhundert schwer sagen ließ, was daran norwegisch und was dänisch war, bestanden bei Ibsen keinerlei Zweifel. Als kleine Randbemerkung dazu ein Zitat aus einem seiner Briefe an einen Freund in England: „In letzter Zeit ging mir so allerhand durch den Kopf, und einer der Schlüsse, zu denen ich gekommen bin, ist, daß ich ein Gutteil schottisches Erbe in mir trage. Allerdings ist das nur so ein Gefühl – vielleicht auch nur der Wunsch, daß es so wäre."

Willenskampf: Ibsens ausgeprägtes Nationalgefühl spiegelte sich in den politischen Entwicklungen um ihn herum. Die Probleme mit der Union mit Schweden spitzten sich 1905 zu, weil der langwierige Disput über die diplomatische Vertretung Norwegens nicht auszuräumen war. Norwegen verlangte ein eigenes Konsularsystem, König Oskar II. lehnte dies ab. Daraufhin wollte die Regierung für den Fall, daß der König nach einem Rücktritt keine neue Regierung zusammenstellen könne, seine königliche Macht außer Kraft setzen. Das Storting hätte dann einen neuen König bestimmen müssen. Das Parlament stimmte diesem Plan zu, obwohl eine Minderheit die Schweden ausdrücklich von der Thronfolge ausschließen wollte.

Oskar war verletzt, die schwedische Regierung außer sich. Ein Plebiszit, bei dem sich 368 208 Stimmen für eine Loslösung von Schweden aussprachen und nur 184 dagegen, goß Öl ins Feuer. Die gegnerischen Parteien – der König gegen die Hälfte seines Landes – spielten Katz und Maus. Der „Kompromiß" von 1905 war nichts anderes als die Erfüllung der norwegischen Forderungen: Oskars Thronverzicht und Unabhängigkeit. Das „Abschiedsgeschenk" des Königs war, daß kein Mitglied seiner Familie den verwaisten Thron je wieder besteigen dürfe. Dies war nicht nur Bockigkeit seinerseits, denn Oskar war fest davon überzeugt, daß ein unabhängiges Norwegen scheitern und seinen König mit ins Verderben stürzen würde.

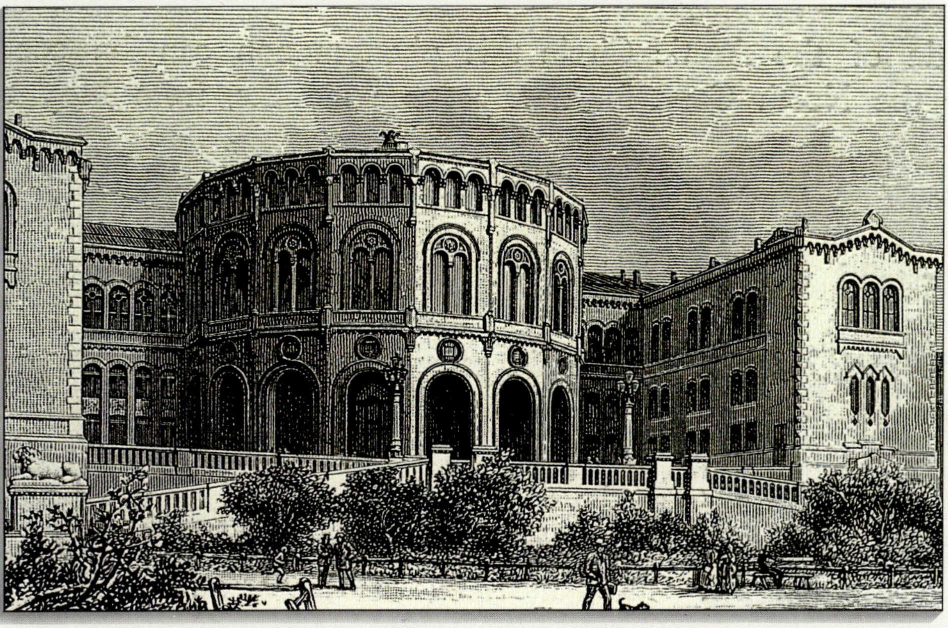

Links: König Oskar II. Oben: Eine frühe Darstellung des Storting, des norwegischen Parlaments.

Chr. Jern-Trappefabrik

Der Premierminister, der Norwegen in die Unabhängigkeit führte, hieß Christian Michelsen, Rechtsanwalt aus Bergen, der eine der größten Reedereien Norwegens gegründet hatte und seit 1903 Mitglied der Regierung war. Zwischenzeitlich hatte er in Bergen eine „liberale“ Splittergruppe der Radikalen Linken gegründet. Anfangs war es das bescheidene Ziel Michelsens, das Konsulatsproblem (ob Norwegen eigene Auslandsvertretungen bekommen sollte) zu lösen, das schließlich die Union mit Schweden zum Scheitern brachte, doch 1904 gab er den Schweden zu verstehen, daß die Verhandlungen im Falle eines Abbruchs nicht so ohne weiteres wieder aufzunehmen seien.

Michelsen hatte den Trend der öffentlichen Meinung in Norwegen erkannt und wußte, welche Unterstützung die Sache durch prominente Norweger wie den Entdecker Fridtjof Nansen (der später norwegischer Botschafter in London werden sollte) und den Schriftsteller Björnsterne Björnson erfuhr. Bald führte Michelsen ein Kabinett von Ministern aus einem breiten Parteienspektrum an. Als 1905 die Unabhängigkeit erreicht und König Haakon VII. inthronisiert war, kehrte Michelsen dem riskanten Geschäft der Politik den Rücken und widmete sich einem ruhigeren, lukrativeren Leben in seiner Reederei in Bergen. Er blieb aber bis zu seinem Tod 1925 politisch aktiv. Als neuen König hatten sich die Norweger für einen Angehörigen des dänischen Königshauses entschieden, einen Enkel Karls XV. von Schweden. Bei der Thronbesteigung nahm er den norwegischen Namen Haakon an.

Während der langen Kämpferjahre hatte Björnsterne Björnson geäußert, daß „die Außenpolitik Norwegens sein sollte, keine Außenpolitik zu haben“, und direkt nach der Unabhängigkeit war es erklärtes Ziel aller Parteien, alle Verwicklungen in die Angelegenheiten der Großmächte zu vermeiden. Trotz seiner entschlossenen Neutralität sah sich das junge, unabhängige Norwegen zehn Jahre später mit dem Ersten Weltkrieg konfrontiert. Diese Bedrohung bewirkte ausgerechnet eine Annäherung zwischen Norwegen und Schweden. „Eine neue Union, von anderer Art als die alte, eine Union tiefempfundenen Verständnisses“ war die Umschreibung des Schwedenkönigs für das gemeinsame Vorhaben, „die Neutralität der beiden

Königreiche gegenüber allen kriegführenden Mächten zu wahren."

Norwegen machte zumindest die ersten beiden Kriegsjahre mit seiner Neutralität eine gute Figur. Deutschland wollte allen Fisch, den Norwegen liefern konnte, zu Höchstpreisen aufkaufen, was die Briten auf den Plan rief und zu einem Geheimabkommen führte, das mittels der Drohung durchgesetzt wurde, Norwegen von der Versorgung mit Öl und Kohle aus Großbritannien abzuschneiden und besagte, daß England einen Großteil des Fisches abnehmen würde. Im Gegenzug sollte Norwegen kein Kupferpyrit mehr an Deutschland liefern, doch ansonsten mit allen Parteien ungehindert gute Geschäfte machen können.

Wer seinen Teil vom Handelskuchen abbekam oder vom heimischen Schwarzmarkt profitierte, machte über Nacht viel Geld. Aber die Arbeiter mit ihren Festlöhnen, die stets hinter der ausufernden Inflation zurückblieben, begannen zu rebellieren. Die Arbeitgeber reagierten mit Aussperrung, und der Staat sah sich gezwungen, Schlichtungskommissionen einzurichten.

Der totale deutsche U-Boot-Krieg dämpfte den Handelsprofit. Die meisten norwegischen Handelsschiffe fuhren für England. Bei Kriegsende waren die Hälfte der Schiffe und 2000 Mann Besatzung verloren. Absolut betrachtet verlor nur England mehr Schiffe. Das amerikanische Eingreifen hatte ebenfalls Nachteile für Norwegen, da die Amerikaner große Anteile des deutschen Marktes als Gegenleistung für die Belieferung Norwegens verlangten.

Bei Kriegsende hatten die neutralen Länder nur geringe Mitspracherechte über die Gestaltung des Friedens. Trotz ihrer schweren Verluste erhielt die norwegische Handelsmarine keine Entschädigung in Form der von ihr beschlagnahmten deutschen Schiffe. Verwundete Seeleute oder Angehörige gefallener Matrosen erhielten erst nach zehn Jahren freiwillige Wiedergutmachungszahlungen von der deutschen Regierung.

Nansen und der Völkerbund: Während des Krieges trafen sich die skandinavischen Monarchen, um über die Lage der neutralen Staaten nach Beendigung der Kampfhandlungen zu beraten und einen Ausschuß zu berufen. Unter Nansen rief Norwegen eine Kommission für den Völkerbund ins Leben und entwarf eine provisorische Verfassung.

Nach dem Krieg schenkten die Großmächte den neutralen Staaten wenig Gehör. Sie legten die Spielregeln fest und gestanden diesen Ländern nach Gründung des Völkerbundes lediglich zwei Monate zu, um die Mitgliedschaft zu beantragen.

Norwegen, wo Bündnisse gefühlsmäßig abgelehnt wurden, war in zwei Lager gespalten. Erst 1920 votierte der Storting für einen Beitritt zum Völkerbund, Norwegens erster Schritt in internationale Vereinigungen. Nansen, der im Unabhängigkeitskampf der Norweger eine entscheidende Rolle gespielt hatte, knüpfte nun Kontakte u.a. nach Amerika und in die Sowjetunion. Er engagierte sich für den Völkerbund, vor allem wegen der Rückführung von über einer halben Million Kriegsgefangener aus der Sowjetunion. Später spendete er die Summe, die er für den Friedensnobelpreis erhalten hattet, der Hilfe für russische und armenische Flüchtlinge und schuf den Nansen-Paß, ein Ausweispapier für Staatenlose. Bis zu seinem Tode 1930 war er mit diesen Aufgaben beschäftigt. 16 der 20 Stimmen im Storting gegen einen Beitritt zum Völkerbund kamen 1920 von der stetig wach-

Vorherige Seiten: Herstellung von Eisentreppen in Christiania (Oslo); Foto: Johan Lund, etwa 1890-1900. Links: Die Königsfamilie mit ihrem Skilehrer. Rechts: König Haakon VII.

senden sozialistischen Partei, die der russischen Revolution nahe stand.

In den roten Zahlen: Bei Kriegsende zählte Norwegen noch zu den Gläubigernationen, doch die Großzügigkeit des Geschäftsgebarens in Kriegszeiten ging über in finanziellen Leichtsinn, um nicht zu sagen Dummheit. Bald schon war das Land tiefer in den roten Zahlen, als es noch eben in den schwarzen gewesen war. 1921 gipfelte die Misere in einer ausgewachsenen Depression, über eine Million Schiffstonnen lagen brach, die Gemeinden hatten Zahlungsschwierigkeiten und – für die Norweger ganz unerhört – eine der größten Banken machte trotz indirekter staatlicher Stützung Bankrott.

Gewerkschaftler war bereits arbeitslos, als die Arbeitgeber die im europäischen Vegleich immer noch hohen Löhne senken wollten.

Durch eine Aussperrung bei Norsk Hydro kam es zu dem berüchtigten Truppeneinsatz gegen Arbeiter. Polizei und Militär gingen gegen Demonstranten vor. Verteidigungsminister Vidkun Quisling hatte den Truppeneinsatz angeordnet und beschuldigten die Sozialisten eines gewaltsamen Putschversuches. 1939 sackte das Ansehen Quislings im eigenen Land auf den Tiefpunkt. Er reiste aus Gründen nach Berlin, die bald nur allzu offensichtlich wurden.

1933 war die Wirtschaftslage so miserabel, daß sich Sozialisten und Bauernpartei zu einer

Die Kontroversen um die Prohibition brachten drei Kabinette zu Fall. Gleichzeitig wurde die sozialistische Partei zunehmend radikaler und verabschiedete eine Resolution, in der sie sich das Recht vorbehielt, „revolutionäre Aktionen im Kampf für die wirtschaftliche Befreiung der Arbeiterklasse“ durchzuführen. Nachdem dies klargestellt war, wurde sie wieder gemäßigter und folgte gegen Ende des Jahrzehnts wieder wieder den parlamentarischen Spielregeln. Bei den Wahlen von 1927 wurde die sozialistische Partei größte Fraktion im Storting.

Der Börsenkrach an der Wall Street von 1929 machte das Maß voll. Ein Drittel aller

früher kaum denkbaren Koalition entschlossen und 1935 der Sozialist Johan Nygaardsvold als Premierminister ans Ruder kam. Er konnte auf langjährige Storting-Erfahrung zurückblicken und wollte vor allem Arbeitsplätze schaffen. Bis 1939 steigerte sich der Durchschnittsverdienst um 15%.

Heikle Neutralität: Norwegen proklamierte im September 1939 sofort seine Neutralität, doch wurden so gut wie keine Verteidigungsvorbereitungen für den Ernstfall getroffen. Es standen nur 7000 Mann unter Waffen, und die Verteidigungsstellungen an der Küste waren nur zur Hälfte besetzt. Möglicherweise war Nygaardsvold zu sehr damit beschäftigt, die

Wirtschaft anzukurbeln. Er blieb bis 1945 im Amt. Untersuchungen der innenpolitischen Entscheidungsprozesse wiesen ihm zumindest einen Teil der Schuld für die unzureichende Kriegsvorbereitung Norwegens zu.

Die ersten Alarmzeichen kamen von alliierter Seite. Großbritannien beschwerte sich, daß britische Schiffe in norwegischen Gewässern von Deutschen versenkt wurden. Außerdem hatten deutsche Schiffe über den Hafen von Narvik freien Zugang zum strategisch bedeutsamen Eisenerz. Da sich die veraltete norwegische Flotte außerstande zeigte, die Neutralität der norwegischen Hoheitsgewässer zu wahren, schlug Großbritannien die Verminung vor.

Das Dilemma spitzte sich durch die *Altmark*-Affäre zu. Die *Altmark*, Versorgungsschiff des Schlachtschiffes *Graf Spee*, befand sich mit 300 gefangenen britischen Seeleuten an Bord auf dem Weg nach Deutschland, als es in norwegischen Gewässern bei Egersund Zuflucht suchte. Die britische Marine hatte es bemerkt und verfolgte es bis in den Fjord, wo ein Befreiungsversuch stattfand, den zwei kleine norwegische Schiffe beobachteten und vergeblich protestierten. Die norwegische Regierung warf Großbritannien die Verletzung der Neutralität vor, die Briten ihrerseits wollten wissen, wieso die Norweger die Deutschen nicht ferngehalten hatten, die Deutschen stellten die gleiche Frage aus ihrer Sicht.

Invasion zur See: Großbritannien begann eigenmächtig mit der Verminung der norwegischen Küste. Am selben Tag, an dem Norwegen dagegen protestierte – am 8. April 1940 – fuhren deutsche Kriegsschiffe gegen Norwegen. Sobald die Invasion ins Rollen kam, schickte der deutsche Vertreter in Oslo der Regierung die Nachricht, daß Deutschland nur einige wenige strategisch wichtige Punkte besetzen würde, um die Engländer zu vertreiben. Endlich erkannte die norwegische Regierung, was hier vor sich ging. Der schwere deutsche Kreuzer *Blücher* wurde von Küstenbatterien bei der Einfahrt in den Fjord von Oslo versenkt, und zwei altersschwache norwegische Zerstörer griffen tapfer die deutsche Übermacht bei Narvik an.

Das Storting verlieh der Regierung umfassende Befugnis, „alle Entscheidungen zu treffen, die dem Wohle des Landes dienen". Das führte später zu vielen Debatten. Am 10. April zeigten die Deutschen ihr wahres Gesicht. Quisling, Anführer der Nationalen Einheitspartei mit lediglich 1,8 Prozent der Wählerstimmen, sollte Norwegens neuer Premier

Links: Der norwegische Verteidigungsminister Vidkun Quisling bei seinem Treffen mit Hitler vor dem Zweiten Weltkrieg. Oben: Quisling, der „Verräter", nimmt in Berlin eine Truppenparade ab.

werden. Die Regierung, die sich von Oslo nach Trysil zurückgezogen hatte, lehnte wiederholt ab, was die Deutschen mit einem Bombenangriff auf ihren Versammlungsort beantworteten.

Norwegens einzige Hoffnung waren die Alliierten. Wegen des Eisenerzverkehrs lagen die britischen Interessen in Narvik. Die britische Marine griff die deutschen Einheiten an und rieb sie auf. Mit vereinten Kräften kämpften Norwegen, Briten, Franzosen und Polen um Oslo. Sie eroberten die Stadt am 28. Mai zurück.

Zwei Wochen zuvor waren alliierte Truppen bei Trondheim gelandet. Sie wurden durch kleine norwegische Einheiten verstärkt, kämpften tapfer, doch ohne Deckung aus der Luft waren sie der deutschen Luftwaffe wehrlos ausgeliefert. Städte, in denen sich Briten aufhielten, wurden bombardiert: Andalsnes, Namsos, Steinkjer und Mosjöen. Das massive deutsche Vorrücken in Westeuropa überschattete den Kampf um Norwegen. Als es in der strategisch wichtigeren Region kritisch wurde, zogen die alliierten Truppen ab. Norwegen stand allein.

König und Regierung waren nach Norden zurückgewichen und wollten weiterkämpfen – allerdings vom sicheren England aus. So bestieg Norwegens Führung am 7. Juni 1940 einen britischen Kreuzer.

Die Repressalien beginnen: Ein linientreuer Nazi, Josef Terboven, wurde als Reichskommissar nach Norwegen entsandt, was Quisling vor den Kopf stieß. Er hatte erwartet, zum Führer ernannt zu werden und wollte in dieser Funktion mit Deutschland Frieden schließen und kooperieren. Terboven ignorierte Quisling weitgehend, doch der hatte Freunde in Berlin, die für seine Ernennung zum „Ministerpräsidenten" sorgten. In dieser Eigenschaft ordnete er an, daß alle Jugendlichen von 10 bis 18 Jahren seiner Version der Hitlerjugend beizutreten hatten. Seine Pläne einer Nazifizierung des Beamtentums, des Gerichtswesens, aller Berufsverbände und Gewerkschaften stießen auf erbitterten Widerstand. Wer sich widersetzte, wurde bestraft. Zwei Gewerkschaftsführer, Viggo Hansteen und Rolf Wickström, wurden erschossen, der Rektor der Osloer Universität verhaftet. Ein steter Strom von Häftlingen, darunter 1300 Lehrer, die die Zusammenarbeit verweigerten, floß nach Grini, das Konzentrationslager außerhalb von Oslo.

Am härtesten ging man gegen Angehörige der militärischen Untergrundbewegung Mi-

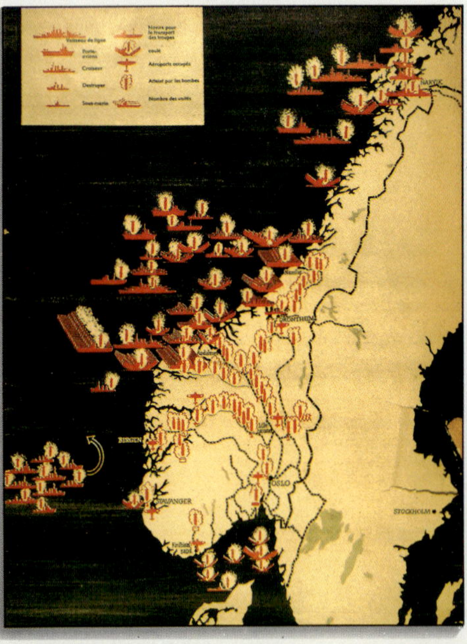

Oben links: Strategische Karte aus dem Zweiten Weltkrieg. Oben rechts: Die Schlacht um Narvik, 1941. Rechts: Kirk Douglas in dem Film *Die Helden der Telemark.*

Helden der Telemark

Die glorreichste Widerstandsaktion Norwegens im Zweiten Weltkrieg war die Sabotage der Vemork-Fabrik für schweres Wasser bei Rjukan in der Telemark im Februar 1943. Wer Rjukan gesehen hat, von Bergen eingekesselt und verdunkelt, muß Bewunderung empfinden für den Wagemut der Saboteure. Bedeutsam war die Aktion, weil die Produktion schweren Wassers einen Wettlauf mit der Zeit bedeutete, der – erfolgreich – Hitler möglicherweise die Atombombe gebracht hätte.

Ursprünglich sollte die Aktion von norwegischen Freiwilligen und einem britischen Kommando in zwei Segelflugzeugen gemeinsam durchgeführt werden. Das Unternehmen scheiterte, weil beide Segler und eines der schleppenden Flugzeuge 160 Kilometer von Rjukan entfernt abstürzten. Die Überlebenden wurden erschossen.

Der zweite Versuch war rein norwegisch. „Gunnerside" war der Codename für die sechs in Schottland trainierten Männer, die aus 360 Metern Höhe auf einen zugefrorenen See absprangen, wo sie zu einer Bodeneinheit stießen. Der erste Mensch, der ihnen begegnete, war ein Rentierjäger. Er wurde freigelassen auf das Versprechen hin, nichts zu verraten. Als sich die beiden Gruppen getroffen hatten, arbeiteten sie sich auf Skiern zu dem Höhenzug über Rjukan vor, wo der Abstieg zu Fuß begann.

Kurz nach Mitternacht nahm die Deckgruppe ihre Position ein, während das sechs Mann starke Einsatzteam eine Kette am Tor zersägte und zum Keller des fünfstöckigen Betongebäudes robbte, wo sich die wichtigsten Anlagen und die Tanks mit schwerem Wasser befanden. Alle trugen britische Uniformen und arbeiteten wie verabredet ohne Licht. Die Waffen waren entladen, um zu verhindern, daß sich aus Versehen Schüsse lösen könnten. Wer entdeckt würde, sollte sich selbst töten. Zwei Männer drangen durch einen Leitungskanal ein. Der einzelne norwegische Wachmann war erstaunt, doch erklärte er sich bereit, sie zu dem Herzstück der Anlage zu führen und die Sprengladungen an den richtigen Stellen anzubringen. „Die Hälfte der Sprengladungen waren angebracht, als hinter mir Glas splitterte", schrieb einer der beiden Saboteure später.

Die übrigen vier Männer, die nicht wußten, daß ihren Anführern der Einstieg gelungen war, hatten beschlossen, durch ein Fenster einzubrechen. Als alle Sprengsätze plaziert waren, zogen sich die sechs schnell zurück. Der kooperative Wachmann, der sich bei dieser günstigen Gelegenheit ebenfalls absetzen wollte, ging zur allgemeinen Verblüffung plötzlich in den Komplex zurück – er hatte seine Brille vergessen. Man ließ ihn gewähren, doch die Verzögerung bedeutete, daß die Gruppe erst wenige Meter von der Anlage entfernt war, als „eine ungeheure Explosion" stattfand.

Fünf Mitglieder des Fallschirmteams erreichten nach 400 Kilometern auf Skiern unter unbeschreiblich schwierigen Bedingungen Schweden „bei bester Stimmung und Gesundheit". Der sechste blieb noch ein Jahr vor Ort. Von der Swallow-Gruppe ist die Geschichte des unverwüstlichen Claus Helberg am abenteuerlichsten. Er wurde von einem deutschen Soldaten, der offensichtlich ein perfekter Skiläufer war, durchs Gebirge gejagt. Es war eine Verfolgungsjagd wie im Film. Am Rande der Erschöpfung drehte sich Helberg um und feuerte einen Schuß ab. Er traf nicht. Der Deutsche geriet in Panik, schoß sein ganzes Magazin leer, ohne Helberg zu treffen, und machte kehrt. Helberg ließ sich Zeit. „Ich schickte ihm eine Kugel hinterher, er strauchelte, blieb schließlich stehen und kippte vornüber auf seine Skistöcke." Doch Helberg war noch nicht aus dem Schneider. Kurz darauf stürzte er über eine Felsklippe und brach sich den Arm. Am nächsten Morgen lief er einer deutschen Patrouille in die Arme, tischte aber eine so gute Geschichte auf, daß man ihn zur Behandlung in ein Hotel brachte. Die meisten Hotelgäste (der Bedauernswerte mit dem gebrochenen Arm natürlich nicht) wurden ausquartiert, um für Reichskommissar Terboven (der Nationalsozialist, der Norwegen verwaltete) und dessen Gefolge Platz zu schaffen. Terboven war so verärgert über die Weigerung einer Frau, ihm die Art von Unterhaltung zu verschaffen, die er sich von ihr erwartete, daß er alle Gäste einschließlich Helbergs in einen Bus laden und ins Konzentrationslager Grini abtransportieren ließ. Helberg sprang ab, entging mit knapper Not dem Kugelhagel und – gebrochener Arm hin oder her – entkam. Später tauchte er in England auf und meldete sich dort zum Dienst.

lorg vor, einer Gruppe von Überlebenden der Kämpfe von 1940, verstärkt durch Freiwillige und heimliche Waffenlieferungen aus England. Die Besatzung der kleinen Boote, die regelmäßig Verbindung mit König und Regierung im britischen Exil hielten, mit ihren Wikingervorfahren zu vergleichen, ist durchaus angemessen.

Der „Shetland Bus", der Freiwillige zwischen den Shetlandinseln und Norwegen beförderte, war ein gefährliches Unterfangen. Televag, ein Dorf auf einer Insel bei Bergen, wurde dem Erdboden gleichgemacht, als herauskam, daß es eine Station des „Busses" war. Alle Männer wurden nach Deutschland deportiert, Frauen und Kinder interniert. 18

wegen noch immer stark. Ihre Truppen zählten 350 000 Mann. Die Angst, Norwegen könnte das gleiche Schicksal erleiden wie die Finnmark, legte sich erst mit der Kapitulation der Deutschen am 7. Mai 1945. Die Tore von Grini wurden aufgebrochen und Tausende strömten zum größten Straßenfest, das Oslo je gesehen hatte.

Bei der Rückkehr des Kronprinzen Olav eine Woche später wurde immer noch gefeiert. König Haakons Heimkehr wurde auf den fünnften Jahrestag seiner unfreiwilligen Abreise gelegt.

Die Säuberungsaktionen nach Kriegsende beschränkten sich hauptsächlich auf die Verfolgung Quislings. 50 000 Menschen wurden

Männer, die von Alesund aus nach Großbritannien übersetzen wollten, wurden entdeckt und erschossen. Die berühmteste Guerilla-Operation wurde gegen die große Fabrik für schweres Wasser in Rjukan in der Telemark durchgeführt.

Freudenfest: Das letzte Kapitel der deutschen Besatzung begann mit dem Rückzug deutscher Truppen aus Finnland über die Finnmark nach Nordnorwegen. Sie betrieben eine Politik der verbrannten Erde. Die Einwohner wurden auf Fischerboote getrieben und auf dem Weg nach Süden sich selbst überlassen. Als ihre Einheiten anderswo bereits aufgaben, waren die Deutschen in Nor-

angeklagt, die meisten wegen relativ geringfügiger Vergehen, nur wenige wegen echter Kollaboration. Die Urteile waren nicht zu hart, vielleicht, weil man annahm, die Mitgliedschaft in Quislings sogenannter NS würde ohnehin als Makel haftenbleiben. Nur 25 Personen wurden hingerichtet, darunter Quisling und zwei seiner Minister.

Nach der Säuberung war die dringendste Aufgabe der Wiederaufbau sowie die Modernisierung und Expansion von Industrie und Wirtschaft. Ganz Nordnorwegen war verwüstet worden. Kriegsgefangene aus der Sowjetunion und aus vielen anderen Ländern, die unsagbar gelitten hatten und von denen Tausende gestorben waren, hatten ein Schienen- und Straßennetz errichtet. Nach dem Krieg trug es zur Entwicklung des Nordens bei.

Der rasche Wirtschaftsaufschwung, gefördert durch staatliche Entwicklungsprogramme, heizte die Investitionstätigkeit an und führte zur Vollbeschäftigung, dadurch zu einem schnelleren und höheren Anstieg des Lebensstandards, als dies in den meisten Staaten Europas nach dem Krieg der Fall war.

Anfang der sechziger Jahre war der Pro-Kopf-Verbrauch von Strom in Norwegen höher als in jedem anderen Land der Welt, und nur drei von tausend Menschen in abgelegeneren Gegenden waren ohne Stromversorgung. Die Handelsmarine hatte die kriegsbedingten Verluste bis 1949 wettgemacht, und die Tonnage verdreifachte sich innerhalb von 15 Jahren. In den 70er Jahren schwamm Norwegen förmlich in dem Reichtum, den das Öl und die Investitionen des Auslandskapitals ins Land gebracht hatten.

Zwanzig Jahre lang hatten die Sozialisten regiert, ein umfassendes soziales Netz nach skandinavischem Muster geknüpft und weitgehende staatliche Kontrolle der Industrie durchgesetzt. Doch die sozialistische Partei war bei weitem nicht so radikal linksorientiert wie nach dem Ersten Weltkrieg.

Viele teilten ihren Glauben an die gesellschaftliche Gleichberechtigung und soziale Gerechtigkeit. Das Rentenprogramm beispielsweise, das darauf abzielte, norwegischen Rentnern einen ähnlichen Lebensstandard zu sichern, wie ihn die arbeitende Bevölkerung genießt, wurde 1966 verabschiedet, als die Sozialisten im Storting nicht die Mehrheit hatten.

Wie in Schweden und Dänemark waren die norwegischen Nachkriegssozialisten sehr gemäßigt. Sie wurden zunächst angeführt von dem bekannten Widerstandskämpfer Einar Gerhardsen. Ihm folgten Oscar Torp und Trygve Bratteli. Am bekanntesten wurde im Amt des Premierministers Gro Harlem Brundtland, die von 1986 bis Ende der achtziger Jahre regierte. Die ehemalige Umweltministerin war Norwegens erste Frau an der Spitze und machte sich international einen Namen für ihren Einsatz im Umweltschutz.

König Olav V., der 1957 den Thron bestieg, trug ebenfalls zum inneren Frieden bei. Er beherzigte den Wahlspruch seines Vaters, „Alles für Norwegen". Populär war er sicher auch wegen seiner früheren Erfolge als Segler und seines unablässigen Interesses am Sport, insbesondere am Skisport.

Links: Kronprinz Olav, der heutige König, kehrt nach Kriegsende heim. Oben: Ein Schiff der US-Marine läuft nach einer NATO-Übung in den Trondheimsfjord ein.

Internationale Beziehungen: 1945 gehörte Norwegen zu den Gründungsmitgliedern der Vereinten Nationen, zu deren erstem Generalsekretär vom Februar 1946 bis 1953 der ehemalige norwegische Außenminister Trygve Lie gewählt wurde.

Lie amtierte während der ersten hoffnungsvollen Jahre und auch noch während des Koreakrieges, in dem sich UN-Truppen zum ersten und bisher einzigen Mal aktiv an Kampfhandlungen beteiligten. Norwegen stellte in Korea ein Feldlazarett mit Personal. Seither trugen rund 32 000 Norweger den blauen Helm der UNO. Norwegens Engagement auf internationaler Ebene ist stark geblieben. 1993 spielte es eine wichtige Rolle als

Vermittler bei den Friedensverhandlungen zwischen Israel und den Palästinensern.

Der Beitritt zur NATO war nicht unproblematisch. Norwegen sah sich mit Ausbruch des Kalten Krieges in der Vermittlerrolle und hatte Furcht vor dem sowjetischen Nachbarn. Im Gegensatz zum benachbarten Schweden hat Norwegen nie Krieg gegen Rußland geführt. Außerdem hatten die Russen die Finnmark befreit, und die beiden Länder führten Verhandlungen über die gemeinsame Besiedlung Spitzbergens (Svalbards).

Dennoch hatte sich Trygve Lie während des Krieges immer wieder dafür ausgesprochen, daß ein Bündnis mit den atlantischen Großmächten einer Allianz mit jeder anderen europäischen Macht vorzuziehen sei. Das Schicksal der Tschechoslowakei überzeugte auch die Skeptiker, daß Norwegens Sicherheit durch engere Bindungen an den Westen eher gesichert war als durch eine Neutralität nach schwedischem Muster.

Als nordöstlicher Vorposten der NATO mit 196 Kilometern Grenze zu Rußland stand Norwegen vor einem Balanceakt. Russische „Handelsschiffe“ kamen an die Nordküste Norwegens und verbrachten zahlreiche Monate in den Häfen unter dem Vorwand langwieriger, nicht näher beschriebener Reparaturarbeiten. Schiffe der sowjetischen Nordflotte, die auf der Kola-Halbinsel stationiert waren, waren auf der Überfahrt nach Island ein häufiger Anblick im Nordatlantik. Doch es gab nie größere Zwischenfälle. Norwegen ging mit dem riesigen Nachbarn lange vor der Auflösung der UdSSR gelassen um.

Die Debatte um den Beitritt zur Europäischen Gemeinschaft erregte vor allem die Bauern und Fischer, die ihre Subventionen gefährdet sahen. Das Thema scheint noch heute an den Rand eines Bürgerkrieges führen. Der Storting war für die Mitgliedschaft, gemeinsam mit Dänemark und Großbritannien, den Partnern aus der Europäischen Freihandels-Assoziation EFTA. Doch der erste Vorstoß wurde von dem herrischen General Charles de Gaulles zunichtegemacht.

Bedrohung der Identität: 1972 wurde ein Referendum durchgeführt, um festzustellen, wie die öffentliche Meinung zu einem erneuten Beitrittsgesuch stand. Über den Standpunkt der Bauern und der Landbevölkerung bestand dabei nie der geringste Zweifel. Weniger sicher war man sich im Hinblick auf die städtische Jugend, die einen nationalen Identitätsverlust fürchtete und mit Slogans wie „Norwegen ist nicht zu verkaufen“ auf die Straße ging. 52,5 Prozent der Bevölkerung sprachen sich gegen die EG-Mitgliedschaft aus.

Bei den Wahlen 1993 gewann die antieuropäische Bauernpartei zwar an Boden, doch Gro Harlem Brundtland führte die Sozialisten zurück an die Macht. Norwegen stellte einen Antrag auf Aufnahme in die EU, und die Verhandlungen verlaufen vielversprechend.

Links: Norwegens international renommierte Premierministerin Gro Harlem Brundtland mit Ehemann. Rechts: König Olav und Kronprinz Harald beim Verlassen des Storting.

Für die chronisch unterbeschäftigten Abkömmlinge der europäischen Königshäuser brachte die Entstehung neuer Staaten im 19. und frühen 20. Jahrhundert langersehnte Aussichten auf Posten. Diese Perspektive trübten jedoch republikanische Tendenzen und andere Mißlichkeiten: so bot Albanien seinen Thron dem Kapitän der englischen Kricketmannschaft an, der allerdings ablehnte. Norwegen zeigte sich da 1905 weniger kapriziös.

Norwegen hatte selbst ein altes Königshaus, das jedoch während der 500 Jahre unter dänischer und schwedischer Herrschaft ausgestorben war. Einerseits wollten die Norweger zwar nun einen Skandinavier als König, befürchteten andererseits aber, ein dänischer oder schwedischer König würde eine Fortsetzung des verhaßten *Status quo ante* bedeuten. Die Entscheidung fiel dann auf Prinz Karl, den zweiten Sohn des zukünftigen Königs Christian IX. von Dänemark und Enkel des Schwedenkönigs Karl XV.

Der damals 33jährige Prinz Karl war mit Maud, Fürstin von Wales und Tochter Edwards VII. von England, verheiratet. Die meisten seiner Geschwister heirateten ebenfalls in Königsfamilien ein, einer saß auf dem Thron Bulgariens. Prinz Karl bestand zunächst auf einer Volksabstimmung, die zu seinen Gunsten ausfiel. Also betrat er am 25. November 1905 als Haakon VII. norwegischen Boden, seinen zweijährigen Sohn Alexander Edward Christian Frederick, der schnell in Olav umgetauft wurde, vor dem Schneetreiben schützend. Seine Briefe an Freunde und Verwandte in England unterzeichnete Haakon weiterhin mit „Charles".

Als Kadett der dänischen Marine hatte Haakon keinerlei Privilegien gehabt. Weder durfte er ohne Begleitperson Restaurants aufsuchen, noch in der Öffentlichkeit rauchen. „Seine Anlagen und Fähigkeiten sind mittelmäßig," schrieb der Leiter seiner Kadettenschule in einer Beurteilung. „Ich war miserabel," bestätigte der Prinz. Recht gut war er in Sprachen und Tanz, schwach in Mathematik und naturwissenschaftlichen Fächern.

Sein Privatunterricht begann früh. Um 7 Uhr stand er auf, es folgte ein Dauerlauf, Morgengymnastik und ein Frühstück in Form von Biersuppe. Queen Maud war nicht anders aufgewachsen. Ihr Vater Edward VII. kümmerte sich nicht um ihre Erziehung, da er glaubte, dies würde sie verschüchtern und nervös machen. Unglücklicherweise *war* sie häufig verschüchtert und nervös, sprach nie perfekt Norwegisch und war stark kurzsichtig.

Der Republikanismus starb in Norwegen nie aus. Politiker prangerten an, daß das Königshaus „sechs bis sieben" mal soviel koste, wie ein Präsident. Die königlichen Gemächer im Palast waren kaum bewohnbar, doch die Regierung stellte nur die Hälfte der für die

Restaurierung veranschlagten Mittel bereit. Sparsamkeit war angesagt, denn königlicher Prunk würde eine Welle des Snobismus auslösen, so befürchtete man. Haakon, der über die Ausgaben ebenso scharf wachte, wie er Verfassungsfeinheiten bemerkte, überzeugte allmählich auch die Skeptiker. Die letzten Zweifel der Linken zerstreute er 1926, als er die sozialistische Partei mit der Regierungsbildung beauftragte.

Der König bemühte sich sehr, Norweger zu werden. Er reiste viel und beeindruckte seine Untertanen mit würdevoller Bescheidenheit. Der Kronprinz tat von selbst alles, um das Manko seiner Herkunft auszumerzen. Obwohl er in England geboren war und das Balliol College in Oxford besucht hatte, fühlte er sich als Norweger und zeigte dies durch Erfolge beim Holmenkollen-Skispringen. Einen besseren Beweis konnte es nicht geben, vor allem nicht für jemanden von dänisch-englischer Abstammung, dem Skifahren nicht im Blut liegen konnte. Auch segelte er für Norwegen bei den olympischen Spielen, was ihm bei seinem Seefahrervolk weitere Pluspunkte eintrug.

Die größte Herausforderung war der Zweite Weltkrieg. Der eingefleischte Hitler-Gegner Haakon mußte sich mit dem Schrei seines Landes nach Neutralität arrangieren. „Ich muß vorsichtig sein, darf nicht zuviel sagen," schrieb er an seine Schwägerin Königin Mary in London, „damit meine Minister nicht sagen, ich sei mehr Engländer als Norweger." Er wollte lieber auf den Thron verzichten, als sich der deutschen Forderung nach Anerkennung der Quisling-Regierung beugen. Die Luftwaffe auf den Fersen, entkam er nach Norden, von wo er nach England gerettet wurde. Seine Arbeit – und die des Kronprinzen – mit der norwegischen Exilbewegung motivierte seine Landsleute zu erbittertem Widerstand und schuf ein enges Band zu ihnen, die ihm bei seiner Rückkehr nach genau fünf Jahren im Exil einen jubelnden Empfang bereiteten.

Haakon starb 1957 nach 52 Jahren im Amt im Alter von 85 Jahren. Er galt als der beste König, den Norwegen je hatte und wurde Haakon der Gute genannt. Sein Sohn, Olav V., hat sein bescheidenes Wesen geerbt, wie sein liebenswertes Unbehagen bei der alljährlichen Neujahrsansprache im Fernsehen zeigt, und auch die Zuneigung, die seinem Vater entgegengebracht wurde.

Der gegenwärtige König ist Einzelkind. Seine Mutter starb 1938, und seine Frau, Kronprinzessin Martha, starb ebenfalls, bevor er den Thron bestieg. Norwegen hat also seit über 50 Jahren keine Königin mehr. Das Fehlen königlichen Nachwuchses wurde durch Olavs Töchter Ragnhild und Astrid ausgeglichen, die beide bürgerlich geheiratet haben. Auch der 1937 geborene Kronprinz Harald heiratete eine Bürgerliche: Sonja Haraldsen. Die Geburt ihrer Tochter Martha Louise 1971 ließ die Thronfolge offen, da die Verfassung nur männliche Thronfolger vorsieht. Die Ankunft von Sohn Haakon Magnus sicherte dann zumindest für die nächste Generation den Fortbestand einer Dynastie, die so erfolgreich war, wie es eine Selbstbedienungs-Monarchie nur sein kann.

Links: König Olav ist ein berühmter Segler, der in den zwanziger Jahren eine olympische Medaille gewann. Oben: der König mit Sami-Kindern in Karasjok.

NATIONALFEIERTAG

Die Seele von Norwegen kann man am besten im Mai kennenlernen. In diesem Monat wird wenig gearbeitet, wie Geschäftsreisende immer wieder frustriert feststellen. Dafür erhält man aber nie einen besseren Einblick in die patriotischen Gefühle, die unter der norwegischen Oberfläche schlummern.

Der Monat beginnt am 1. Mai mit einem Feiertag, der, wie in vielen anderen Ländern, der Erklärung des Internationalen Sozialistischen Kongresses von 1889 gilt. Wie ein roter Faden zieht sich sozialistisches Gedankengut durch die Feierlichkeiten, etwa bei Lobreden von Linken auf marxistische Gurus oder durch die rote Beflaggung öffentlicher Gebäude. Für die meisten Norweger hat er heute aber keine andere Bedeutung, als das nächste Wochenende zu verlängern. Der Tag der Fahne am 8. Mai ist der Feier der Kapitulation der deutschen Besatzer und damit dem Ende des Zweiten Weltkriegs in Norwegen gewidmet.

Meist fällt auch Pfingsten noch in den Mai. Wie alle Skandinavier machen die Norweger aus einem günstig gelegenen Feiertag gerne einen Kurzurlaub.

Der Höhepunkt der Feierlichkeiten ist dann der 17. Mai, Norwegens Nationalfeiertag.

Dabei handelt es sich nicht um einen „Tag der Unabhängigkeit“, wie der Besucher die Norweger freundlich zurechtweisen, wenn er diese Bezeichnung verwendet, sondern es wird die Ratifizierung der Verfassung gefeiert, der *Grunnlovsdag* (Tag des Grundgesetzes). Jedenfalls ist es der Tag, an dem ein patriotisches Volk beim Fahnenschwenken wetteifert, die rot-blau-weiße Standarte an jedem Fahnenmast aufgezogen ist, jedes öffentliche Verkehrsmittel ziert und in großen und kleinen Städten fähnchenwedelnde Menschenmengen zu festlichen Umzügen zusammenströmen.

In jedem Dorf findet ein eigener Umzug statt. Das Besondere daran ist, daß Norwegen seinen Nationaltag nicht mit Demonstrationen militärischer Macht, sondern mit langen Reihen fröhlicher Kinder begeht.

Überall erklingen die Nationalhymne und andere patriotische Lieder, und von der Imbißbude bis ins Nobelrestaurant wird überall ausgiebig gefeiert. Restaurantpersonal, Taxifahrer und Bahn- und Buspersonal scheinen die einzigen zu sein, die an diesem Tag arbeiten. Es ist eine immer wiederkehrende Jubelfeier, wie sie anderswo höchstens nach Beendigung von längeren Kriegen stattfindet.

Der Mai ist auch der Monat der Schüler. Die Prüfungen sind vorbei, und im ganzen Land wecken die Gymnasiasten bei Tagesanbruch ihre Lehrer, nehmen später an den Umzügen teil und widmen sich dann einen Monat lang Spiel und Spaß, was ihre Erzieher traditionsgemäß stillschweigend dulden.

Die Schüler, (in Anlehnung an die schwedischen Wikinger, die dem späteren Rußland ihren Namen aufdrückten), *Russ* genannt, fahren in alten Autos und Lastern herum, die sie mit Zeichen und Sprüchen und rot und blau bemalt haben, den Farben ihres Schultyps. Blau steht für Wirtschaft und Handel, rot für alle anderen Fachrichtungen.

Dieser Euphorie liegt eines der vielen Ereignisse der europäischen Geschichte zugrunde, das mit Frankreich zu tun hat. Während der napoleonischen Kriege war Skandinavien politisch entzweit. Dänemark, das damals auch Norwegen beherrschte, war mit Napoleon verbündet, während Schweden mit Großbritannien und Rußland gegen Napoleon koalierten.

In Napoleons Reihen stand Jean-Baptiste Bernadotte, ein brillanter Stratege, der mit 31 Jahren zum General ernannt worden war und zehn Jahre später, 1804, Marschall wurde. Diesen Posten bekleidete er bis er sich mit Napoleon überwarf und sich nach etwas anderem umsah.

Er mußte nicht lange suchen, bis die „headhunter“ auf ihn stießen. Schweden hatte keinen Thronfolger, und so wurde er 1810 Kronprinz Karl Johan von Schweden. Bei den Friedensverhandlungen 1814 in Kiel, nach der Niederlage Napoleons, vertrat Bernadotte sein neues Vaterland erfolgreich und konnte Maßnahmen durchsetzen, die Dänemark zwangen, im Rahmen des Friedensvertrages Norwegen an Schweden abzutreten.

Die Norweger lehnten es ab, 434 Jahre dänische Herrschaft nun einfach gegen die schwedische Krone einzutauschen. Kirchengruppierungen in ganz Norwegen schworen, die neu gewonnene Unabhängigkeit zu verteidigen und ernannten 112 Vertreter, die eine verfassungsgebende Versammlung bilden sollten. Am 11. April 1814 trat die Versammlung im Hauptquartier der Eidsvoll-Eisenwerke zusammen.

Während die Großmächte verhandelten, zimmerten die 112 in Eidsvoll in weniger als sechs Wochen eine vollständige Verfassung mit 110 Artikeln. Am 17. Mai war die Aufgabe vollbracht, und ihr ehemaliger Regent, Prinz Christian Frederik von Dänemark, wurde von ihnen zum König gewählt.

Die neue Monarchie währte nicht lange. Ende Juli befanden sich Schweden und Norwegen im Krieg, und wie zu erwarten, waren die gestählten Truppen Bernadottes weit überlegen. Innerhalb eines reichlichen Monats zwangen sie die Norweger zum Waffenstillstand. Norwegen wurde mit Schweden vereinigt und unterwarf sich Bernadotte, zunächst als Abgesandten von König Karl XIII. von Schweden, dann nach seiner Thronbesteigung vier Jahre später als König Karl XIV. Johan, Herrscher von Schweden und Norwegen.

1864 öffentlich gesungen, 20 Jahre nach dem Tod Karl Johans. Kinder nahmen an den öffentlichen Umzügen erstmals 1870 teil. Um 1900 hatte sich der 17. als die jährliche Gelegenheit für die kollektive Demonstration des Patriotismus der Norweger fest etabliert. Am 17. zeigen die Norweger ihren Patriotismus, egal, wie alt sie sind, oder wo sie sich gerade befinden. In norwegischen Konsulaten, Botschaften, Seemannskirchen und Studentengruppen im Ausland wird die Tradition lebendig gehalten. Zu Hause in Norwegen wird überall gefeiert. Fällt Pfingsten in die gleiche Woche, nutzen viele Norweger die Feiertage für ein verlängertes Langlaufwochenende in den Bergen, wo bis in den Juni hinein Schnee liegt.

Am 17. gleiten sie nach Sitte des Tages singend durch den Schnee, vor dem sich die mitgeführten Fähnchen bunt abheben. Doch nirgendwo wird der

Dem Verbot Karl Johans zum Trotz wurde der 17. Mai ein Tag des Feierns. 1829 griff der entnervte König zu Waffengewalt, um sein Dekret durchzusetzen. Er sandte Infanterie und Kavallerie aus, um die Menge zu zerstreuen, die sich am Stortorget-Marktplatz in Christiania (heute Oslo) versammelt hatte. Das Militär gewann die Auseinandersetzung, doch der König verlor den Tag. *Torvslaget* (die Marktplatzschlacht) bestärkte noch die Legende, grub den Tag noch tiefer ins norwegische Bewußtsein.

Der Patriotismus blühte. Die Nationalhymne *„Ja, Vi Elsker“* (Ja, wir lieben) wurde erstmals am 17. Mai

Links: Am Nationaltag ruhen alle Augen auf dem Königspalast. Oben: Während viele Staaten an Nationalfeiertagen militärische Macht demonstrieren, gehört er in Norwegen den Kindern.

17. großartiger begangen, als in den großen Städten. In jeder haben die Feiern ihren eigenen, typischen Charakter. Im westlich gelegenen Bergen beispielsweise wäre das Fest nicht komplett ohne das *Buekorps* (Armbrustkorps) marschierender Jungen.

Das größte Fest findet in Oslo statt. Die Straßen im Zentrum werden abgesperrt, und die – sinnigerweise Karl Johansgate genannte – Prachtstraße zieht der Festzug entlang – in einem Meer von Fähnchen. Die Königliche Familie nimmt mehrere Stunden an dem Ereignis teil. Jedes mitmarschierende Kind schwenkt seine eigene Fahne. Die Lieder, die gesungen werden, handeln nicht von ruhmreicher Vergangenheit. Es ist ein Tag, wie die Nationalhymne proklamiert, für „ein Land aus tausend Heimen“, und, wie die festlich gestimmten Kinder mit ihren Fahnen belegen, ein Tag der Kinder.

Zwanzig Jahre Öl

Vor über zwanzig Jahren, als die ersten Bohrinseln vor der Küste entstanden, entdeckte Norwegen, daß es ein reiches Land war. Der alte Hafen Stavanger im Südwesten wurde zur internationalen Ölstadt.

Heute quellen die Regale der Lebensmittelläden über. Auf den Märkten und im Hafen werden viele Sprachen gesprochen, und es gibt hier mehr und verschiedenartigere Restaurants als sonst irgendwo in Norwegen.

Hohe Ansprüche: Doch der Reichtum, der der Entdeckung des Öls folgte, schlug sich nicht nur darin nieder, sondern auch in einer drastischen Verbesserung des Lebensstandards für die meisten der 4,2 Millionen Norweger – von denen immerhin 64 000 in der Ölbranche tätig sind. Die Geldflut hat das norwegische Leben in vielerlei Hinsicht verändert und kränkelnden Wirtschaftszweigen das nötige Geld zur Sanierung gebracht. Es standen Mittel zur Verfügung für einen umfangreichen Ausbau des Straßennetzes und für die Berg- und Unterseetunnels, die in diesem rauhen Land so wichtig sind. Auch Forschung und Schulwesen profitierten, und zwar nicht nur, was Theorie und Praxis der Ölindustrie anbelangte. Darin wurden viele der neuen norwegischen Ölarbeiter von den großen ausländischen Ölfirmen ausgebildet.

Zusätzlich zum eigenen Ölprofit bezogen mehrere norwegische Regierungen in Folge beachtliche Einkünfte aus ausländischen Öl- und Gasprojekten. Phillips Petroleum zum Beispiel zahlt dem norwegischen Staat mehr Steuern als jede andere Firma.

Trotz der Vorteile, die die Entdeckung der reichen Ekofisk-Öl- und -Gasfelder mit sich brachte, war dieser erste größere Vorstoß in die norwegische Nordsee Segen und Fluch zugleich. In der Euphorie geriet Norwegens Wirtschaft in Abhängigkeit vom Ölpreis, was kein Problem war, solange dieser weltweit hoch war. Doch Pläne, einen „Ölfonds“ einzurichten für die Zeit, wenn der Ölstrom nachlassen würde, wurden nie verwirklicht, und so war es für Norwegen ein noch härterer Schlag als für Großbritannien, als 1986 der Ölpreis von rund $ 40 auf unter $ 10 pro Barrel fiel.

Links: Bohrinseln wie diese bei Arendal entstanden Anfang der siebziger Jahre vor der Westküste.

Das war Norwegens schlimmste Wirtschaftskrise seit den dreißiger Jahren. Die Arbeitslosigkeit stieg auf für Skandinavien unerhörte 6 Prozent und führte zu einer Rekordzahl von Konkursen. Auch wirkte sich die Krise nachhaltig auf das Sozialsystem Norwegens aus, das so umfassend ist, wie eben nur in einem skandinavischen Land, und das radikale finanzielle Kürzungen verkraften mußte, um Norwegens Wirtschaft wieder auf die Beine zu bringen.

Die norwegische Regierung führte ein „Reihen“-System ein für die Erschließung von Öl- und Gasvorkommen, um die jährlichen Investitionen hierfür auf 25 Milliarden Kronen (rund 7,5 Milliarden Mark) zu halten. Auf ihrem Höhepunkt hatte die Investitionssumme 40 Milliarden Kronen (12 Milliarden Mark) betragen. Dem Überspringen von Ölvorkommen wird so abgeholfen.

Absatzprobleme: Eine der größten Aufgaben, vor denen das Land heute steht, ist, neue Märkte für seine riesigen Erdgasreserven zu finden, die die Ölvorkommen bei weitem übersteigen. Nicht nur, daß die meisten Ländern Öl dem Gas vorziehen, ironischerweise hat Norwegen selbst ebenfalls kaum Bedarf an Gas, da es seinen Strom vergleichsweise günstig von den zahllosen Wasserfällen und Flüssen bezieht, die die Berge herabstürzen. Die Gasproduktion wird nach Schätzungen noch die nächsten 100 Jahre möglich sein, doch solange es nicht lukrativ verkauft werden kann, bringt es Geld nur auf dem Papier.

Immerhin untersucht Norwegen jetzt die Möglichkeiten einer stärkeren Nutzung von Gas im eigenen Land, was in Zukunft den unpopulären Bau von Staudämmen überflüssig werden ließe. Es steht zu erwarten, daß um die Jahrhundertwende das erste gasbetriebene Kraftwerk ans Netz geht.

Die Fjordstädte Stavanger und Bergen hat das alles kaum verändert. Anfangs empfand man den unvermittelten Reichtum Stavangers fast als peinlich, doch in letzter Zeit hat die Stadt viele Sanierungs- und Bauprojekte durchgeführt, darunter ein neuer Flughafen und ein Konzertsaal – alle mit dem schwarzen Gold finanziert. Stavanger avancierte zum Musterbeispiel einer Stadt, wo Petrodollars für die Erhaltung historischer Denkmäler eingesetzt wurden, etwa für die weißen Holzhäuser in den Kopfsteinpflasterstraßen Gamle Stavangers (Alt-Stavangers), heute Touristenattraktion und ganzer Stolz der „Siddis“ (wie sich die Einheimischen nennen).

Der Ölreichtum hat auch das Schulsystem verbessert. Sowohl in Stavanger als auch in Bergen gibt es neben einheimischen Schulen auch amerikanische, französische und englische. Die Amerikanische Schule in Stavanger nimmt auch norwegische Schüler an, vergibt Stipendien für US-Universitäten und führt ein amerikanisch-norwegisches Schüleraustauschprogramm durch. Die Amoco-Ölgesellschaft ihrerseits spendete Geld für die Pflege und Erhaltung des schönen Stadtparks.

Viele andere Ölfirmen bieten die verschiedensten Stipendien für Norweger und in Norwegen lebende Ausländer. Ruhrgas zum Beispiel, das deutsche Energieversorgungsunternehmen, zählt zu Norwegens größten Kunden und finanziert Studienaufenthalte norwegischer Studenten an energierelevanten Fachbereichen deutscher Universitäten.

Statoil-Skispringer: Mobil Oil hat sich auf die Förderung der visuellen Künste verlegt, etwa mit einem Wettbewerb zur Unterstützung aufstrebender norwegischer Künstler, und organisiert auch Bilderausstellungen in Stavanger und Oslo. Auch Sport ist ein beliebtes Aktionsfeld: So sponsert Mobil Leichtathletikveranstaltungen im Bislett-Stadion in Oslo, und die in Stavanger ansässige norwegische Ölgesellschaft Statoil unterstützt einige norwegische Spitzensportler, darunter auch die norwegische Nationalmannschaft der Skispringer.

Eine Folge dieser ganzen Investitionen ist, daß die von den ausländischen Ölgesellschaften ausgebildeten Norweger mittlerweile soweit sind, Führungspositionen zu übernehmen. Ende der achtziger Jahre hatte die Abreise französischer, amerikanischer und britischer Familien den unvermeidlichen Verfall der Mieten in Stavanger zur Folge. Bei Ausbruch des Ölbooms hatten viele Einwohner der Stadt Häuser für das Drei- bis Fünffache der früheren Mieten an Ausländer vermieten können, vor allem, da für Ausländer nach wie vor Beschränkungen beim Immobilienerwerb gelten.

Die Häuserpreise stiegen zunächst über Gebühr und fielen dann in den Keller, als die Ausländer die Häuser verließen. Die Einheimischen, die wegziehen wollten, bekamen kaum je das Geld wieder, das sie ein paar Jahre früher für ihre Häuser gezahlt hatten. So oder ähnlich lief es in vielen Ölstädten ab. Das Beispiel, das Norwegen am nächsten liegt, ist das schottische Aberdeen ebenfalls an der Nordsee, wo Mitte der achtziger Jahre ein ähnlicher Preissturz stattfand. Jüngere Norweger können jedoch von einem stark subventionierten Erstheim-Darlehen profitieren, so daß sie beim Verkauf nur einen minimalen Verlust erleiden.

Im Laufe der Jahre hat sich die Ölförderung die Westküste hinauf immer weiter nach Norden verlagert, in Küstenorte wie Harstad, Florö, Sandnessjöen und Kristiansund, von wo aus Bohr- und Forschungsinseln unterhalten werden, die an der Erschließung neuer Ölvorkommen arbeiten. Dieser Trend wird sich vermutlich noch fortsetzen, da die jüngsten Öl- und Gasfunde meist nördlicher im norwegischen Meer lagen als die ursprünglichen Vorkommen. Möglicherweise wird sich Bergen zum Zentrum der Ölindustrie entwikkeln.

Das moderne Norwegen, das Ölfunden gelassener und kritischer gegenübersteht, hofft auf einen „zweiten Ölboom“ in nördlicheren Gebieten, bis hinauf in die Barentssee.

Oben: Die Arbeit auf einer Bohrinsel. Rechts: Rekruten bei der Winterausbildung.

NORWEGEN UND SEINE NACHBARN

Wenn sich drei Skandinavier treffen, ist schwer zu sagen, wer der Norweger, wer der Däne und wer der Schwede ist. Sie sehen ähnlich aus, haben ähnliche Interessen und scheinen die gleiche Sprache zu sprechen, wenn auch mit unterschiedlichem Akzent. Die Verwandtschaft ist eng, da alle drei Völker die gleichen Vorfahren haben, die gleiche Geschichte und alle drei Sprachen vom Alten Norse abstammen.

In der Schrift gleichen sich die Sprachen so sehr, daß sie problemlos von allen drei Nationen verstanden werden, und die gemeinsame skandinavische Fluggesellschaft löst das Sprachproblem, indem sie den Crewmitgliedern gestattet, jeweils die eigene Sprache zu sprechen. Mit Norwegern funktioniert das gut, mit Dänen und Schweden weniger, da sie sich manchmal nicht verstehen.

Oft werden auch die Finnen zur Familie der Skandinavier gezählt. Sie sind aber ein eigener Volksstamm mit einer Sprache, die mit dem Ungarischen verwandt ist – und nicht nur weitläufig. Jedenfalls gehören alle vier Länder wie Island, die autonomen Regionen der Färöer und Grönlands und die Alandinseln im Bottnischen Meerbusen zur Gruppe der nordischen Länder.

Wie in allen Familien gibt es bei den Skandinaviern die üblichen, aus übergroßer Nähe und langjähriger Verbindung resultierenden Zwistigkeiten, Eifersüchteleien und Mißverständnisse. Die Norweger gelten bei den anderen Skandinaviern als blauäugig und naiv und sind oft Zielscheibe harmloser Witzchen. Wie erstaunt sind aber Dänen und Schweden, wenn sie erfahren, daß in Norwegen über sie ähnliche Witze kursieren. Das Bild einer Familie greift auch in anderer Hinsicht, betrachtet doch Dänemark Norwegen als seinen kleinen Bruder, und behandelt es auch so.

Schweden wiederum, das eine 1700 Kilometer langen Grenze mit Norwegen verbindet, wird von Norwegen (und bis zu einem gewissen Grad auch von Dänemark) als älterer, „großer" Bruder betrachtet, ein Phänomen, wie es auch bei Kanadiern und Amerikanern und Schotten und Engländern vorkommt. Der „Kleine" zeigt sich oft trotzig und uneinsichtig, der „Große" meint, er wisse alles besser. Seit Norwegen jedoch vor 20 Jahren Öl entdeckte, hat Schweden sein Verhalten geändert und betrachtet den kleinen Nachbarn nun mit einem Anflug von Verwunderung und Neid.

Norwegens Image des Juniorpartners beruht zum Teil darauf, daß der gegenwärtige Staat nach 500 Jahren Fremdherrschaft, erst dänischer, dann schwedischer, noch nicht einmal hundert Jahre alt ist. Als Nation existiert Norwegen aber genausolang wie jedes andere skandinavische Volk. Ganz früher waren die Norweger sogar führend, entdeckten und kolonialisierten Island, Grönland und die Färoer und hatten über viele Jahre noch Territorien in Schottland, auf dessen Inseln und in Irland.

Norwegens einziges nicht nordisches Nachbarland ist Rußland. Die beiden Länder leben weitgehend reibungslos nebeneinander in Spitzbergen (Svalbard), der abgelegenen nördlichen Inselwelt, die für Kreuzfahrten, Kohle, Vogel- und Pflanzenarten bekannt ist. Differenzen gab es nur wegen der gemeinsamen Grenze am Kontinentalschelf, weit im Norden der Barentssee, wo die beiden Länder auf 1700 Kilometer Länge aneinanderstoßen. Norwegen will, daß die Grenze auf ganzer Länge an einer von beiden Ländern gleich weit entfernten Mittellinie gezogen wird, Rußland favorisiert ein abschnittsweises Vorgehen. Das umstrittene Gebiet ist so groß wie Belgien, die Schweiz und Österreich zusammen. Bei der russischen Lösung würde die Grenze weiter westlich verlaufen und ihnen Zugang zu größeren Fisch- und Ölvorkommen gewähren.

Im Zweiten Weltkrieg, als nur Schweden neutral blieb, halfen sich die skandinavischen Länder gegenseitig, wo sie konnten, doch weder Schweden noch Norwegen haben bis heute vergessen, daß Schweden den deutschen Truppen den Durchmarsch zum Angriff auf Norwegen gestattete. Viele finnische Kinder flüchteten nach Schweden, und auch die Norweger setzten sich verstärkt dorthin ab.

Bei Kriegsende traten Norwegen, Dänemark und Island der NATO bei, Schweden blieb blockfrei, und Finnland (das sich in einer heiklen Schlüsselposition zwischen dem Westen und dem Ostblock befand) proklamierte seine Neutralität.

Die Absicht der Europäischen Gemeinschaft, ab 1992 einen Binnenmarkt einzurichten, beschleunigte die Anstrengungen des (1952 ins Leben gerufenen) Nordischen Rats, daran teilzuhaben.

WARUM IST BLOSS ALLES SO TEUER?

Als er beim Mittagessen gefragt wurde, warum in Norwegen bis auf Strom und gebrauchte Skier alles so teuer sei, spießte der Regierungskritiker eine Tomate auf die Gabel und drehte sie in Augenhöhe.

„Betrachten Sie einmal diese Frucht“, setzte er an, „eine hier gewachsene, norwegische Tomate. Im Geschmack recht ordentlich, in jeder anderen Hinsicht ein Skandal. Dies ist ein sehr schönes Land, doch für den Anbau von Tomaten, ja, von vielen Feldfrüchten, denkbar ungeeignet. Nicht einmal drei Prozent der Fläche sind landwirtschaftlich nutzbar, und selbst die nicht besonders gut. Die deutschen Kaufleute zu Zeiten der Hanse erpreßten uns mit der Drohung, unsere Getreideimporte zu stoppen, und dies ist nur einer von vielen Gründen für unser krankhaftes Bedürfnis, unsere Nahrungsmittel soweit wie möglich selbst zu produzieren – egal, was es kostet. Mehrere Regierungen haben die Politik praktiziert, daß jedes für Ackerbau verwendbare Stück Land auch dafür verwendet werden *sollte* – und außerdem, daß den Bauern ein Einkommen zusteht, das nicht unter dem liegt, was in der Industrie verdient wird. Das bedeutet enorme Subventionen: 10 Prozent unseres Staatshaushaltes werden auf Agrarsubventionen verwendet, vielfach für kleine Gehöfte in abgelegenen Gegenden, die es aus wirtschaftlicher Sicht gar nicht geben dürfte. Die Bauern, versteht sich, sind mit dieser Regelung rundum zufrieden. In Schweden wurden solche Bauern schon vor langer Zeit ihrem Schicksal überlassen. Bei uns sieht man die Sache anders. Historisch gesehen war Norwegen immer ein Land der Kleinbauern. Einflußreiche politische Kräfte sorgen dafür, daß das so bleibt. Nehmen wir einmal an, diese Tomate stammt von einem dieser kleinen, stark subventionierten Bauernhöfe im Hinterland. Wie kam sie auf diesen Tisch? Norwegen ist von der Fläche her gar nicht so groß, in etwa so wie die Britischen Inseln, doch es ist sehr lang und sehr schmal. Drehen Sie das Land um Oslo, und es würde bis Rom reichen. Bei Wetterberichten im Fernsehen etwa wird die Karte in zwei Teilen nebeneinander gezeigt, weil sie sonst nicht auf den Bildschirm paßte. Bauern, die Geld bekommen, weil sie in abgelegenen Gegenden leben, brauchen Straßen, und der Straßenbau im Gebirge verschlingt Unsummen. Im Winter müssen sie dann geräumt werden, die Fahrbahn bricht auf und muß erneuert werden – was noch mehr Ausgaben bedeutet. Wie war das wohl mit dem Lkw, der diese Tomate geholt hat? Volvos werden gleich hinter der schwedischen Grenze bei Göteborg gebaut, doch aufgrund unseres Einfuhrzolls kostet ein Volvo in Oslo fast dreimal soviel wie in Los Angeles. Ein sündteures Auto fährt also über eine sündteure Straße. Wer bezahlt nun die Reise der Tomate? Der Steuerzahler natürlich – durch weitere Subventionen für den Spediteur. Dann ist die Tomate aber immer noch nicht im Restaurant. Der Lkw kann einen Fjord nur mit der Fähre überqueren. Und wer bezahlt wohl die Fähre? Wieder der Steuerzahler – manche Fähren werden bis zu 40 Prozent subventioniert. Wenn die Tomate schließlich hier ankommt, wird sie von jemandem gewaschen, der mindestens 120 000 Kronen im Jahr verdient, den Mindestlohn, auf den der Arbeitgeber

noch 30 000 Kronen für die staatliche Versicherung aufschlagen muß. Warum gibt es wohl keine Pagen in norwegischen Hotels? Weil kein Mensch sie bezahlen kann.

Das Recht auf Arbeit ist in unserer Verfassung festgeschrieben. Als das Geld aus dem Nordseeölgeschäft noch floß, konnten wir die Illusion der Vollbeschäftigung dadurch aufrechterhalten, daß der Staatsapparat aufgeplustert wurde. Das Ölgeld ist versiegt – und wurde doppelt ausgegeben. Also gibt es jetzt Arbeitslosigkeit, was auch immer die Verfassung dazu sagt. Kann der Restaurantbesitzer denn niemanden finden, der die Tomate billiger wäscht? Kann er nicht, weil die Arbeitslosenunterstützung so hoch ist wie der Mindestlohn. Dem armen Steuerzahler, der jeden Abschnitt des ungewollten Lebens dieser Tomate bezahlt hat, wird eine weitere gepfefferte Rechnung präsentiert. Eine spanische Tomate hätte auf diesem Teller den gleichen Zweck erfüllt, für einen Bruchteil der Kosten und ohne den Steuerzahler zu belasten. Touristen sagen meist 'Naja, vermutlich sind die Verdienste hier sehr hoch'. Für jemanden, der Tomaten wäscht, sicherlich, doch sehr viel höher gehen sie nicht.

So aus dem Stegreif würde ich sagen, das durchschnittliche Jahreseinkommen liegt zwischen 150 000 und 200 000 Kronen brutto. Die meisten zahlen einen Steuersatz von 45 Prozent, doch wer überdurchschnittlich verdient, kommt rasch auf 70 Prozent. Nach Steuer bleibt also nicht soviel, um die Preise zu zahlen, die verlangt werden. Der Ausweg ist massive, private Verschuldung. Fast alle Darlehen – nicht nur für Immobilienerwerb – sind nämlich steuerlich absetzbar. Man hat daher die Wahl, ob man Steuern zahlt und kaum Geld übrig behält, oder ob man auf Kosten der Bank den berühmten hohen Lebensstandard genießt. In der Vergangenheit haben die Banken willig mitgespielt und Geld verliehen, ohne groß Fragen zu stellen. Solange die Zinsen erträglich waren, funktionierte das System: ein neuer Wagen in der Garage, ein schickes Boot am Fjord, Küchen, die überquellen von Mikrowellen und allen möglichen Geräten, eine *hytte* auf dem Land, und so weiter. Das norwegische Maskottchen war früher der Troll. Plötzlich war es das Einkaufszentrum. Auf Schritt und Tritt wurden neue Einkaufszentren hingestellt. Ein Bummel durch das jeweils Neueste gehörte für die Menschen bald dazu. Moment mal! Die Einkaufsorgien waren indirekt die Folge des Nordseeabkommens mit Großbritannien, das eine Aufteilung der Ölprofite 50 zu 50 vorsah. In Großbritannien mußte das Geld unter 60 Millionen Menschen aufgeteilt werden, in Norwegen nur unter 4,5 Millionen. Das bedeutete Geld in Hülle und Fülle pro Kopf wie in Saudiarabien oder Kuwait. Als das Ölgeld ausging, war die Show zuende. Die Zinsen schnellten hoch, und eins nach dem anderen gingen Autos, Boote, Mikrowellenherde und Einkaufszentren an ihre eigentlichen Besitzer zurück: die Banken. Bald befanden sich auch die Banken in Schwierigkeiten und griffen auf vordem undenkbare Mittel zurück – Personalabbau und Fusionsverhandlungen. Fast könnte man sagen, die norwegische Wirtschaft stand und fiel mit warmem Regen – erst die Heringsschwärme, die wie durch ein Wunder vor der Westküste auftauchten, dann das amerikanische Geld nach dem Zweiten Weltkrieg, dann das Nordseeöl. Jetzt warten wir auf das Nordseegas."

Die Sami: Ein Volk in vier Ländern

Die Lappen – oder Sami, wie sie sich lieber nennen – leben seit undenklichen Zeiten in Norwegen. Man fand 8000 Jahre alte Spuren dieses Volkes, wobei es heute in manchen Gegenden nur noch spärliche Überbleibsel der alten Stämme gibt. Im als *Samiland* geltenden Gebiet (Teile Nordschwedens und Finnlands und der angrenzenden Sowjetunion) halten sich rund 40 000 Sami auf. Rund die Hälfte von ihnen leben in der nordnorwegischen Finnmark. Die norwegischen Sami lassen sich grob in drei Gruppen gliedern. Am weitesten verbreitet sind die Bergsami, sie trifft man von Varanger bis Femunden. Sie leben hauptsächlich von der Rentierzucht. Die Flußsami, denen man an den Wasserläufen im Inneren der Finnmark begegnet, haben sich mehr und mehr auf Ackerbau und Viehwirtschaft verlegt, obwohl sie ihr Einkommen immer noch durch Jagen, Fischen und Beerensammeln aufbessern. Die dritte Gruppe, die Seesami, ist die größte. Sie verdienen ihren Lebensunterhalt mit Fischfang und Ackerbau, ein Leben, das sich von dem der übrigen Nordnorweger kaum mehr unterscheidet.

Alte Kultur: Bemerkenswert ist, wie die Sami, die ja eine Minderheit darstellen, ihr reiches kulturelles Erbe und viele ihrer einzigartigen Traditionen bewahrt haben, darunter nicht zuletzt auch ihre Sprache, die sich vom Finno-ugrischen ableitet und dem Finnischen eng verwandt ist.

Seit jeher war das Meer mit seinen reichen Fischvorkommen und den Seehundbeständen, die ihnen Felle und Leder lieferten, für sie von größter Bedeutung. Vor langer, langer Zeit gab es noch Walrosse mit kostbaren Stoßzähnen. Diese waren vor allem bei den Handwerkern heiß begehrt, die die typischen Kunstgegenstände daraus fertigten.

Das Samiland ist ein weites Land, reich an Seen, Flüssen, Bächen und nicht zuletzt auch an mächtigen Bergen und zahllosen Hügeln, die mancherorts bis zur atlantischen Küste reichen. Neben dem Fischfang war die Jagd ein wichtiges Betätigungsfeld. Wild gab es genug, groß und klein. Hörnchen, Marder, Füchse und auch Bären lebten hier, doch am bedeutendsten war – und ist – das Rentier, die Grundlage des Sami-Haushaltes. Das Rentier ist für die Sami gleichzeitig Hauptnahrungsmittel und Vermögen. Aber fragen Sie nie einen Sami, wieviele Tiere seine Herde zählt. Das wirkt ungehörig, als würden Sie Ihren Nachbarn fragen, wieviel Geld er auf dem Konto hat.

Von den nomadisch lebenden Sami gibt es nur noch wenige. Die meisten sind seßhaft geworden, ziehen aber im Sommer mit ihren Herden zu höher gelegenen Weidegründen. Im Spätsommer und Herbst werden die Rentiere in die Wälder am Fuße der Berge hinuntergetrieben, wo sie ein reiches Nahrungsangebot an Flechten vorfinden. Hier verbringen sie den Winter, können frei herumstreifen, bis es Frühling wird und Zeit, wieder auf den Berg zu ziehen, zu den Steilhängen, wo sie jetzt saftige, üppige Vegetation erwartet.

Leuchtende Farben: Viele Norwegenbesucher reisen jetzt nach Norden ins Samiland und zum *Fjell* (den Bergen), ein herrlicher Anblick für jeden, der saubere, unberührte Natur liebt. Moose und Flechten verleihen dem endlosen Land einen Farbschimmer, und

Vorangegangene Seiten: Kautokeino-Kinder vor der Konfirmation. Links: Sami-Frauen lieben ihre Pfeife. Rechts: Sami-Junge heute.

Gräser, insbesondere Segge (*Carex*), kommen hier so zahlreich vor wie in kaum einer anderen Gegend. Zum Sommeranfang blüht die seltene, blasse Osterblume *(Pulsatilla vernalis)*, und die rosige „Zimtrose" *(Rosa majalis)* färbt die felsigen Hänge und säumt den Sumpf. Teppiche von Silberwurz *(Dryas octopetala)* weisen auf den hohen Kalkgehalt des Bodens hin, ebenso viele andere Arten, deren Namen oft mit *Fjell* beginnen.

Möglicherweise ließen sich die Sami beim Entwurf ihrer Trachten von der Farbenpracht ihrer Umgebung anregen. Früher trug man diese Kleidung täglich. Heute ist sie Festen, Hochzeiten, Beerdigungen und anderen besonderen Gelegenheiten vorbehalten. Das größte Fest des Jahres ist Ostern, besonders in Kautokeino. Dann finden Rentierrennen und andere Veranstaltungen statt. Dann werden die reich bebänderten Röcke und Jacken, deren Grundfarbe meist Rot ist, aus dem Schrank geholt. Die vielen Bänder dienen als Bündchen oder Manschetten, ja selbst als „Strümpfe".

Farben und Formen sind dabei keine Grenzen gesetzt, was sie zu einem prächtigen Anblick macht. Zu diesen üppigen Gewändern trägt man Silberschmuck, herrlich gearbeitete Halsketten und Anhänger. Eine weitere Spezialität ist die Zinnstickerei, bei der dünnste Zinnfäden in wunderschönen Mustern auf Armbänder oder Taschen aus Rentierhaut aufgenäht werden. Man trägt sie nur an Festtagen.

Die alte Religion: Wie bei vielen anderen Naturvölkern war auch die Religion der Sami – die es heute noch gibt – eine dem Schamanismus verwandte Glaubensform, in der die Natur und ihre Kräfte die wichtigste Rolle spielen. Sonne und Mond waren die obersten Gottheiten wie schon bei den alten Ägyptern und Griechen und noch älteren Völkern. Rangnächster war ein Donnergott, der für Fruchtbarkeit, Wildtiere und Jagd zuständig war und auch für die Seen, ihre Fische und anderen Lebewesen. In vielen Gegenden wurde diese Religion mit der alten nordischen Mythologie ver–quickt, doch war sie noch naturverbundener. Die Götter trugen Namen in der Sami-Sprache. So hieß der Sonnengott Peive und der Donnergott – der dem Thor der nordischen Mythologie entspricht – Horagalles. Diesen „Hauptgöttern" unterstanden viele geringere Götter und Geisterwesen, darunter auch böse Geister. Einer davon war Rota oder Ruta, der Dämon der Krankheit und des Todes, ein anderer der Teufel selbst, Fuadno.

Die Christen taten ihr Bestes, um diesen alten Volksglauben zu bekämpfen und auszurotten, und vor allem der schwedische Laestadianismus tat sich bei der Verdrängung der Sami-Religion hervor. Viele „Troll-Trommeln" (die bei der alten Religion eine Rolle spielten) wurden verbrannt. Die wenigen übrigen wurden teure Sammlerobjekte und sind heute in verschiedenen Museen zu sehen. Das Oberteil war rotbemalt und zeigte Gestalten mit magischen Kräften, die für die Sami-Kultur bedeutsam, den selbsternannten Missionaren aber ein Dorn im Auge waren.

König Christian IV. war der hartnäckigste Streiter für die Ausbreitung des Christentums unter den norwegischen Sami, das in der Kultur der Sami ein Fremdkörper war. König Christian bereiste Anfang des 17. Jahrhunderts die Finnmark und führte 1609 die Todesstrafe ein für alle Sami, die sich weigerten, ihrem traditionellen Glauben abzuschwören.

Die Sami unterscheiden acht Jahreszeiten, die alle mit den Rentieren in Zusammenhang stehen und ebenfalls Anlaß zu Festen sind.

Wiederaufleben der Sprache: Bis zum Zweiten Weltkrieg betrieben die Norweger die Norwegianisierung der Sami. Die Sami-Kultur drückte sich weitgehend in der visuellen Kunst aus, weniger in der Literatur. Dies führte soweit, daß einer der größten Schriftsteller von Sami-Abstammung, Mario Aikio aus Karasjok, ausschließlich Norwegisch schrieb.

Heute benutzt eine Reihe von jüngeren Autoren die Sami-Sprache. Im Gegensatz dazu führte die Popularität des ersten großen Bilderkünstlers der Sami, John Savio, dessen

Es folgte die Anweisung, bis 1650 eine erste christliche Kirche in Varanger zu errichten. In der Finnmark steht heute auch die einzige griechisch-orthodoxe Kirche in Neiden, wo die vielen Sami den Sabbath begehen.

Der Kirchgang war jedoch für viele Sami ein Ding der Unmöglichkeit. Sie hätten dafür Berge und riesige Seen überqueren müssen. Nur zu den hohen Festtagen kamen sie zusammen, und so ist es bis heute: zu Neujahr, Ostern, Mariä Verkündigung und zur Frühjahrs- und Herbst-Tag-und-Nacht-Gleiche.

Links: So lebten die Sami vor hundert Jahren.
Oben: Sami-Frau beim Rentier-Auftrieb.

Holzschnitte berühmt wurden, zur Entdekkung weiterer Sami wie Iver Jaks, Age Gaup und Hans Ragnar Mathisen.

Wie es bei vielen Minderheitssprachen der Fall ist, fördert man inzwischen auch in Norwegen die Erhaltung der Sami-Sprache. Sie wird von der ersten Klasse an unterrichtet, die Sami können sogar in ihrer eigenen Sprache studieren, etwa an den Universitäten von Oslo und Tromsö, und haben eine eigene Ausbildungsstätte für Lehrer in Alta. Auch in Karasjok ist eine weiterführende Schule, wo den Schülern Sprache und Geschichte der Sami vermittelt wird. Ein modernes Sami-Museum gibt es ebenfalls. In Kautokeino, wo die großen Osterfeierlichkeiten stattfinden, befindet sich das Nordische Sami-Institut.

Als die norwegische Rundfunkgesellschaft NRK Anfang der achtziger Jahre die Einrichtung eines zweiten Radiosenders plante, ging sie nach dem ausgefallenen Plan vor, die erste Sendestation hoch im Norden Norwegens zu bauen, zunächst mit einem Sami-Sender zu beginnen und sich dann langsam nach Süden vorzuarbeiten.

Die norwegischen Sami haben sich auch um politische Selbstverwaltung bemüht und um die Erhaltung ihrer althergebrachten Lebensweise, die durch die Erschließung der nördlichen Gebiete mehr und mehr in Bedrängnis geriet. In Einzelfällen gelang es ihnen sogar,

Kraftwerksprojekte zu stoppen, welche die Überflutung ganzer Landstriche und damit die Gefährdung ihrer einheimischen Rentierwirtschaft zur Folge gehabt hätten. Gegen ihr Hauptproblem sind die Sami allerdings macht- und hilfslos. Radioaktiver Outfall der sowjetischen Atombombenversuche und besonders nach Tschernobyl (zwei Hauptwolken regneten auf Samiland nieder) verseuchten weite Landstriche. Moose und Flechten saugen Radioaktivität geradezu auf und kontaminierten die Rentiere.

Selbstverwaltung: Inzwischen haben die Sami ein eigenes Parlament *(Sametinget)*, das von König Olav im Oktober 1989 feierlich eröffnet wurde, Anlaß zu Festlichkeiten, bei denen Erwachsene und Kinder ihren König kennenlernen konnten. Das Parlament ist eine gewählte Vertretung. Wählen darf jeder, der einen Sami-sprechenden Großelternteil besitzt oder sich – für den norwegischen Pragmatismus typisch – schlicht „als Sami fühlt".

Diese Veränderungen haben bei der Jugend Interesse geweckt für Sami-Kultur, -Sprache, -Musik,-Kunst und -Gesang. Wer die Welt der Sami verstehen will, der muß zunächst Einblick bekommen in ihre einzigartige Gesangsform, den *Joik*, eine primitiven Musikform, eine Art Summen ohne Begleitung. *Joiking* ist eine Methode der Kommunikation, die eine kleine Gesellschaft entwickelte, um ein Gemeinschaftsgefühl zu erzeugen. Auch die in der Sami-Sprache abgefaßten Texte sind für Außenstehende nicht verständlich. Worte kommen isoliert vor, werden mit einer Aneinanderreihung weicher, bedeutungsloser Silben wie *voia-voia, ala-ala, lu-lu-lu* verknüpft, was für ungeübte Ohren seltsam klingt.

Diese Gesangsform hat sich vor allem in der Finnmark durchgesetzt. Jeder Sami hat dabei seine eigene Melodie. Junge Männer komponieren *Joiks* für die Mädchen, um die sie werben. Heute werden *Joiks* auch auf Bestellung komponiert, eine Neuerung, die Snowskootern und Radio folgte. Entstanden sind sie vermutlich aus dem Umstand heraus, daß die Männer im Samiland oft allein in den Bergen oder im Gelände sind. Die Laute der *Joiks* beruhigten die Rentierherden und hielten wilde Tiere fern. Die *Joiks* dienen auch der Unterhaltung, sowohl bei größeren Zusammenkünften als auch für den Einzelnen.

Anständige Lieder: Wie so viele andere Traditionen wurden auch die *Joiks* von den Christen verboten. Zu Zeiten, als alles außer Kirchenliedern Anstoß erregte, galten die *Joiks* als sündhaft. Doch man konnte sie nicht verbrennen wie die Troll-Trommeln. Viele der alten Melodien überlebten und wurden von einer Generation zur nächsten überliefert. Zu Beginn dieses Jahrhunderts wurden ungefähr tausend ältere Kompositionen von norwegischen und finnischen Sami und später auch von schwedischen niedergeschrieben. Auch der moderne Sami-Komponist John Persen ließ sich von *Joik*-Motiven zu Kompositionen anregen.

Links: Figur eines Sami-Theaterstücks. Rechts: Alte Sami-Frau vor ihrem Zelt.

Obwohl man Entdeckungen heutzutage meist mit Raketen und Weltraum in Verbindung bringt, sind zumindest zwei norwegische Entdecker immer noch ebenso in aller Munde wie zu der Zeit, als sie ihre epochemachenden Leistungen vollbrachten. An den Medizinstudenten Roald Amundsen wird man sich stets als an den Mann erinnern, der den Wettlauf mit Captain Robert Falcon Scott zum Südpol gewann, an Thor Heyerdahl wegen seiner Kontiki-Expedition, der ein Buch folgte, das in mehr als 36 Sprachen übersetzt wurde.

Durch ihren Ruhm verdrängen sie eine ganze Reihe wagemutiger Norweger aus dem Rampenlicht, die ebenfalls Bemerkenswertes vollbrachten. Da ist zunächst Bjarni Herjolfsson, der im Jahre 986 auf der Fahrt von Island nach Grönland vom Kurs abkam und schließlich einer alten Legende nach als erster Europäer den amerikanischen Kontinent sichtete. Nach Bjarnis Rückkehr borgte sich Leif Eriksson dessen Boot, um zu sehen, was es mit der geheimnisvollen Entdeckung auf sich hatte. Er und seine Wikinger waren um das Jahr 1000 die ersten Europäer, die amerikanischen Boden betraten.

Frühe Wanderungen: Ein norwegischer Entdecker des 19. Jahrhunderts, Fridtjof Nansen, erarbeitete die Grundlagen für die Untersuchung menschlicher Wanderungen. Er begründete seinen Ruf 1888 mit der kühnen Durchquerung Grönlands von Osten nach Westen, von der er in seiner *Ersten Durchquerung Grönlands* berichtete. Ein paar Jahre später fesselte ihn die Entdeckung von Wrackteilen an der Südspitze Grönlands, die von den Neuen Sibirischen Inseln stammten. Wie waren sie wohl hierher geraten?

Nansen entschloß sich, es herauszufinden. Sein Schiff, die *Fram*, war speziell dafür angefertigt worden, sich unter dem zerstörerischen Druck des arktischen Treibeises zu heben. Sie wurde im September 1893 vor den Neuen Sibirischen Inseln vom Eis eingeschlossen und tauchte zwei Jahre später vor Spitzbergen auf, dem Niemandseiland 650 Kilometer nördlich von Norwegen – ohne Nansen. Er hatte das Schiff übergeben, um einen heldenhaften, doch vergeblichen Versuch zu machen, mit Hundeschlitten zum Nordpol vorzustoßen. Er und ein Gefährte überstanden einen Winter in Franz-Josef-Land, wo sie in einer Hütte aus Eis lebten und alles aßen, was ihnen vor die Flinte kam. Sie erreichten fast gleichzeitig mit der *Fram* sicheres Land. Nansens sechsbändige Aufzeichnungen lieferten grundlegende Erkenntnisse für die Ozeanographie.

<u>Vorherige Seiten</u>: Nansens Schiff *Fram* steckte im arktischen Eis. <u>Links</u>: Hanssen, Teilnehmer der Amundsen-Expedition, neben der gerade am Südpol aufgerichteten Flagge 1911. <u>Rechts</u>: Roald Amundsen.

Nansens Ruhm war so groß, daß er, als Krieg drohte zwischen Norwegen und Schweden über die Auflösung der Union, nach London und Kopenhagen entsandt wurde, um für die norwegische Sache zu werben. Später wurde ihm der Friedensnobelpreis verliehen.

Ziel der Kontiki-Expedition von 1947 war, eine Theorie über die Ursprünge der polynesischen Völker und Kultur zu überprüfen. Heyerdahl bewies, daß ein vor der Küste Perus zu Wasser gelassenes Balsaholz-Floß schließlich – er brauchte dafür über vier Monate – den 8000 Kilometer entfernten Tuamotu-Archipel erreichen konnte. In den sechziger Jahren führte er erfolgreich ein weiteres solches Experiment durch, diesmal, um festzustellen, ob Westafrikaner mit ihren traditionellen Flößen noch vor Kolumbus die Westindischen Inseln erreicht haben konnten. (*Kontiki* und *Ra* sind in Oslo zu besichtigen.)

Mit Ausnahme von Heyerdahl nutzten norwegische Abenteurer meist ihre Erfahrungen mit Eis und Schnee für Expeditionen in polare Regionen. Natürlich waren sie auch hervorragende Seeleute. Seit Ende des 8. Jahrhunderts gehörte die Nordseeüberquerung zu den Britischen Inseln zu ihrem Standard.

Der Vater der norwegischen Entdecker, oder zumindest der erste überlieferte Entdekker, ist Erik der Rote, ein Mann, der offensichtlich einen Hang zur Gewalttätigkeit hatte. Im 10. Jahrhundert wurde er wegen Mordes von Norwegen nach Island verbannt. Wegen weiterer Morde wurde er für drei Jahre aus Island verbannt. Nirgendwo willkommen, segelte er mit einer Schiffsladung Vieh an Bord westwärts und entdeckte die größte Insel der Welt – einen Eisklumpen, dessen Eisdecke stellenweise über drei Kilometer dick war.

Der leidenschaftliche Angler Erik war so begeistert über die umfangreiche Fischausbeute des Sommers, daß er darüber vergaß, Vorräte an Winterfutter für das Vieh anzulegen. So verhungerten seine Tiere. Er riskierte trotz Ächtung die Rückkehr nach Island, um sich Ersatz zu beschaffen und andere zu überreden, sich ihm anzuschließen. Erik pries sein neu gefundenes Land mit dem Eifer eines skrupellosen Immobilienmaklers. Es sei so wundervoll, erzählte er seinen Zuhörern, daß er es Grönland – Grünland – nennen wolle. 985 hatte er sein Vieh und auch genügend Kolonisten beisammen, um 25 Schiffe zu füllen, von denen 14 ihr Ziel erreichten.

In einer der von Erik dem Roten gegründeten Siedlungen entschloß sich sein Sohn Leif, nachdem er Bjarni Herjolfssons seltsame Geschichte gehört hatte, zu seiner Entdekkungsfahrt. Er war „groß und kräftig, von einnehmendem Äußeren, klug und in jeder Hinsicht ein gemäßigter, anständiger Mann", was ihn von seinem Vater unterschied. Mit 35 Mann verließ er Grönland um das Jahr 1000. Zunächst erreichte er in Amerika „Markland" an der Küste Labradors, dann „Vinlands".

Die Inschrift auf einer Karte, die ein Baseler Mönch im Jahr 1440 zeichnete – rund fünfzig Jahre vor Kolumbus' Reise in die Neue Welt –, beschreibt Leif Erikssons Entdeckung als „ein neues Land, sehr fruchtbar, wo sogar Reben gedeihen... ein wirklich großes und sehr reiches Land". Besiedelungsversuche wurden durch Eingeborene vereitelt.

Der Beweis: Die Existenz „Vinlands" war dem Chronisten Adam von Bremen um 1070 sicher ebenso bekannt wie den Autoren der Sagen, doch wie so oft wurde Erikssons Entdeckung Amerikas erst durch eine Laune der Archäologie zweifelsfrei bewiesen. Ausgrabungen auf einem Grönländer Bauernhof, der einem der Teilnehmer der „Vinland"-Expedition gehört hatte, förderten einen Klumpen Kohle zutage, der, wie sich herausstellte, aus Anthrazit bestand, einem Material, das in Grönland gar nicht vorkommt, auf Rhode Island dagegen in Hülle und Fülle.

Dies wurde 1960 noch untermauert durch Helge Ingstad, der sich mit dem möglichen Landeplatz der Expedition aus Grönland auf dem amerikanischen Kontinent befaßte. An der Nordspitze Neufundlands hatten sechs Gebäude gestanden. Zweifelsfrei waren die Bewohner Nordmänner.

Amundsen hatte eine harte Lehrzeit durchgemacht vor seinem berühmten Vorstoß zum Südpol, der einer Änderung der Pläne in letzter Minute zu verdanken war. Er hatte zwar bereits an einer belgischen Antarktis-Expedition teilgenommen, doch sein eigentliches Interesse galt der Arktis. Zwei Jahre lang saß er mit dem Seehundfänger *Gjöa* vor der Prinz-William-Insel fest und nutzte die Zeit für Studien der Eskimos und Überlegungen über den magnetischen Pol. Nach dem dritten Winter im Eis gelang Amundsen die Durchfahrt durch die Beaufort-See und er erreichte im August 1906 die Bering-Straße.

Amundsen wußte von Captain Scotts Vorhaben, den Südpol zu erreichen, doch war er selbst mehr am Nordpol interessiert. Tief enttäuscht darüber, daß ihm Peary um Haaresbreite zuvorgekommen war, fuhr er statt dessen klammheimlich in Nansens Schiff *Fram* nach Süden. Erst als er Madeira erreicht hatte, machte er seine Absicht publik.

Amundsen entschloß sich, bei dem Rennen zum Südpol auf jegliche wissenschaftliche Arbeit zu verzichten. Scott hatte Vorsprung, doch erkannte zu spät, daß ihm seine sibirischen Ponies unter diesen Bedingungen nichts nützten. Er und seine Leute mußten ihre Schlitten selber ziehen. Amundsen wählte die kürzere, schwerere Strecke und hatte den Vorteil von Hundeschlitten. So erreichte er den Südpol einen Monat vor Scott.

Das entmutigte englische Team kehrte nie zurück. Dieser Umstand und das Pathos von Scotts Tagebuch trübten Amundsens Erfolg ein wenig. Der Direktor der Londoner Royal Geographical Society, die Scott unterstützt hatte, zollte Amundsens Leistung schließlich doch Beifall als „der erfolgreichsten Polarreise der Geschichte".

Links: Thor Heyerdahl überwacht Bauarbeiten an der *Ra* zu Füßen der Pyramiden von Gizeh. Rechts: *Ra II* verläßt den Hafen von Safi.

Bootsbauer und Ingenieure

Norwegen ist 1600 Kilometer lang und hat eine zahnartig gezackte Küste, zahlreiche Inseln und mehr als nur ein paar Berge – ein Alptraum für jeden Straßen- und Infrastrukturplaner. Zu den geographischen Hindernissen kommen noch die rauhen Winter und der Umstand, daß die vier Millionen Einwohner weit über das lange, schmale Land verstreut leben. Kein Wunder also, daß seit jeher das Meer das hauptsächliche Transportmedium der Norweger war, und daß die meisten Städte und Dörfer in Küsten- oder Fjordnähe liegen und Häfen haben.

Als es noch keine befestigten Straßen gab und die Eisenbahn noch in den Kinderschuhen steckte, wurden Schiffsverbindungen für Passagiere und Fracht eingerichtet. Dies war auch der Hauptgrund dafür, daß Reiserouten durch Norwegen selten ins Landesinnere führten, sondern sich an die Städte und Orte an der Küste und an den Fjorden hielten. Ein 1911 erschienener Führer bestätigt das: „Lange Wegstrecken legt man in Norwegen auf dem Wasser zurück und Dampfer verkehren auf allen Fjorden und vielen Binnenseen."

Hauptschlagader des inländischen Seeverkehrs war und ist die berühmte Hurtig-Rute, Küstenexpreßdampfer, die seit vielen Jahren Norden und Süden verbinden. Die Schiffe folgten den Wikingerrouten und bestanden ursprünglich aus unzusammenhängenden Einzelverbindungen. Viele fuhren nur im Sommer, warfen bei Anbruch der Dunkelheit Anker und unterbrachen die Fahrt nachts.

Den ersten ganzjährigen Fahrdienst richtete die Vesteraalens Dampskibsselskab im Jahr 1893 ein, und zwar zwischen Trondheim und Hammerfest – ohne nächtliche Unterbrechungen. Später zogen andere Gesellschaften nach, die Hurtig-Rute übernahm die führende Rolle und beförderte Post und Passagiere, auch Touristen, von Bergen im Südwesten aus bis nach Kirkenes im Nordosten.

Die elf Schiffe der vier zur Hurtig-Rute gehörenden Gesellschaften halten ihren einzigartigen, ganzjährigen Passagier- und Frachtverkehr aufrecht, der von den Einheimischen als eine Art schwimmender Bus betrachtet wird. So haben auch Touristen die Möglichkeit, die Fahrt auf einem „Arbeitsschiff" zu erleben. Auch heute noch versammeln sich Einheimische am Kai, wenn eines der Küstenexpreßschiffe sanft in einen der 34 Häfen an der Strecke einläuft.

In dem Maße wie Straßen und Brücken entstanden und Tunnels gebohrt wurden, ging die Zahl der Fährschiffe zurück. Immerhin sind noch rund 100 Verbindungen in Betrieb.

Diese Fähren sind Alltagsschiffe, die oft etwas heruntergekommen wirken und wenig Komfort bieten. Schiffe, die länger als eine halbe Stunde unterwegs sind, verfügen meist über eine kleine Cafeteria. Trotzdem lohnt sich die Fahrt, denn vom Deck aus kann man herrliche Fotos machen, zusehen, wie die Küste vorbeizieht und den Ausblick auf Fjord und Ufer genießen.

Die Fähren sind einfach aufgeteilt: ein paar markierte Streifen für Fahrzeuge, vielleicht ein Kiosk, und die Rampe. Tickets werden auf der Fähre oder manchmal schon in der Warteschlange bei der Auffahrt verkauft. Im voraus kann man nur selten buchen. Also heißt es,

Vorherige Seiten: In den Bergen liegt Schnee bis in den Mai hinein. Links: Die Tjeldsund Brücke in Tromsö bei starkem Wind. Rechts: Sichere Landung auf einem winterlichen Flugplatz im Norden.

Schlange stehen. An der alten Kavanndal-Kinsarvik-Fähre, die den Verkehr von Bergen nach Oslo beförderte, standen früher lange Autoschlangen. Mancher Fahrer wartete den ganzen Tag auf die Überfahrt. Sie wurde nun ersetzt durch den 12 Kilometer langen Vallvik-Tunnel und die viel kürzere Fährverbindung von Bruravik nach Brimnes – an deren Stelle ebenfalls eine Brücke treten soll.

Es ist erst wenige Jahrzehnte her, daß viele wichtige Straßen noch unbefestigt waren. Der Straßenbau in Norwegen war noch nie ein leichtes Unterfangen. Viele Fernstraßen waren schmal, die Straßen durch Gebirge und *Fjell* im Winter gar nicht befahrbar und von der Witterung stark beeinträchtigt.

men. Trotzdem kommt man in Norwegen immer noch nicht so schnell voran, wie in den meisten anderen europäischen Ländern. Man muß Berge überqueren, Fjorde umfahren, und auch größere Straßen sind immer noch schmal und kurvenreich. Es gibt nur ein paar kurze Autobahnstrecken und die Gefahren des Straßenverkehrs sind hier von besonderer Art. Sie reichen von Tieren auf der Fahrbahn über schmale Brücken und tote Winkel zu den steilen Gefällen mancher Bergstraßen.

Nebenstraßen, vor allem im Gebirge, sind immer noch häufig unbefestigt, und wo eine Asphaltdecke vorhanden ist, weist sie – vor allem im Norden – meist Frostschäden auf. Doch die Bauingenieure der Norweger gehö-

Das wichtigste Transportmittel vor Einführung des Autos war der *Stolkjaerre*, ein ungefederter, zweirädriger Pferdewagen für zwei Personen. Als Alternative gab es den *Kalesjevogn*, der sechs Passagiere faßte. In einem Führer aus dem Jahr 1925 wird das Auto noch nicht erwähnt. „Normales Fortbewegungsmittel der Landstraßen von Poststation zu Poststation ein einheimischer Pferdewagen ist, der *Stolkjaerre*".

Als das Auto schließlich kam, traf es auf ungünstige Bedingungen: größere Fortschritte im Straßenbau machten die Norweger erst nach dem Zweiten Weltkrieg. In den letzten 15 Jahren hat ihr Tatendrang stetig zugenom-

ren zu den besten der Welt. Sie haben Wunder vollbracht beim Bau neuer Fernstraßen mit gutem Belag und phantastischer Brücken.

Die norwegischen Meisterleistungen beim Tunnelbau durch den harten Fels sind für den Besucher höchst beeindruckend. Die Tunnel sind bis zu 13 Kilometer lang. Laufend werden neue geplant und gebaut. Sie sind nur selten eben und gerade, sondern verlaufen bergauf und bergab, mit Steigungen, Kurven und vermutlich sogar spiralenförmig, was für abenteuerliches Fahren garantiert.

Die imposanteren Exemplare steigen innerhalb weniger Minuten mühelosen Fahrens um 300 Meter an. Sie haben Straßen ersetzt, die am Hang klebten, sich durch eine Haarnadelkurve nach der anderen und steiles Gefälle auszeichneten und den ganzen Winter über wegen des Schnees gar nicht befahrbar waren. Solche Straßen überwinden in 30 Haarnadelkurven Höhenunterschiede von 910 Metern.

Nichts konnte die norwegischen Ingenieure davon abhalten, Unwahrscheinliches, ja sogar Unmögliches zu versuchen – zum Beispiel den Tunnel an der Strecke von Skei nach Fjaerland, der unter einem Arm des mächtigen Jostedal-Gletschers verläuft. Die Straße ist insgesamt 31 Kilometer lang, und fast ein Viertel davon verläuft unterirdisch. Früher war Fjaerland abgeschnitten, nur durch eine Fähre zu erreichen. Heute sind die einzigen Gefahren auf der Straße die Schafe, die den Komfort von Tunneleingängen zu schätzen wissen – kühl im Sommer, warm im Winter. Ein weiterer Vorteil der Tunnels ist ihre Witterungsunabhängigkeit, so daß die Straßen nun auch im Winter geöffnet bleiben.

Nachdem sie beim Tunnelbau an Land bereits Meister ihres Fachs sind, beschäftigen sich die norwegischen Ingenieure jetzt mit Tunnels am Meeresgrund und Unterseetunnels. Einer der spektakulärsten führt vom Festland nach Vardö auf einer kleinen Insel nördlich der Finnmark-Küste. Er ist 2,8 Kilometer lang und liegt an seiner tiefsten Stelle 88 Meter unter dem kalten Wasser des arktischen Ozeans.

Bei Alesund an der Westküste verbinden zwei Unterseetunnels auf insgesamt 7,7 Kilometern Länge den Hauptort mit dem Flughafen auf der Insel Vigra und ersetzen so eine Fährverbindung. In einem Anflug ökonomischen Denkens verwendeten die Norweger den Felsaushub vom Tunnelbau zur Erweiterung der Landebahnen des Flughafens. Einer der Engpässe, den jeder durchfahren muß, der zum Nordkap will, ist die Überfahrt von Kafjord auf dem Festland nach Honningsvag auf der Insel Mageröya. Auch hier ist inzwischen ein Unterseetunnel im Bau.

Links: Ein alter Zug bei Voss an der späteren berühmten Olso-Bergen-Linie. Oben: Ein moderner Zug bei Voss heute.

Die Kosten solcher Projekte sind gewaltig, und durch das Tempo der Ausführung kann die Regierung sie selten im veranschlagten Rahmen halten. Daher werden immer mehr dieser Errungenschaften gebührenpflichtig.

Die öffentlichen Verkehrsmittel bedienen sich meist des norwegischen Straßennetzes, um abgelegene Städte und Dörfer zu erreichen. Auf den Busbahnhöfen im Zentrum der Orte herrscht von morgens bis abends geschäftiges Treiben – eine Offenbarung für jeden, der den Bus für eine ausgestorbene Spezies hält. Darüberhinaus ist es den Verkehrsplanern Norwegens gelungen, Straßenverkehr und Fahrpläne von Zügen, Fähren und sogar Flugzeugen abzustimmen. Die Fähre wartet auf den Zug, die kleineren Flugzeuge von Braathens und anderen Gesellschaften, die den Löwenanteil der Inlandflüge absolvieren, hüpfen nahtlos von Flugplatz zu Flugplatz. Besonders im Norden schaffen Wideröe-Maschinen Verbindungen zwischen abgelegeneren Orten.

Es gibt auch Langstreckenbusse, darunter insbesondere der Express 2000 zwischen Oslo und Hammerfest. Er ist 25 Stunden unterwegs, fährt auch durch Schweden und Finnland und kann von sich behaupten, die längste Verbindung dieser Art in ganz Europa zu sein.

Die Gebirgszüge Norwegens, seine Fjorde, Flüsse und Seen und die schneereichen Winter mit ihren tiefen Temperaturen haben den Eisenbahningenieuren das Leben so schwer gemacht, daß in einem 1850 erschienenen technischen Artikel zu lesen war, daß „der Einsatz von Lokomotiven unmöglich oder unrentabel ist". Doch die Ingenieure straften den Autor Lügen, wenn es auch seine Zeit brauchte. Die erste Eisenbahnverbindung von Christiania (dem heutigen Oslo) nach Eidsvoll wurde 1854 eröffnet, hauptsächlich für den Transport von Holz aus dem Gebiet des Mjösa-Sees zum Hafen von Christiania für den Export nach Übersee.

Auf der Schiene: Dies ist ein typisches Beispiel für den stückweisen Ausbau der Bahnlinien, deren einzelne Abschnitte bestimmten industriellen Zwecken dienten. Die Schienen hatten noch nicht einmal eine einheitliche Weite und obwohl das Problem der Maßeinheit 1894 gelöst wurde, wurde die letzte Hauptstrecke erst 1949 aufs europäische Standardmaß umgestellt.

Die wichtigste Zugverbindung ist die von Oslo nach Bergen – heute eine der berühmtesten Bahnreisen Europas – und war eines der kompliziertesten Bauvorhaben. Die 471 Kilometer-Strecke wurde erst 1909 eröffnet. Davor war der Dampfer das gängige Transportmittel zwischen den beiden Städten und die Einwohner von Bergen behaupteten, man käme leichter nach England oder Deutschland als in die norwegische Hauptstadt.

Die inzwischen elektrifizierte Linie Oslo-Bergen gilt bis heute als eine der spektakulärsten Bahnstrecken der Welt. Zu ihr gehört ein 7,6 Kilometer langer Tunnel bei Ulriken, die lange Steigung über das große Massiv Hardangervidda, und die vor den Fenstern flackernden Lichter, wenn sich der Zug von einem Schneeschutz zum nächsten windet, und ein Gefälle von 762 Metern zwischen Voss und Myrdal.

Unberührte Seen: Am Taugevatn-Gipfel in 1230 Metern Höhe sind die Schneeverwehungen auch im Sommer noch tief. Die Strecke umfaßt insgesamt 80 Kilometer Tunnel und Schneeschutzvorrichtungen (zum Schutz des Zuges) und die herrliche Aussicht über unberührte Seen und einsame Gipfel machen sie zu einer der landschaftlich schönsten Reiserouten, die es gibt. Trotz des harten Winterwetters in dieser Höhe verspätet sich der Zug selten mehr als wenige Tage pro Saison.

Von Myrdal aus führt eine bemerkenswerte Zweigstrecke nach Flam am Aurland Fjord, die auf 20 Kilometern Länge von 867 Metern auf 1,8 Meter über dem Meeresspiegel absinkt und eine der touristischen Hauptattraktionen Westnorwegens darstellt. Die Züge halten auf halber Strecke, um den Reisenden Gelegenheit zu geben, den großartigen Kjosfossen-Wasserfall zu sehen und zu fotografieren.

Die Strecke von Oslo nach Stavanger ist weniger aufregend, doch war besonders problematisch zu bauen, mit zahlreichen Brücken und Tunnels, zwei darunter über 8 Kilometer lang. 1938 reichte sie nur von Oslo bis Kristiansand und erst 1944 wurde das letzte Teilstück bis Stavanger fertiggestellt. Trondheim dagegen verband bereits 1880 die kreisförmige Verbindung über Röros mit der Hauptstadt, doch die direktere Linie durch das Dovrefjell-Gebiet wurde erst 1921 eröffnet.

Von Trondheim aus gibt es eine Nordverbindung bis ins 730 Kilometer entfernte Bodö. Während des Zweiten Weltkriegs leisteten hier Russen und andere Gefangene Fronarbeit und erhielten, so erinnert sich der eine oder andere alte Norweger, ein Stück Brot von den Einheimischen zugesteckt. Der letzte Abschnitt wurde 1962 fertiggestellt. Eine Anbindung des nördlicher gelegenen Narvik am schmalsten Teil Norwegens ans Bahnnetz ist unwahrscheinlich. Es gibt bereits eine Zugverbindung nach Schweden, von wo aus man mit der schwedischen Staatsbahn nach Süden gelangen kann.

Dieses abgeschlossene 45-Kilometer-Stück der norwegischen Staatsbahn ist ein Ende der berühmten Ofotbanen, die für den Transport von Eisenerz aus schwedischen Gruben, vor allem aus Kiruna, zum eisfreien

Hafen von Narvik eingerichtet wurde. Die 1903 eröffnete Verbindung mußte viele natürliche Hindernisse überwinden, einschließlich des steilen Aufstiegs vom auf Meereshöhe gelegenen Narvik zur 518 Meter hoch gelegenen schwedischen Grenze.

Für ganz Norwegen gilt, daß wegen der vielen Steigungen und Kurven auf praktisch jeder Linie die Züge auch heute noch nicht besonders schnell fahren. Eine Einschränkung des Verkehrs aufgrund des Umstandes, daß die Eisenbahn vergleichsweise unbedeutende Orte anfährt, hat auch zue Einschränkung des Zugangebots geführt. Die neuen Waggons, darunter Speise- und Schlafwagen, sind jedoch sehr komfortabel.

Langstreckenflügen brachte in die Luftfahrt denselben Geist ein, den die Norweger auch bei der Entwicklung der Schiffahrt an den Tag legten.

Die größte internationale Fluggesellschaft ist das Scandinavian Airlines System (SAS), ein Gemeinschaftsunternehmen Norwegens, Schwedens und Dänemarks, doch bei den Inlandflügen ist Braathens führend. Sie beflog seit 1954 internationale Routen und verfügt heute über eine moderne Flotte, die beachtliche drei Millionen Passagiere im Jahr befördert. Die Jets fliegen 15 Flughäfen an, mit insgesamt bis zu 200 Starts am Tag.

Die „dünneren" Strecken bedienen Wideröe, Norsk Air und Norving. Wideröe wur-

Wie Norwegens natürliche Gegebenheiten die Entwicklung der Küstenschiffahrt begünstigten, so schufen sie auch ideale Voraussetzungen für den Luftverkehr. Die dünne Besiedlung Norwegens hat den Ausbau eines umfangreichen Netzes mit 50 Flughäfen nicht beeinträchtigt. Diese Art der Fortbewegung wird von 5,5 Millionen Passagieren im Jahr gewählt, was im Verhältnis zur Bevölkerungsdichte einen Weltrekord darstellt. Inlandsflüge wie Auslandsverbindungen gehören seit Jahren zum Alltag, und ihr Ehrgeiz bei

Oben: Kinder verkaufen am Straßenrand wilde Blumen.

de 1934 gegründet und verfügt über ein Verbindungsnetz über 36 Flughäfen. Die kleinen, zweimotorigen Maschinen leisten auch in harten Winter zuverlässig ihren Dienst.

Viele der Flugplätze kleinerer Städtchen sind winzig und liegen in scheinbar gänzlich ungeeignetem Terrain. Die Fluggesellschaften befördern nicht nur Passagiere und Post, sondern bringen auch Zeitungen und Frachtgut aller Art. In vielerlei Hinsicht kann man sie als Nachfolger des Dampferverkehrs vergangener Zeiten bezeichnen. Entsprechend hat das fliegerische Können der Norweger ihre herausragenden Fähigkeiten als Seeleute verdrängt oder zumindest ergänzt.

„Die Norweger, Frauen wie Männer, wandern offensichtlich viel und wissen vermutlich weit mehr über ihr Vaterland als der Durchschnittsbrite über seine Insel. Diese Überlegenheit führt er dem leidgeprüften Ausländer immer wieder gern vor Augen." So die Eintragung für den 20. Juli im klassischen Reisebericht *Three in Norway by Two of Them*, der 1882 in Großbritannien erschien. In faszinierenden Erzählungen beschreiben die Autoren J.A. Lees und W.J. Clutterbuck zeitlose Züge des Landes und seiner Bewohner, die sich heute noch ebenso unterhaltsam lesen wie vor hundert Jahren, „in den großen Tagen, als das wilde Land Norwegen von englischen Abenteurern entdeckt wurde", wie es im Vorwort der Neuauflage heißt. Der gemeinsame Nenner von Vergangenheit und Gegenwart ist die Natur eines lange unerforschten Landes.

Als Volksgruppe fühlen sich die Norweger in ihrem wilden, unberührten Land zuhause, haben einen ausgeprägten Sinn für Berge und Hochland. Edvard Grieg, der die norwegische Landschaft in seiner Musik ausdrückte, schrieb hingebungsvoll über das Jotunheimen-Massiv Zentralnorwegens: „Wenn ich über die Möglichkeit eines Besuches dieser Berge nachdenke, zittere ich vor Freude und Erwartung, wie wenn ich Beethovens Zehnte Symphonie höre." Es gibt abgelegenere Länder mit exotischeren Namen und phantastischen, fotogenen Landschaften, doch in wenigen ist die Naturverbundenheit der Bevölkerung so ausgeprägt.

Für jeden vierten Norweger ist der Aufenthalt im Freien das Freizeitvergnügen überhaupt. Bei sportlichen Aktivitäten wie Querfeldeinlauf, Orientierungsläufen, Skilanglaufrennen und Radfahren tun sie sich entsprechend hervor. Menschen aus allen Bereichen nehmen daran teil: Arbeiter und Angestellte, Städter und Landbewohner, Bürgerliche und König erkunden das Land das ganze Jahr über. Der Besucher, der sich dieser Neigung nicht bewußt ist, findet die Massenfrischluftbewegung oftmals nervig, insbesondere, wenn er über Ostern oder im Juli aus geschäftlichen Gründen anreist, den idealen Zeiten für Moor und Gebirge, Meer und Strand.

Diese über Jahrhunderte entwickelte Tradition schlug sich schließlich in einem zunächst ungeschriebenen Gesetz nieder, das vor 50 Jahren schriftlich festgelegt wurde. Die neueste Version des *Lov om friluftslivet* („Gesetz über den Aufenthalt im Freien") besagt kurz und bündig, daß „zu jeder Jahreszeit entlegene Gegenden zu Fuß mit Zurückhaltung und angemessener Vorsicht durchquert werden dürfen." Die fehlenden Maßnahmen bei Zuwiderhandlung weisen darauf hin, daß die Wildnis als riesiges Allgemeingut gilt und von jedem benutzt werden darf, ganz egal, wem sie gehört. Die wenigen Einschränkungen, die es gibt, wurden wegen des Umweltschutzes und der Sicherheit festgelegt. Camping ist im direkten Einzugsbereich von Wasserreservoirs verboten, ebenso Lagerfeuer während der Sommerperioden, in denen die Taiga wie Zunder brennt und ein Funke Brände verursachen kann, die tagelang dauern.

Vorherige Seiten: Norwegens ausgedehnte Wälder eignen sich ideal zum Wandern. Links: Ende eines herrlichen Tages. Rechts: Gletscherklettern in Jotunheimen.

Diese Vorliebe für schrankenloses Herumstreifen ist offenbar ein fester Bestandteil des norwegischen Nationalcharakters. Nicht von ungefähr gehören zu den großen Helden des Landes Männer wie Fridtjof Nansen und Roald Amundsen, führende Figuren in der goldenen Zeit der Polarexpeditionen um die Jahrhundertwende. Der ethnographische Forscher Thor Heyerdahl ist wohl der bekannteste Norweger im Ausland. Gletscherforscherin Monica Kristensens jüngste wissenschaftliche Expedition in die Antarktis und ihr Versuch, den Südpol auf Skiern zu erreichen, brachten ihr in ihrem Heimatland die Popularität von Film- und Sportstars ein.

Die engen Bande zur Natur bestimmen – in geringerem Maße natürlich – das Alltagsleben aller Norweger. Eine Familie, die im Herbst auf Pilzsuche geht, läßt ihre Funde bei einer

Dabei sehen die Norweger wenig Sinn darin, sich die Natur untertan zu machen. Sie begegnen der Natur freundschaftlich und wissen sich überall komfortabel einzurichten.

In einem Land, in dem die Wintertage kurz sind und schlechtes Wetter jederzeit hereinbrechen kann, bedeutet Komfort zunächst, ein eigenes Dach über dem Kopf zu haben. Ein Viertel der norwegischen Haushalte verfügt darüber hinaus auch noch über ein Ferienhaus, eine *Hytte*. Es ist ein etymologischer Zufall, daß sich *Hytte* mit *Hütte* übersetzen läßt. Hier enden aber auch schon die Gemeinsamkeiten. Eine *Hytte* ist mitnichten ein primitives Gebäude. Die meisten sind solide kleine Holzhäuschen und viele größer als der Haupt-

Pilzprüfstation auf ihre Genießbarkeit hin untersuchen. Im Winter rufen die Städter vor dem Aufbruch zu Skitouren in die nahen Wälder den Schneelagebericht unter derselben Nummer ab, unter der sie im Sommer die Wassertemperaturen an nahegelegenen Badestränden erfragen.

Früh übt sich: Norwegische Kindergärten und -tagesstätten sind meist kleine Gebäude mit großen Spielgärten und auf den ganzen Tag im Freien ausgerichtet. Nur bei extremen Witterungsverhältnissen bleiben die Kinder drinnen oder zuhause. Unter Fürsorglichkeit versteht man in Norwegen nicht, die Kinder vom Spiel der Elemente fernzuhalten.

wohnsitz ihrer Eigentümer, vor allem, wenn diese aus Wohnblocks in der Stadt stammen.

Wer keine eigene *Hytte* besitzt, hat meist zumindest Verwandte oder gute Bekannte, die eine haben. Viele Wege führen zu den Annehmlichkeiten einer *Hytte*. So haben oft Clubs und Vereine solche Häuschen, und es gehört zum Geschäftsalltag, daß firmeneigene *Hytter* großzügig zur Verfügung gestellt werden, beispielsweise als steuerfreie Zusatzvergütung. Ferienwohnungen erobern die Urlaubsorte, doch den eigentlichen Zweck erfüllt die *Hytte* mit Abstand am besten: Sie bietet in abgelegeneren Gegenden den Komfort, den man sonst dort niemals hätte.

Führend auf diesem Gebiet sind die *Hytter* der Den Norske Turistforeningen, was wörtlich „Norwegischer Touristenverband" bedeutet, wobei *Tourist* hier nichts anderes heißt als Wanderer. Der DNT und die ihm angegliederten Ortsverbände besitzen nach weit über zehn Jahren Unterbringung und sonstiger Dienste für Wanderer, Skiläufer und Bergsteiger *Hytter* in allen Teilen der norwegischen Wildnis. Schon auf die einfachsten davon paßt die Bezeichnung Hütte nicht, und bei den größeren Freizeitdomizilen wirkt sie schlichtweg lächerlich.

Zahltag ist Abreisetag: Stellen Sie sich mal eine Hütte vor mit 114 Stockbetten in Zweier- und Viererzimmern, warmen Duschen, einem Restaurant mit Bedienung und drei Mahlzeiten am Tag, einer Snackbar und drei Aufenthaltsräumen. Die Finsehytta ist eine der größten *Hytter* Norwegens, ein paar hundert Meter vom Bahnhof Finse auf halber Strecke zwischen Oslo und Bergen. Andere DNT-Häuser (wie *Hytter* besser wiedergegeben werden) sind noch größer. Gjendesheim in den Jotunheimen-Bergen hat 129 Betten, Glitterheim 120. Rondvassbu im Rondane-Massiv verfügt über 102 Betten und sieben weitere DNT-Häuser über mehr als 50. Es gibt auch *Hytter* für Selbstversorger mit 8 bis 32 Betten. Hier bringt man sein Essen mit oder bedient sich aus der Speisekammer. Man zahlt bei der Abreise, indem man das Geld in eine Schachtel an der Wand steckt.

Gut ausgeschilderte Wanderwege verbinden die *Hytter*, die an Kreuzungen von so ausgedehnten Wegenetzen stehen, daß die Wegmarkierungen des DNT, ein rotes „T" auf Steinpyramiden, für mehr als nur einen kleinen Spaziergang stehen. Im Winter, wenn die Steinpyramiden im Schnee versinken, erfüllen Pfosten den gleichen Zweck. Der Löwenanteil der Wege und *Hytter* liegt günstig im Zentrum der Ausbuchtung, die der Süden des Landes darstellt, innerhalb des von den drei Städten Oslo, Bergen und Trondheim gebildeten Dreiecks. Dadurch werden auch entlegene Gegenden erreichbar. Ein zentraler Punkt ist Finse, einst ein Eisenbahnarbeiterdorf über der Baumgrenze, auf halber Strecke der Eisenbahnlinie Oslo-Bergen.

Finses Hauptstraße ist der Bahnsteig. Es gibt keine Autos, weil es keine Straßen gibt. Das Leben pulsiert mit der Ankunft und der Abfahrt der Züge. Wenn der Zug abgefahren ist und der letzte Fremde abgereist, kehrt Finse zu seinem ursprünglichen Zustand zurück, ein Flecken in der scheinbar endlosen Weite aus Fels, Eis und Schnee. Der Ort ist ebenso

<u>Links</u>: Gletscherforscherin Monika Kristiansen nach ihrer Expedition zum Südpol. <u>Oben</u>: kurzes Winterbad im Adamskostüm.

unwirklich wie leicht erreichbar. Deshalb wurde er auch für Filmaufnahmen für den Film *Das Imperium schlägt zurück* ausgewählt, der Fortsetzung von *Krieg der Sterne*.

Land der Riesen: Im Norden liegen die Jotunheimen-Berge, ein Gebirgszug, der seinen Namen – „Heim der Riesen" – der nordischen Mythologie verdankt. Der Name paßt. Gipfel erheben sich einen Kilometer und höher aus den von Seen durchsetzten Moränenebenen, alles oberhalb der Baumgrenze.

Die meisten Bergwanderwege führen von rund 900 bis 1200 Metern über dem Meeresspiegel und werfen daher kaum Akklimatisierungsprobleme auf. Auch muß man kein trainierter Bergsteiger sein, um die Schönheit dieser Bergwelt zu genießen. Bergfreunde können die Gegenstücke zu Matterhorn und Mont Blanc besteigen – die vertikalen Partien sind ähnlich –, ohne mit dem Höhenproblem konfrontiert zu werden.

Manche der Gletscher, die einst das Land übersäten, hinterließen Nachkommen. Einer, der Jostedalsbreen (Jostedal-Gletscher), ist der größte auf dem europäischen Festland. Dort und auf anderen Gletschern im ganzen Land finden vom Frühjahr bis in den Herbst Kletterpartien mit Steigeisen und Eispickel statt. Der Kontakt mit dem Eis, das ihr Land formte, ist die am raschesten wachsende Outdoor-Disziplin Norwegens. So gibt es bereits zahlreiche Zentren, wo Spezialkurse angeboten werden.

Freizeitgestaltung im Freien: Zur Urlaubszeit ist der Mehrheit der Bevölkerung keine noch so entlegene Stelle der Wildnis zu weit entfernt, die Wildnis selbst ist sowieso leicht zu erreichen. Oslo grenzt landeinwärts an die Oslomarka, ein großes Gebiet mit sieben Wäldern, ein Naherholungsgebiet von der Größe Londons. Zwei Drittel der Hauptstadt selbst liegen praktisch im Wald, das geographische Stadtzentrum in einer Gruppe stämmiger Koniferen.

Bergen wird an zwei Seiten von sieben steinernen Schutzwällen umschlossen, die die Einheimischen Vidden nennen, „den Tafelberg". Hier befördert eine Seilbahn am Wochenende Hunderte von Bergener Familien von der Stadt zur Gipfelstation, rund 350 Meter vor der Baumgrenze, am Rande des küstennahen Plateaus.

Trondheim hat seine Bymarka, Tromsö Tromsdalen. Keine norwegische Stadt ohne nahegelegene Überraschungen einer intakten Natur. Für die Norweger, für die der Rucksack ebenso selbstverständlich ist wie die Aktentasche, ist das nicht ungewöhnlich.

Oben: Einer der vielen hundert kleinen Häfen an Norwegens langgestreckter Küste. Rechts: Patriotische Massen an Holmenkollen.

Das grosse Skispringen

Das Holmenkollen Ski Festival ist das älteste der Welt. Eine Million Menschen kommen während der elf Tage des Festivals, das jedes Jahr im März stattfindet, aus Oslo-Stadt zum Holmenkollen. Zum Höhepunkt, am Holmenkollen-Sonntag, versammeln sich über 100 000 Menschen an der berühmten Sprungschanze innerhalb der Stadtgrenzen Oslos, um ein Skispringen in dem Land mitzuerleben, das diese Sportart erfunden hat. Zwar locken die nordischen Skiwettbewerbe (Skilanglauf und Skispringen) und neuere Sportereignisse immer mehr Spitzensportler auf der Jagd nach Weltcup-Punkten an, doch Holmenkollen ist viel mehr als nur ein internationaler Skiwettbewerb. Es ist ein Bürgerfest, eine Gelegenheit für alle Norweger und Besucher, an populären Langlaufveranstaltungen und anderen Ereignissen teilzunehmen.

Die Vorstellung, im norwegischen Winterwetter den ganzen Tag lang als Zuschauer herumzusitzen, klingt nach einer ordentlichen Erkältung, doch es ist wirklich aufregend. Warm eingepackt in Stiefel, Anorak, Handschuhe und Mütze, mit dem unverzichtbaren Sitzkissen ausgerüstet, brauchen Sie nur noch ab und zu eine Tasse Kaffee, am besten mit einem Schuß Aquavit, um die Kälte abzuhalten.

Norwegen war das erste Land, im dem Skiwettbewerbe stattfanden. Bereits 1767 begannen norwegische Soldaten damit, und die erste zivile Veranstaltung dieser Art war 1843 in Tromsö, im hohen Norden. Wenig später fuhr Sondre Norheim mit anderen Bauern von Morgedal in der Telemark bis nach Christiania (Oslo), um zu demonstrieren, wie wirkungsvoll seine neue Technik sei. Die Männer aus Morgedal eröffneten in der Hauptstadt die erste Skischule der Welt. Um 1880 organisierte die Norwegische Gesellschaft zur Förderung des Skisports bereits einen Wettbewerb, der 1892 nach Holmenkollen verlegt wurde. Damals maß der weiteste Sprung 22 Meter. Heute liegt der Rekord bei 111 Metern.

Anfangs nahmen nur Norweger an den Wettbewerben teil, seit 1903 auch Schweden, danach Franzosen und Deutsche, und nach dem Zweiten Weltkrieg kamen Teilnehmer aus allen Skinationen – und gewannen auch. Norwegens König Olav V., ein ausgezeichneter Sportler, nahm 1922 das erste Mal am Holmenkollen-Skispringen teil und ist heute, 60 Jahre später, immer noch begeisterter Zuschauer. Er zeigt großes Interesse an den Veranstaltungen und hält sich meist an der Ziellinie der großen Langlaufrennen auf. Die königliche Loge überläßt er anderen Mitgliedern der Familie.

Frauen nahmen erstmals 1947 an alpinen Skirennen teil, doch wurden sie erst 1954 zu Langlaufwettbewerben zugelassen. Inzwischen wurde das Programm um Langlaufwettbewerbe für Behinderte und Biathlon erweitert.

Die zweiwöchigen Veranstaltungen beginnen mit dem Wettbewerb für Behinderte, dann folgt das Rennen der Garde, darauf das der Mitglieder des norwegischen Parlaments – die wohl besser trainiert sind als ihre Kollegen in anderen Ländern – und der Lokalpolitiker und Langlaufwettbewerbe jeder Art. Am Kindertag strömen über 5000 Kinder auf den Platz. Am Holmenkollen-Sonntag schließlich zieht es bis zu 8000 Menschen zum Holmenkollen-Marsch, viele sind nur durchschnittliche Skiläufer, die wahlweise 21 oder 42 Kilometer durch den Wald der Nordmarka fahren und direkt bei der Schanze herauskommen.

Die Stimmung am Holmenkollen-Sonntag ist elektrisierend. Er gilt als zweitwichtigster Tag der Nation, gleich nach dem Verfassungstag am 17. Mai. Schon früh brechen die Zuschauer nach Frognerseteren auf, der der Schanze am nächsten gelegenen Station. Hier stärken sie sich beim Brunch in einem der Hotels, bevor sie sich in der Kälte ihre Plätze suchen. Zunächst kommen die Darbietungen der Kinder, Telemark-Skilauf und Fallschirmspringen, dann das aufregende Finish des Holmenkollen-Marsches am Fuße der Schanze, Gesang und Tanz und schließlich der Höhepunkt, das große Skispringen.

Die Massen auf dem Platz verstummen, wenn der erste Springer erscheint. Da oben auf der Plattform wirkt er wie ein Wesen aus einer anderen Welt. Die Stille zerreißt erst, wenn die kleine, bunte Gestalt abhebt und mit Grazie durch die Luft fliegt, als wäre es ein Kinderspiel. Wenn dann ein Springer nach dem anderen in elegantem Flug herunterkommt, hallt Holmenkollen wider von Gebrüll, daß selbst der Schnee erzittert.

Wenn man in Norwegen fragt, wer in diesem Land berühmt sei, erhält man meist eine Liste mit großen Namen aus der Welt des Sports vorgesetzt. Im Bewußtsein der Norweger rangieren die Sportler ganz vorne, im Ausland werden sie oft mit ihrem Land identifiziert.

Im Zeitalter der elektronischen Medien sind viele Gebiete, so auch der Sport, eng mit der Unterhaltungsindustrie verquickt. Spitzensportler liefern unerschöpflichen Gesprächsstoff; die meisten Namen sind saisonabhängig und kurzlebig. Wenn Schnee das Land bedeckt, stehen die Wintersportler im Rampenlicht, im Sommer sind es die Fußballer. Ein Landes-, Europa- oder Weltmeister macht Schlagzeilen, bis ihm – meist im folgenden Jahr – ein anderer den Rang abläuft. Reden wir von den norwegischen Persönlichkeiten aus der Welt des Sports, die sich länger hielten oder schon Legende geworden sind.

Charisma auf dem Eis: Zu ihnen zählt die zwar ungekrönte, doch unumstrittene Königin Sonja Henie, die legendäre Eiskunstläuferin, die ein bekannter Filmstar wurde. Sonja wurde 1912 in Oslo geboren und wuchs mit Schlittschuhen auf. Mit ihrem Talent revolutionierte sie den Eissport und setzte neue Maßstäbe. Souverän gewann sie als Teenager und junge Frau Gold bei den Olympischen Winterspielen von 1928, 1932 und 1936 und dominierte bei allen Weltmeisterschaften von 1927 bis 1936. Danach gab sie den Amateurstatus auf und wurde zum Star von Eisrevuen in aller Welt. Ihre charismatische Ausstrahlung brachte sie schließlich nach Hollywood zum Film.

Mit ihrem Mann Niels Onstad wurde Sonja Henie eine engagierte Sammlerin von Kunstwerken. Die beiden vermachten ihre Sammlung dem von ihnen finanzierten Henie-Onstad-Kunstcenter in Hövikodden westlich von Oslo. Das 1968 eröffnete Center gilt heute als eines der führenden Museen Europas für moderne Kunst. Es präsentiert die Henie-Onstad Gedenksammlung (Sonja Henie verstarb 1969, Onstad 1978) sowie Sonja Henies Medaillen und Trophäen.

<u>Links</u>: Sonja Henie, Norwegens weltberühmte Eiskunstläuferin. <u>Oben</u>: Grete Waitz, die die norwegischen Erfolge im Marathonlauf begründete.

Birger Ruud, ein Zeitgenosse Sonja Henies, war als Skispringer ebenso herausragend wie sie als Eiskunstläuferin. Als zweiter von vier Brüdern in Kongsberg geboren, entdeckte Ruud bald das Skilaufen und Skispringen. Er folgte den Skispuren seines älteren Bruders Sigmund. Bei den Olympischen Winterspielen im schweizerischen Sankt Moritz 1928 gewann Sigmund die Silbermedaille im Skispringen. Birger setzte noch eins drauf: 1932 in Lake Placid und 1936 in Garmisch-Partenkirchen errang er olympisches Gold. Bei der

Olympiade von 1936 siegte er auch im Abfahrtslauf und wurde damit der erste und bisher einzige Skispringer, der in nordischen und in alpinen Disziplinen Weltklasse war. Er hielt sich lange an der Spitze: 1948, im Alter von 37 Jahren, tat er es Sigmund nach und gewann olympisches Silber im Skispringen, erneut in Sankt Moritz.

Als Ruud seine Sportlerkarriere triumphal beendete, war schon ein neuer norwegischer Skistar im Kommen. In Oslo erklomm im Eiltempo der junge Stein Eriksen die Erfolgsleiter des alpinen Skilaufs. Wie Ruud war Eriksen ein Allroundtalent. Er strapazierte gnadenlos seine Ausrüstung und setzte neue

Maßstäbe, was die Technik des Skilaufs betrifft. Seine Methoden waren nicht nur erfolgreich, sondern revolutionär. Bei den Olympischen Winterspielen von 1952 in Oslo sicherte sich Eriksen durch sein weites Überlehnen bei spektakulären Schwüngen die Goldmedaille im Riesenslalom.

Abfahrts- und Langläufer: Als Eriksen auf dem Zenit seines Könnens als Profiläufer stand, wuchs in Trondheim, einer dem Wind ausgesetzten Stadt, wo die Winter lang und die Skibedingungen exzellent sind, Ingrid Christensen heran. Ingrid lief Ski und erreichte wie viele Talente in diesem Teil Norwegens große Perfektion. 1977, mit 20, gehörte sie schon zur A-Nationalmannschaft, aus der

Norwegen die Teilnehmer für internationale Wettbewerbe rekrutierte. Ingrid lief nicht nur ausgezeichnet Ski, sondern war auch eine gute Langstreckenläuferin – so gut, daß sie ab 1971 der Nationalmannschaft angehörte.

Schließlich entschied sie sich ganz fürs Laufen, nahm nicht mehr an Skirennen teil, heiratete Arve Kristiansen, wurde Mutter und Rennläuferin. Ihre Leistungen bestätigen ihre Entscheidung: Sie hält den aktuellen Weltrekord über 5000 Meter (14.37.33 Minuten, 1986 in Oslo) und 10 000 Meter (30.13.74 Minuten, 1986 in Oslo) und den inoffiziellen Weltrekord im Marathon (2 Stunden, 21 Minuten, 6 Sekunden, 1985 in London). Sie hat fünf der sechs größten Marathons der Welt gewonnen (London, Stockholm, Boston, Chicago und Houston). Sie wurde mehrmals Weltmeisterin im Querfeldeinlauf (Auckland, 1988) und 15 Kilometer-Stadtlauf (1987 in Monte Carlo, 1988 in Australien).

Mit Beginn ihrer Läuferkarriere trat Ingrid Kristiansen in die Fußstapfen einer anderen großen Läuferin, Grete Waitz, die in mehr Rennen siegte als jede andere Frau vor ihr. Die gebürtige Osloerin gewann ihren ersten Lauf mit zwölf Jahren. Danach beendete Grete ein Rennen nach dem anderen als Siegerin, stellte viele neue Rekorde auf und setzte neue Maßstäbe im Langstreckenlauf der Damen. Von 1978 bis 1983 gewann sie fünf Weltmeistertitel im Querfeldeinlauf. Den New York Marathon gewann sie ab 1978 neunmal, ein einzigartiger Weltrekord. Sie lief neue Weltbestzeiten über 3000 und 5000 Meter und war die erste Frau, die die Marathonstrecke in weniger als zweieinhalb Stunden absolvierte.

Nach ihren Erfolgen als Läuferin bastelt Grete an einer neuen Karriere: Sie gehört dem Olympischen Komitee Norwegens an, hält Vorlesungen über Frauensport, wie es ihrer Lehrerausbildung entspricht, und wirkt an Kampagnen für den Breitensport mit.

Auf in die Wälder: In Norwegen zählt im Sport die Leistung zuallererst. Die ganz großen Akteure werden gewürdigt, auch wenn sie weniger populäre Sportarten ausüben. Orientierungsmärsche – deren Teilnehmer sich querfeldein mit Karte und Kompaß durchschlagen – gehören zum Beispiel zu den am wenigsten publikumswirksamen Disziplinen. Leute, die in unregelmäßigen Abständen auf unvorhersehbaren Routen durch die Wälder laufen, geben nicht eben spektakuläre Fernsehbilder ab, doch, wie jeder Skandinavier weiß – Orientierungsmärsche sind dort ein beliebter Volkssport –, handelt es sich um einen harten Wettbewerb, in dem verbissen um den Sieg gekämpft wird.

In dieser Disziplin gibt es zwei herausragende Namen: Age und Ingrid Hadler, ein Paar, das sich beim Sport kennenlernte. Ihr Rekord als Ehepaar – Age war zweimal Weltmeister, 1966 und 1972, Ingrid einmal 1970 – wurde bis heute noch nicht gebrochen, auch nicht in anderen Sportarten.

Oben: Ingrid Kristiansen gewinnt den London Marathon. Rechts: Behinderte und blinde Skiläufer gehen furchtlos die Hügel von Beitestölen an.

475
OPEL
19
OPEL
1
OPEL
VG

Stellen Sie die Frage „Sind Sie Skiläufer?" zu irgendeiner Gelegenheit in einem beliebigen europäischen Land, erhalten Sie vermutlich ein paar positive Antworten und ein oder zwei Vorträge über die Vorzüge dieser Sportart. Stellen sie dieselbe Frage am Sonntag nachmittag in einer der Skihütten Norwegens, die man nur auf Skiern erreicht, werden die Antworten anders ausfallen – „Nein, ich bin Bankangestellter"; „Wo denken Sie hin, ich bin Hausfrau"; „Wer, ich? Kein Gedanke!"

Wieso diese Diskrepanz? Warum hält sich jemand, der weit weg von jeder Schneeflocke in Deutschland in der Kneipe sitzt, für einen Skiläufer, während ein Norweger auf Skitour jedes tiefere Interesse an dieser Sportart abstreitet? Die Antwort liegt in einer Tradition begründet, die den Sport tief in die Struktur des norwegischen Lebens eingeflochten hat.

Dies zeigt sich auch in der Sprache. Für das deutsche „Sport" gibt es im Norwegischen zwei Worte – „*Sport*" und „*Idrett*" -, die beide mit Sport übersetzt würden, doch eine unterschiedliche Bedeutung haben. Das norwegische „*Sport*" ist ein Überbegriff für alle sportlichen Ereignisse. Ein Sportreporter wäre also dasselbe wie im Deutschen.

Das Wort „*Idrett*" wird verwendet für Aktivitäten, bei denen die Höchstleistung von den Möglichkeiten des menschlichen Körpers bestimmt wird. Reiten ist nicht „*Idrett*", wohl aber Sporttauchen. Eine weitere Nuance ist *aktiv*, was bedeutet, daß jemand gegenwärtig an Wettbewerben einer *Idrett*-Sportart teilnimmt. Wer also einen Norweger fragt, ob er Skiläufer sei, fragt ihn, ob er diesen Sport wettkampfmäßig betreibt. Haken Sie nach, werden Sie feststellen, wieviele Norweger Sportarten betreiben oder einmal betrieben haben, die von der körperlichen Leistungsfähigkeit abhängen. Statistisch ist das zur Zeit jeder dritte Norweger.

Dieser hohe Prozentsatz spiegelt sich in der Bedeutung des Sports in der norwegischen Gesellschaft wider. In Oslo stehen zwei Denkmäler lebender Norweger bei sportlicher Betätigung: eine Statue König Olavs V. als Skiläufer in der Nähe der Holmenkollen-Schanze und eine Darstellung der Marathonläuferin Grete Waitz, laufend, natürlich, am Marathon-Eingang des Bislett Stadions. Architekten sind gesetzlich verpflichtet, beim Bau großer Wohnblocks Raum für die Unterbringung von Sportausrüstung einzuplanen. Um Norges Idrettshögskole, die moderne norwegische Sporthochschule in Oslo, wird das Land von Sportlehrern überall auf der Welt beneidet. Eine Abteilung des Kultusministeriums ist „Jugend und *Idrett*" gewidmet.

Links: Norweger, so heißt es, seien die geborenen Skispringer. Rechts: Prinz Haakon Magnus zeigt sein Können als Wasserskiläufer.

Fast jeder Ort hat seinen „Sport- und *Idrett*-Referenten", und alle größeren Städte verfügen über eine Behörde für Parks und *Idrett*anlagen. Die städtischen Zeitungen konkurrieren mit der Dicke ihres Sportteils, und die norwegische Fernsehgesellschaft (NRK) widmet 12 bis 14 Prozent ihrer jährlichen Sendezeit der Sportberichterstattung.

Große und Kleine: Sport ist hier so allgegenwärtig, daß der unwissende Betrachter die Sportszene oft für uninteressant hält. „Wo ist da der Reiz, die Spannung?" fragt sich mancher Tourist. Die Antwort ist, daß die „Großen" hier ebenso gut sind wie anderswo, wenn nicht sogar besser, aber durch das hohe Niveau

MORGEDAL UND DIE TELEMARK-REVIVAL

Was für die Jazzfans New Orleans, ist für die Tennisspieler Wimbledon. Für die Skiläufer ist Morgedal der heilige Boden, ein kleines Dorf in der südnorwegischen Telemark, das nur in Geschichtsbüchern Eingang fand, deren Autoren begeisterte Skifahrer waren. Aufgrund des wiedererwachten Interesses an einer Skilaufvariante, dem Telemark-Stil, die im 19. Jahrhundert in Morgedal entwickelt wurde, sieht das inzwischen wieder anders aus.

Vor über hundert Jahren, als die Geschichte ihren Anfang nahm, gab es in der Telemark noch weniger Menschen als die 200 000, die heute dort leben – ein wetterfester Menschenschlag, Waldarbeiter, Bauern, Jäger und Händler, die ihre Gebrauchsgegenstände selbst fertigten – auch die Skier für die Fortbewegung in den schneereichen Wintern.

Morgedal liegt in den Bergen. Folglich stellten seine Bewohner Skier her, die sich für das wilde Land eigneten, sowohl für alle Tage als auch für spontane Sportveranstaltungen. Unter den Besten befand sich Mitte des 19. Jahrhunderts ein gewisser Sondre Norheim, ein junger Landpächter. Er war nicht nur der beste Läufer, sondern auch der beste Skibauer. Norheims Neuerungen und die Manöver, die durch sie möglich wurden, revolutionierten den Skisport.

Er entwickelte Bindungen (Vorrichtungen, die die Füße samt Stiefeln auf den Skiern festhielten), die fest waren und erstmals die Kontrolle der Skier durch die Füße ermöglichten. Er gab den Skiern auch die seitlichen Einbuchtungen, die leichte Stundenglasform, die man erkennt, wenn man einen Ski von oben betrachtet. Diese Form gibt dem Ski Laufruhe und Drehfreudigkeit und bildet die Grundlage für das moderne Skidesign.

Norheim und seine Morgedaler Skigefährten nutzten die neuen Eigenschaften zur Einübung neuer Bewegungen, darunter Schwünge, Bremsungen und Landungsvarianten nach dem Sprung von schneebedeckten Dächern oder Bodenwellen. Sie waren bald in aller Munde, und 1868 fühlten sich Norheim und seine Bauern aus der Telemark sicher genug, ihre Künste vorzuführen. Norheim führte sie auf Skiern 180 Kilometer weit von Morgedal bis nach Christiania (das heutige Oslo), wo die Skibauer von einer Menschenmenge empfangen und mit viel Beifall für ihre wunderbaren, neuen Lauftechniken bedacht wurden. Diesem Ereignis folgte ein großes Skispringen in Husaby bei Oslo im Jahre 1879, wo 10 000 Zuschauer und vorneweg der König den Ski-Pionieren aus der Telemark applaudierten. Ungefähr zur gleichen Zeit eröffneten die Sportler aus der Telemark die erste Skischule der Welt in Oslo. Seit 1892 findet das große Skispringen von Husaby in Holmenkollen statt. 1902 traf sich der erste Ausschuß für Skispringregeln, um die Kriterien zur Beurteilung des Stiles der Teilnehmer am großen jährlichen Springen von Holmenkollen festzulegen. Sie ehrten die Heimat der zwei besten Gruppen, indem sie den beiden Schwüngen, die die Springer ausführten, um nach der Landung zum Stehen zu kommen, danach benannten.

Der Schwung, bei dem die Skier parallel gehalten wurden, wurde Christiania genannt, während die Haltung mit einem gebeugten Knie, bei der ein Ski nachgezogen wird, als Telemark bekannt wurde. Heute wissen nur wenige Skiläufer, was „Christiania" bedeutet. Der Schwung war eine Zeiterscheinung, und die Stadt, nach der er benannt worden war, heißt seit 1925 Oslo. Den Schwung (und die Gegend) Telemark jedoch gibt es heute noch.

Beim modernen Telemarkschwung ist die Ferse frei und hebt sich vom Ski ab, und die Schwünge werden gelenkt, wobei ein Ski nachgezogen wird, und zwar im Winkel zum anderen stehend. Von der Seite sieht es aus wie eine Kniebeuge in Bewegung. Obwohl die Pisten bei Telemark-Rennen inzwischen so überfüllt sind, wie bei alpinen Skirennen, stellen sie einen Rückschritt zur Technik Sondre Norheims dar, zu dessen Zeiten man durch Kraft und Können Tiefschneehänge meisterte.

Das Wiederaufleben des Telemark hat auch eine andere alte Skitechnik wieder bekanntgemacht, den Skiathlon. Er enthält Skispringen, Slalom und Langlauf, alles mit dem gleichen Paar Ski. Der Name ist neu, doch die Kombination dieser Techniken stammt aus der Zeit, als die Morgedaler die ersten Skispringwettkämpfe in Christiana gewannen, vor über 130 Jahren. Damals gehörte zum Skispringen allerdings ein Sprung durch die Luft, eine Bremsung nach der Landung, der Rückweg den Berg hinauf zur Schanze und ein zweiter Sprung zum Abschluß.

der „Kleinen" nicht so herausragen. Norges Idrettsforbund (der norwegische Sportbund), die Dachorganisation der 45 Sportverbände mit ihren insgesamt über 1,6 Millionen Mitgliedern, betont diesen Umstand in seinen erklärten Zielen. Das Leitmotiv wird deutlich in dem Motto „Sport für alle", die „Großen" werden unter dem Oberbegriff „Elite" zusammengefaßt. So ist für den Sportbund und seine Unterorganisationen der sportliche Wettbewerb gleichzeitig elitär und egalitär. Aus der breiten Masse der Freizeitsportler kristallisiert sich die Elite heraus, die Sportler, die an nationalen Wettkämpfen teilnehmen und Norwegen bei internationalen Ereignissen repräsentieren. Das Resultat spricht für sich. Für ein relativ dünn besiedeltes Land war Norwegen bei sportlichen Meisterschaften immer unverhältnismäßig stark vertreten. Kaum eine Disziplin, in der die Norweger noch keine olympischen oder internationalen Lorbeeren gewonnen haben. Die Stärken des subarktischen Landes mit seiner langen Küste lagen verständlicherweise lange Zeit bei Wintersport und Segeln, doch auch Varianten wie Marathon, Radfahren und Tanzen meisterten die Norweger. Die beiden Goldmedaillen der Olympischen Spiele von 1988 bekamen sie nicht für die kräftezehrenden Ausdauersportarten, bei denen sie sich sonst auszeichneten, sondern in Disziplinen wie Ringen und Gewehrschießen.

Popularität und Perfektion haben ihren Preis. Die Sportbranche setzt jedes Jahr – ohne Ausrüstung – rund 300 Millionen Mark um. Die Sportförderung hat viele Kanäle. Der Staat spendiert 55 Prozent der Einnahmen aus den staatlichen Fußballstadien. Mit knapp 40 Prozent der Einnahmen sind Bingo und Lotterien der gößte Finanzier der rund 5000 Sportclubs. Auf Schritt und Tritt begegnen einem junge Leute, die Lotterielose zugunsten des örtlichen Sportvereins verkaufen.

Links: Beim Telemark-Skilauf verwendet man nur einen Stock. Rechts: Eisschnellauf im Osloer Bislett Stadion.

Fußball voraus: Wie überall in Europa ist Fußball nach Zahlen Norwegens Sportart Nummer 1 – mit rund 1800 Vereinen und über 280 000 Spielern. Er erhält auch den Löwenanteil aus den Stadienkassen, nämlich rund 190 Millionen Mark im Jahr.

Nummer 2 in der Statistik und, wie seine Anhänger behaupten, moralisch die Nummer 1, ist der norwegische Nationalsport, das Skilaufen, mit mehr als 1500 Clubs und 200 000 Mitgliedern. Insgesamt verfügen die vier Disziplinen – Langlauf, Skialpin, Skispringen und Biathlon (eine Kombination aus Skilanglauf und Gewehrschießen) – über ebenso viel, ja, manchmal noch mehr Geld.

Dritter in der Statistik ist Turnen, mit über 500 Vereinen und 100 000 Aktiven. Dann folgen Handball, Leichtathletik, Orientierungsmärsche, Schießen, Schwimmen, Segeln und Volleyball, um die zehn Spitzenreiter nach Zahlen zu nennen.

Nur drei dieser Top Ten – Fußball, Handball und Volleyball – sind Mannschaftssportarten, die anderen sieben Individualdisziplinen. Damit unterscheidet sich Norwegen von den meisten anderen Ländern, wo die Mannschaftssportarten dominieren. Die Individualdisziplinen sind sozusagen die Sporttribünen des Landes. Norwegen kann, wenn auch aufgrund der Leistungen der Vergangenheit, auf mehr Wintersportmedaillen zurückblicken als jedes andere Land, und die Wintersportler und -sportlerinnen gehören zu den Nationalhelden.

Der Orientierungslauf, eine Sportart, bei der die Teilnehmer mit Karte und Kompaß einen Weg von Zwischenstopp zu Zwischenstopp und ins Ziel suchen, ist, was Wunder, eine norwegische Stärke. Er ist auch die einzige Disziplin, in der ein Ehepaar, nämlich Age und Ingrid Hadler, Weltmeister wurde.

In jüngerer Zeit haben sich die norwegischen Langstreckenläuferinnen zunehmend in der Weltspitze profiliert. Zwei darunter haben Weltrekorde aufgestellt und buchstäblich ein Monopol auf Marathon- und Querfeldeinveranstaltungen ausgeübt. Auch im Turnen taten sich die Norweger hervor, seit ihre Nationalmannschaft 1912 die Olympiade gewannen.

Spitze des Eisbergs: Das Rückgrat der sportlichen Fähigkeiten der Norweger ist natürlich ihr Engagement. Genaue Statistiken sind meist schwer zu beschaffen, doch nach Schätzungen sind von den 1,4 Millionen norwegischer Familien mit Kindern fast die Hälfte in irgendeiner Form sportlich engagiert, wenn auch nicht direkt aktiv. *Papa* bekleidet vielleicht ein Pöstchen im örtlichen Verein, *Mama* hilft an einem Stand des alljährlichen Vereinsflohmarktes. Die älteren Kinder verkaufen Lose der Clublotterie, und die ganze Familie hilft, die Jahresversammlung zu organisieren.

In den meisten Familien ist ein qualifizierter oder zumindest ein angehender Trainer. All dies geschieht auf freiwilliger Basis und bildet den Unterbau des riesigen sportlichen Eisbergs, dessen Spitze so weithin sichtbar ist. Die vielen Sporteinrichtungen und -schulen zeugen überall und immer von der Sportbegeisterung der Norweger. Die meisten Vorstadt- und Dorfschulen verfügen über ausgedehnte Sportplätze, in vielen Wohngegenden gibt es Vielzweckplätze. Im Sommer und Herbst trainieren hier zukünftige Fußball- und Leichtathletiktalente, im Winter tummeln sich auf den vereisten Flächen Eiskunst- und -schnelläufer und es wird Eishockey gespielt oder „Bandy“ – eine Variante, bei der der Puck durch einen Ball ersetzt wird, mit Regeln ähnlich wie beim Hockey.

Skimuseum: Es sind die Vereine, die den Sport fördern. Der größte Club des Landes in Oslo führt diese Absicht in seinem Namen: Foreningen til Skiidrettens Fremme, Gesellschaft zur Förderung des Skisports. Zu dieser Vereinigung gehört Holmenkollen mit der berühmten Schanze, Ort des alljährlichen Skimeetings, das älter ist als die Olympischen Spiele der Neuzeit. Sie besitzt und betreibt auch das Skimuseum, das als die umfassendste Sammlung der Welt gilt, veröffentlicht eine große Wintersportzeitschrift und organisiert Hunderte von Rennen im Jahr.

Das große Engagement mußte mehrere Rückschläge einstecken. Bei den populäreren Sportarten ist die Konkurrenz so hart, daß die Kriterien für gute Leistungen so hochgeschraubt wurden, daß Anfänger abgeschreckt werden. Jungsportler, die von ehrgeizigen Eltern zu Wettkämpfen getrieben werden, brennen oft vorzeitig aus, ein Problem, mit dem fast alle Sportarten zu kämpfen haben.

Die Fernsehberichterstattung hat den Sportereignissen das Publikum abspenstig gemacht, ein Trend, der die weniger beliebten, weniger gut dotierten Sportarten besonders hart trifft. Die gestiegene Nachfrage nach erstklassigen Rahmenbedingungen – Rennbahnen, Sporthallen, Skipisten – hat den Sport auf größere Zentren konzentriert. Ein indirektes Problem ist, daß durch die Sportbegeisterung nur wenig Zeit und Energie für andere Dinge bleibt.

Der international bekannte Geiger Arve Tellefsen beklagt sich immer wieder, daß seine wenigen Seitensprünge in den Sport – er lief als Junge Ski und spielte Fußball – in den Medien einen höheren Stellenwert hätten als sein virtuoses Violinenspiel. Das hält ihn jedoch nicht davon ab, weiterhin die Skier anzuschnallen oder den Fußball zu treten.

Junger Wasserfußballer am Meer.

Für die Norweger ist Fisch Grundnahrungsmittel. Auch auf weniger gut sortierten Märkten beeindruckt die Vielfalt an Fischsorten und -produkten. Ein guter Frischfischladen gilt als Bereicherung des Ortes. Dabei ist Fisch sowohl Arme-Leute-Essen als auch Sonntagsgericht. Fischbällchen in weißer Sauce kommen jeden Abend auf den Tisch, gedünsteter Kabeljau ist ein beliebtes Feiertagsessen. Auf festlichen Tafeln reihen sich die verschiedensten Heringsgerichte Seite an Seite mit Leckerbissen wie *Gravlaks* (Räucherlachs), *Rakörret* (halbrohe Forelle) und *Lutefisk* (getrockneter Kabeljau in Lauge, eine Spezialität, die nur wenige Ausländer zu schätzen wissen).

Es überrascht nicht, daß Norwegen ein Land der Fischer ist. Sprachlich wird unterschieden zwischen *Fisker*, dem Berufsfischer, der vom Fischfang lebt, und *Sportsfisker*, dem Hobbyfischer oder Angler. Die Gemeinsamkeiten sind gering. Angeln ist in Norwegen ein Sport für sich, aber auch Teil der Freizeitgestaltung in freier Natur. So gehört die Angelrute ebenso zur Grundausrüstung für Camping-Touren wie ins Gepäck des begeisterten Angelfans.

Die lange Küste ist ideal für Salzwasserangler, doch Süßwasserfischen ist immer noch die häufigere Variante – es gibt eine Viertelmillion fischbare Binnenseen und Teiche. Die verbreitetsten der rund 40 Süßwasserfischarten sind Forelle und Saibling. Hoch oben im Norden und in den höher gelegenen Fischgewässern sind sie die einzigen vorkommenden Arten. Hechte beispielsweise kommen eher in den größeren Flüssen und Seen im Osten und im Zentrum Norwegens vor. Der Legende nach entwickelte sich der Hechtreichtum aus dem Bestand, den die im 18. Jahrhundert herrschenden Dänen ausgesetzt hatten.

Brasse, Weißfisch, Flußbarsch und Karpfen leben in den niedriger gelegenen Seen im Süden und auch im Osten der Finnmark. Im Salzwasser kommen vor allem Kabeljau, Schwarzfisch, Schellfisch, Weißling, Heilbutt, Hering und Makrele vor.

Die Stars der Anglerszene sind der Atlantische Lachs und die Seeforelle, verwandte Arten, die bei Sportanglern und kommerziellen Fischern gleich beliebt sind. Wirtschaftlicher Nutzfisch wird heute hauptsächlich von Fischfarmen bezogen. Lachse leben auch heute noch in Flüssen und Seen, bis sie zwei bis sechs Jahre alt sind, schwimmen ins Meer und kehren dann zum Laichen in die 400 Flüsse zurück.

Welcher der beste Fluß ist, ist unter den Norwegern umstritten, doch fünf stehen ganz oben auf der Liste – Alta und Tana in der Finnmark, Gaula, Namsen und Orkla in Tröndelag, die Angler aus aller Welt nach Norwegen locken. Sie sind so gefragt, daß man

sich ein Jahr im voraus um einen Angelschein bemühen muß.

Gemäß der gesetzlichen Bestimmungen braucht man zwei Angelscheine. Der erste, der leicht zu bekommen ist, ist der *Fisketrygdeavgiften* (Fischversicherungsnachweis). Die dafür erhobenen Gebühren werden zur Überwachung der Fischerei verwendet. Er gilt ein Kalenderjahr, ist über eine Postgiroanweisung auf Formularen erhältlich, die in allen Postämtern ausliegen, und kostet Nkr 60 für Süßwasserfische, Nkr 100 für Süßwasserfische einschließlich Lachs, Seeforelle und Meerbrasse. Fürs Salzwasserfischen werden keine weiteren Gebühren oder Scheine fällig, doch Süßwasserfischen ist nur mit Schein erlaubt. Diese Scheine werden von den Inhabern der Fischereirechte des fraglichen Gewässers vergeben, meist also den Besitzern der Ufergrundstücke, die Privatpersonen oder Kommunen sein können. Diese Angelscheine sind unterschiedlich im Preis und zeitlich befristet, von einem Tag bis zu mehreren Wochen. Man erhält sie in Hotels, Sportgeschäften oder Fremdenverkehrsämtern in der Nähe des Gewässers, an dem man fischen will.

Fliegenfischen ist so beliebt, daß die Norweger sogar Wettkämpfe veranstalten, darunter die Weltmeisterschaft im Auswerfen, die seit 1981 jedes Jahr stattfindet. Andere Nationen sind geschickter beim Auswerfen, verboten, vor allem, um die Verbreitung von Parasiten und Krankheiten zu verhindern, die die Fische befallen. Aus demselben Grund ist es verboten, lebendige Fische, Wasser, nasse Fischerboote oder andere Ausrüstung von einem Gewässer in ein anderes zu transferieren.

Die norwegischen Anglerrekorde sind beachtlich: 32,5 kg für Süßwasserlachse, 37,5 kg für Kabeljau. Die durchschnittliche Forelle hat 0,5 kg, doch der Rekord liegt bei 15,3 kg. Die Mindestlänge für gefangene Fische beträgt 25 cm für Lachse, Seeforellen und Saibling, 30 cm für alle übrigen Fische.

Wie der Winter die Norweger nicht vom Wandern abhält (sie steigen dann eben auf Langlaufskier um), so halten sie zugefrorene

doch die Norweger rühmen sich ihrer Vielseitigkeit. Auch andere Varianten des Angelns sind verbreitet.

Schon die ganz Kleinen fischen mit künstlichen Ködern und lernen, die Fische auszutricksen. Der wahrscheinlichste Grund dafür ist wohl die Lage und Topographie Norwegens. Im Norden gibt es wenige Insekten, die groß genug sind, als daß sie sich als Köder eignen würden, und Würmer findet man kaum an den felsigen Ufern. Die Verwendung von Elritzen und anderen lebenden Fischen ist

Links: Die seltsame Faszination des Eisfischens.
Oben: An der *Hytte* wird der Fang gesäubert.

Seen nicht vom Fischen ab. Eisfischen ist ein beliebtes Wintervergnügen, eine einfache, unverfälschte Form des Angelns, die nur eine Angelschnur und einen Köder oder eine kurze Angelrute erfordert, warme Kleidung und viel Geduld. Eisfischer müssen von Hand Löcher ins Eis klopfen, Elektrobohrer sind verboten.

Es ist ein Sport für Ausdauernde, und die Eisfischwettkämpfe sind für die *besonders* Ausdauernden. Ein bekannter Wettbewerb war das Eisfischfestival bei Vangsvatnet in Voss, einem Städtchen mit 8000 Einwohnern auf halbem Wege zwischen Bergen und Oslo, das an einem der besten Angelseen für Saibling und Forelle liegt.

TRADITION, NICHT HAUTE CULTURE

Kultur in Norwegen? Nun, natürlich hat Norwegen eine Kultur – eine individuelle eben. Werfen Sie nur mal einen Blick auf Ihre Mitreisenden am Osloer Bahnhof. Die Hälfte läuft mit Wanderstiefeln und Rucksack herum, alle anderen zumindest mit Rucksack, alle sind sie auf dem Weg zu einsamen Hütten weitab von der Stadt und ihren Vergnügungen.

Munch-Museum, Nationaltheater, Kunstgalerien und mit die besten Restaurants Europas, das alles kommt erst an zweiter Stelle hinter einer Wanderung durchs norwegische Hochland, hinter der Suche nach *Rosemaling*, der einheimischen Volkskunst in versteckten Gebirgstälern. Eine Chinchillastola oder eine Krokotasche würden am Bahnhof von Oslo unpassend wirken. Artenschutz spielt in der norwegischen Kultur eine große Rolle. All dies ist sicherlich Kultur, wenn auch nicht in der üblichen Form. Doch wieso sollten Abendkleid und Pfennigabsatz für kulturelles Niveau stehen? In Norwegen zählen Diamantendiademe und glitzernde Opernsoireen wenig, wobei es natürlich auch hier große Galas gibt – man denke nur an die Verleihung des Friedensnobelpreises im Dezember.

Doch, wie perfekt sie auch organisiert sind, solche Ereignisse sind nur der Zuckerguß auf dem Kulturkuchen und wirken importiert (schließlich war Nobel ja auch Schwede). Die echte norwegische Kultur ist bodenständiger, folkloristisch, als Reaktion auf die jahrhundertelange Unterdrückung der Volksidentität unter Fremdherrschaft.

Als politisches Gebilde ist Norwegen ein Kind des 20. Jahrhunderts, das 1905 nach Jahrhunderten unter Dänen und Schweden das Licht der Welt erblickte. Die Ausbeutung durch die zweitgeborenen Söhne der dänischen Adligen beraubte die Nation ihrer politischen und sozialen Initiative. Die Fremden verwalteten (Patrioten sagen, plünderten) ungeheure Silberminen und Eisenerzvorkommen, weite Nutzholzwälder und die „aufmüpfigen Massen einheimischer Arbeiter, die barbarische Dialekte sprachen". Alle norwegischen „Dialekte" durften unter dänischer Herrschaft für offizielle Dokumente und Kommunikation nicht gebraucht werden. Die norwegische Verfassung wurde 1814 in Eidsvoll abgefaßt – auf Dänisch. Ludvig Holberg machte seine Ausbildung und sein Glück in Kopenhagen. Seine Schriften verfaßte er auf Dänisch, weshalb ihn die Dänen bis heute für sich beanspruchen. Der Kulturimperialismus war vernichtend für Selbstbewußtsein und nationale Identität der Norweger.

Die einfachen Norweger wurden von den Machtzentren vertrieben, auf ärmliche Gehöfte in abenteuerlicher Lage auf Fjordklippen. Tradition, Trachten und konservative Einstellung wurden zur kulturellen Zuflucht und schließlich zum Grundwert des norwegischen Nationalcharakters. Kultur im üblichen Sinne war etwas, das die Besatzer aus fremden Hauptstädten mitbrachten und beim Abzug auch wieder mit sich nahmen. In Norwegen gibt es außer der Königsfamilie keinen Adel.

Während die Politiker König und Parlament wählten, fiel es den kulturell tätigen Gruppen, vor allem Schriftstellern und Malern, anheim, die nationale Identität wiederzuerwecken. Inspirieren ließen sie sich dabei von den Traditionen der einsamen Täler und alten Bauern-

Vorangegangene Seiten: Nationaltag, Puls der norwegischen Kultur. Links: Trachtenschmuck für traditionelle Gelegenheiten (oben).

höfe und ihren ebenso alten mündlichen Überlieferungen, den Heldensagen aus einem einst großen Norwegen mit überseeischen Kolonien, den Erzählungen von den großen Taten der norwegischen Wikinger.

Henrik Wergeland, Dichter und Autor, war ein früher und leidenschaftlicher Vertreter dieser Ausprägung von norwegischem Nationalismus. Demselben Rufe folgend verließ der Künstler J.C. Dahl sein Studio und ging in die Wildnis des norwegischen Hinterlandes. Er wurde der erste und beste Naturmaler des Landes. Seine schimmernden, majestätischen Ansichten der Berge zählen zu den Attraktionen der Nationalgalerie, an deren Gründung 1836 er maßgeblich beteiligt war.

Die dunkle Seite, die Isolations- und Zukunftsängste Norwegens, motivierten Edvard Munch zu seinem beinah brutalen, emotionsgeladenen Malstil. Tod und Verzweiflung sind die Themen, die in seinem Werk immer wieder auftauchen und besonders seine schockierendsten Bilder beherrschen, *Der Schrei* (1893), *Der Kuss* und *Der Vampir* (beide 1895). Mit der Angst vor Versklavung drückte Munch aus, was die Seele der Nation bewegte. Dies trug ihm ein eigenes Museum in Oslo und ein ganzes Stockwerk in der Nationalgalerie ein.

Ebenso laut schrie Henrik Ibsen nach Freiheit, dessen poetisches Drama *Brand* eine gewagte Anklage an die norwegische Autorität in seiner Heimat war. Es brachte Ibsen erstmals außerhalb Norwegens ins Gespräch.

Zur gleichen Zeit, Ende des 19. Jahrhunderts, ließen sich auch andere Autoren von der Heimat inspirieren. Alexander Kielland verzichtete auf eine vielversprechende internationale Karriere, um über das alte Norwegen zu schreiben. Nobelpreisträger Hamsuns aufsehenerregendes Buch *Hunger* (1890) ist eine Anprangerung der Mißstände unter schwedischer Herrschaft. Sein Meisterwerk *Segen der Erde* (1917) handelt von der Liebe zur Natur und der Besorgnis über die Auswirkungen materieller Umstände auf die Geistesverfassung des Einzelnen, Themen, die immer noch Norwegens Literatur beherrschen.

Auch in der Architektur verzichtete man auf kontinentale Etiketten und schuf die einheimische „Wikingerromantik". Es wurden schwere Holzhäuser mit Grasdächern gebaut. Dachvorsprünge und Giebel zierten geschnitzte, vielfarbige Drachenköpfe. Wohnzimmer wurden plötzlich Imitationen von Häuptlingshallen. Ein Paradebeispiel für diesen Stil ist Troldhaugen, letzte Wohnstätte Edvard Griegs. Das kurz vor Bergen im Fjordland gelegene Haus paßt nahtlos in Griegs unverblümt folkloristischen, wild-romantischen Stil. Er nannte seine Kompositionen nach Nationalhelden wie die *Cantata Olaf Trygvasson* (1873) und die beliebte *Peer Gynt Suite* (1876, Text von Ibsen). Nationalromantik war die Hebamme bei der Geburt der kulturellen Eigenständigkeit Norwegens.

Vor hundert Jahren prangten auf den Osloer, Bergener und Trondheimer Titelseiten die neuen Stücke des Nationalautors Ibsen und Werke bekannter Schriftsteller wie Amalie Skram und Kielland. Kritiker und Politiker diskutierten öffentlich neue Werke, Theaterstücke wurden zum Thema, ja, zur Sache der Nation. Die Literatur war die Esse, auf der die neue Nationalidentität geschmiedet wurde.

Der Dramatiker Björnsterne Björnson war einer der Vorreiter der norwegischen Sache. Er setzte sich sein Leben lang dafür ein, das norwegische Theater von dänischen Einflüssen zu befreien. Als Direktor des Bergener Ole Bull Theaters (1857-59) und des Osloer Theaters ein paar Jahre später ließ er neue, sagenartige Dramen aufführen, die Norwegens große Vergangenheit aufleben ließen – wie die *Sigurd Slembe Trilogie*. Seine Arbeit trug dazu bei, daß Norwegisch wieder Literatursprache wurde. Er wurde zum Hofdichter ernannt und sein Gedicht, *Ja, wir lieben dieses Land* drückte aus, was der Kampf um politische Unabhängigkeit von Schweden bedeutete. Aus dem Gedicht wurde die norwegische Nationalhymne.

Bis heute hat sich diese Tradition von Belehrung und Politik in der norwegischen Literatur gehalten – bis hin zu extremen Formen. In diesem kleinen, schmalen Land mit nur wenig über vier Millionen Einwohnern werden drei Sprachen gesprochen. Die am wenigsten verbreitete ist Sami. Sie wird hauptsächlich von der lappischen Minderheit und im offiziellen Umgang mit deren Vertretern verwendet. Dann gibt es *Bokmal* (die Buchsprache) und *Nynorsk* (Neunorwegisch), zwei Variationen eines Themas. Beide haben sich aus dem im Gebiet von Oslo gesprochenen Norwegisch entwickelt, bereichert (böse Zungen meinen, verunstaltet) durch verschiedene Dialekte. Die Schreibweise ist angeblich phonetisch, aber birgt Überraschungen. Nach 400 Jahren Fremdherrschaft mußte erst eine logische Methode gefunden werden, die norwegische Sprache neuzuschaffen.

Links: Ausschnitt aus dem Osloer Munch-Museum. Oben: 'Der Künstler und seines Geistes Kinder' von Gustav Vigeland im Frogner Park, Oslo.

Die pragmatischen Norweger bewerkstelligten dies, indem sie nach und nach dänische Lehnwörter gegen einheimische Dialektwörter austauschten, die dänische Syntax durch norwegische und die weichen dänischen Konsonanten durch harte norwegische ersetzten. So wurde *Bokmal* offizielle Landessprache und wird von 80 Prozent der Stadtbevölkerung und im ganzen Norden gesprochen.

Neunorwegisch, für Insider *Nynorsk*, wird nur von 15 Prozent der norwegischen Grundschüler gesprochen, den direkten Erben der nationalen Didaktisierung auf sprachlicher und sozialer Ebene im letzten Jahrhundert. Diese neue Sprache hat viel mit dem archaischen Alten Norse, den Dialekten des Westens und der Mitte, zu tun, der „echten Wikingersprache", wie ein Anhänger verkündete. Da diese Sprache aus der Bauernkultur erwuchs, ging sie mit der mit dem 20. Jahrhundert einhergehenden Verstädterung entsprechend zurück und wurde durch *Bokmal* verdrängt.

Zu dieser Gruppe gehört ein Autor, der vor kurzem ein Essay über sein eigenes Werk veröffentlichte, als aufwendige, limitierte Auflage. Das Werk ist nur direkt über den Autor und seinen Verleger erhältlich. Ein Kritiker meinte dazu, „ein Stück Literatur auf Norwegisch – dieser seltsamen Sprache, die nur von 4 Millionen Menschen gesprochen und geschrieben wird – ist eine Kostbarkeit, die mühselige Arbeit eines Einzelnen, für einen anderen, der ebenso mühselig arbeiten muß, um es genau zu lesen."

Poesie wird in Norwegen auch nicht mehr gelesen als in anderen westeuropäischen Staaten. Im Jahr erscheinen durchschnittlich rund 40 Bände mit Auflagen von unter 2000 Stück – von denen viele in den Regalen bleiben. Doch es scheint eine Nietzschesche Entschlossenheit zu geben, das Genre gegen alle wirtschaftlichen Hindernisse am Leben zu erhalten. Erst kürzlich kamen die Menschen an einem regnerischen Junitag in Scharen zum Osloer Hafen, zu einer Lesung der Werke des Dichters Olaf Angell und des Romanautors

Axel Jensen, beide Hauptakteure und Initiatoren des Osloer Internationalen Poesiefestivals. Die 40 internationalen Redner lockten nicht nur Intellektuelle und Verleger in den Regen hinaus, sondern auch Politiker, Industrielle und Diplomaten.

Autor Einar Ökland verkündete in einem Artikel in der Literaturbeilage der Londoner *Times* von 1971 den Anbruch „eines neuen, goldenen Zeitalters der norwegischen Literatur," der sich als einfache, doch erfolgreiche Chronik der norwegischen Arbeiterklasse kontra Kapitalismus entpuppte. Das Literaturverzeichnis enthielt Werke über Streiks, Arbeitsbedingungen und allgemeine Notlagen, eben die jammervollen Abhandlungen, die in den 70er Jahren in ganz Skandinavien kursierten, nicht der Stoff, aus dem Weltliteratur ist.

In den 80er Jahren erschien eine Art realistischer Roman im Stil von Soziologielehrbüchern auf der Bildfläche, als krasser Gegensatz zu den älteren, bourgeoisen Psychoromanen, „hartnäckiges Erbgut von Hamsun, Cora Sandel und Torborg Nedreaas." Das lesenswerteste dieser revolutionären Werken ist Dag Solstads Trilogie über den Zweiten Weltkrieg, *Svik* ('Verrat'), *Krig* ('Krieg') und *Bröd og Vapen* ('Brot und Waffen'). Existentialistisch beeinflußt ist Espen Haavardsholms *Store Fri*. Dieses Wiederaufleben des sozialen Realismus ermöglichte es einem Autor wie Asbjörn Elden, die modernen, doch vergangenheitsbewußten Sagas über das untadelige Leben des einfachen Mannes zu schreiben, wie das autobiografische *Rundt Neste Sving* ('Hinter der nächsten Kurve').

Inzwischen haben die Frauen die norwegische Literaturszene erobert. Cecilie Löveid und Kari Böge kamen in den siebziger Jahren mit gewagten, beinah schockierenden Werken ins Gespräch. Den sozialen Realismus ließen sie links liegen und stellten rein weibliche Probleme in „Straßensprache" und direkter Rede dar. Cecilie Lövids lyrisch-erotisches *Sug* ('Saug') erschütterte die gesetzten Osloer Kritiker. Liv Költzows drittes Buch *Die Ge-*

schichte des Mädchens Eli und Gerd Brantenbergs *Die Töchter Egalias* untersuchen weibliche Mystik und die Rolle der Geschlechter in der Gesellschaft.

Jüngst fand durch die besten der jungen Autoren eine Erneuerung der norwegischen Literatur statt. Es war nicht leicht für sie, ihre neuartigen Werke zum Gedeihen zu bringen, obwohl Erzähler wie Tarjei Vesaas weltweit Anerkennung fanden. Ähnlich wie Ibsen vor hundert Jahren versuchen diese Autoren, die Realitäten kritsich festzuhalten. Das bedeutet ein Abrutschen in den Medienjargon unter Zuhilfenahme von Vokabular aus der Physik, der Mikrobiologie, der Ökologie und anderer moderner Wissenschaften.

Beim Versuch, fremde Trends in die norwegische Literatur einzubringen, mischen die neuen Autoren Genres. So haben sie ein Museum für archaischen Stil geschaffen, indem sie Bezeichnungen der Jahrhundertwende verwendeten. Beachtung verdienen Kim Smage (deren Roman *'Nachttaucher'* von einer Detektivin handelt und ihr den begehrten Riverton-Preis eintrug), Jon Michelet, ebenfalls Autor von Detektivgeschichten, Tor Ake Bringsvaerd und Jan Kjaerstad.

Links: Autor und Nationalist Björnsterne Björnson beim Essen. Oben: Liv Költzow (links) und Kari Böge (rechts).

All diese Experimente haben trotz ihrer soliden, norwegischen Wurzeln kein breites Publikum in ihrer Heimat. Die Leute mit Wanderstiefeln und Rucksäcken holen sich wohl den letzten Romanhit und lesen ein, zwei Kapitel, doch dann legen sie das Buch weg „fürs Rentenalter".

Wie die meisten Skandinavier gehen auch die Norweger gerne in Kunstgalerien und auf Auktionen. Doch auch hier bevorzugen sie die Romantiker um 1880/90. Ein Norweger, der tiefes, bleibendes Interesse an Kunst hat, dem steht das Herz nach einem der alten Holzhäuser in Gebirgstälern.

„Das Sammeln alter Häuser ist sowas wie eine Familienkrankheit," sagt ein Reeder – was in Norwegen fast einem Adelstitel gleichkommt. „Mein Vater, mein Bruder, und auch ich durchforsten seit 40 Jahren das Land nach handgefertigten Häusern und Gegenständen, Scheunen, Hütten und Schuppen mit Bauernbetten, Truhen, Körben und Schränken. Jedes muß für sein Tal und seine Zeit einzigartig sein. Touristen halten die Grasdächer und Ackerbaugeräte oft für ein Folkloremuseum und fragen, wo man Eintritt zahlen kann. Wenn sie erfahren, daß wir dort wohnen, sind sie meist sehr erstaunt.

Ganz typisch für die nationale Volkskunstmanie ist, daß die Sammlung der Familie mit dem Feilschen mit Bauern um Geräte wie handgemachte Butter- und Haferbrei-*Tine* begann. Diese bunten, hölzernen Gefäße, oft erstes Geschenk unter Verlobten, bilden eine ununterbrochene Tradition von Wikingerzeiten bis heute. An den reich verzierten *Tine* demonstrieren Bauernburschen ihre Schnitzkunst und ihre Fertigkeit im *Rosemaling*.

Diese Malerei taucht erstmals im 18. Jahrhundert an Kirchenwänden auf, eine naive Version barocker Marmorkunst, Rokoko-Schnörkel, Meandern mittelalterlicher Akanthus-Blätter und Portraitierung im Empire-Stil. Zu konservativ für unverhohlene Anleihen im Ausland, wählten die norwegischen Bauern nur die Elemente der europäischen Kunsttrends, die ihrem Sinn für Farbe

und Schönheit entsprachen. Jedes einsame Tal wurde sein eigenes Kunstzentrum mit einer spezifischen Ausprägung des *Rosemaling* und auch der Architektur. So fallen bei den Hallingdaler Bauern die S-Formen auf, die alles Zieren von der Wand bis zu Löffeln und Schüsseln. Im reichen Gudbrandsdal schnitzten die Einheimischen ihre Motive in eingebaute Bänke und Bettkästen. In den abgelegensten Gebiete wie Setesdal herrschte eine vereinfachte Variante des *Rosemaling* vor.

Das Wandern in Norwegen wird interessanter durch die vielen Formen der Bauernkunst, die man am Wege kennenlernt. Man stößt sozusagen auf die nationalen Wurzeln. Eine 250 Jahre alte *Stabbur* (Lagerscheune auf Stelzen) ist für den Norweger ein mächtiges Volkstotem, ein Gegenstand der Verehrung.

Besonders deutlich wird dies im Freilicht-Folklore Museum bei Oslo, das vor rund hundert Jahren von den Nationalromantikern eröffnet wurde, „um unser Land zusammenzuhalten". Hier finden sich Dutzende von alten Gebäuden, Scheunen und Schuppen aus allen Teilen des Landes. Auch Regionaltrachten werden hier gesammelt, als Muster für Neuentwürfe. Viele Brautpaare gehen in Norwegen in der traditionellen Tracht ihres Heimatortes zum Altar. Auch bei den Festlichkeiten zur Nobelpreisverleihung kommen die prächtigen Trachten aus dem Schrank, mit weißen Krawatten und Kopfschmuck. Diese Faszination der Vergangenheit ist nicht nur Folklore, sondern Teil des Nationalprofils.

All das nationale Erbe wirkt auf den Besucher manchmal einschläfernd. Dies bestätigen sämtliche Reiseführer der letzten 20 Jahre: „Oslo ist die schönste und lahmste Hauptstadt Europas." Ein anderer Reiseschriftsteller formuliert höflich: „Der Schwerpunkt liegt auf der Zahl der Wanderpfade und der herrlichen Aussichtspunkte, meist ein ganzes Stück über dem Meeresspiegel gelegen. Soviel frische Luft und Bewegung wirkt so ermüdend, daß jeder Gedanke an Nachtleben, das über einen Imbiß, ein gutes Buch und ein gemütliches Bett hinausgeht, im Keim erstickt wird."

Doch die Zeiten ändern sich. „War die lahmste Hauptstadt", entspricht eher der Wahrheit über Oslo. Norwegen ist trotz seiner Vergangenheitsbezogenheit für urbane Vergnügungen empfänglich geworden, vielleicht infolge des wachsenden norwegischen Selbstbewußtseins oder der großen Zahl von Norwegern, die jeden Winter ins Ausland reisen.

„Der Champagner fließt in Strömen", sagt ein Stammgast eines Nobellokals für Norwegens High Society (meist Reeder, Bankiers und die Börsenmakler, die sie tagsüber bedienen). Humla, der umliegende, überdachte Amüsierkomplex – man braucht keinen Schritt weit im Regen oder Schnee zu laufen – hat Tanzmusik zu bieten, live und in der Disco, einen Nachtclub, ein Theater und sogar Künstler wie Eartha Kitt und das schwedische Showkabarett „After Dark".

Solche Vergnügungspaläste, die „alles unter einem Dach" bieten, sind eine Osloer Spezialität. Das imposanteste ist das Möller, das auf einem alten künstlichen Wasserfall am

Aker liegt. Nehmen Sie ein Taxi in die tropische Bar von Möller oder in die Halle mit live Darbietungen und Tischen à la 1935. Die Pianobar bietet sich für einen ruhigen Plausch zu später Stunde an. Essen ist gewöhnlich zweitrangig in diesen Unterhaltungshochburgen Oslos – und sehr teuer.

In dieser Stadt ist schlechtes Essen teuer und gutes kostet nicht viel mehr. Die meisten guten Restaurants sind vom Stadtzentrum aus zu Fuß erreichbar. Das beste ist das Bagatelle in der Bygdöy Allee. Es hat einen Michelin-Stern und eine Sammlung zeitgenössischer norwegischer Kunst im Speiseraum. Chef und Eigentümer Eyvind Hallström hat sich auf moderne, skandinavische Küche mit einem

ordentlichen Schuß französischer Tradition spezialisiert. Ebenfalls Anhänger der nordischen Kochkunst ist der junge Lars Barman im Kastanjen. Zu seinen Spezialitäten zählen geräuchertes Lamm mit Petersilienwurzelsauce und Kabeljau auf buntem Bohnenbett. Es gibt noch mehr interessante Lokale in Oslo, zum Beispiel Theas, Feinschmecker, Arstidene und Brasseriet im SAS-Hotel, La Mer. Die Liste ist lang, das Essen gut bis ausgezeichnet und großzügig mit norwegischen Zutaten gespickt wie Gemüse und Wild.

Trotz der durchfeierten Nächte, bis um 6 Uhr früh die letzte Bar zumacht, ziehen die Einheimischen noch ihre Stiefel an und streben in die Berge. Liebe zur Natur und Folklore liegt den heutigen Norwegern einfach im Blut. Dies kommt am deutlichsten und bewegendsten zum Ausdruck am Nationalfeiertag, dem 17. Mai, einer Art nationalem Karneval, für den sich jeder in Schale wirft und viele Frauen in ihre Nationaltracht. Selbst die busseweise anreisenden Dänen und Schweden tragen Anzug und Krawatte. Jeder, der irgend kann, drängt sich in den Straßen um den Königspalast. Blechbläser marschieren vorbei, Fahnen

wehen, Geigen kreischen. Allmählich kommt Ordnung in das Chaos, und Norwegen marschiert zum Palast, um seinen König zu sehen. Ganz vorne stehen die Schulkinder, die von überallher extra nach Oslo gereist sind. Der beliebte Olav V. und seine Familie zeigen sich auf dem Balkon, und das Volk ehrt sie mit Björnsons Nationalhymne und dem Königslied. Hier auf dem Rasen vor dem Palast, der für einen fremden König gebaut wurde, findet sich der Inbegriff alles Norwegischen: beständige Liebe zur Natur, zur Tradition und zum Nationalstolz in der hartnäckigen Überzeugung, daß „norwegische Dinge die besten Dinge sind.“

Links: Pop und Rock an jedem Abend der Woche. Oben links: Moderne Skulpturen auf Schritt und Tritt. Oben rechts: Das Osloer Museum für Zeitgenössische Kunst.

EIGENSTÄNDIGE, KLEINE FILMINDUSTRIE

Für die neuen Armen der Stadt, die Ende des 19. Jahrhunderts nach Christiania (Oslo) strömten, war die erste Bioskop-Show im Tivoli Park eine Sensation. Die erste Generation, die von den Bauernhöfen des ländlichen Norwegens gekommen war, um lange Stunden in den Fabriken der neuen industriellen Revolution zu arbeiten, lebten freudlos in überfüllten Elendsvierteln. Die flimmernden Bilder eines boxenden Känguruhs oder hüpfender Akrobaten waren wie ein Wunder.

Der erste „Film" wurde dem norwegischen Publikum im Dezember 1895 von den deutschen Erfinderbrüdern Max und Emil Skladarowsky präsentiert, kurz nach der Pariser Ausstellung der Gebrüder Lumière. Acht Jahre später hatte Christiania ein eigenes Kino.

Der norwegische Filmpionier war Hugo Hermansen, der Direktor der Norsk Kinematograf, des norwegischen Ablegers der schwedischen Filmgesellschaft. Damals waren Kinematografen Kinobesitzer und Filmproduzenten in einem. Hermansen eröffnete in rascher Folge 26 Kinos an der Ost- und Westküste. Sein größter Coup war die Überredung des neuen Königs, mit der Königin ein Kino zu besuchen. Er filmte dieses Ereignis und brachte es auf die Leinwand.

'Die Gefahren eines Fischers' von 1907 war der erste Versuch eines Filmdramas. Die improvisierte Story ohne Drehbuch wurde von einem jungen Schweden, Julius Jaenzon, in wenigen Stunden an einem norwegischen Fjord gedreht. Er arbeitete jahrelang in Norwegen, bevor er nach Schweden zurückkehrte und dort einer der Kinematografen des Landes wurde. *'Gefahren'*, ging wie alle norwegischen Filme zwischen 1907 und 1920 verloren, vielleicht aufgrund von Hermansens unerwartetem Tod ein Jahr später, der sein Kinoimperium vernichtete und die junge Industrie hilflos hinterließ. Beim Ausbruch des Ersten Weltkrieg hatte Norwegen erst neun Filme produziert.

Kino war beliebt. Ende des Krieges hatte Christiania 26 Kinos, die jährlich von 1,8 Millionen Erwachsenen und 800 000 Kindern besucht wurden, was eine Million Kronen einbrachte. Es war Arbeiterpublikum und bestand zu 45 Prozent aus Kindern. Immer darauf aus, dem Volk den Spaß zu verderben – was nicht nur in Norwegen so war -, organisierten die Moralisten „moralische Zirkel", die entschlossen waren, zu bekämpfen, was sie als „demoralisierenden Einfluß des Tivoli der Oberklasse" verurteilten.

1913, als die Filmindustrie noch mit Gewinn arbeitete, kam sie nach langen, hitzigen, landesweiten Debatten mit starkem, moralisierendem Unterton unter staatliche Verwaltung. Die privaten Kinobesitzer verschwanden, doch die Filmproduktion profitierte nicht, da der Gewinn direkt in die Stadtkasse floß und den Filmemachern kaum Mittel zur Verfügung gestellt wurden. Ungefähr gleichzeitig wurde eine Zensurbehörde eingerichtet.

Gegen Ende des Ersten Weltkrieges machten zwei Filmproduzenten von sich reden. Autor Peter Lykke-Seest wurde Direktor der Christiania Filmgesellschaft, die zwischen 1916 und 1919 neun von zehn norwegischen Filmen produzierte. In seinem Meisterwerk, *'Die Waisen'*, spielte sein 12jähriger Sohn mit. Seine Produktionen litten darunter, daß er darauf bestand, alle Arbeiten rund um einen Film persönlich auszuführen.

Um dieselbe Zeit drehte Ottar Gladtvet *'Töchter der Revolution'*, inspiriert von den sozialen Unruhen der Zeit. Obwohl Gladtvet sich bemühte, sein Publikum vor den Gefahren einer zunehmenden Radikalisierung zu warnen, ging seine Botschaft allzuoft unter in kommerzieller Romantik.

Als die Filmindustrie des Nachbarlandes Schwedens auf Stoffe norwegischer Autoren wie Ibsen und Björnson zurückgriff, hob sich der Status der einheimischen Filmindustrie allmählich. Nach und nach wurde sie als lohnende und akzeptable Heraufbeschwörung norwegischer Traditionen betrachtet, und nicht mehr als subversive Unterhaltung der Massen. *'Fante-Anne'* von Rasmus Breistein ist ein Beispiel für den Stil, der bis zum Tonfilm das norwegische Kino beherrschen sollte – Nationalromantik mit idealisierter Bauernnostalgie.

Doch obwohl die Kinos in den zwanziger Jahren 10 Prozent ihrer Kasseneinnahmen als Luxussteuer abführen konnten, sollte dieser Reichtum nicht andauern. 1926 war das Verlangen nach Kinoromantik gestillt, die Kartenpreise waren niedrig, die Leihgebühren für die Filme ebenfalls, die Vervielfältigung teuer. Die Lokalbehörden, die bisher die Kinoeinnahmen als Allheilmittel gegen städtische Geldnot betrachtet hatten, mußten feststellen, daß der Goldesel aus Zelluloid verendet war.

Nichtsdestoweniger wurde 1932 die nationale Produktionsgesellschaft Norsk Film gegründet und 1936 das erste Studio gebaut. Kurz vor dem Zweiten Weltkrieg drehte Helge Lund den ersten, international anerkannten Film *Aitaga* ('Der Bastard'), der 1941 bei den Filmfestspielen in Venedig gezeigt wurde. Damals war Norwegen bereits besetzt, und die Deutschen hatten das Prinzip der *Gleichschaltung* in der norwegischen Filmindustrie eingeführt, in der sie sich wie in allen Industriezweigen festgesetzt hatten. Auch richteten sie mit Geldern aus der alten Kartensteuer einen Produktionsfonds ein.

Obwohl Norwegen noch immer um Einfluß im internationalen Filmgeschäft kämpft, war mit diesem Fonds die Grundlage für die staatliche Förderung der Filmindustrie geschaffen, die durch die Verbreitung des Fernsehens in den sechziger Jahren eine neue Schlappe einstecken mußte. Heute sind die Produktionskosten hoch, obwohl es in Norwegen nicht das „Star"- und „Star-Regisseur"-System gibt wie anderswo. Norwegische Filmemacher messen ihren Erfolg am Abschneiden bei skandinavischen Filmfestivals, nicht am Kontostand.

Die Regierung subventioniert Filme in norwegischer Sprache von 75 Minuten Länge oder länger, die mit norwegischem Kapital finanziert und mit „überwiegend" norwegischen Teams produziert wurden, mit bis zu 55 Prozent der Kasseneinnahmen. Außerhalb Skandinaviens stellt dieses Beharren auf der norwegischen Sprache beim Verkauf der Filme ein Hindernis dar, doch der Erfolg des ersten Skandinavischen Filmfestivals 1988 in Rouen und der zweiten Veranstaltung dieser Art 1990 zeigt, daß sich die skandinavischen Filme dennoch gut verkaufen könnten.

Anfang der neunziger Jahre gab es Kredite für die Filmindustrie in Höhe von 36 Millionen Kronen und Kino- und Fernsehsubventionen in Höhe von 20 Millionen Kronen, doch die Politik zielt darauf ab, diese Maßnahmen auslaufen zu lassen und fördert kommerzielle Kredite und Privatinvestitionen.

Der erste große internationale Erfolg kam 1987 mit *Sein Freund, der Lederstrumpf* unter der Regie von Niels Gaup, eine Produktion von John M. Jacobsen. Dieser Kinderfilm wurde im Jahr darauf von der Amerikanischen Filmakademie für den *Oskar* für den besten ausländischen Film nominiert. Jacobsen und Gaup hatten den kommerziellen Scharfsinn, den Film an einen Londoner Vertrieb zu verkaufen, was bei seinem internationalen Erfolg eine Rolle gespielt haben mag und 40 Millionen Kronen einbrachte.

Der Erfolg ist um so bemerkenswerter, als es sich bei dem Film um eine Story über die norwegischen Lappen (Sami) des Nordens und den ersten norwegischen Film in Sami-Sprache handelt. Doch der spannungsreiche Film bedient sich der dramatischen Landschaft Norwegens, und die Sami-Sprache verstärkt noch den exotischen Effekt. Das nächste Projekt des Teams ist *Hakon Hakonsen*, basierend auf einer norwegischen Abenteuergeschichte von 1862 über einen 13jährigen Jungen, der auf einem Segelschiff arbeitet. Er wurde auf den Fidschi-Inseln und in Norwegen gedreht, und es gibt eine englischsprachige Fassung.

Ein neuerer Name ist Harald Ohvik, ehemals bei Norsk Film, der unter anderem *'Eine Handvoll Zeit'* und *'Karachi'* gedreht hat, einen Kassenschlager über Drogenschmuggel. Vibeke Lökkberg ist Regisseurin und Schauspielerin, die für Norsk Film *'Seemöwen'* drehte, und Svend Wam und Petter Vinneröd zeichnen für *'Hotel St. Pauli'* und *'Die Hochzeitsfeier'* verantwortlich, letzteres uraufgeführt bei den Berliner Filmfestspielen 1990.

Viele norwegische Schauspieler und Regisseure gingen ins Ausland, um Karriere zu machen. Nicht alle kehrten wieder zurück. Obwohl sie viele ihrer großen Filme mit Ingmar Bergman in Schweden drehte, ist Liv Ullman eine Ausnahme und hat enge Bindungen an die heimatliche Filmindustrie. Heute ist sie Ehrenpräsidentin von Norwegens größtem Filmereignis, dem Haugesund Filmfestival.

In Haugesund hoffen norwegische Filmemacher jedes Jahr auf Anerkennung im eigenen Land durch den Gewinn eines der „Amanda-Preise" für die verschiedenen Kategorien von Fernsehen und Film, wodurch sie ihr Werk auch auf internationaler Ebene präsentieren könnten. Norwegens Filmemacher wissen, daß sie in ihrer Heimat schwerlich mehr als vier Millionen Zuschauer anlocken können. Die einzige Perspektive für sie ist daher die Wendung nach außen.

Links: *Sein Freund, der Lederstrumpf*. Oben: Liv Ullman.

A. E. D.

„In diesem Jahr erschienen böse Vorzeichen über Northumberland und versetzten die Menschen in Angst und Schrecken. Es waren starke Wirbelwinde und Blitzschläge, und man sah feuerspeiende Drachen durch die Lüfte jagen. Diesen Zeichen folgte unmittelbar eine große Hungersnot und kurz darauf, am 8. Juni desselben Jahres, wurde die Kirche des Herrn in Lindisfarne durch das Wüten plündernder und metzelnder Heiden aufs furchtbarste zerstört."

So kommentiert der *Anglo-Saxon Chronicle* des Jahres 793 n. Chr. die Zerstörung des Klosters von Lindisfarne, heute Holy Island, gleich südlich von Berwick upon Tweed im nordenglischen Northumberland. Es war die erste nennenswerte Konfrontation der Christenheit mit den Wikingern, den nordischen Heiden, die drei Jahrhunderte lang die europäische Kultur prägen sollten. Am Ende kam es zu einem Kulturaustausch. Ein früher Wikingerkönig, Olav Haraldson, konvertierte zum Christentum, ließ sich in der Normandie taufen und kehrte nach Norwegen zurück. Im Jahre 1030, als er auf dem Schlachtfeld fiel, hatte sich das Christentum als zukünftige Landesreligion durchgesetzt.

Die Kräfte dieser drei Jahrhunderte, die Wikinger, ihre Überfälle, die so schnell kamen wie Drachen vom Himmel, die Verquikkung der Kulturen und der allmähliche Übergang zu einer christlichen Gesellschaft drückten den Traditionen des Landes ihren Stempel auf. Dieser Stempel ist bis heute nicht verblaßt oder entfernt worden, sondern kommt in den unzähligen Formen der Volkskunst zum Ausdruck, deren bekannteste Holzschnitzerei, Bauernmalerei, bunte Nationaltrachten und dekorative Malerei sind.

Holzschnitzerei: Die Wikinger verdankten ihre Macht der Überlegenheit zu Wasser. Die Wikingerboote waren seetüchtig und von ursprünglicher Schönheit. Sie waren klinkergebaut (aus überlappenden Planken, die mit Eisennieten verbunden wurden) auf langen Kielbrettern, die sich an beiden Enden zu einem Steven hochschwangen. Die Wikinger verzierten den Bug bis zur Wasserlinie mit Schnitzereien wie Drachenköpfen oder Figuren. Auch Gebrauchsgegenstände wurden geschnitzt, etwa die Griffe von Werkzeugen oder das achtern rechts angebrachte *Styrbord* oder Steuerruder (daher die Bezeichnung „Steuerbord" für die rechte Schiffsseite). Die Häuser wurden mit Kapitellen und Säulen zu kunstvollen Friesen verziert, Deckenverzierungen und Giebel geschnitzt. Die Holzschnitzerei war eine hochentwickelte Kunst, die hauptsächlich für und teilweise sogar von Adligen gepflegt wurde.

Im 12. Jahrhundert löste die Kirche den Wikingeradel in seiner Funktion als Kunstmäzen ab. Die *Stavkirke* (Stabkirche aus aufrechten Baumstämmen) wurde nun Hauptobjekt der Holzschnitzerkunst. Rund 750 solcher Prachtbauten wurden errichtet, die meisten in den hundert Jahren von 1150 bis 1250. Zweiunddreißig davon stehen noch und gehören zu den ältesten Holzgebäuden der Welt. Die Tierköpfe der nordischen Mythologie künden von der Wikingerzeit. Über ihnen wuchern die klassischen Ranken der christlichen Kunst, die aus dem Kiefer der Tiere emporklettern. Schließlich wechseln Ranken und Blumen, manchmal durch andere Motive aufgelockert, und verdrängen die Tiere weitgehend, doch nicht vollständig. Neben Stabkirchen und verschiedenen Kunstgegenständen verzierten die frühen Norweger auch Stühle, Betten, Tische, Schöpfkellen, Schüsseln, Truhen und andere Haushaltsgegenstände mit herrlichen Schnitzereien. Zu den besterhaltenen Beispielen mittelalterlichen Kunsthandwerks zählen die geschnitzten Portale und Fensterrahmen der Bauernhäuser.

Diese Tradition existiert bis heute. Die Holz-*Hytter* – sogar die hypermodernen *Hytter* des 20. Jahrhunderts – werden ausnahmslos an den Außenwänden mit Schnitzwerk verziert. Das Frognerseteren Restaurant von 1891, das 1909 renoviert wurde und auf einem Hügel über Oslo liegt, ist eines der schönsten Beispiele für den moderneren Drachenstil verzierter Holzbauten. Bei Möbeln geht der Nostalgietrend nicht zum üppigen Stil vergangener Königshöfe, sondern zu Bauernmöbeln aus einheimischer Fichte oder Kiefer – je reicher geschnitzt, desto besser.

Vorangegangene Seiten: Traditionelle Rosenmalerei. Links: Ausschnitt aus Tidemands Bild '*Die Brautkrone der Großmutter*'.

Rosenmalerei: Wie sich die Holzschnitzerei aus dem Bedürfnis zur Verzierung von Gebrauchsgegenständen entwickelte, hat auch das *Rosemaling*, die Rosenmalerei, ihren Ursprung in einfachen Verhältnissen. Oft wurden beide Kunstformen kombiniert: geschnitzte Bauteile, Haushaltsgeräte und Möbel wurden oft noch bemalt, gleichzeitig zur Verschönerung und als Kontrast zum Schnitzwerk. Der Name ist irreführend: Rosen erscheinen nur in wenigen der traditionellen Muster. „Bauernmalerei" wäre eine treffendere Bezeichnung, da sie auf die ländlichen Wurzeln dieser Kunstform hinweist. Die echte Rosenmalerei beschränkt sich nicht auf Blumenmuster, obwohl das Rankenmotiv und seine Variationen sehr oft auftauchen. Daneben kommen geometrische Figuren, Porträts und Landschaftsdarstellungen vor.

Die frühen Malereien auf Häusern und Haushaltsgegenständen sind weniger gut erhalten als die Holzschnitzereien. Daher sind die Ursprünge der Rosenmalerei nicht genau zu bestimmen. Die ältesten erhaltenen Malereien stammen von etwa 1700, Jahrhunderte nachdem die notwendigen Utensilien, die Farben nämlich, in ländlichen Gebieten erhältlich waren. Es gibt zahllose Theorien über den Ursprung des *Rosemaling*, so zum Beispiel die Annahme, Zweck der Rosenmalerei sei einzig die Auflockerung der düsteren Innenräume. Seit dem Mittelalter waren die typischen Bauernhäuser sogenannte *Arestue* („Herdhäuser"), fensterlose Zimmer mit einem Rauchabzug im Dach für das offene Feuer in der Mitte. Die Rosenmalerei könnte also schon eine Reaktion der Bauern auf ihre triste Umgebung sein. Eine andere Theorie, die von zeitgenössischen Dokumenten erhärtet wird, besagt, daß die Bauern die reichen Verzierungen ihrer Kirchen kopierten.

Mit dem Wohlstand des späten 18. Jahrhunderts kamen mehr Geistliche und Beamte in ländliche Gegenden und brachten ihre Habseligkeiten mit, verzierte Möbel und Haushaltsgegenstände. Was die Bauern sahen, machten sie nach, so gut sie konnten.

Die meisten Bauernmaler hatten sich die Technik abgeschaut. Durch die Abgeschiedenheit entwickelte jedes Tal seinen eigenen Stil. Beliebte Objekte der Maler waren Truhen, Betten, Schränke, Stühle, Tische, Zierleisten, Türen und Wände. Ihre Stilmerkmale sind so individuell, daß Experten heute mit geradezu unheimlicher Genauigkeit Alter und Herkunft nahezu jeder Rosenmalerei bestimmen können. Ihr Wissen ist im Antiquitätengeschäft gegenwärtig sehr gefragt, da Möbel mit Rosenmalerei die teuersten norwegischen Antiquitäten sind.

Heute ist Rosenmalerei für die meisten ein Hobby, das durch Verkäufe an einheimische

Kunstgewerbeläden hier und da ein wenig Profit abwirft. Für manche ist es eine etwas anrüchige Angelegenheit geworden. Einer der Antiquitätenskandale von 1989 rankte sich um geschickt gefälschte „antike" Möbel mit Rosenmalerei.

Die Nationaltracht: Norwegens *Bunad* ist so farbenfroh wie die Tracht jedes anderen Landes. Sie wird nicht nur bei Volkstänzen, sondern auch als formelle Kleidung bei Hochzeiten und auch zum Nationalfeiertag angelegt. Es wird behauptet, die norwegische Tracht sei die meistgetragene Europas.

Wie die Gebräuche religiöser Orden ist der *Bunad* eine Rückkehr zur Alltagskleidung vergangener Zeiten. Das Wort selbst bedeutet aus gewebter Wolle und Oberteilen oder Jäckchen aus ähnlichem oder kontrastierendem Material, die mit Schals über Blusen getragen werden. Schärpen, Beutelchen, der herrliche Silberschmuck und die traditionellen Schuhe und Socken vervollständigen die Tracht. Männer-*Bunads* bestehen grundsätzlich aus einem dreiteiligen Kniebundhosenanzug mit farblich passender oder kontrastierender Weste, weißem Hemd, langen Strümpfen und den traditionellen Schuhen. Die Unterschiede in Schnitt, Farbe, Material, Stickerei und Verzierung, die die verschiedenen Stile kennzeichnen, sind auf die variierenden Kommunikationsbedingungen der Vergangenheit zurückzuführen. Wie Holzschnitzerei und Rosenma-

„Kleidung". Doch im Gegensatz zu Bräuchen entwickelten sich *Bunads* in verschiedenen Stilrichtungen, Schnitten, Farben und Verzierungen je nach Herkunftsort und Geschick und Geschmack ihrer Schneider.

Geschichte: Trotz regionaler Unterschiede haben alle *Bunads* charakteristische Merkmale, an denen man erkennt, daß es sich um eine norwegische Tracht handelt. Die Frauentrachten haben typischerweise Röcke oder Kleider

Links: Die Nationaltracht wird bei festlichen Gelegenheiten heute noch getragen. Oben: Einar Holte bei der Arbeit an einem seiner berühmten Miniatur-Holzboote.

lerei hat jeder *Bunad*-Entwurf seine eigene Geschichte. So zeigen *Bunads* aus Küstengebieten kontinentalere Züge als die aus abgelegenen Gebirgstälern, wo die Hausfrauen die Wolle der Schafe selbst spannen, färbten und zu Stoffen in einheimischen Mustern webten.

Mitte des 19. Jahrhunderts verdrängten allmählich fabrikproduzierte Kleider und Anzüge die selbst gefertigten. Je mehr Menschen vom Lande in die Stadt zogen, desto mehr schien der *Bunad* vom Aussterben bedroht. Gerettet wurde er im Alleingang von Hulda Garborg, einer prominenten Schriftstellerin, die für die Erhaltung der ländlichen Traditionen eintrat, die in den wachsenden Städten unterzugehen drohten. Kurz vor der Jahrhundertwende gründete Hulda Garborg in einem Alleingang in der Hauptstadt eine *Leikarring*, eine Gruppe von Tänzern, die sich die Pflege der alten Volkstänze zum Ziel gesetzt hatte. Die Volkstänze, so forderte sie, sollten nur in Trachtenkleidung aufgeführt werden, was sie zur Zusammenstellung der ersten, im Jahre 1903 schließlich veröffentlichten *Bunad*-Anthologie veranlaßte.

Diese Sammlung alter Volkstrachten wurde ein Bestseller, und Hulda Garborg und eine ihrer Tänzerinnen, Klara Semb, brachten eine Volkstanzbewegung und eine Renaissance der *Bunads* ins Rollen. Diese ist bis auf den heutigen Tag lebendig geblieben.

Heute unterscheidet sich die Art, wie man sich in Norwegen kleidet, nicht mehr von den Gewohnheiten anderer Länder Europas. Neben dem klassischen konventionellen Stil ist man auch an den neuesten internationalen Modetrends interessiert. Daneben hält sich jedoch eine starke romantische Strömung, die sich der Tradition verpflichtet fühlt. Obwohl *Bunads* keine Alltagskleidung mehr sind, ist die Vielfalt der Kombinationen und der Stilrichtungen größer denn je.

Manche Trachten, wie die *Bunads* aus Setesdal, einem Ort, der bis vor kurzem noch zu den abgeschiedenen Winkeln Norwegens zählte, sind schon vor 300 Jahren oder noch früher entstanden. Andere, wie die Tracht von Baerum, einer westlichen Vorstadt Oslos, sind Neuschöpfungen aus der Nachkriegszeit. (Auch hier drängt sich ein internationaler Vergleich auf: Über die Hälfte der deutschen Trachtenvereine ist erst nach 1945 gegründet worden.)

Obwohl einst für Männer ebensoviele Modelle und Kombinationen angeboten wurden wie für Frauen, tragen gegenwärtig viel mehr Frauen Tracht als Männer. Das ist auch nicht verwunderlich, denn es ist anzunehmen – da sind sich die Fachleute einig –, daß die Frauen eher ein Faible für die Stickereien der *Bunads* und den dazugehörigen hübschen Silberschmuck entwickeln als die Männer.

Doch die Sache hat auch eine praktische Seite. Während die Männer im dunklen Anzug immer korrekt gekleidet sind, stehen Norwegens Frauen an Festtagen und bei formellen Anlässen immer wieder vor dem Problem, was sie anziehen sollen. Mit dem *Bunad* nun liegen die Norwegerinnen immer richtig. Er ist zeitlos und kann von Generation zu Generation weitervererbt werden, wobei der Silbergürtel traditionell ein Geschenk der Eltern an die Frau des Sohnes ist.

Zankapfel *Bunad*: *Norwegische Bunads*, ein 1982 veröffentlichtes Kompendium der unterschiedlichsten Trachten, zeigt und beschreibt 50 Frauen- und rund 25 Männer-*Bunads*, und die Vielfalt der Modelle wird immer größer. Ihre gesellschaftliche Anerkennung wird nur noch übertroffen von der Meinungsvielfalt über die Frage, wer wo und wann welche Tracht trägt.

Die Traditionalisten vertreten die Ansicht, ein *Bunad* aus einer bestimmten Gegend sollte nur von jemandem getragen werden, der dort auch geboren und aufgewachsen ist, während die gemäßigteren Traditionalisten meinen, der korrekte Stil sei wichtiger als die Herkunft des Trägers; die ganz Radikalen schließlich betrachten den *Bunad* als eine von mehreren Stilformen, die man stückweise mit moderner Kleidung kombinieren könne.

In Oslo trägt der Mann im Büro graue Hosen, ein dunkelblaues oder schwarzes Sakko, ein weißes oder blaues Hemd und eine Krawatte mit einer Spur von Rot. Dieser Aufzug wird *Oslo Bunad* genannt.

Links: Hulda Garborg (links) in einem *Bunad* von 1899. Rechts: Die Borgund-Stabkirche bei Flam von etwa 1150 n. Chr.

RØKING
FORBUDT

SCHNAPS IST SCHNAPS

Wenn der Abend kommt, fühlen sich viele Norweger verpflichtet zu erklären, warum hier soviel getrunken wird. Sie trinken, sagen sie, wenn sie ausgesprochen glücklich oder abgrundtief traurig sind. Oder wenn sie sich einsam und verlassen fühlen oder sich schon lange nicht mehr in so netter Gesellschaft befunden haben. Bevor alles in einer dunklen Wolke nordischer Düsterkeit versinkt, wird es – vor allem, wenn Fremde anwesend sind – eine Debatte darüber geben, warum Norweger soviel trinken. Oder auch darüber, warum sie so wenig trinken.

Alkohol und Abstinenz sind in Norwegen seit jeher heiß umstrittene Themen. Die Minderheit, die leidenschaftlich für die Prohibition kämpfte, sah im Ersten Weltkrieg eine Chance, ihr Anliegen durchzusetzen. Als Vorwand nahmen sie die Einsparung der Rohstoffe, die für die Produktion von Bier und Schnaps verwendet wurden. Bei Kriegsende wurden die Beschränkungen aber nicht aufgehoben. Im Gegenteil, die Prohibitionisten dehnten das Verbot auf alle alkoholischen Getränke außer Wein mit geringem Alkoholgehalt aus.

Zum Mißfallen der Prohibitionisten zahlten die größten Abnehmer der für Norwegen bedeutsamen Fischereiindustrie, Frankreich, Spanien und Portugal, den Fisch mit Weinen, die nach den neuen Bestimmungen allesamt nicht zum Verkauf oder Genuß in Norwegen zugelassen waren. Auf den Druck der Fischproduzenten wurde die Grenze gerade um soviel angehoben, daß der französische Wein darunter fiel, doch da waren noch die 400 000 Liter französischen Weinbrands, für die es keine Verwendung gab, da man sich verpflichtet hatte, sie nicht wieder zu exportieren.

Die Regierung erklärte die Prohibition unverzüglich zum Dauerzustand, für Spanien und Portugal ein Signal, daß sich der Trick nicht wiederholen ließe. Zwei Jahre später teilten die norwegischen Verhandlungspartner in Spanien dennoch mit, daß 500 000 Liter spanischer Wein bereits unterwegs seien und 850 000 Liter portugiesischer folgen würden. Die Regierung trat zurück angesichts der Vorstellung, das Land mit unverkäuflichen Spirituosen zu überschwemmen. Die neue Regierung ließ Verkauf und Konsum von Wein zu und verbot dafür zwielichtige Kaschemmen. Seit 1923 war Import und Verkauf von Wein und Spirituosen staatliches Monopol, so daß Regierungsbeamte darüber entschieden, wieviel und zu welchem Preis in den Vinmonopolet-Läden und den meisten Hotels und Restaurants verkauft wurde. So, wird behauptet, wurde der norwegische Staat zum größten Aufkäufer alkoholischer Getränke der Welt, schmerzliche Ironie für die große Zahl von Prohibitionisten, die bis heute ein Alkoholverbot anstreben. Die Vinmonopolet-Läden, so muß gesagt werden, sind so wenig einladend wie ein Zahnarztwartezimmer, ohne jeden Hinweis auf die vergnüglichen Seiten des Alkohols.

Eine der Folgen ist, wie Norwegen-Besucher heute feststellen, daß alkoholische Getränke in größeren Städten problemlos erhältlich sind – allerdings zu atemberaubenden Preisen (etwa 40 Kronen für eine Halbe Bier, 120 Kronen für die billigste Flasche Wein in einer Bar). Man bekommt in Oslo um 2 Uhr früh leichter einen Drink, als, sagen wir, in London. Bestimmungen zum Verkauf von Alkohol werden auf kommunaler Ebene entschieden. Außerhalb der Großstädte, vor allem im *Bibelbelt*, der christlich-fundamentalistisch geprägten Westküste, findet man Orte, wo es im Umkreis von 100 Kilometern keinen Tropfen Alkohol gibt. In manchen Restaurants werden pro warmer Mahlzeit höchstens zwei Bier serviert, in manchen Hotels nur Hausgäste bedient. Weitverbreitet ist das sonntägliche Alkoholverbot und auch eine Bestimmung, die vorsieht, daß Bier, das nur kistenweise verkauft wird, zwei Tage vorher bestellt werden muß. Damit soll offensichtlich dem spontanen Alkoholgenuß Einhalt geboten werden, wo immer menschenmöglich.

Die Alkoholfrage wird überall so heftig diskutiert, daß der Besucher, der sicherlich damit in Berührung kommen wird, sich vielleicht mit dem Hintergrund vertraut machen sollte. Laut Statistik, auf die verteidigend verwiesen wird, trinken die Norweger weniger Alkohol als die meisten anderen Europäer. Der Franzose konsumiert durchschnittlich 17,9 Liter reinen Alkohol im Jahr, der Deutsche 8 Liter, der Engländer 5, und so weiter ... bis am Ende der Liste schließlich der Norweger auftaucht mit lächerlichen 2,7 Litern. In diesen Statistiken sind jedoch nur die Getränke berücksichtigt, die durch das Staatsmonopol verkauft werden. Interessanter wäre eine Statistik über den Konsum von Zucker und Kartoffeln, den Zutaten für den nationalen Zeitvertreib der Schwarzbrennerei.

Es wäre unrealistisch, zuverlässige Informationen über Schmuggler entlang der ausgedehnten Küste Norwegens zu erwarten, doch der Umstand, daß es durch den monatelangen Streik in den Vinmonopolet-Läden vor ein paar Jahren nicht zu Engpässen kam – und die Preise, sobald sich die Lieferanten auf die unerwartete Nachfrage eingestellt hatten, in bis dahin ungekannte Tiefen sanken –, spricht Bände.

Den ersten Anlauf in Norwegen – vielleicht in der ganzen Welt -, das Trinken einzuschränken, unternahm König Sverre im 12. Jahrhundert in Bergen. Er war der Anführer einer wilden Rotte von Raufbolden, genannt Birkebeiner, die die Schlacht von Fimreite gegen seinen Rivalen Magnus Erlingsson sicherlich für ihn entschieden hätten, wären sie nicht zu betrunken gewesen, um zu kämpfen. Sverres Versuch mißlang.

Am Prohibitionsproblem sind in diesem Jahrhundert, also seit Norwegens Schritt in die Unabhängigkeit 1905, drei Regierungen gescheitert – zum Beispiel 1923 an dem erwähnten Vorhaben, 850 000 Liter Wein im Jahr aus Portugal zu importieren, und 1924, als die Regierung Abraham Berges die Prohibition aufheben wollte, um den Verkauf von Alkohol besteuern zu können. Während der Prohibition in den zwanziger Jahren durften Ärzte Alkohol für medizinische Zwecke verschreiben. Ein Arzt allein hatte damals 48 000 solcher Rezepte im Jahr ausgestellt. Die Hoteliers und Gastwirte, die den Wein vom Staat zu Preisen kaufen müssen, bei denen Franzosen und Italiener das kalte Grausen packt, schlagen gewöhnlich um die 400 Prozent auf. Bei Bier und Spirituosen sind die Gewinnspannen niedrig fixiert, und so subventioniert der bedauernswerte Weintrinker alle anderen Getränke.

Oft wird das Klima für die Trinkgewohnheiten der Norweger verantwortlich gemacht. Zum Teil stimmt dies sogar, denn durch die langen Winter war man gezwungen, Methoden zur Haltbarmachung der Nahrung zu entwickeln. Die Lösung war Salz, das in solch riesigen Mengen verzehrt wurde, daß großer Durst die logische Konsequenz war. Der Durchschnittsverbrauch von Bier und Met lag zwischen 6 und 10 Litern pro Tag.

Die Aristokraten tranken von frühester Zeit an Wein. Die Schnapsbrennerei, von den Arabern entwickelt und von den Italienern als Heilmittel gegen die Pest übernommen, kam Ende des Mittelalters nach Skandinavien – als Methode zur Herstellung von Schießpulver.

Im 19. Jahrhundert erschien ein Schwall von Reisebüchern über Norwegen, die alle den Hang zum Hochprozentigen erwähnten oder, wie der französische Reiseautor Lamothe es ausdrückte, die „Verehrung des Bacchus“. Selbst 12- und 14jährige, so Rev.R.Everest, frönten dem „abscheulichen Laster“ und tränken den Weinbrand in Mengen, „die einen englischen Minenarbeiter erstaunt hätten.“ Samuel Laing, dessen Studie des norwegischen Charakters im großen und ganzen eine glühende Lobrede war, beschränkt sich auf die Feststellung, er habe nie einen betrunkenen Norweger gesehen – „am Morgen“.

Pontopiddan, dessen *Naturgeschichte Norwegens* 1755 veröffentlicht wurde, hegte die gleiche Zuneigung für die Norweger wie später Samuel Laing und beschrieb sie als „so gastfreundlich... liberal... bereitwillig, Fremden zu helfen und gefällig zu sein“. Nicht so, wenn sie getrunken hatten: „Wenn ein Bauer mit seiner Familie zu einer Hochzeit geladen war, nahm die Bauersfrau normalerweise das Totenhemd ihres Mannes mit; bei diesen Gelegenheiten ging man selten auseinander, bevor nicht alle stark alkoholisiert waren, was stets zu Raufereien führte, die nicht selten mit Toten endeten.“

Die Norweger sind ausgesprochen gastfreundlich und können ihren Gästen zu Hause „alles“ bieten – man hat die Wahl zwischen Whisky, Gin, Wodka und so weiter. Tatsächlich zahlen nur die wenigsten Norweger 90 Mark oder mehr pro Flasche für ihre Hausbar. Die verschiedenen Getränke haben meist die gleiche Basis – Holzalkohol, ein Nebenprodukt der Holzschliffindustrie, das durch Zusätze in der Farbe variiert, im Geschmack jedoch kaum und in kleinen Fläschchen an jeder Straßenecke erhältlich ist.

Wem das traditionelle Wikingergetränk angeboten wird, Met in einem geschwungenen Horn, sollte darauf achten, die Spitze des Horns stets nach unten zu halten. Das hat weniger mit Etikette zu tun als mit Schwerkraft: wenn man die Spitze nach oben hält, ergießt sich der Inhalt des Horns unweigerlich über das Gesicht des Trinkers.

NOKIA-MOBIRA
Ringnes
PILSENER
ØL

EKU SPORT

Norwegen
240 km/ 150 miles
Svalbard
120 km/ 75 miles
Nordkapp
KVITØYA
LÅGØYA
NORDVEST SPITSBERGEN NASJONALPARK
GUSTAV V LAND
NORAUST-LANDET
AUSTFONNA
1131
Hornemantoppen
NY FRIESLAND
Eriksenstredet
Kapp Mohn
Erik
KONG KARLS LAND
HAAKON VII LAND
Newtontoppen
1717
Ny Ålesund
Pyramiden
Olgastredet
SPITSBERGEN
BÄRENTSØYA
Longyearbyen
Barentsburg
Grumantbyen
Isfjord radio
Sveagruva
EDGEØYA
Bellsund
SØR.-SPITSBG. NASJONALP.
TORRELL LAND
Storfjorden
Tjuvfjorden
Hornsundtind
1431
Sörkapp
Nordmeer
NORDKINN-HALVØYA
PORSANGER-HALVØYA
Hammerfest
Alta
Karigasniemi
Inari
Tromsø
VESTERÅLEN
1324
Haltiatunturi
Harstad
Narvik
Enontekiø
Porttipahdan tekojärvi
Loken tekojärvi
LOFOTEN
Vestfjorden
Storsteinsfjellet
1901
Kiruna
LAPPLAND
Lurio
Bodø
Malmberget
Fauske
Sulitelma
Vikajärvi
Rovaniemi
Posio
Luleälven
Kemijoki
Polarkreis
Atlantik
1915
1792
Oksskolten
Norra Storfjället
Hornavan
Arjeplog
Uddjaur
Boden
Luleå
Tannila
Oulu
Brønuøysund
Skellefteälven
Marsfjället
1589
Storuman
Skelleftea
Vikna
Pulkkila
Umeälven
Ångermanälven
Namsos
Frohavet
Steinkjer
Titran
Umeå
SUOMI
(FINNLAND)
Kristiansund
Trondheim
Østersund
Ørnskøldsvik
Molde
Støren
1796
Helagsfjället
Vaasa
Lapua
Jyväskylä
Ålesund
Kaskø
Kurikka
NORGE
(NORWEGEN)
SVERIGE
(SCHWEDEN)
Sundsvall
Bottnischer Meerbusen
Måløy
Sveg
Näsjärvi
Glittertinden
2472
Lavik
Glomma
Pori
Tampere
Lillehammer
Hämeenlinna
Lahti
Vangsnes
Hamar
Mora
Voss
Bergen
Klarälven
Falun
Gävle
Turku
AHVENANMAA ÅLAND
Mjøsa
Borlänge
Sandviken
Helsinki
Hønefoss
Finnischer Meerbusen
Gausta
1883
Drammen
Oslo
Uppsala
Haugesund
Västerås
Tønsberg
Moss
Karlstad
Stavanger
Skien
Fredrikstad
Ørebro
Stockholm
Ristna
U.S.S.R.
Karlskoga
Eskilstuna
Sandnes
Porsgrunn
HUMAA
Pärnu
Evje
Vänern
Norrkøping
Ostsee
Kuressaare
Arendal
Uddevalla
SAAREMAA
Vättern
Linkøping
Mandal
Kristiansand
Farøsund
Kolka
Skagerrak
Visby
Ventspils
Nordsee
Göteborg
Borås
Jønkøping
DÄNEMARK
Nässjø
Kuldiga
Burgsvik
GOTLAND
Riga
Växjø

ORTE UND PLÄTZE

Norwegen ist ein langer, schmaler Landstreifen, der sich vom europäischen Festland aus nach Norden bis weit in die Arktis erstreckt. Die alte Hauptstadt Trondheim liegt 500 Kilometer vom modernen Oslo entfernt, und doch nur ein Viertel der langen Küstenstrecke. Oslo ist ebensoweit von Monaco entfernt wie vom Nordkap, der nördlichste Vorposten des Landes, die Inseln von Spitzbergen (Svalbard) sind Hunderte von Kilometern weiter nördlich gelegen. Mit 4,2 Millionen Einwohnern verfügt Norwegen über eins im Überfluß: Raum.

Dennoch ist das Land leicht zu bereisen. Seit jeher brillierten die Norweger – früher Wikinger – als Seeleute, und diese alte Art der Fortbewegung setzt sich heute in den Fähren und Frachtern fort, die die Küstenstädte verbinden. Flugverbindungen schaffen ähnliche Brücken. Hinzu kommt, daß den Norwegern im vergangenen Jahrhundert das Unmögliche gelungen ist – der Bau von Eisenbahnstrekken, Straßen und Brücken über die Fjords, von Tunnels durch die Berge und in jüngster Zeit auch unter Wasser.

Norwegen ist eines der schönsten Länder Europas. Die Landschaft ist atemberaubend und abwechslungsreich, von Gebirge bis Meer, von Fjord bis Wald. Oslo, Bergen, Stavanger und Trondheim sind kleine, überschaubare Städte, die in ihre Umgebung passen. Weder das Klima noch die Bewohner des Landes sind so frostig, wie es die nördlichen Breitengrade vermuten lassen. Der Golfstrom wärmt den Westen, so daß die See hier das ganze Jahr über eisfrei ist. Die großen Entfernungen und langen Reisen von einem Ort, einem Bauernhof, zum nächsten, haben eine Jahrhunderte alte Tradition der Gastfreundschaft bewirkt.

Die Norweger sind ein Freiluftvolk und Norwegen ist ein Land, das Einheimischen und Besuchern nahezu grenzenlose Möglichkeiten zum Wandern, Skifahren und Erholen bietet – das alles in frischer Luft. In den siebziger Jahren ergoß sich der Ölreichtum über Norwegen, und heute genießen die sturen, selbstgenügsamen, zutiefst patriotischen Norweger mit den höchsten Lebensstandard der ganzen Welt.

<u>Vorherige Seiten</u>: Endloser Sommer. Die E6, die lange Straße nach Norden in die Finnmark. Der Borgundfjord.

VESTA
FOR FORSIKRING
Ringnes LIGHT
Ringnes LIGHT

POTAIN

Oslo, Nordische Stadt des Lichts

Um 1880/90 zeichnete und malte Edvard Munch ein Oslo, das von Gespenstern bewohnt schien. Männer und Frauen trugen schwarz, hatten die Hüte tief in die kalkigen Gesichter gezogen. Für ihn waren sie „lebende Tote, die ihren qualvollen Weg die Straße hinuntergehen, die ins Grab führt."

Dies ist das Oslo der Vergangenheit, die triste Stadt, die die Vitalität eines Kopenhagen oder Stockholm schmerzlich vermissen ließ. Munch tauschte sie ein gegen Berlin und Paris. Fast 100 Jahre später, um 1985, waren viele der kulturellen Attraktionen immer noch Importe, während die einheimischen Künstler attraktivere Städte vorzogen. Die einzigen Orte von echtem kulturellen Interesse waren ein paar Museen über Entdecker und Skiläufer.

Oslo war teuer, ab vom Schuß und hatte noch ein weiteres Manko: Das Nachtleben war einst von strengen Gesetzen auf ein Minimum beschränkt worden, ebenso der Alkoholausschank, ein Zeugnis für die Seite des norwegischen Protestantismus, die die Kleinstadtmentalität in die Metropole brachte (wie sie Ibsen in seinen Stücken so treffend darstellt). Aus diesen Gründen machten Reisende auf dem Weg nach Bergen und in die herrliche Fjordlandschaft an der Westküste höchstens einen kurzen Abstecher nach Oslo.

Oslo die nordische Stadt des Lichts zu nennen, wäre zu glatt, um auszudrücken, es sei erwachsen geworden. Doch in sehr kurzer Zeit hat es sich wirklich herausgemacht und hat heute nur noch wenig Ähnlichkeit mit dem düsteren Ort, den Munch so verabscheute – und selbst mit dem Oslo vom Anfang der achtziger Jahre. Die Geburt der Weltstadt Ende der achtziger Jahre vollzog sich teilweise absichtsvoll, teilweise als natürliche Folge von Geldspritzen an den richtigen Stellen. Wollte man die Künstler heimholen, mußte vieles geändert werden. Und so geschah es. Durch den Ölboom stand auch immer mehr Geld für die Künste zur Verfügung. Viele Talente verwendeten ihre Stipendien immer noch für Auslandsaufenthalte, doch plötzlich war zu Hause soviel los, daß sie neugierig zurückkamen. (Eine berühmte Norwegerin, die während ihrer Künstlerkarriere Oslo treu blieb, war die Schauspielerin Liv Ullman, die immer wieder zurückkam, um Ibsen zu spielen.)

Am besten mit dem Boot: Oslo liegt an einem Fjord, der wie ein Schwanenhals geformt ist, umgeben von sanften Hügeln. Ihr erster Eindruck wird stark davon abhängen, womit Sie anreisen. Den schönsten Blick hat man vom Schiff aus. Die meisten Schiffe legen am Pipervika-Arm an, der gesäumt wird von geschäftigen Kais und direkt vor der Haustür Oslos liegt.

Es gibt nur wenige große Gebäude in der Hauptstadt, und so wird das Stadtbild vom **Rådhus** beherrscht, dem Rathaus. Das massige, schlammfarbene Gebäude mit den beiden rechteckigen Türmen ist bei den Osloern nicht unbedingt beliebt, doch sollte man es ruhig trotzdem aufsuchen, denn darin befindet sich das Fremdenverkehrszentrum am Hafen. Oslo

Vorherige Seiten: Der Storting (das Parlament) und Oslo am Nationalfeiertag. **Links:** Monoliten (der Monolith) inmitten des Vigeland Parks. **Rechts:** Oslos Aker Brygge.

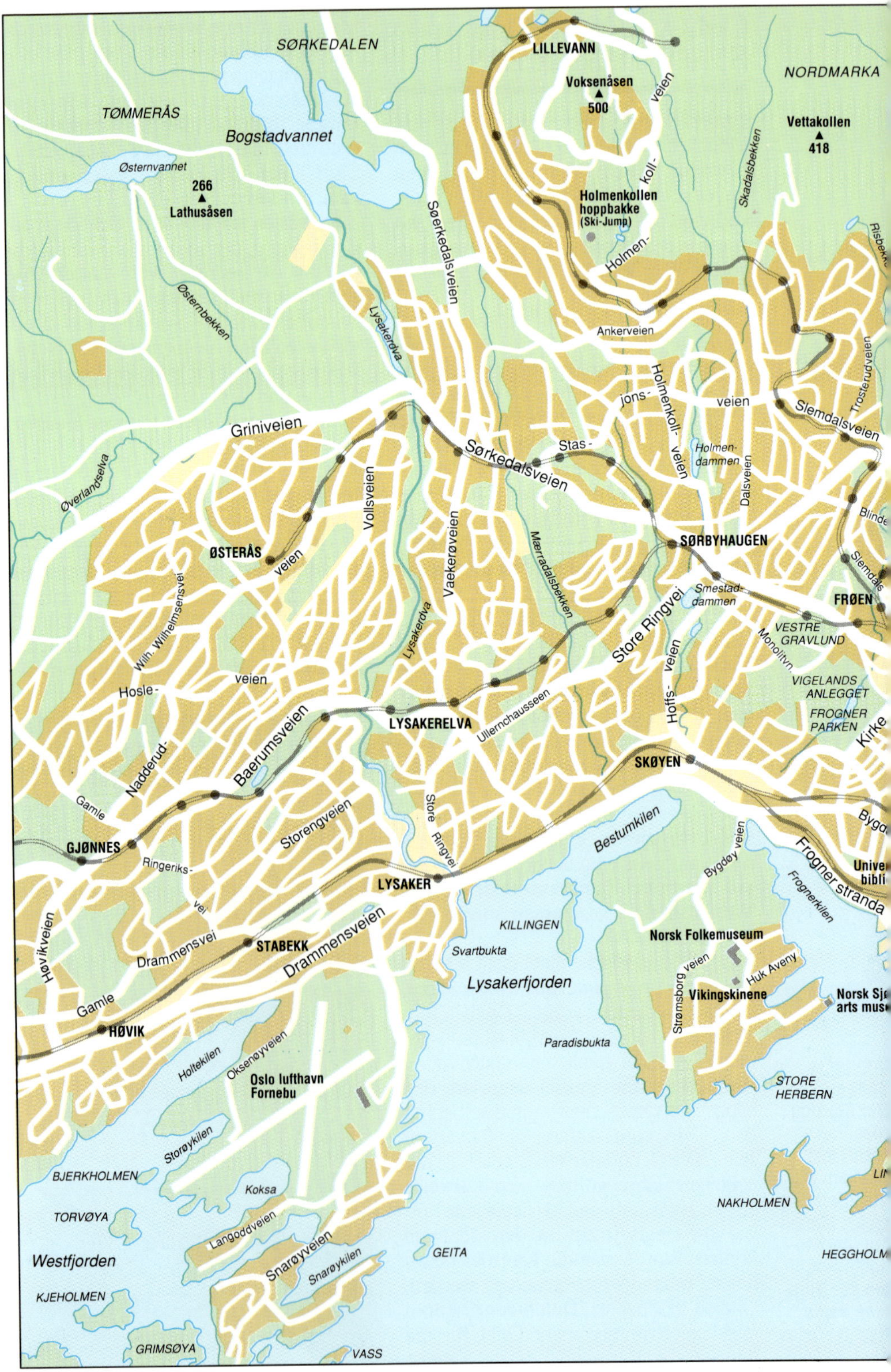
SØRKEDALEN
LILLEVANN
Voksenåsen
500
NORDMARKA
TØMMERÅS
Bogstadvannet
Vettakollen
418
Østernvannet
266
Lathusåsen
Søerkedalsveien
koll-
veien
Holmenkollen
hoppbakke
(Ski-Jump)
Skadalsbekken
Holmen-
Risbekk
Østernbekken
Lysakerelva
Ankerveien
Trosterudveien
Holmenkoll-
veien
jons-
veien
Slemdalsveien
Griniveien
Stas-
Holmen-
dammen
Dalsveien
Øverlandselva
Sørkedalsveien
Blinde
Vollsveien
Vaekerøveien
Mærradalsbekken
SØRBYHAUGEN
ØSTERÅS
veien
Slemdals
Smestad-
dammen
FRØEN
Wilh. Wilhelmsensvei
Lysakerelva
Store Ringvei
VESTRE
GRAVLUND
Monolitvn
Hoffs-
veien
VIGELANDS
ANLEGGET
Hosle-
veien
Ullernchausseen
FROGNER
PARKEN
LYSAKERELVA
Kirke
Baerumsveien
SKØYEN
Nadderud-
Gamle
Store
Ringvei
Storengveien
Bestumkilen
Bygdøy veien
Bygd
GJØNNES
Ringeriks-
vei
Frogner stranda
Univer
bibli
LYSAKER
Frognerkilen
Høvikveien
KILLINGEN
Drammensvei
STABEKK
Drammensveien
Svartbukta
Norsk Folkemuseum
Strømsborg veien
Huk Aveny
Lysakerfjorden
Vikingskinene
Norsk Sj
arts mus
Gamle
HØVIK
Paradisbukta
Oksenøyveien
Holtekilen
Oslo lufthavn
Fornebu
STORE
HERBERN
Storøykilen
BJERKHOLMEN
Koksa
NAKHOLMEN
LI
TORVØYA
Langoddveien
Snarøyveien
GEITA
Westfjorden
Snarøykilen
HEGGHOLM
KJEHOLMEN
GRIMSØYA
VASS

Sognsvannet
Svartkulp
MARIDALEN
Maridalsvannet
KRINGLEFJELL
Kringlevann
Langevann
LILLOMARKEN
Breisjø
Svartkulp
379
Linderudseterhøgdene
Alnsjøen
SOGNSVANN
Sognsveien
KJELSÅS
Carl Kjelsens Vei
Maridalsveien
Nordbergveien
Kjelsåsveien
Grefsenkollveien
379
Grefsenåsen
Trollvann
Lilletjern
Store Ringvei
Kapellveien
Storoveien
Akerselva
STORO
Kjelsåsveien
Lofthusveien
Årvollveien
RØDTVET
Nedre
VEITVET
Tåsenveien
Sognsveien
Trondheimsveien
Brobekkveien
LINDERUD
Økernveien
Aker Vei
Kalbakveien
VOLLEBEKK
Griffenfeldts G.
Chr. Michelseus Gate
RISLØKKA
ALNA
Strømsveien
Colletts Gate
Uelandsgate
Akerselva
Store Ringvei
Østre
ØKERN
Pilestredet
CARL BERNER
HASLE
Økernveien
Ullevålsveien
Trondheimsveien
Sars Gate
Finnmarkgata
TØYEN
Greens veien
Ulvensplitten
Strømsveien
Ole Deviks Vei
Loelva (Alna)
Ringvei
HAUGERUD
Trefoldighetskirken
BOTAN. HAGE
TØYEN
ENSJØ
Stortinget
JERNBANETORGET
Lakkegata
Rådhuset
Domkirken
GRØNLAND
HELSFYR
Østensjøvei
Tvetenveien
TVEITA
HELLERUD
Ytre
Radhusgata
Dokkvn.
Bispegata
BRYNSENG
BRYN
GODLIA
Akershus slott og Festning
HØYENHALL
Dyvekes Vei
Hedinsveien
Bispevika
MANGLERUD
SKØYENÅSEN
SJØMANNSSKOLEN
RYEN
Adolf
Haakon Tveters Vei
HOVEDØYA
EKKEBERGSLETTA
Ekebergveien
OPPSAL
BLEIKØYA
Bleikøysundet
Østensjøvannet
BRANNFJELL
BRATTIKOLLEN
Ulsrudveien
ULSRUD
General Ruges Vei
GRESSHOLMEN
Sandstuveien
Mosseveien
Europaveien
Østensjøveien
BØLER
HOLTET
KARLSRUD
Raschs Vei
Oslo
1300 m/ 0,8 miles
BERGØYA
ORMØYA
BOGERUD

wurde ursprünglich 1048 gegründet, und am Rådhus-Tor wird dem 900. Geburtstag der Stadt gedacht. Das Gebäude gewinnt bei näherem Hinsehen. Der Hof ist mit phantastischen Figuren und Symbolen der norwegischen Mythologie verziert. Übersehen Sie nicht das **Yggdrasill-Fries**. Die Mosaiken im Inneren haben modernere Motive.

Rechts grenzt die mittelalterliche **Festung Akershus** an den Fjord. Sie wurde 1308 errichtet, um Christiania (wie Oslo bis 1905 hieß) in Zeiten der Dänen- und Schwedenherrschaft vor Plünderern zu schützen. Während der Besetzung Norwegens (1940-45) übernahmen die Nazis Akershus. Sie erschossen bei dem alten Magazin mehrere Widerstandskämpfer. Nach dem Krieg wurde der verräterische norwegische Kanzler Quisling an derselben Stelle hingerichtet. Das **Hjemmefrontmuseum** (Widerstandsmuseum) auf dem Gelände erzählt die ergreifende Geschichte des besetzten Norwegens.

Feuriges Schicksal: Abseits vom Hafen säumen neoklassizistische Gebäude die Straßen, die meist aus dem 19. Jahrhundert stammen. Dazwischen stehen modernere Komplexe aus Beton und Glas. Die vielen Brände sind schuld daran, daß so wenige authentische Holzgebäude erhalten sind. Die Überreste der alten Stadt **Gamle Byen** (östlich des Zentrums), wo Ausgrabungen stattfinden, sind kaum erkennbar.

Die Hauptbezugspunkte der Stadt sind **Jernbanetorget** im Osten, die Oslo S (Sentral)-Station und **Slottet** (der Königspalast) im Westen. Verbunden werden sie von der Karl Johansgate, die über weite Strecken Fußgängerzone und Einkaufsmeile ist. Im Westen geht sie in den breiten Boulevard über, der zu den Toren des Palastes führt. Am Nationalfeiertag (17. Mai) marschieren hier Tausende von Kindern auf, die der König begrüßt.

Parallel zur Karl Johansgate ist Grensen, ebenfalls eine belebte Einkaufsstraße. Oslos **Domkirke** (Kathedrale, 1697) aus gedunkelten, braunen Ziegeln, beherrscht den großen Marktplatz **Stortorvet** am Ostende Grensens. Die Orgel im Inneren ist fünfstöckig. An der Ausschmückung der Kathedrale waren

Die Festung Akershus.

Künstler des 18., 19. und 20. Jahrhunderts beteiligt. Das Resultat ist eine eklektische, doch bedeutsame Sammlung norwegischer Kirchen- und Innenarchitektur. Hinter der Domkirke liegt ein Marktplatz mit Kolonnaden, Lebensmittel- und Kunstgewerbeständen.

Studentenviertel: Grensen wird jenseits von Storting (Parlament) und Eidsvollplass zur Christian IV's Gata, die sich an der alten Universität entlang zieht. **Studenterlunden**, der kleine Park um die Universität, beherbergt deren Hauptgebäude, **Universitetets Aula**, mit Blick auf die Straße. Hier prangen Wandmalereien von Edvard Munch. Die **Universitätsbibliothek** liegt an Drammenveien, das **Nationaltheater** gegenüber Studenterlunden und **Slottsparken** (der Palastgarten) unmittelbar westlich davon.

Im Sommer grünt es in Oslo an allen Ecken. Bei der Einfahrt in den Fjord sieht man die Wipfel der Bäume des Slottsparken und mehrerer anderer Parks, die sich weiter nördlich in die waldigen Hügel hinter Oslo ausdehnen. Dort bleibt das Auge unweigerlich an dem riesigen weißen Bogen der **Holmenkollen**-Schanze hängen, die sich vor einem der höchsten Hügel der Stadt wölbt.

Überall in Hafennähe wird deutlich, wie die Norweger ihre Boote lieben und nutzen. Der Fjord ist voll von Schären und Inseln, bewohnt und unbewohnt. Festland und Inseln säumen winzige Bootshäfen, und die Fähren und größeren Passagierschiffe durchpflügen das ganze Jahr über das Wasser.

Auch wer nicht mit dem Schiff in Oslo ankommt, wird den Hafen als Höhepunkt schätzen lernen. Oslo umarmt förmlich den Fjord und dehnt sich an seinem Ufer an beiden Seiten aus.

Gleich westlich vom Hafen liegt die **Halbinsel Bygdøy**, wo sich die alten **Wikingerboote** und auch die Forschungsschiffe *Fram, Kontiki* und *Fra* befinden. Im Osten schließt sich Ekebergsletta an, ein hügeliger Vorstadtpark mit ausgedehntem Wegenetz und herrlicher Aussicht über Oslo und den Fjord. Große, schmucke Häuser liegen oben auf dem Hügel, in deren Gärten knorrige Apfelbäume stehen.

Oslos Ufer bei Nacht.

Das Flair von Oslo: Neben den vielen triumphalen Erfolgen des neuen Oslo gab es auch Fehlschläge, oft infolge planerischen Übereifers. So kommt es häufig zu Konkursen. Viele Neubauten stehen leer. Während der Bauzeit sieht es manchmal so aus, als würden sie nie vollendet. Riesige Kräne standen zum Beispiel auf einem großen Grundstück nördlich des **Storting** (Parlament) monatelang still, während das Projekt neu finanziert werden mußte. Die meisten Bauvorhaben sind aber wirklich genial, etwa die Versenkung der drei großen Ausfallstraßen unter die Erde, um den Stadtkern zu entlasten und fußgängerfreundlich zu gestalten.

Man hat sich vorwärts bewegt und der Puls der Stadt schlägt merklich schneller. Die Norweger mit ihrer Seefahrergeschichte haben schon immer ein feines Gespür für fremdländische Kulturen gehabt. Allerdings war es stets schwierig, die Fremden, die sie bewunderten – und nicht nur deren Arbeitskraft – in ihr Land zu locken. Norwegen war zu abgelegen, die Bevölkerung zu klein.

Begeisterungsstürme beim Empfang machen jedoch vieles wett, und damit ködert Oslo Jahr für Jahr seine Stars. Die Philharmonie, die im **Konserthus** an Munkedamsveien untergebracht ist, tritt mit einer schwindelerregenden Folge von Gastdirigenten und -solisten auf. Jedes Jahr im August findet ein internationales Jazzfestival statt umd im September das *Gjøglerne kommer* (Die Clowns kommen), ein Künstlerfest mit Veranstaltungen in ganz Oslo und Teilnehmern aus vielen Ländern.

Musikkultur: Das musikalische Spektrum der Osloer Clubs und Konzertsäle ist breit und reicht von südamerikanischen Rhythmen bis zu Punk Rock. Jazzer Miles Davis kommt zweimal im Jahr. Frank Zappa, Bruce Springsteen und Leonard Cohen lassen sich ebenfalls blicken. Im **Drammen Stadium** außerhalb Oslos finden große Shows statt, doch das neue **Forum** bei Oslo-S faßt Zehntausende und soll in eine Arena für Konzerte, Festivals, Kongresse und Sportveranstaltungen verwandelt werden können.

Modernes „Denkmal“ der umfangreichen Baumaßnahmen.

Der Platzbedarf für derartige Kulturveranstaltungen spielte bei der Wiederbelebung vernachlässigter Viertel von Oslo eine Rolle. Unter anderem wurde Christian IV's Stadt wieder zum Leben erweckt, ein historischer Stadtteil mit alten Zoll- und Schifferhäusern und großen, offenen Plätzen. Im Süden grenzt er an die Festung Akershus, im Norden an die verkehrsreiche Rådhusgate.

Bis vor kurzem wurde das Viertel ausschließlich von Prostituierten frequentiert und deren Kunden, die die Anonymität der menschenleeren Straßen suchten. Die Geschichte der Gegend als ehrwürdiger Stadtteil Oslos spiegelt sich in ihrem ehemaligen Spitznamen wider, Klein-Algerien". Sehenswert ist das Gemälde im **Engebret Café** an Bankplassen, Künstlertreff seit Anfang des 19. Jahrhunderts.

Heute findet sich das **Gamle Logen** an Grev Wedels Plass, dem Ort von Tanz- und Konzertveranstaltungen und der **Cinemathèque** (Programm-Kino). Das **Museum für moderne Kunst** ist in der restaurierten Norges Bank an Bankplassen untergebracht. Galerien in der ganzen Stadt quellen förmlich über von Kunst in jeder Form und auch die etablierten Museen haben ihre Tore für die Zeitgenossen geöffnet. Auf lange Sicht kann man zwar Museen eröffnen und Häuser bauen, doch nur eine Stadt, in der auch gelebt wird, entwickelt dauerhaften Glanz. Oslo hat nur 450 000 Einwohner, von denen bislang viele in den abgelegenen Vororten wohnten.

Die Stadt als Wohnort: Ende der achtziger Jahre wurde zur Senkung der Inflationsrate ein zweijähriger Lohnstopp verhängt. Eine Folge davon waren sinkende Immobilienpreise. Der Markt gehörte den Käufern, und am besten verkauften sich Anwesen in der Innenstadt. Allmählich zogen junge Norweger in die ehemaligen Arbeiterviertel im Osten Oslos – deren Architektur viel reizvoller ist als die Beton- und Glaskästen der sechziger und siebziger Jahre. Durch den Zuzug von Menschen wuchs das Interesse an dieser Gegend, die schließlich renoviert wurde. Mit neuem Gesicht zog sie noch mehr Menschen an.

Das Denkmal Camille Colletts, einer der ersten Schriftstellerinnen Norwegens, im Slottsparken.

In der Stadt pulsiert heute das Leben, besonders im Sommer, wenn in Oslo die Post ab geht. Laufend finden fröhliche Feste statt, die Geschäftszeiten werden großzügig ausgedehnt, vor Restaurants und Cafés bilden sich Menschentrauben.

Oslos Nachtleben erwachte wieder, als die Sperrstunde verlängert wurde. Früher lag die Stadt um Mitternacht wie ausgestorben. Heute wird bis 6 Uhr früh Bier und Wein serviert. Alkohol ist leichter erhältlich, wenn auch unverschämt teuer. Clubs und Bars schossen wie Pilze aus dem Boden und sind sieben Tage in der Woche gut frequentiert. Bis in die Morgenstunden wird Essen serviert, in manchen Cafeterias sogar rund um die Uhr.

In schwedischen Zeitungen wird für Kurzreisen nach Oslo mit dem Slogan „Skandinaviens Wochenendhauptstadt" geworben. Und der ist gar nicht mal aus der Luft gegriffen. Oslo hat seine Attraktivität verzehnfacht und sich zum Eldorado für Musikfreunde, Kunstliebhaber und Nachtschwärmer gemausert.

Wie man flüssig bleibt: Oslo ist eine überschaubare Stadt, problemlos zu erlaufen. Zwar ist sie flächenmäßig eine der zehn größten Städte der Welt, wie sie gern betont, doch große Teile dieser Fläche sind Ackerland und Wald. Bären und selbst Wölfe haben sich – wenn auch selten – schon bis in die Stadt verirrt.

Der Stadtkern umfaßt rund zwanzig Häuserblocks im Quadrat, mit ein paar Parks und etwas abgelegenen Museen. Mit den öffentlichen Verkehrsmitteln ist fast jeder Punkt innerhalb von 20 Minuten zu erreichen. Wer sich eine Oslo Card (Olsokortet) leistet, die sowohl als Fahr- und Parkschein, als auch der Eintrittsermäßigung in Museen dient, muß nicht alle fünf Minuten seine Kronen zählen. (Besorgen Sie sich auch einen *Oslo Guide*, eine unbezahlbare Informationsquelle). Im Sommer bieten die meisten Hotels Rabatte an, um den ausbleibenden Geschäftsreiseverkehr wettzumachen. Im Winter gibt es günstige Wochenendtarife, wobei man aber Schulferien und Winterurlaubszeit meiden sollte, denn dann sind die Hotels überfüllt und die Zimmer teuer. Pensionen, kirchliche Missionen und Jugendherbergen sind gewöhnlich preiswert. Ansonsten gibt es noch die Campingplätze. Der Platz in Ekebergsletta ist nur 3 Kilometer von der Innenstadt entfernt.

Viel Geld spart, wer abends nicht groß essen geht. In den meisten norwegischen Hotels gibt es ein reichhaltiges Frühstücksbüffet. Die besseren bieten auch Toast und Knäckebrot, Käse, Lachs, Hering, Corn Flakes, Obst, Eier, Saft, Tee und Kaffee. (Zum *Koltbord*, der mittäglichen Variante, gehören auch warme Speisen.) Wenn Sie ein herzhaftes Frühstück zur Hauptmahlzeit machen, kommt das Ihrer Urlaubskasse zugute.

Der verbreitetste Straßenimbiß ist *Pølser*, ein langes, dünnes warmes Würstchen, das entweder mit *Brød* (Brot) oder mit *Lompe* (Kartoffelpuffer) serviert wird. Inzwischen gibt es auch zahllose Cafés, Brasseries und Pizzerias, wo Sie kleine bis mittlere Speisen bekommen, die kein Vermögen kosten. Auch komplette Menus können durchaus preiswert sein, wenn man keine alkoholischen Getränke dazu bestellt.

Spirituosen sind, so ist es leider, unbeschreiblich teuer. Natürlich führt jeder

Für eine gute Sache sind die Norweger großzügig.

ein, soviel er zollfrei darf, doch da man schlecht auf der Straße oder im Restaurant mit mitgebrachten Flaschen hantieren kann, ist das auch keine befriedigende Lösung. Eine Halbe Bier kostet an die 30 Kronen (9 Mark). Biertrinken ist daher ein teures Vergnügen, doch im Vergleich zu Wein oder härteren Sachen immer noch preiswert. Für die billigste halbe Flasche Wein zahlt man in manchen Restaurants soviel, wie für eine ganze Flasche guten Wein in anderen Metropolen.

Ibsen auf Norwegisch: Kinokarten – sonntagabends vorbestellen, denn da geht ganz Oslo ins Kino – sind mit 50 Kronen recht preiswert. Es werden Filme mit Originalton und norwegischen Untertiteln gezeigt. Die Norweger sind Theaterfans, und so wird alles aufgeführt von Eugene O'Neill bis Andrew Lloyd Webber. Im Sommer finden internationale Theaterfestspiele statt, die einzige Möglichkeit, fremdsprachliche Aufführungen zu besuchen. Sollte ein Ibsen-Stück gespielt werden, das Sie bereits kennen, lohnt sich der Theaterbesuch aber doch, denn die Intensität seiner Dramen spürt man über Sprachbarrieren hinweg. Karten für die Philharmonie kosten ab 95 Kronen, Karten für Oper oder Ballett ab 50 Kronen aufwärts.

Ein Stadtbummel, kombiniert mit einem Museumsbesuch, ist eine entspannende und nicht zu teure Weise, einen Tag oder Nachmittag zu verbringen. Wenn Sie nicht gerade in die größeren Hotels und Lokale gehen, wo Geschäftsleute verkehren, sind Essen und Getränke um einiges billiger. Die folgenden Tourenvorschläge beinhalten Sehenswürdigkeiten außerhalb des eigentlichen Stadtkerns. Die Attraktionen im Zentrum sind auch ohne großartige Planung leicht zu finden.

Von Munch zu Minderheiten: Eins der berühmtesten norwegischen Museen ist das **Munchmuseet** in Tøyen (an der gleichnamigen T-Bane-Station). Es beherbergt eine phantastische Sammlung von Munchs Werken, alles Gaben des Künstlers selbst. Das Gebäude ist schlicht und modern und verfügt über einen Vortragsraum. Edvard Munch

Trotz der hohen Preise sind Oslos Bars voll.

(1863-1944) war Arztsohn und begleitete seinen Vater als Kind oft zu Hausbesuchen, eine Erfahrung, die er in der Darstellung von Krankheit und Tod verarbeitete. Bunte Zigeunerfeste und leuchtende Herbstlandschaften bilden das Gegengewicht zu diesen schwermütigen Motiven. Der berühmte Schrei (*Skrik*) fesselt in seiner Trostlosigkeit, ebenso die Reihe *Marats Tod*, in der sich Munch selbst darstellte, aus Schußwunden blutend, die ihm eine wütende Geliebte beibrachte.

Nach mehreren Zusammenbrüchen kehrt Munch nach Norwegen zurück; Einen Großteil seines Künstlerlebens hatte er in Paris und Berlin verbracht. In seinem Häuschen in Åsgårdstrand, Vestfold, suchte er Frieden, doch hörte er nicht auf zu arbeiten. Munchs Frühwerk bewirkte eine Schockreaktion: Sein eigenes Land akzeptierte ihn nur langsam, erst dann, als er als einer der Väter des Expressionismus gefeiert wurde. Er starb 1944 im Alter von 80 Jahren im besetzten Norwegen.

Das Munch-Museum wird von Parks flankiert. Im östlichen befindet sich das **Tøyenbad** mit Saunaanlagen, im Westen liegt der **Botanisk Hage** (Botanische Garten) mit dem **Zoologischen, Mineralogischen, Geologischen** und **Paläontologischen Museum** am Nordende. Im September tritt hier der größte Zirkus Norwegens auf.

Ein paar Straßen nordwestlich vom Munchmuseet liegt über der Trondsheimveien das **Grünerløkka**-Viertel, eine ehemalige Arbeitergegend, wo heute Künstler und Schriftsteller leben. An der Kreuzung Trondheimsveien/Thorvald Meyersgate braut seit 1821 die **Schous Bryggeri**, eine Brauerei. In der Thv. Meyersgate 49 residiert das **Oslo Kunstcenter** für zeitgenössische und angewandte Kunst.

Die interessanteste Straße in Grünerløkka ist die **Markveien** in gedämpften Pastellfarben, gesäumt von Galerien und Läden. Im Hof bei Marveien 42 befindet sich ein Ziegelbau mit mehreren Künstlerateliers. Folgt man der Markveien nach Norden, stößt man auf eine Querstraße namens Grünersgate. Von hier bis zur Schleppergrellsgate sind mehrere

Große Ausländergemeinden gibt es kaum...

prächtige, herrschaftliche Innenhöfe zu bewundern. Die Tore stehen gewöhnlich offen. Spicken Sie ruhig einmal hinein und stellen Sie fest, wie ruhig man in Oslo wohnen kann.

Kampen, im Norden vom Kampenspark begrenzt, (im Südosten des Munchmuseet, ebenfalls nahe der Tøyen T-Bane) leuchtet als ein Viertel mit herrlichen Holzhäusern, die in Braun-, Gold-, Pastell- und kräftigen Blautönen gestrichen sind. Manche der Straßen im unteren Kampen sind von Bäumen überschattet und ausgesprochen ruhig. Schauen Sie auch einmal nach oben, zu den Mansardenfenstern über den Straßenecken mit ihren Makramé- und Spitzengardinen.

... doch auf den Spielplätzen Oslos sieht man vermehrt dunkeläugige Kinder zwischen den blauäugigen kleinen Norwegern.

Direkt westlich von Kampen beginnt Oslos Pakistaniviertel, ein Farbtupfer in der ansonsten weitgehend mono-ethnischen Stadt. Mag man die pakistanische Küche, helfen ein paar gute, preiswerte Grillrestaurants und Lebensmittelhändler, die frisches Obst und Gemüse verkaufen. Die zweite Generation der Pakistani ist hier geboren. Ihre Eltern kamen in den sechziger Jahren nach Norwegen.

In Oslo leben nicht so viele Nationalitäten wie in Kopenhagen oder Stockholm, lediglich ein paar Vietnamesen, Eritreer, Juden (nur fünf Prozent der jüdischen Bevölkerung vor dem Krieg überlebten die Nazis), afrikanische Studenten (vor allem Frauen, die im Rahmen eines Hilfsprogramms der norwegischen Regierung Verwaltung und Recht für Entwicklungsländer studieren), Iraner, Somalis, Namibier und Afrikaner von der Elfenbeinküste sind über Oslo verteilt.

Polen finden sich im Sommer zahlreich als Saisonarbeiter ein. Viele schlafen auf Campingplätzen in ihren Autos. Während sich in Schweden und Finnland größere Gruppen Romani-Zigeuner und Türken niedergelassen haben, von denen viele im 19. Jahrhundert als Pelzhändler kamen, ist die größte Fremdbevölkerung Norwegens eine tatarische Minderheit. Sie leben schon jahrhundertelang in Norwegen und sind aufgrund ihrer mongolischen Abstammung kleiner und dunkelhäutiger als die Skandinavier.

Skulpturen und Skilauf: Westlich der Innenstadt ist der **Frogner Park**, der auf

einer Linie liegt mit der Holmenkollenschanze. Der berühmte Skulpturenpark beherbergt die Werke Gustav Vigelands und ist rund 40 Gehminuten vom Zentrum entfernt – recht weit, doch die Bogstadveien, die hierher führt, ist eine lange, lebhafte Straße mit vielen Galerien und einladenden Geschäften. Folgen Sie vom Slottet der Hegdenhaugsveien, die in die Bogstadsveien übergeht, oder Sie nehmen Bus oder Tram (Nummer 2) in Richtung Frogner. Die hölzerne T-Bane 15 vom Nationaltheateret zu Frognerseteren hält bei Majorstuen am Ende der Bogstadveien, wo der Park beginnt, und auch bei Slemdal, näher am Vigeland Museum. (Nach Majorstuen nehmen Sie die T-Bane 13, 14, 15 oder 16.)

Sind Sie im Frogner, überqueren Sie die **Vigelandsbroen** (Brücke), die 58 Kupferfiguren von Männern, Frauen und Neugeborenen zieren. Dann folgt **Monoliten**, ein Figurenturm aus weißlichem Granit, der 17 Meter hoch ist. Die letzte der Skulpturen, das **Lebensrad**, ist ein Kontinuum menschlicher Gestalten, die eine Art Ringtanz in der Luft ausführen. Im Licht der Abendsonne wirkt es, als würden sie sich wirklich bewegen. Im Museum am Ende des Parks sind weitere Werke Vigelands zu besichtigen.

Manchen Norwegern gefällt der Park, andere finden ihn furchtbar. Vigeland lebte von 1869 bis 1943 und arbeitete über 40 Jahre lang an den Werken des Parks. Die ganze Zeit über wurden Vigeland und das Projekt mit Steuergeldern unterstützt, was Munch verwerflich fand. Konsequenterweise verschenkte er sein eignes Werk. Im Vigeland Museum im Parkgelände sind hauptsächlich Skulpturen ausgestellt. Das **Stadtmuseum** (Bymuseet) in der Nähe hat sehenswerte Innenräume und zahlreiche Fotografien des alten Oslo zu bieten, allerdings kaum fremdsprachlich beschriftet.

Nach **Holmenkollen** und ins **Skimuseum** gelangen Sie mit der T-Bane 15. Steigen Sie bei Holmenkollen aus. Die Schanze ist nur im Februar und März in Betrieb. Die Krönung des Skispringen ist am zweiten Märzsonntag. Die 1892 erbaute Holmenkollen-Schanze ist die älteste der Welt und ein norwegisches Wahr-

Die üppigen Muster von Vigelands Monolith.

zeichen. Die sehenswerte Anlage verfügt über etwa 120 000 Sitz- und 30 000 Stehplätze.

Das benachbarte Skimuseum ist ein kleines, doch faszinierendes Denkmal für „1000 Jahre Skilauf". Zu seinen Exponaten zählen uralte Skier und Schneeschuhe und abgenutzte Ausrüstungsgegenstände unerschrockener norwegischer Entdecker wie Fridtjof Nansen, der Grönland auf Skiern durchquerte. Zum Aussichtsturm (**Tryvannstårnet**) fahren Sie mit der T-Bane weiter bis zur Endstation Frognerseteren. Die Gegend ist dicht bewaldet und für Sonntagsspaziergänge sehr beliebt. Zu Fuß sind es 15 bis 20 Minuten zurück nach Holmenkollen. Folgen Sie den Wegweisern.

Reizvolle Ausflugsziele sind auch die Inseln und Halbinseln des Oslofjords. Die meisten erreicht man mit der Fähre vom Aker Brygge-Kai aus. **Nesodden** liegt an der Spitze einer hügeligen, waldigen Halbinsel am Ostufer des Fjords. Die Werke einheimischer Künstler können Sie in **Hellviktangen Manor** besichtigen, wo sonntags Kaffee und Waffeln serviert werden. Das Haus ist umgeben von Apfelbäumen und Gänseblümchen und liegt direkt am Fjord. Auf derselben Halbinsel liegt **Drøbak**, ein hübsches, altes Fischerdorf, ebenfalls Künstlertreff. Im Sommer ist es per Tragflügelboot oder mit Vorstadtbussen zu erreichen.

Baden kann man auf den Inseln **Hovedøya** und **Lindøya.** Beliebter sind die Strände am Westufer von **Bygdøy. Gressholmen** und **Langøyene** haben ebenfalls schöne Strände. Hier darf kostenlos gezeltet werden. **Kalvøya** am Westufer des Fjords in Sandvika ist im Sommer Schauplatz großer Open-Air-Rock Konzerte. Von Sandvika aus führt eine Fußgängerbrücke dorthin.

Museen en masse: Die Auswahl an Museen ist groß. Namen, Adressen und aktuelle Öffnungszeiten können Sie dem Oslo Guide des Fremdenverkehrsverbandes entnehmen.

Das **Henie Onstad Kunstcenter** im Vorort Høvikodden (Baerum) ist Museum für zeitgenössische Kunst und Kulturzentrum in einem. Hier gibt es einen der verstorbenen Sonja Henie gewidme-

Skulpturen und Reaktionen im Vigeland Museum.

Der Friedensnobelpreis

Es ist eine der großen Ironien der Geschichte, daß ausgerechnet der schwedische Waffenfabrikant Alfred Nobel der Stifter des bekanntesten Friedenspreises ist. War es die Erkenntnis, daß seine Erfindung, das Nitroglyzerin, statt für friedliche Tunnelsprengungen bald auch im Krieg Verwendung fand, die ihn neben den Preisen für Physik, Chemie, Medizin und Literatur auch die Sparte Frieden berücksichtigen ließ? Oder quälte es sein Gewissen, daß sein riesiges Geschäftsimperium und sein gewaltiges Vermögen auf Waffen aufgebaut waren? Vielleicht war es auch ein Tribut an Norwegens Ruf als Friedensstifter. Niemand weiß, was wirklich in dem Kopf dieses in sich gekehrten, einsamen Mannes vorging.

Ebenso unverständlich ist, warum Nobel, als er die Stiftung ins Leben rief, das norwegische Storting (Parlament) dazu ausersah, den Friedenspreis zu verleihen. Noch dazu zu der Zeit, als die beinahe hundertjährige Union zwischen Schweden und Norwegen vor dem Zusammenbruch stand. Vielleicht hoffte Nobel, die beiden Länder zusammenzuhalten, indem er die Verleihung des Friedenspreises den Norwegern anheimstellte. Wenn ja, so ist ihm dies nicht gelungen. Die Union wurde nur vier Jahre nach seinem Tod 1901 aufgelöst, und Norwegen war bei der ersten Nobelpreiszeremonie 1906 bereits ein Jahr unabhängig.

Über alle fünf anderen Preise wird in Schweden entschieden, und sie werden in Stockholm an diejenigen vergeben, die, so Nobel, „der Menschheit den größten Dienst erwiesen haben." Die Verleihung des Friedensnobelpreises findet in der Großen Halle der Osloer Universität statt, vor dem Wandgemälde *Die Sonne*, das von einem der größten Maler Norwegens stammt, von Edvard Munch.

Wissenschaftler, Schriftsteller, Ärzte und andere wurden mit Nobelpreisen aus einer der fünf Sparten geehrt, doch die größte Bedeutung hat wohl der Friedensnobelpreis. Nobel hatte ursprünglich verfügt, der Friedensnobelpreis solle Bemühungen honorieren, die Größe der Militärstreitmächte und stehender Armeen zu reduzieren. Dies wurde erweitert auf die Förderung des Friedens ganz allgemein. Dieser vage Auftrag kann zu Kontroversen führen wie bei der Verleihung des Preises an den israelischen Premierminister Menachem Begin und seinen ägyptischen Amtskollegen Anwar Sadat für ihre gemeinsamen Bemühungen 1978, Gespräche und Beziehungen zwischen ihren Ländern zu eröffnen.

Auch der Friedensnobelpreis für Henry Kissinger's US-Diplomatie 1972 war umstritten. Dies zeigte sich spätestens dann, als der mit ihm geehrte Vietnamese Le Duc Tho seinen Preis für die gemeinsamen Anstrengungen zur Beendigung des Vietnamkrieges zurückwies.

Keine Gegenstimmen gab es, als 1917 das Rote Kreuz den Preis erhielt für seine Arbeit auf den blutigen Schlachtfeldern des Ersten Weltkrieges. Der Entdecker Fridtjof Nansen betrachtete den Friedensnobelpreis als größte Anerkennung seiner jahrelangen Tätigkeit auf internationaler und humanitärer Ebene und als Kopf der norwegischen Völkerbund-Delegation. Er verwendete den Preis für seine Arbeit mit russischen Flüchtlingen und für die Aufgabe, ihnen Ausweispapiere zu verschaffen.

Als der russische Physiker Andrej Sacharow 1975 den Preis erhielt, bekam er vom sowjetischen Staat keine Reisegenehmigung. Dasselbe Problem hatte Lech Walesa 1983 mit der polnischen Regierung, wobei damals seine Frau nach Oslo kam und den Preis für ihn in Empfang nahm.

Der unglücklichste unter allen, die nicht persönlich erscheinen konnten, war der deutsche Pazifist Carl von Ossietzky: Als er 1935 den Friedensnobelpreis verliehen bekam, war er bereits im Konzentrationslager der Nationalsozialisten, wo er drei Jahre später starb.

Viele Preisträger erhielten einhelligen Beifall: Martin Luther King und Albert Schweitzer, George Marshall 1953 für seinen Marshall-Plan, der zur Rettung und zum Wiederaufbau Europas nach dem Zweiten Weltkrieg beitrug, Organisationen wie Amnesty International für ihr Eintreten für politische Gefangene und der wenig bekannte norwegisch-amerikanische Wissenschaftler Norman Borlaug 1970 für seinen Kampf gegen den Hunger durch die Ertragssteigerungen neuer Weizen- und Reissorten. Borlaugs Eltern waren Bauern, die von Norwegen nach Iowa auswanderten. Die populärste Preisträgerin war die katholische Kinder-Missionarin Mutter Theresa im Dezember 1979.

ten Raum, der Mäzenin des Museums. Zu den Erinnerungen an ihre phänomenale Eislaufkarriere gehören olympische Medaillen und alte Fotografien. Sie war mit Niels Onstad verheiratet. Das Kunstcenter liegt am Blommenholm-Hafen, einer Bucht des Oslofjords mit Yachthafen und kleinem Strand. Ganz in der Nähe ist das **Veritas**-Zentrum, mit Wäldern und Pfaden, die man nach dem Besuch im Zentrum abwandern kann. Nehmen Sie die Busse 32, 36 oder 37 von der Universitetet und bitten Sie den Fahrer, Ihnen Bescheid zu geben – man sieht das Museum von der Straße aus nicht.

Den Eingang des **Kunstindustrimuseet** (Angewandte Kunst)in der St Olavsgate 1 zieren zwei irdene Urnen. Zur Sammlung gehören norwegische Textilen, Mode und Möbel. Der berühmteste Wandteppich darunter ist der Baldishol von 1180. Zu den populärsten Exponaten gehört die Königstracht. Im obersten Stockwerk wird skandinavisches Design gezeigt, von Stühlen aus in Form gebogenem Holz bis hin zu stromlinienförmigen Küchengeräten.

Links: Die Verleihung des Friedensnobelpreises an den Dalai Lama. Unten: Karl Johansgate.

Die bereits erwähnte Halbinsel Bygdøy ist ein Zentrum der Seefahrtsgeschichte Norwegens. Hier liegt das **Wikingerbootmuseum** und die Museen, in denen der Polarsegler *Fram* und Thor Heyerdahls Floß *Kontiki* zu besichtigen sind. Im **Kontiki Museum** befinden sich *Ra II*, das zerbrechlich wirkende Schilfboot, mit dem Heyerdahl nach Ägypten fuhr, und das *Kontiki*-Floß, mit dem er bis nach Polynesien gelangte. Auch eine Sammlung seiner Osterinsel-Fundstücke ist hier ausgestellt. Das **Sjøfartsmuseum** (Schifffahrtsmuseum) befaßt sich mit der Geschichte und Kunst des Bootsbaus.

Das **Folkemuseum**, ebenfalls auf Bydøy und zur Hälfte Freilichtmuseum, widmet sich hauptsächlich der norwegischen Bauernkultur. Die Gebäude, alte Höfe, vermitteln einen Eindruck davon, wie ein Bauerndorf einst ausgesehen haben mag. Außerdem ist Ibsens Studio zu besichtigen, Lappen-Ethnographie und ein pharmazeutisches Museum. Im Sommer verkehrt eine Fähre vom Aker Brygge-Kai zum Kontiki-, Fram- und

Schiffahrtsmuseum. Von hier fährt (im Sommer) ein Bus zum Wikinger- und Volkskundemuseum, die 25 Gehminuten entfernt sind. (Auch mit dem Bus Nr. 30 von der Universität aus zu erreichen.)

Die **Nationalgalleriet** ist für jeden geeignet, der außer Edvard Munch keinen norwegischen Maler kennt. Allein mit ihrer Größe beeindrucken die Wald- und Fjordbilder des Romantikers J.C. Dahl. Auch die zahlreichen Werke seiner Zeitgenossen Tidemand und Gude sind hier zu bewundern. Eine Sequenz herrlicher Kupferstiche zeigt Scheunentänze und Dorfszenen und -feste. Auch die internationalen Künstler, vor allem Impressionisten, sind gut vertreten. Sicherlich wird Sie die Munch-Sammlung vor allem interessieren. Das **Norwegische Architekturmuseum**, 1975 gegründet, in Oslos erster Gartenvorstadt (um 1850), in der Josefinesgate 32, Oslo 3 (Verkehrsverbindungen bei der Touristeninformation) beschäftigt sich in wechselnden Ausstellungen hauptsächlich mit der Architektur des 20. Jahrhunderts. Die Bücherei steht der Allgemeinheit offen.

Von der Spitze des Tryvannstarnet, des Osloer Radiosenders, blickt man bis nach Schweden.

Wochenende im Freien: Der typische Bewohner Oslos verbringt viel Zeit im Freien. An Arbeitstagen nehmen sich viele eine *Matpakke* mit – eine einfache Tasche mit belegten Broten und Obst – und sitzen damit, wenn es das Wetter erlaubt, zwischen 11.30 Uhr und 12.30 Uhr im Freien. Da immer mehr Lokale Tische im Freien haben, können auch die ohne *Matpakke* ihr Mittagessen draußen einnehmen.

Im Sommer wird es in Oslo sehr heiß – 1989 erreichte die Quecksilbersäule Werte um 38 Grad Celsius –, die Winter sind kalt und schneereich. Im Sommer gehen die Menschen folglich nach Feierabend noch schwimmen, Beeren pflükken, spazieren, joggen oder radeln in der Abendsonne nach Hause in die Vororte. Die Norweger legen viel Wert auf weiten Raum und Naturnähe. Viele, die in Oslo arbeiten, wohnen ein ganzes Stück weit von der Stadt entfernt. So können sie im Winter nach der Arbeit noch schnell einen Abstecher auf die beleuchteten Pisten oder Loipen machen.

Die Wochenenden laufen überall gleich ab. Freitagabends geht man aus. Man fährt nach Hause, ißt und zieht sich in Ruhe um, denn vor allem jüngere Leute gehen nicht vor 22 Uhr in Kneipen und Bars. Am Samstagvormittag wird eingekauft – die Läden schließen samstags früh –, abends lädt man Leute ein oder geht auf Parties.

Ganz egal, wie spät man am Samstag ins Bett gekommen ist, Sonntag ist *Tur*-Tag. Die *Tur* kann eine Wanderung sein oder ein Skiausflug, und ist eine großartige Tradition. Je nach Alter, körperlicher Verfassung und der Anzahl der mitzunehmenden Kinder ist eine *Tur* eine Sache von einer bis sechs Stunden. In der *Matpakke* staut sich das Essen fürs Picknick im Wald. Manche Touren führen an einer der rund 70 Wanderhütten im **Nordmarka**-Gebiet Oslos vorbei, wo man einkehren kann, wenn man Kaffee und heiße Schokolade nicht in der Thermoskanne hat.

Im Norden grenzt ein breiter Waldgürtel an die Stadt, in dem Lärchen, Birken, Kiefern, Espen und andere Laubbaumarten vorherrschen. Das herbstliche Farbenspiel ist atemberaubend. Bei Den

Norske Turistforening (Wanderverband) in der Stortingsgate 28 sind aktuelle Wanderkarten für diese Gegend erhältlich. Die Karten 1 bis 12, *Oslo og Omegn Turistforening*, decken das Gebiet um Oslo ab. Die Wanderwege sind mit den öffentlichen Verkehrsmitteln von der Innenstadt aus leicht und preiswert zu erreichen.

Ins Gebiet von **Grorud** und **Lillomarka** (nordöstlich) kommt man entweder mit der T-Bane 5 Richtung Vestli oder mit dem Bus Nr. 30 von Jernbanetorget. Wanderwege beginnen gleich westlich der Grorud T-Bane. Im Norden liegt **Grefsen**, zu erreichen mit dem Vorortzug (Informationen bei Trafikanten in Oslo S) oder mit der Tram 11 (Grefsen/Kjelsås) oder 27 Grad C nach Grefsenkollen. Für Touren in die Gegend von Holmenkollen und den Nordwesten – Teil der Nordmarka – nehmen Sie die T-Bane 15 nach Frognerseteren (nicht zu verwechseln mit Frogner Park) und fahren bis zur Endstation. Der Wanderverband gibt Empfehlungen, doch am besten man fragt einen Einheimischen nach seiner Lieblings-*Tur*. Bus- und Bahnlinien, Straßen und Parkplätze entnehmen Sie der Karte. Die Wanderwege sind ausgeschildert. Sollten Sie sich verlaufen, bitten Sie andere Wanderer um Hilfe. (Im *Oslo Guide* finden Sie unter „Aktivitäten im Freien: Sommer – Wandern/Radfahren im Nordmarka-Wald“ Routenvorschläge.)

Viele der Waldwanderungen führen um Seen herum. Planen Sie eine Baderast mit ein, wenn es heiß ist. Im Winter kommen zu den üblichen Sonntagsbeschäftigungen noch Skilaufen, Eislaufen und Schlittenfahren hinzu (siehe *Oslo Guide* oder *Winter in Oslo Guide* und dort Skiwanderwege, -zentren und -wettbewerbe, sowohl Langlauf als auch Alpin). Liegt genügend Schnee, verwandeln sich die Wanderwege in Loipen. Die Mutigeren zieht es zum Skispringen nach Holmenkollen, wo sich die Besten auf den alljährlichen Wettbewerb im März vorbereiten. Abends geht es nach Hause, um eine Kleinigkeit zu essen und dann ab ins Kino. Nach diesem Schema läuft ein Osloer Wochenende ab.

Sonntag im Oslofjord.

Auf in die Nacht: Die Norweger sind notorische Kaffeetrinker, und so finden sich auf Schritt und Tritt Cafés (manchmal *Kafé* geschrieben), wo man dieser Neigung frönen kann.

Außerdem gibt es *Gjaestgiveris, Kros, Bistros, Spiseris* und *Kafeterias*. Hier bekommt man Tag und Nacht Snacks oder kleine Mahlzeiten.

Die meisten Lokale füllen sich allmählich nach Feierabend. Mehr los ist aber erst später, nach dem Abendessen. Eingefleischte Nichtraucher seien gewarnt: die Norweger rauchen viel. Im Winter bei geschlossenen Fenstern ist es manchmal unerträglich.

Das **Café de Stijl** (Rådhusgate 5, Eingang Skippergata) ist innen dunkel gehalten, mit schwarz-weißem Kachelboden, und erinnert an ein Pariser Bistro. Das Essen ist gut, Tee, Kaffee und Kakao werden in riesigen Tassen serviert. Eine Treppe führt in ein großes Gewölbe hinunter, wo getanzt wird. Das Publikum ist gemischt, auch homosexuell. Im Laufe des Abends schwenkt die Musik von Piaf zu Postpunk.

In der Radhusgate 19 ist das **Kafé Celsius**, das an den Bund junger Künstler grenzt. Es hat einen offenen, mit Wein überwachsenen Innenhof. Drin sind zwei Räume, die ein langgezogener, abgedeckter Kamin trennt. Der Boden ist aus Schiefer. Hier werden Mittagsmenüs und abends kleine Gerichte serviert. Die Atmosphäre ist gedämpft: rund die Hälfte der Gäste trinkt Wein oder Bier, die andere Hälfte Kaffee. Es ist ein spartanisches, hellerleuchtetes Lokal mit Fotografien und Filmplakaten an der Wand.

In einem anderen Stadtteil, hinter Studenterlunden, liegt das **Café Nordraak** (St Olavsgate 12, Eingang von Christian IV's gate entlang dem königlichen Park). Während sich im Café de Stijl und im Café Celsius die Stadtjugend und verschiedenste Künstler mischen, ist das Nordraak ein Malertreff – ein sehr gemütlicher, wohlgemerkt. Man bekommt hier Snacks im Cafeteriastil. Bestellen Sie sich Kaffee in einer dicken, weißen Tasse, und Sie können stundenlang sitzen und in Magazinen und Zeitungen blättern. Die musikalische Untermalung

Henrikke, „Straßencafé" im Zentrum Oslos.

reicht von Jazz bis Salsa. Das Nordraak schließt selten vor 3 Uhr.

Je später der Abend, desto mehr haben Sie vielleicht Lust auf ein echtes Nachtlokal mit live Musik. Dafür ist die **Rosenkranzgate** eine gute Adresse. Doch auch anderswo gibt es Bars und Clubs jeden Niveaus – werfen Sie einen Blick in den *Oslo Guide* oder in *What's On in Oslo* (Touristeninformation), oder fragen Sie jemanden, der Oslo kennt. **Blitz** ist eine Punkkneipe, **Joys** ein Schwulentreff.

Das **Smuget** (Kirkegate 34, über den Hof) gilt eher als Tip für die frühen Morgenstunden, obwohl es bereits um 20 Uhr öffnet. Es bietet für jeden etwas. Unten trifft sich besser gekleidetes Publikum im Café. Im oberen Stock treten Blues-, Salsa-, Reggae- und Rockgruppen auf.

Freitag und Samstag nacht wird gefeiert bis in die Morgenstunden.

Der **Rockefeller Club** im alten Torggata-Bad (Torggate 16) stimmen Ambiente und das Platzangebot. Einheimische wie internationale Künstler treten auf. Hier werden zu allen möglichen Anlässen Parties veranstaltet, so zum Beispiel die Bat Party 1989, am Abend bevor der hochgespielte Film *Batman* in die Kinos kam. Lokalgrößen wie Morten Jorgensen, ein Mann, den vielen Musen geküßt haben (Romanautor, Dichter und Bandleader), stehen hier auf der Bühne.

Einkaufsstadt Oslo: Touristen lieben Handarbeiten, Textilien, Wollsachen und Zinn. In **Basarhallene**, einem der wenigen älteren Einkaufsviertel hinter der Domkirke, residiert ein toller Juwelier, Elias Sollberg, und ein Hutladen. Glasmagasinet (Stortorvet 9) und Steen & Strøm in der Kongensgate 23 sind große Kaufhäuser. Die Haupteinkaufsstraßen sind in Aker Brygge am Ufer und Oslo City bei Oslo S.

Grensen ist die richtige Adresse für Schnäppchen, Lille (Klein-) Grensen für Stände, wo vom heißen Würstchen bis zum Skateboard alles geboten wird. Hennes & Mauritz, die schwedische Konfektionskette, hat an der Kirkeristen einen Sonderangebotsverkauf. Geheimtips wie kleine Galerien, Konfektionsboutiquen und Kunstgewerbeläden (und auch ein Leder- und Pelzgeschäft) finden Sie an der Markveien in Grünerløkka.

OSLOS UMGEBUNG UND FJORD

In der Dämmerung wirken die Inseln des **Oslofjords** wie zusammengekauerte, prähistorische Tiere, die in einen Unterwasserschlaf versinken. In der kühleren Jahreszeit färbt sich der Himmel bei Sonnenuntergang von Lavendel bis Purpur, die Inseln schiefergrau, dann immer dunkler und schließlich schwarz. Im Sommer tönt die Sonne die Wolken rosa, wenn sie als roter Ball gleich hinter den Westklippen des Fjords versinkt, um ihre Reise nach Osten anzutreten.

Tagsüber sieht man erst, wieviel Industrie am Ost- und Westufer des 100 Kilometer langen Fjords ansässig ist. Im an seiner Spitze gelegenen Oslo gehen die meisten Langstreckenreisenden von Bord, doch nur ein Bruchteil des gesamten Schiffsverkehrs legt hier an. Der übrige Fjord ist Oslos Arbeitshaus, mit Schwerlastern, die Holz und Öl über die Straßen transportieren, und zahllosen Yachten und Booten. Am Oslofjord leben über ein Drittel der gesamten Bevölkerung des Landes.

Der reich mit Inseln, Schären, natürlichen Häfen und Stränden bestückte Fjord ist im Sommer beliebtes Naherholungsziel der Osloer. Hier mündet Norwegens größter Fluß, die **Glomma**, die fast bis Trondheim reicht.

Akershus, Vestfold und **Østfold**, die drei Hauptanliegergebiete des Oslofjords, beherbergen auch die strategisch wichtigsten Punkte und bedeutendsten archäologischen Fundorte. Die Gräber einer der ältesten Herrscherdynastien Skandinaviens wurden in Vestfold entdeckt, und ebenso mehrere mit Beute beladene, versunkene Winkingerboote. Østfold ist reich an Felsmalereien und jahrtausendealten Steinkreisen.

Innnerhalb von Akershus mit einer Gesamtfläche von 5000 Quadratkilometern befindet sich das Stadtgebiet von Oslo sowie ein breiter Gürtel Wald- und Ackerland, der bis Schweden reicht. Am Mjøsa-See im Norden von Akershus liegt **Eidsvoll**, wo 1814 die norwegische Verfassung unterzeichnet und der moderne Staat gegründet wurde.

Østfold (im Osten) und Vestfold (im Westen) erstrecken sich von Oslo wie Lungenflügel. Hier wie dort liegen historisch bedeutsame Provinzstädte wie **Fredrikstad** in Østfold, eine prächtige Festungsstadt, und **Tønsberg** in Vestfold, die älteste, noch vorhandene Stadt Skandinaviens, gegründet 872. Die Überreste des nur zwei Kilometer von Tønsberg entfernten **Kaupang**, der ältesten bisher entdeckten nordischen Siedlung, werden im Historischen Museum in Oslo aufbewahrt. Das Alter der Stadt wird bestätigt in der Weltgeschichte des englischen Monarchen König Alfred des Großen, der im 9. Jahrhundert regierte.

Trotz seiner Geschichte und der guten Verkehrsverbindungen (von den leckeren Fischgerichten ganz zu schweigen) kommen nur wenige Touristen aus dem nichtskandinavischen Ausland an den Oslofjord. Die Landschaft ist nicht so spektakulär wie an der Westküste, die Berge erheben sich nicht so steil aus dem Fjord, die Wasser sind nicht so schwarz und tief. Dabei gibt es hier mehr bewohnbare Inseln, als in jedem anderen

Vorherige Seiten: Mandal am Oslofjord ist berühmt für seine alten Holzbauten. Links: Traditionelles „Speicher-" Haus (Lebensmittellager) aus Hallingdal im norwegischen Volkskundemuseum in Bygdöy, Oslo. Rechts: Moses mit den zehn Geboten in der Kirche von Dröbak, eine Spende der Familie Carlsen.

Fjord, viele mit Sportanlagen und Hotels, wo von Tennis bis zu Schwimmen und Windsurfen alles geboten wird.

Radlerland: Landeinwärts erstreckt sich Hügelland, unterbrochen von Wäldern, Obstgärten und Feldern. Vestfolds Berge erreichen Höhen um 600 Meter, doch das Gebiet um den Oslofjord wird eher von Radfahrern bevorzugt als von Bergsteigern, und von Kurzurlaubern oder Familien mit Kindern, die lange Fahrten umgehen wollen.

In den größeren Städten gibt es alte Viertel mit wunderschönen Holzhäusern. **Halden** in Østfold an der schwedischen Grenze und **Larvik** in Vestfold sind die südlichsten Punkte des Fjords und in 90 Autominuten oder zwei Stunden Fahrt mit der Bahn leicht zu erreichen. Aus aufgemotzten Chevrolets unter Apfelbäumen dröhnt Countrymusik.

Das Akershus-Gebiet: In der **Nordmarka** (den Wäldern von Oslo) gibt es herrliche Wanderwege, die mit Bus, Zug oder Tram leicht erreichbar sind. Große Teile der Nordmarka gehören Holzmagnaten, die sie der Allgemeinheit zur Verfügung stellen. Andernfalls würde Norwegens demokratisches Wanderergesetz greifen, das es jedem erlaubt, Gelände zu Fuß zu durchqueren. (Akershus-Touristeninformation Tel. 02-20 80 55.)

Die *Oslo og Omegn*-Karten 1-12 (wochentags kostenlos bei Den Norske Turistforeningen in der Stortingsgate 28 in Oslo erhältlich) decken das Wegenetz der Nordmarka ab. **Grefsen**, südlich von Maridalsvatnet, umgibt üppiges Parkland (Tram oder T-Bane in Richtung Grefsen, Grefsenkollen, Kjelsas). **Maridalsvatnet** ist ein hübscher See, der von idyllischen Bächen gespeist wird. **Sognsvann**, der See westlich davon, ist auch mit der T-Bane zu erreichen. Einer der Wanderwege dort führt an einer alten Poststation vorbei, am See und am zweistöckigen **Løkka-Hof**.

Mit dem Auto kann man noch tiefer vordringen. Wer sich für die Bauweise norwegischer Bauernhäuser und Scheunen interessiert, ist in Akershus richtig. Eine idyllische Strecke ist die E68 von Drammen nach Norden bis Sundvollen, dann rechts die gebührenpflichtige (15

Unten und rechts: Die Sonntage verbringen die Norweger das ganze Jahr über im Freien – auf Wander- oder Skitouren.

Kronen) Straße ins **Krokkleiva**-Gebiet. Die Wege dort führen über 400 bis 500 Meter hohe waldige Hügel. **Kongens Utsikt** (Aussichtspunkt) bietet einen herrlichen Blick über **Steinsfjorden** und **Tyrifjorden**. In 380 Meter Höhe liegt das vegetarische Hütten-Hotel Kleivstua.

Fahren Sie dann die E68 nach Norden weiter, in Richtung Hønefoss. Biegen Sie vor Hönefoss auf die 241 von Brak aus nach Nordosten ab und steuern die 242 im Osten an. Südlich dieser Straße dehnt sich die Wildnis, Kiefernsümpfe, versteckte Seen, Eichenwälder und Felder an Flußufern (Übersichtskarte *Oslo Nordmark-Nordre Del*). Für manche Strecken wird eine Gebühr von 10 Kronen erhoben (*nur* 10-Kronen-Stücke!), doch in dieser unberührten Gegend ist man froh, wenn es überhaupt Straßen gibt. Auf der Schnellstraße 4 kommt man in südlicher Richtung zurück nach Oslo, in nördlicher nach Gjøvik am Mjøsa-See.

Am Mjösa-See, an der E6, 65 Kilometer nördlich von Oslo, liegt **Eidsvoll**. Die Uferstadt prägen alte Holzbauten und -kirchen und ein nationales Wahrzeichen, das **Eidsvoll-Haus**, ein Miniaturmuseum zur norwegischen Verfassung. Wer möchte, kann eine Seerundfahrt auf dem alten Raddampfer *Skibladner* machen. Der Ausflug dauert zwölf Stunden, mit einem Zwischenstopp auf halber Strecke in Lillehammer, dem Austragungsort der olympischen Winterspiele 1994. Oder Sie fahren an einem Sommersonntag von Sørumsand mit der **Tertitten**-Schmalspurbahn. Südlich von Eidsvoll liegt bei Gardermoen der phantastische Wikingerfriedhof **Raknehaugen Viking**.

Das zauberhafte Künstlerdorf **Drøbak** südöstlich von Oslo war einst eine Fischersiedlung. Die **Galleri Finsrud**, ein Ein-Mann-Betrieb, liegt zwischen **Mammastrand** und **Pappastrand** am Fjord – zwischen Stränden, wo Frauen und Männer getrennt und die Kinder an Pappastrand geschickt wurden. Knut Hamsun, Nobelpreisträger für Literatur, lebte Anfang des 19. Jahrhunderts in **Drøbak**, in dem schönen **Reenskaug Hotel**, das noch existiert und sehr gastfreundlich ist. Die Stadt lieferte ihm reichlich Stoff für seinen Roman von

1920, *Konene ved Vannposten* (Die Weiber am Brunnen).

Eine weitere Attraktion ist die in einem kleinen Park am See gelegene Kirche (1776). In ihrem Inneren befindet sich ein kunstvoll geschnitztes Schiffsmodell, ein in Seefahrerstädten üblicher Kirchenschmuck. Holzdarstellungen von Moses und Aaron erinnern an Rokoko. Im Sommer finden hier Gospel- und Jazzkonzerte statt. Beliebte Wandererziele bei Drøbak sind auch die Hügel über der Stadt und **Follo** mit 9 Kilometern Wanderwege bzw. Loipen und dem volkskundlichen Museum. Innenausstattung seiner Bauernhäuser und der Schule sind authentisch. Weihnachtliche Stimmung erleben Sie im **Jul** (*Yule*) **Hus** in dem alten Versammlungshaus, das bis unters Dach voller Handarbeiten und Spielzeug ist.

Östlich von Drøbak ist eine Gegend von außergewöhnlich wilder Schönheit: Der **Øyeren-See** und sein Naturpark. Den Waldboden bedecken Moose und Flechten, und im Spätsommer Pilze und Beeren. Viele Zugvögel werden hier jedes Jahr gesichtet.

Freiluftaktivitäten: Østfold ist ein langer Schlauch, durch den schwedische Touristen ins Land strömen. Trotz seiner Industriestädte ist Østfold kein ungesunder Ort, das Freizeitangebot groß. Beliebte Sportarten sind Kanu- und Radfahren und überall gibt es Wander- und Skizentren und sogar Golfplätze und natürlich die **Mysen-Rennbahn**.

Auch der Fjord hat einiges zu bieten. Auf der Halbinsel **Jeløy** liegt in Jelöy die **Galleri F Manor** mit Uferwanderwegen und herrlichen Rasenflächen. In dem lichtdurchfluteten Haus finden Ausstellungen statt. Seine Cafeteria ist ein beliebter Rastplatz für Kaffeepausen. Bei **Hankø,** dem Regatta-Zentrum, liegt das Boot des Königs. Der **Hvaler**-Archipel schließlich bietet ideale Wassersportmöglichkeiten (Ferienhäuser sind auf der Insel Hvaler zu mieten).

Østfolds Sehenswürdigkeiten sind meist historischer oder prähistorischer Natur. An der **Alten Autobahn**, der Straße 110 von Skjeberg nach Fredrikstad, liegen 3000 bis 4000 Jahre alte Runengemälde und Grabstätten wie

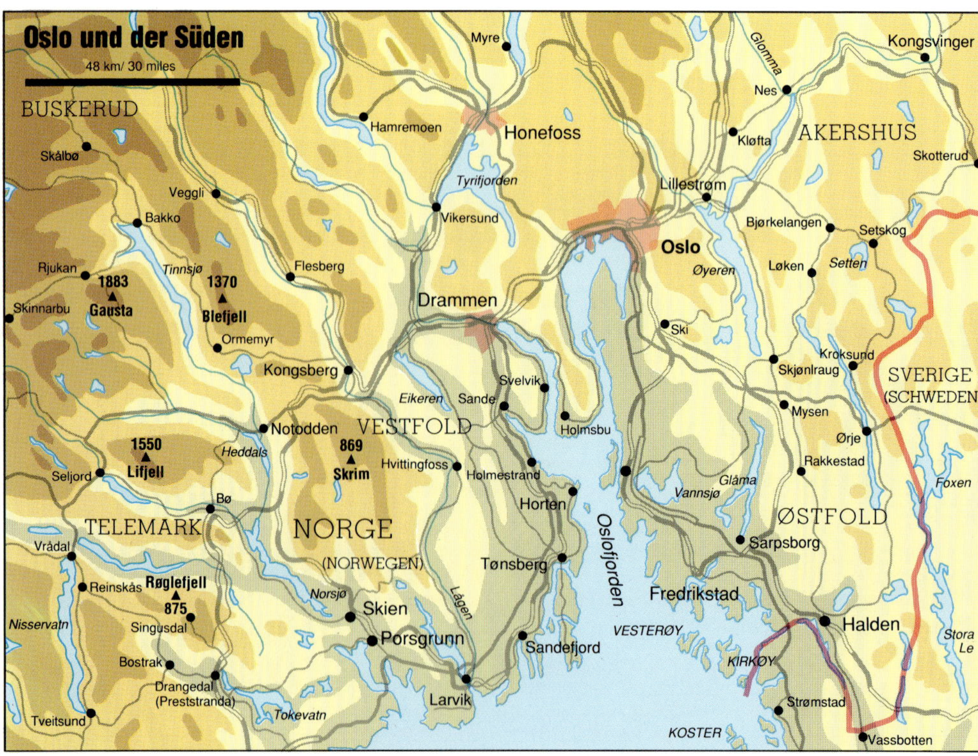

Hunn, die von Steinkreisen bedeckt sind. Die Gegend stand in Beziehung mit der antiken Toskana. **Fredrikstad** (1567), das Juwel unter Östfolds Städten, ist die einzige vollständig erhaltene Festungsstadt Skandinaviens. Die Straßen von **Gamle Byen** wurden von Gefangenen gepflastert. In dem ehemaligen Gefängnis, dessen Zellen erhalten sind, befindet sich heute eine Bank. Die Fassaden von Galerien und Restaurants sind größtenteils original. Die **Domkirke** (1880) ist Østfolds Hauptkirche. Das mächtige Rathaus von Fredrikstad stammt von dem Architekten des Osloer Storting. Abwechslung bringt ein Ausflug mit der Hvaler-Fähre über den Fjord.

Halden an der schwedischen Grenze wird von der **Festung Fredriksten** beherrscht, einer gut erhaltenen Ruine mit einigen Kleinmuseen. Die Straßen unterhalb wurden entlang der Feuerlinien angelegt, damit die Verteidiger der Festung ungehindert feuern konnten. Als Gastgeber des Internationalen Amateur-Theaterfestivals 1991 baute Halden innerhalb des Festungsgeländes ein neues Freilichttheater. Im Sommer befahren Passagierschiffe das Binnenschiffahrtsnetz mit seinen imposanten Schleusen.

Gesang und Tanz: In ganz Östfold finden am St. Olavs-Tag (29. Juli) folkloristische Musik- und Tanzdarbietungen in Tracht statt, eine der schönsten im **Borgarsyssel Museum** in **Sarpsborg**, wo im Sommer ein Kinderbauernhof organisiert wird. In Sarpsborg am Tune-See liegt eine der beiden Jugendherbergen Østfolds; die andere in Moss. Sarpsborg vermittelt Brauereibesichtigungen und Fahrten auf dem Jazzboot *Krabben*

Zwei nostalgische Hotels in Østfold, bekannt für ihre ausgezeichneten Wildspezialitäten, sind das Grand in Halden und das Victoria in Fredrikstad. Informationen vor Ort erteilt das Svinesund-Büro, Tel. 09-19 51 52. Østfold ist per Auto, Zug oder Bus zu bereisen.

Nach Vestfold hinüber: Die Moss-Horten Autofähre verbindet Østfold und Vestfold in weniger als einer Stunde Fahrzeit. Die beiden Gegenden haben historisch vieles gemein. Beide spielten bei der Verteidigung Norwegens eine große Rolle.

Blick von Fredriksten auf Halden.

Durch rasches Handeln auf beiden Seiten des Fjords konnte das erste Kriegsschiff der Nazis, die *Blücher*, versenkt werden, was Hitlers Vorstellung von problemlosem Einmarsch zunichte machte.

Das **Schiffahrtsmuseum** in Horten dokumentiert diesen und andere Zwischenfälle mit ungewöhnlichen Exponaten. Mehr darüber erfährt man jedoch, wenn man hier den pensionierten Konteradmiral und Zerstörerkommandanten Owren antrifft. Der trotz vieler Bierchen in vielen Bars immer noch adrette alte Herr hatte Norwegen 1940 verlassen und kämpfte in beinahe jeder größeren Schlacht des Krieges auf alliierter Seite. Daher auch der Armagnac, der ihm bei der Befreiung Frankreichs von einem dankbaren Marquis gewidmet wurde.

In Horten gibt es noch ein Museum für **Fotografie** und eins für **Oldtimer**. Auf der stillen Insel **Løvøy** thront eine würdige, mittelalterliche Steinkirche. Hier im einstigen Wikingerland finden sich im **Borre Park** an der Strecke nach Tønsberg riesige, grasbedeckte Buckel, unter denen sich die Gräber von Wikingerkönigen verbergen. Darüber liegt **Prestegård**, einst ein Pfarrhaus, heute ein großer Bauernhof. Borre ist Norwegens ältester Nationalpark, mit einem umfangreichen Wegenetz.

In **Åsgårdstrand,** Hintergrund vieler seiner Bilder, lebte Edvard Munch nach seiner Rückkehr in die Heimat. Die weißen Holzhäuser des verschlafenen Dörfchens verschmelzen an nebligen Morgen förmlich mit dem Himmel. Ein Stück weit vom Hafen liegen das große alte Versammlungshaus und eine Badeanstalt. Im schönsten Garten Åsgårdstrands hinter dem Uhrenmuseum bauen im Sommer einheimische Künstler ihre Verkaufsstände auf. Nahe dem Kap, wo Munch seine *Mädchen auf einer Brücke* malte, bietet das einzige Hotel am Platze, **Åsgårdstrand Hotell,** im Sommer zahlreiche Aktivitäten an: Bootsfahrten, Grillfeste und den Åsgårdstrand Tag, zu denen es Tanz, Klavierkonzerte und Wiener Schnitzel gibt.

Sie können überall radfahren (Mieträder im Hotel), im Fjord schwimmen, im Borre-See fischen oder nachmittags be-

Das Mädchen probiert eine *Lur* aus, ein traditionelles norwegisches Instrument.

obachten, wie die Fischer ihren Fang einfahren. Im Sommer verbinden Fähren und Busse das Kap mit Horten. Die Funde der Wikinger aus **Oseberg** zwischen Tønsberg und Åsgårdstrand befinden sich im Osloer **Winkingerboot-Museum**, darunter ein 20 Meter langes, an den Enden gebogenes Holzschiff, das als Wahrzeichen Norwegens gilt. Hier liegt die Großmutter des Mörders Erik Bloodaxe und Harald Hårfagres begraben, der Norwegen zur Schlacht von Hafrsfjord einte. Diese ersten Aristokraten waren der Ynglinge-Clan der ruhmreichen nordischen Sagen. Sie gründeten vor 1000 Jahren Dublin und richteten hier einen Sklavenmarkt ein. Nur der Hügel bei Slagens Kirche existiert noch, doch der Oseberghaugen (*Haugen* ist gleich Hügel, Berg) hat eine symbolische Anziehungskraft.

Weiter südlich ragen der geschichtsträchtige Tönsberg aus dem 9. Jahrhundert empor. Die 65 m hohen Ruinen von Festung und Turm erinnern an Slottsfjellet Die Hauptstraße Storgata säumen Wikingergräber. Sie wurden ausgegraben und unter Glas in den Boden der neuen Bibliothek eingelassen. Gegenüber begrenzen alte Gemäuer die **Kirche des Ordens der Weißen Mönche**, eine der beiden einzigen mittelalterlichen Rundkirchen Skandinaviens. Der bekannteste der Könige, die in Tönsberg Hof hielten, war Håkon Håkonsson IV., der Norwegen die Hälfte des 13. Jahrhunderts hindurch regierte.

Ein jüngerer Sohn der Stadt ist der Polarforscher Roald Amundsen. Außerhalb Norwegens weniger bekannt ist der Tønsberger Walfängerkapitän Svend Foyn, der Erfinder der Harpunenkanone.

Inselrundfahrten: Eine dreieinhalbstündige Inseltour ist mit dem in **Byfjorden** anlegenden Dampfer *Kysten* (Baujahr 1909) möglich. Nördlich des Schiffes ziehen sich an der Straße **Nordbyen** alte Holzhäuser entlang. Über dem Wasser liegt ein Vogelbeobachtungsturm. Nach Miet-Kajaks erkundigen Sie sich bei der Touristeninformation. Die Nordbyen führt zurück in die Stadt, zu den Ruinen des Hofes von Håkon Håkonsson IV. Die **Domkirke** an der Storgata ersetzte die

Beerenpflükken ist immer beliebt – ob im Wald oder im Garten.

alte Kirche von 1100. Das Hotel Klubben nebenan ist bekannt für seine Bars, Sommerfeste und Kabarettshows.

Nøtterøy, Tjøme und die Schären sind beliebte Sommerziele. Rica Havna (Unterkünfte aller Kategorien, vom luxuriösen Hotelzimmer übers Ferienhaus bis zum Zelt) ist eingeschlossen von einem schönen, natürlichen Felshafen. Ganz am Ende – von ein paar Felsblöcken abgesehen – liegt „Verdens Ende" (Ende der Welt). Der alte Leuchtturm hier ist ein reizvoller, schlichter Steinbau mit eingehängtem Feuer. Bei schlechtem Wetter genießt man ihn vom Café aus.

Sandefjord glänzt als berühmter Walfängerhafen mit einem interessanten Walmuseum. Hier wird das Leben noch vom Meer bestimmt. Schiffsfarbenproduktion dominiert die Industrie, transskandinavische Fähren legen an dem geschützten Hafen ab. Das Ortszentrum ist kompakt, das gemütliche alte Kong Carlo Hotel eines der schönsten Gebäude.

Beim **Badeparken** und dem ehemalige Bad zieht sich die Altstadt entlang der **Thaulowsgate. Preståsen**, ein hügeliger Park, liegt oberhalb. Kurz hinter Sandefjord kommt die **Wikingergrabstätte Gokstad** und die Halbinsel Vesterøy mit idealen Voraussetzungen für Wanderer, Radler und Segler. Die Bauern von Vesterøy verkaufen ihre Produkte ab Hof. In dieser wunderschönen Gegend hat Liv Ullman ihr Sommerhaus.

Larvik ist die Heimat zweier berühmter Männer: Thor Heyerdahls, und des Schotten Colin Archer, der den Polarfahrer *Fram* und Norwegens moderne Rettungsschiffe entwarf. Archers erstes Haus befand sich in **Tollerodden** am Fjord. Hinter Larvik liegt der große **Farris**-See. Rund um Larvik laden viele hübsche Flecken am Wasser ein, zum Beispiel der **Mølland**-Strand mit seinen runden Kieseln oder die kleine Fischerbucht **Nevlunghavn** westlich von **Stavern**. Die Fisch- und Schalentierspezialitäten der Gegend von Larvik sind berühmt. Das *Grand* in Larvik hat nicht nur ausgezeichnete Fischgerichte auf der Karte, sondern auch Wildspezialitäten wie Fasan, Schneehuhn und Elch, je nach Saison. In Vestfolds Flüssen gibt es Lachse

Links: Runeninschrift in Skjeberg (bei Halden). **Rechts**: Das Walfängerdenkmal in Sandefjord.

und Forellen. Beliebtes Anglerziel ist **Brufoss.** Im Winter ist das Gebiet ein Zentrum für Alpinskilauf, besonders das inzwischen fertiggestellte **Svarstad Ski-Zentrum** an der Straße 8 am Lågen. In Vestfold bieten mehrere Keramikfabriken Führungen an und – wie in Østfold – hat jedes Dorf seine eigene Kunstgalerie. Der lokale Fremdenverkehrsverband ist in Tönsberg, Tel. 033-14 819.

Moderner Stolz: Die Menschen am Oslofjord haben einen seltsamen Bescheidenheits-Stolz-Komplex. Sie sind die ersten, die auf die Nachteile der Gegend hinweisen (mickrige Berge, der Gestank der Holz- und Papierfabriken). Doch im gleichen Atemzug stimmen sie ein Loblied an. Von hier kommen die wagemutigsten Entdecker her, hier finden die größten Regattas statt, hier sind die Sommer am wärmsten, die interessantesten archäologischen Fundstätten, das beste Trinkwasser, die größten Urlaubsorte ... Weder Stolz noch Bescheidenheit sind falsch. Der Zauber des Oslofjords will entdeckt werden, die Mühe lohnt sich. Oslo ist das pulsierende Herz der Gegend, nirgendwo sonst in Norwegen findet man in diesem Maße dynamisches Stadtleben und ländliche Ruhe Seite an Seite. Der Oslofjord ist die Hauptverbindung des Landes nach Europa und Zentrum seiner vielseitigen internationalen Aktivitäten.

Plünderer und Eroberer: Die Wikinger, die heute in ihren Grabhügeln am Fjord ruhen, waren die berühmtesten Bewohner dieser Gegend, doch waren es gewalttätige und angriffslustige Burschen . Wie anders sind da ihre diplomatischen und friedliebenden Nachfahren geartet, obwohl auch sie der Welt zeigten, daß sie fähige, listige Kämpfer sind, wenn man sie zum Kampf zwingt. Die Leute vom Oslofjord sind zugleich bescheiden und anspruchsvoll. Vielleicht hat ihre Heimat mehr von Menschenhand geschaffene Reize als natürliche. Doch läge sie nicht gerade in Norwegen, das als das letzte Paradies wilder Schönheit Europas gilt, geriete jedermann ins Schwärmen über ihre Landschaft, ihren Frieden, die Findigkeit und Freundlichkeit ihrer einfachen Bewohner.

Ein kühles Bier in Tönsberg.

TELEMARK UND DER SÜDEN

Wie man es dem Sprichwort nach „in Rom" halten soll, so sollten auch Besucher von Oslo – oder auch Stavanger oder Kristiansand – bei der Freizeitgestaltung tunlichst dem Beispiel der Einheimischen folgen. Grundsätzlich hat man die Wahl zwischen Gebirge oder Wasser, sprich, der Telemark oder der See Richtung Aust und Vest Agder, gemeinsam als Sörlandet (Südland) bekannt.

Einheimische fahren gewöhnlich im eigenen Auto, bei der Erkundung der Telemark zweifelsohne ein Vorteil. Nicht so sehr an der Küste, wo man mit Fähren von Hafen zu Hafen gelangt. Die Fähren verkehren so oft, daß man auf diese Weise gut vorankommt.

Oslo, Kristiansand und Stavanger, die größten Städte des südlichen Norwegens, haben gute Verkehrs- und Flugverbindungen, sind also als Ausgangspunkte für Rundreisen gleich gut geeignet. Telemark und Sörlandet kann man auf mehreren angebotenen Busreisen kennenlernen, darunter eine von Oslo aus, die in fünf Tagen 1200 Kilometer auf Straßen und Fähren zurücklegt. Informationen hierzu erteilen die norwegischen Fremdenverkehrsämter im In- und Ausland.

Vest und Aust Agder: 1639 erlaubte sich König Christian IV. von Dänemark eine Laune, die außer Königen nur wenigen Sterblichen vorbehalten ist. Er wollte eine Stadt gründen und nach sich benennen. Die Auswahl des Ortes, wo heute **Kristiansand** steht, war allerdings keine Laune. Von hier aus konnte man ausgezeichnet beobachten, ob sich aus Nord- oder Ostsee Schiffe näherten. Die Stadt mußte befestigt werden. Von der ersten von vielen Fortifikationen, **Christiansholm**, ist noch viel zu sehen. Es folgten drei turbulente Jahrhunderte, doch von keiner der Festungen aus wurde jemals auf den Feind geschossen (bis zum 9. April 1940), und so entwickelte sich Kristiansand allmählich vom Militärstützpunkt zu einem Handels- und Verwaltungszentrum.

Doch auch Kristiansand hatte Probleme – mit Hexen, von denen eine (1670) gestand, nach Kopenhagen geflogen zu sein und dem Bürgermeister Gift ins Ohr geträufelt zu haben, mit Feuer (1734), Syphilis (1782) und einer „Freibeuterzeit" (1807-14), die sich durch so großangelegten Betrug, Bestechung und Korruption auszeichnete, daß „das Wirtschaftsleben des ganzen Landes kräftig erschüttert wurde".

Spaziergänge im Sonnenschein: All das ist Vergangenheit für das heutige Kristiansand, eine hübsche, nach König Christians Vorstellungen quadratisch angelegte Stadt, die Besucher zum Bummeln einlädt. Die Sonne scheint hier öfter als im übrigen Norwegen, an Hafen und Markt herrscht immer Betrieb, das malerische Viertel **Kvadraturen** hat schöne, alte Holzhäuser, überall kann man sich hinsetzen und verweilen. Der Stolz der Stadt sind auch ihre „insgesamt über 10 000 Plätze in Cafés und Restaurants".

Jeden Tag finden Bootsrundfahrten durch die zahllosen Inselchen und Schären vor Kristiansand statt. Der Zoo der Stadt ist der „meistbesuchte Freizeitpark

Vorangegangene Seiten: Norwegens Sörland (Südland) ist fruchtbares Ackerland. Links: Brevik an der Küste der Telemark. Rechts: Ein Bauer betrachtet seine Getreideernte.

Norwegens“ und gleich im Norden des Ortskerns liegt in reizvollem Hügelgelände der **Naturpark Ravnedalen**.

Das **Gimle-Haus** jenseits des Otra ist ein prächtiges Beispiel herrschaftlicher Architektur des 19. Jahrhunderts. Es wurde von dem Reeder und Kaufmann Bernt Holm erbaut und blieb (mit Ausnahme der fünf Jahre deutscher Besatzung) im Besitz der Familie, bis sie es der Stadt vermachte, die es 1985 der Öffentlichkeit freigab. Das **Setesdal Eisenbahnmuseum** mit seiner Schmalspur-Dampflok liegt nicht weit nördlich der Stadt.

Rund 45 Kilometer westlich von Kristiansand ist **Mandal**, das schon ein geschäftiger Hafen war, lange bevor Christian der IV. sich Kristiansand in den Kopf setzte. Später litt es dann unter der Konkurrenz. Ein Besucher schrieb 1799, daß „die Häuser so eng aneinandergedrängt sind, daß ein unvorsichtiger Pfeifenraucher am Fenster in die Stube seines Nachbarn spucken konnte“.

Das etwas uneinheitliche Erscheinungsbild mancher alten Häuser ist auf die Nostalgie seiner zugezogenen Bewohner zurückzuführen, der Holländer, die hier Handel trieben, und der schottischen Kaufleute, die sich vornehmlich für Lachs interessierten. **Kastellet** ist der Ort, wo ein reicher Däne, der einst dem chronisch abgebrannten König Frederik IV. einen Privatkredit gewährte, Kanonen installieren ließ, um Piraten von seinem Grundstück fernzuhalten.

Der Leuchtturm im benachbarten **Lindesnes** markiert den südlichsten Punkt Norwegens. Die kleinen Inseln rund 5 Kilometer vor der Küste werden in alten Sagen als Zuflucht der Wikingerboote erwähnt, die hier auf günstiges Wetter warteten, um in oder aus dem Skagerrak zu fahren.

Farsund liegt etwas weiter oben an der Küste und war einst Freibeuterhafen. Es wurde so oft von Bränden verwüstet, daß praktisch kein Haus mehr steht, das älter ist als dieses Jahrhundert. Die relativ modernen, weißgestrichenen Häuser sind dennoch ein hübscher Anblick.

Tunnels und Wasserfälle: Die Gegend ist reich an **Felsschnitzereien** und **Fundstätten**, darunter eine Eisenzeitsiedlung

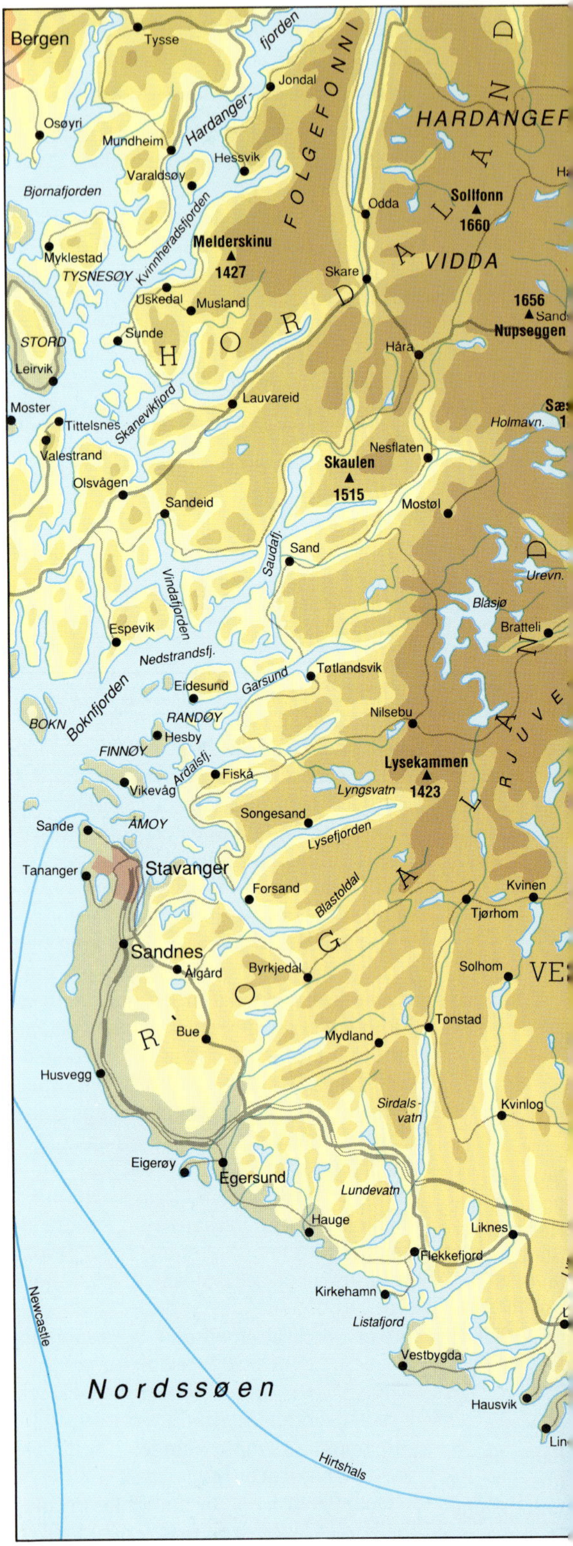

AKERSHUS
Imingen
Uvdals elv
NUMEDAL
Hønefoss
Krøderen
Kongsbergsaeter
Tyrifjord
Skjerva
Veggli
Oslo
Vikersund
Grasnut
1506
Engi
Åmot
Nesoddtangen
Hamaren
Rjukan
Håkånes
Blefjell
1370
Flesberg
Møsvatnet
Drammen
Ski
Kråmviki
Skinnarbu
TELEMARK
Dramsfj.
Haukeligrend
Midtbygdi
Stenge
Eikeren
Svelvik
Hvitsten
Kongsberg
Sande
Notodden
Son
Åmot
Lifjell
1550
Heddals
Skrim
869
Moss
Ofte
Seljord
VESTFOLD
Lågen
Horten
Vannsjø
Froland
Dalen
Bandak
Vråliesen
Vrådal
Tønsberg
Engelsviken
Norsjø
Oslofjorden
Reinskås
Røglefjell
875
Vikane
Flateland
Skien
Nissevatn
Sandefjord
Tjøme
Borgi
Porsgrunn
Larvik
Helgerød
Fyresvatn
Drangedal
Frierfjorden
Helgeroa
Langesund
Tokevatn
fjell
Tjønnefoss
Oslo-København
Ose
Sveiestøl
AUST-
AGDER
Kragerø
Skåmedal
Frederikshavn
Vegarsvatn
Høgknatn
697
Amli
Mjåvatn
Byglands
fjorden
Risør
Fie
Tvedestrand
Svenes
Røyseland
Hirtshals
GDER
Evje
Vegusdal
Arendal
Sveindal
Tromøy
Tovdalselva
366
Risla
Skagerrak
Haegeland
Grimstad
Vennesla
smo
Laudal
Lillesand
Kristiansand
Hirtshals
Hanstholm
FLEKKERØY
dal
SKJERNØY
Hanstholm
Hirtshals
Südnorwegen
40 km/ 25 miles

bei Vanse mit 350 Grabhügeln. Zehn Kilometer weißen Sand bietet **Lomesanden**, ein beliebter Strand auf der Halbinsel Lista. Der letzte Ort vor Rogaland ist **Flekkefjord**. Das Land ist hier bergig, was nicht nur den Bau einiger der längsten Eisenbahntunnels des Landes erforderlich machte (zwischen Flekkefjord und Egersund sind 46 Tunnels), sondern auch zur Entstehung von Wasserfällen führte, insbesondere um **Kvinesdal**.

Die Hauptorte an der Küste östlich von Kristiansand sind Lillesand, Grimstad, Arendal und Risör. **Lillesand** hat historische Bedeutung als Zentrum einer Revolte im 18. Jahrhundert, die von einem Bauern namens Lofthus angeführt wurde, ein norwegischer Robin Hood, der mit einer langen Beschwerdeliste zum Kronprinzen nach Kopenhagen reiste. Bei seiner Rückkehr sammelte er 2000 Mann und versetzte das dänische „Establishment" in den Küstenstädten in Angst und Schrecken. Das Haus, wo er verhaftet wurde, steht noch. Den Rest seines Lebens verbrachte er in Ketten.

Wer **Grimstad** hört, denkt sofort an Ibsen. In der hiesigen Apotheke hatte er gelernt. Ibsen war ein unglücklicher junger Mann und Grimstad zwar ein hübscher Ort, aber er bot ihm neben seiner Geburtsstadt Skien dennoch Stoff für seine bissige Bloßstellung des norwegischen Kleinstadtlebens. Damals verursachte sein Werk einen Skandal, doch es wuchs Gras darüber, und heute ist die Stadt stolz auf ihr **Ibsen-Museum**.

Arendal ist eine Stadt mit Charakter, den sie auch brauchte, als es darum ging, König Christians Plan zu vereiteln, den Ort aufzulösen und seine Bewohner nach Kristiansand umzusiedeln. Einer seiner Nachfolger, Frederik IV., besuchte Arendal 1704. Ein einheimischer Geistlicher verblüffte ihn beim Abendessen, indem er ihm detailliert das Beschneidungsritual der Juden schilderte. Arendal blühte auf als Zentrum des Holzexports. Von hier stammt größtenteils auch das Material für den Wiederaufbau Londons nach dem Großen Brand von 1666.

Häuser auf Stelzen: Arendal verlor 1863, ebenfalls durch einen Brand, die

Der Leuchtturm von Lindesnes.

„Stelzenhäuser“, derentwegen es den Beinamen **Kleinvenedig** bekommen hatte. Es dehnte sich allmählich auf mehrere kleine Inseln aus und ist reizvoll wie eh und je. Eine neue Attraktion ungewöhnlicher Art ist das von ehrenamtlichen Helfern liebevoll zusammengestellte Museum mit Exponaten aus der Keramikfabrik, die vor einigen Jahren die Produktion einstellte. Das **Rathaus** Arendals, früher das Haus eines Kaufmanns, soll eines der größten Holzgebäude sein, das in Norwegen gebaut wurde.

Auch für **Risör**, den letzten Ort Aust Agders, war Kristiansand eine Bedrohung. Die Kaufleute wurden gezwungen, sich in der neuen Stadt niederzulassen, doch viele behielten ihre Verbindungen nach Risör. Mary Wollstonecraft, englische Touristin des Jahres 1795, wies auf den hohen Tabakkonsum hin. Die Männer nahmen niemals die Pfeife aus dem Mund und weigerten sich, ein Fenster zu öffnen. Die Frauen, so schilderte sie, kleideten sich wie Dirnen, oder – wörtlich – „wie Seemannsbräute in Hull oder Portsmouth“.

Viele dieser Frauen waren wohl Holländerinnen, denn bei den jungen Seeleuten war es üblich, sich aus den Niederlanden, dem größten Handelspartner, eine Frau mitzubringen. In Risör wie in anderen Teilen Sörlandets tragen bis heute viele Kinder holländische Namen.

Weiter in die Telemark: Die E12 von Kristiansand in die Telemark klettert das **Otratal** hinauf und führt am **Byglandsfjord** nach Norden, nach **Setesdal**. Bis vor nicht allzu langer Zeit war diese Gegend extrem abgeschieden. Ihre Bewohner beförderten ihr Holz auf einem Fluß nach Arendal, der auf einer Strecke von 145 Kilometern 700 Meter Gefälle hatte. Ansonsten gab es wenig Kontakte und so hielt sich in Setesdal bis ins 20. Jahrhundert eine beinahe mittelalterliche Lebensweise, etwa bei Dialekt, Kleidung und Küche.

Das bekannteste Gebäude Setesdals ist in **Rygnestad**: ein dreistöckiger, fensterloser Turm mit einer interessanten Sammlung von Fundstücken wie dem Lederbehang mit der Darstellung des Kampfes des Heiligen Georg mit dem

Der beliebte Badestrand bei Mandal.

Drachen. Der Turm ist vor 400 Jahren von Vond-Asmund errichtet worden, der seine Verlobte, als sie einen anderen heiraten wollte, aus dem Hochzeitszug entführte. Vom oberen Stock seiner Festung schoß er mit Pfeilen auf jeden, der sich näherte, und tötete so mindestens vier Menschen. Seine Nachkommen sind immer noch Bauern in dieser Gegend.

Obwohl die Telemark bei **Kragerö**, nicht weit von der Mündung des Oslofjords, ans Meer grenzt, wird die Provinz mehr mit dem Binnenland in Verbindung gebracht, das den exzentrischen Bauern Sondre Norheim dazu inspirierte, aus dem mühsamen Umherstapfen auf zwei Brettern den Skisport zu entwickeln. Seine Entdeckungder Möglichkeiten, die geformte Bretter mit Fersenbindungen boten, lenkte ihn von seinen Alltagproblemen ab. So soll er einmal, als ihm im Winter das Feuerholz ausging, einfach ein Stück seines Hauses abgehackt und verbrannt haben (*siehe auch S. 118*).

Morgedal, wo Norheim (vor seiner Auswanderung nach Amerika) lebte, darf als Wiege des Skisports bezeichnet werden. Heute ist es nur eines unter vielen Skizentren dieser Gegend, von denen viele neben den traditionellen Langlaufloipen ohne technische Hilfsmittel inzwischen auch über Lifte verfügen.

Geburtsort Ibsens: Die Provinzhauptstadt Kien ist Ibsens Geburtsort. Sie verdankt ihre Existenz der Herstellung von Steinprojektilen für militärische Steinschleudern, einer noch seltsameren Industrie als der bis Ende des 19. Jahrhunderts in Ulefoss blühenden Eisproduktion. Das Eis konnte über die natürlichen Wasserstraßen der Telemark leicht transportiert werden, die in diesem Jahrhundert durch ein Kanalsystem rationalisiert wurden.

Wer mit dem eigenen Auto in die Telemark kommt, kann kaum fehlgehen: die Landschaft ist überall gleich schön. Wer kein Fahrzeug hat, für den bieten die Wasserstraßen eine herrliche Alternative. Skien liegt an der Hauptverbindung nach Oslo. Von hier aus fahren Boote nach Norden, über **Sauherad** nach **Notodden** oder über die Abzweigung bei **Ulefoss** nach **Dalen** im Westen. Die

Links: Das Ibsen-Denkmal in seinem Geburtsort Skien. Rechts: Imker.

Fahrpläne ändern sich je nach Jahreszeit – manche Boote bahnen sich mit kleinen Eisbrechern ihren Weg. Es ist daher ratsam, sich rechtzeitig beim Fremdenverkehrsamt zu erkundigen.

Die Strecke von **Rjukan** nach **Rauland** ist besonders reizvoll. Sie wird von einem Linienbus befahren. Beachten Sie die dekorativen Holzhäuser und die zweistöckigen Scheunen, die oft größer sind als die Häuser selbst, mit einer Rampe in den oberen Stock. Die Attraktion Rjukans ist die Fabrik für schweres Wasser, heute zum Teil in ein Industriemuseum umgebaut, 1943 Ziel eines Sabotageaktes des norwegischen Widerstandes (siehe die Geschichte *Die Helden der Telemark* auf S. 67). Zufällig verfügt die örtliche Bibliothek über eine reiche Auswahl an Literatur über das Unternehmen, darunter auch Augenzeugenberichte. Die Bücher sind teilweise in englischer Sprache, das Bibliothekspersonal ausgesprochen hilfsbereit.

Rjukan ist ein düsterer Ort, da die umliegenden Berge die Sonne aussperren. Von ihren Gipfeln aus bieten sich dafür phantastische Panoramen. Bei guter Sicht, so wird behauptet, kann man ein Sechstel ganz Norwegens überblicken. Machen Sie einen Abstecher zum **Gaustablikk Hotel**, das seine herrliche Lage mit einem kleineren Hotel teilt, in dem Rauchen verboten ist und traditionelle Ferienhäuschen vermietet werden. Die Rückfahrt über Rjukan ist nicht anzuraten, da Sie so die landschaftliche Schönheit der anderen Alternativroute versäumen würden.

In der ganzen Telemark spürt man unter der modernen Oberfläche das alte Norwegen. Die höhergelegenen Bezirke waren bis vor kurzem nur auf Skiern zu erreichen und daher im Winter leichter als im Sommer. Die Bewohner einsamer Dörfchen wehrten sich gegen die Einmischung Außenstehender, obwohl viel Wasser die Bäche hinuntergeflossen ist, seit die Menschen hier 1580 beschrieben wurden als „schändliche Teufelsgesellen, deren höchste Freude es ist, Bischöfe, Priester, Amtsdiener und Obrigkeit zu ermorden – und auf denen ein großer Teil der Erbsünde lastet.“

Eine kleine Ziegenfarm.

Das Herz von Norwegen

Das Herz Norwegens prägen drei Gegebenheiten – der **Mjösa-See**, der größte See des Landes, das große **Dovrefjell**-Massiv im Norden und die langen, schräg abfallenden Flußtäler im Osten. In diesem breitesten Stück Norwegens verlaufen sie gerade und schmal von Südosten nach Nordwesten, wie Adern, die die Höhenzüge durchschneiden. An den Flüssen liegen fruchtbare Höfe. Die Felder reichen die Hänge hinauf bis zum Waldrand. Oberhalb der Baumgrenze kommen dann die nackten Hänge aus Grasbüscheln und Fels, das Eldorado der Wanderer und Skiläufer.

Trotz der an sich guten Busverbindungen in ländlichen Gegenden sind abgelegenere Winkel immer noch schlecht zu erreichen. Die Berge und Täler eignen sich aber hervorragend für Autotouren. Hinter jeder Kurve, jeder Anhöhe und jedem Tal bieten sich atemberaubende Aussichten. Höhergelegene Gebiete bereist man allerdings besser und schneller mit dem Zug, der an der herrlichen Strecke Oslo-Trondheim an vielen kleinen Orten hält. Diese Strecke ist beinahe so schön wie die berühmte Verbindung von Oslo nach Bergen im Westen, Europas höchstgelegener Eisenbahnlinie.

Raddampfer: Die 368 Quadratkilometer Wasser des Mjösa-Sees erstrecken sich rund 160 Kilometer nördlich von Oslo von Südosten nach Nordwesten. Am besten erkundet man den See und sein Umland auf einer Rundfahrt mit dem alten Raddampfer *Skibladner*. Das 1856 gebaute Schiff mit Heimathafen **Hamar** am Ostufer des Sees ist ein Höhepunkt jedes Norwegenbesuches.

Rund um den Mjösa-See liegt das fruchtbarste Ackerland Norwegens, und in der leicht gewellten Landschaft sind große Höfe, umgeben von dicht bewaldeten Hügeln. An der mit 16,5 Kilometern breitesten Stelle des Sees liegt die reizvolle Insel Helgöya. An ihrer Südspitze befindet sich ein Grabhügel, der zum historischen Hovinsholm-Anwesen gehört, das sich von Wikingerzeiten bis 1723 in königlichem Besitz befand.

Die drei Hauptorte am Seeufer sind **Hamar** und **Lillehammer** im Osten und **Gjövik** im Westen. Sie sind durch eine Brücke verbunden, die 1985 25 Kilometer südlich von Lillehammer eröffnet wurde und die Gegend wirtschaftlich zu dem gemacht hat, was Mjösabyen (Mjösa-Stadt) getauft wurde. Alle drei Orte standen hinter Lillehammers erfolgreicher Bewerbung als Austragungsort der Olympischen Winterspiele 1994.

Hamar mit seinen 16 000 Einwohnern hat eine lange Geschichte. Im Mittelalter war es als Zentrum des Katholizismus und Bischofssitz wohlhabend und einflußreich und besaß eine imposante Kathedrale. Hamars Niedergang begann 1537, als die Dänen den Bischof entfernten, und vollzog sich 30 Jahre darauf, als die Schweden die Stadt niederbrannten. Nur die Ruinen der Kathedrale auf einer Landzunge am See zeugen noch von dieser Zeit.

Eisenbahn und Oper: Erst im 19. Jahrhundert, mit Ankunft der Eisenbahn, erlangte Hamar wieder Bedeutung als

Vorangegangene Seiten: Eröffnungsfeier der Winterolympiade. **Links:** Ein reich verzierter *Stabbur* (Speisekammer) von 1863 auf einem alten Vogtsgut in Erlien bei Röros. **Rechts:** Hafjell außerhalb Lillehammers, Austragungsort der Olympischen Winterspiele 1994.

Schienenknotenpunkt mit einem Lokomotivenwerk. Nur folgerichtig wurde es Standort des 1896 eingerichteten **Eisenbahn-Museums**, des ältesten technischen Museums des Landes, das 1956 an seinen heutigen Platz am See verlegt wurde. Unter der großen Lokomotiven- und Waggonsammlung ist auch die frühe Dampflokomotive *Caroline*, die 1861 von Robert Stephenson gebaut wurde.

Ebenso eindrucksvoll ist eine der mächtigen Dovregrubben- (Dovre-Riesen-) Lokomotiven, die 1940 gebaut wurden, um schwere Züge über das Dovrefjell zu befördern und später auch für die Strecke Oslo-Bergen. Dies und vieles andere macht das Museum zu einem Muß für alle Eisenbahninteressierten. Opernfreunde ziehen vielleicht die Gedenksammlung der Sängerin Kirsten Flagstad vor, und auch das **Klevfors Industrie-Museum** in einer ehemaligen Zellulose- und Papierfabrik ist nicht weit weg.

Gjövik ist mehr eine Industriestadt, wenn es auch „die weiße Stadt am Mjösa" genannt wird. Im Rathaus ist eine Glassammlung über die ehemalige Glasfabrik und das kulturgeschichtliche **Eiktunet Museum**.

Dritter und größter Ort ist Lillehammer (22 000 Einwohner) am Nordende des Sees, wo er sich zum Fluß Lagen verengt und **Gudbrandsdalen** beginnt. Hier schlängeln sich die Bahnlinie Oslo-Trondheim und die E6 durch eine der schönsten Landschaften Norwegens. Lillehammer gilt als Hauptstadt des Tales Gudbrandsdal und ist durch seine erfolgreiche Bewerbung als Austragungsort der Winterolympiade 1994 als Wintersportzentrum noch bekannter geworden. 500 gepflegte Loipenkilometer quer durch Berg und Tal und die Aussicht auf die Olympischen Winterspiele führten zur Eröffnung eines alpinen Skigebietes am nahegelegenen **Hafjell**.

Gute Gesundheit: Im Sommer ist das **Maihaugen-Freilichtmuseum** die größte Attraktion, die auch in einem Land mit so vielen Freilichtmuseen herausragt. In Maihaugen wurden auf 40 Hektar 120 alte Gebäude aus dem gesamten Gudbrandsdalen hierhergebracht, um zu zeigen, wie man hier einst lebte. Das Muse-

Bester Freund der Männer von Odalen, ein *Dölahest* (ostnorwegisches Pferd).

um ist das Lebenswerk Anders Sandvigs. Der gelernte Zahnarzt kam 1885 mit Tuberkulose und einer Lebenserwartung von nur mehr zwei Jahren nach Lillehammer. Ob es nun das Interesse an dem 1887 von ihm gegründeten Museum war, das ihn am Leben hielt, oder nicht – jedenfalls lebte Sandvig noch 65 Jahre und starb erst 1950.

Er ist der einzige Ehrenbürger der Stadt, und sein Denkmal beherrscht den Marktplatz. Neben den Gebäuden aus dem Mittelalter bis ins 19. Jahrhundert sind in Maihaugen 30 000 Kunstgegenstände zu besichtigen, alle von Sandvik zusammengetragen, und Demonstrationen alter Handwerkskunst hauchen dem Museum Leben ein.

Was Hamar für Eisenbahnfans, ist Lillehammer für Autobegeisterte. Hier befindet sich das einzige **Straßenverkehrsmuseum** Norwegens, in dem vom Pferdeschlitten über Gigs und Kutschen bis zum Automobil alles gezeigt wird. Darunter sind auch ungewöhnlichere Fahrzeuge wie Dampf- und Elektromobile, ein seltsamer, sechsrädriger Mustad und ein Bjering von 1922, in dem wie im Tandem zwei Personen Platz fanden und dessen Vorderräder im Winter durch Skier ersetzt werden konnten. Auch der Troll ist hier zu besichtigen, das letzte in Norwegen hergestellte Auto, dessen Produktion von 16 Fahrzeugen 1956 eingestellt wurde.

Das Licht Lillehammers und seiner Umgebung hat viele Künstler hierher gelockt, darunter Fredrik Collett, Lars Jorde, Alf Lundeby, Einar Sandberg, Kirsten Holbö, Erik Werenskiold und Henrik Sörensen. Infolgedessen verfügt die Stadt über eine sehenswerte Kunstgalerie mit Werken von Jacob Weidemann und Norwegens berühmtestem Maler, Edvard Munch. Einer der ganz großen Namen ist die gebürtige Dänin Sigrid Undset, Nobelpreisträgerin für Literatur von 1928, die sich 1921 im nahen **Bjerkbaek** niederließ. Sie wurde durch ihre im mittelalterlichen Norwegen spielenden historischen Chroniken bekannt. Ihr bestes Werk ist die Trilogie *Kristin Lavransdatter*, die mit der Zeit des Schwarzen Todes endet.

Sonnenuntergang am Mjösa-See.

Aulestad, rund 11 Kilometer von Lillehammer entfernt, ist die Heimat eines anderen berühmten norwegischen Literaten, Björnsterne Björnson, der die Nationalhymne dichtete und zu den Autoren gehörte, die den nationalistischen Trend des 19. Jahrhunderts prägten, mit Musikern wie Edvard Grieg und dem Geiger Ole Bull. Auch Björnson wurde ein Nobelpreis verliehen. Sein Haus ist heute noch genau so wie bei seinem Tod 1910.

Lillehammer en miniature: Neben all den literarischen Attraktionen hat Lillehammer auch seinen kleinen Gästen etwas zu bieten. Am Stadtrand, in Öyer, ist **Lilleputhammer**, das Zentrum Lillehammers, wie es um 1900 aussah, nur ein Viertel so groß. Wenn Sie die Hauptstraße entlangbummeln und in die Schaufenster spähen, entdecken sie, daß manche Geschäfte geöffnet sind. Hier gibt es auch ein großes Freizeitangebot für Kinder. In **Hundefossen**, 11 Kilometer nördlich der Stadt, ist **Lekeland** oder Spielland, ebenfalls ein Kinderparadies mit vielen Angeboten und dem größten Troll der Welt – aus Fiberglas. Norwegens Fabelfigur wird ein boshafter Charakter und ein zerfurchtes Gesicht wie die Berge und Felsen seiner Heimat nachgesagt.

Gipfelerlebnis.

Im Osten des Mjösa-Sees liegt **Österdalen**, das ungefähr parallel zu Gudbrandsdalen die Berge durchschneidet. An manchen Stellen ist das Tal eng, von endlosen Wäldern umgeben, nur hin und wieder durchbrochen von Feldern. Es beginnt bei Elverum im Süden, erstreckt sich 250 Kilometer nach Norden und wird dabei immer breiter und offener. Das Tal durchfließt Norwegens längster Fluß, die Glomma, begleitet von Bahnschienen und der Straße 3.

Elverum ist einer der Verkehrsknotenpunkte Norwegens. Hier laufen mehrere Täler zusammen, und von hier führen Straßen nach Hamar im Westen, Kongsvinger im Süden und Trysil im Nordosten. Hier liegt auch die gut erhaltene **Terningen Bastion** von 1673, und vom Wasserturm aus bietet sich eine herrliche Aussicht. Das bedeutendste Stück Stadtgeschichte wurde in einem Denkmal verewigt, das der heftigen Schlacht vom April 1940 gewidmet ist, durch die die deutschen Truppen so lange aufgehalten wurden, daß dem König und der Regierung die Flucht nach Großbritannien ermöglichet wurde.

Mit Abstand die größten Sehenswürdigkeiten der Stadt sind ihre beiden Museen. Das **Glomdal** ist das drittgrößte volkskundliche Museum des Landes und wurde 1911 eröffnet. Hier befinden sich 88 alte Gebäude aus Österdalen und Solör. Das Hauptgebäude des Museums, 1973 eröffnet, beherbergt eine Ausstellungshalle mit 30 000 katalogisierten Exponaten, einen Vortragssaal und eine Bibliothek. Das Museumsinnere ist in drei Abschnitte gegliedert: das Bauernjahr, Transport und Verkehr, und Handwerk und Kunst. Auch Fundstücke aus Neolithikum und Wikingerzeit sind zu besichtigen. Auch eine Freilichtbühne gehört zu der Anlage. Das Museum will einen Eindruck vom Leben im Glomma-Tal zwischen 1870 und 1900 vermitteln.

Das zweite Museum (**Norsk Skogsbruk Museum**) ist der Forstwirtschaft gewidmet und befaßt sich mit Wald, Jagd und Fischerei. Im Hauptgebäude befinden sich auch geologische und biologische Exponate und ein Aquarium, das vor allem die Kinder anzieht. Die Freilichtsammlung ist groß und liegt hauptsächlich auf der 5 Hektar großen Insel **Prestöya** inmitten der Glomma.

Ältestes Skigebiet: Trysil im Nordosten, in der Hedmark nahe der schwedischen Grenze, ist ein beliebtes Wintersportzentrum. Es kann sich des ältesten Skiklubs der Welt rühmen, des Trysil Schieß- und Skiklubs von 1861. Im Sommer treffen sich in Trysil Gleitschirmflieger, Floß- und Kanutouristen und Bergwanderer, die ihr Gepäck von Lasthunden schleppen lassen. Es erübrigt sich, darauf hinzuweisen, daß es im Herzen Norwegens nur ein paar Schritte sind bis zum Freizeitangebot von Bergen, Flüssen und dem See.

Nördlich von Elverum sind nur wenige größere oder bedeutendere Orte. In Koppang, das auf halber Strecke im Österdalen liegt, zweigt eine Straße nach Osten zu dem langen, schmalen **Storsjöen-See** ab, der ebenfalls parallel zum Österdalen verläuft. Auf diesem Umweg gelangt man bei Tynset zurück auf die Ausgangsstraße 3. Nordwestlich von Tynset erreichen Sie Kvikne und ganz in der Nähe das Pfarrhaus in **Björgan**, wo Björnsterne Björnsons geboren wurde.

Das ganze Gebiet ist touristisch wenig erschlossen und eignet sich bestens für Entdeckungsreisen. Fahren Sie auf der 27 bei Atna, rund 30 Kilometer nördlich von Koppang, nach Westen, in die Vorberge der wilden Gebirgsregion des Rondane mit seinen bis zu 1800 Meter hohen Gipfeln. In **Enden** mündet eine ebenso reizvolle Straße ein, die parallel vom nördlich von Lillehammer im Gudsdrandsdal gelegenen Ringebu nach Norden führt. Die **Rondevegen** genannte Straße klettert von **Ringebu** zu herrlichen Aussichtspunkten im Gebirge empor. Wer schon so weit gekommen ist, der sollte auch noch von Enden bis **Folldall** weiterfahren, an hohen Gipfeln wie dem **Rondeslottet** mit 2177 Metern vorbei. Westlich erstreckt sich der **Rondane National Park**. Die Straße steigt auf knapp 914 Meter Höhe. Folldall selbst ist einer der höchstgelegenen, ständig be-

Saftige Weiden im Flachland am Mjösa-See.

RØROS UND DAS ALTE KUPFERLAND

Röros war der Archetyp eines Bergbauortes, in dem sich Leben und Gesellschaft um die Kupferminen drehten. Es lag einsam und exponiert in knapp 610 Metern Höhe, umgeben von Bergen, im Winter der Kälte ausgesetzt, und weit entfernt von Bevölkerungszentren nahe der schwedischen Grenze. Seine Existenz verdankte es einzig und allein der Entdeckung von Kupfer, dessen Abbau vor 300 Jahren begann und bis 1972 betrieben wurde. Der Ort war nicht gerade schön, die Häuser der Bergleute lagen zwischen Schlackenhalden und Schmelzhütte. Die Behausungen selbst waren klein und überbelegt, doch viele der Arbeiter besaßen außerdem ein kleines Stück Land und ein, zwei Stück Vieh als Nahrungslieferant. Wer in der Firmenhackordnung weiter oben lag, etwa der Firmenleitung angehörte, lebte abseits von Schlacke und Schmelze in einem eigenen Viertel. Wie durch ein Wunder wurde Røros nicht wie viele der norwegischen Städte aus Holzbauten Opfer eines Brandes.

Heute bietet Røros ein einzigartiges Stadtbild. Zu Recht stellten die Behörden über 1000 seiner Gebäude unter Denkmalschutz – praktisch die ganze Altstadt. Türen, Fenster und Farbgebung müssen dem Gebäudestil angepaßt werden, die Häuser müssen bewohnt sein und Reklametafeln und -zeichen werden streng überprüft. Infolgedessen wirkt Røros wie aus einer anderen Zeit, konnte die typische Atmosphäre einer Bergarbeiterstadt bewahren und wurde von der UNESCO in die Liste erhaltenswerten Kulturguts aufgenommen.

Das auffallendste Gebäude von Røros ist die Steinkirche, die 1784 geweiht wurde. Im Kircheninneren erhält man Einblick in das Bergarbeiterleben durch Darstellungen von Geistlichen und Minenangestellten. Sonntags wurde für die Gesellschaft und ihre Direktoren gebetet.

Die Schmelzhütte war das Herz der Kupferbergbauindustrie und das Zentrum der Stadt. Jede Schicht wurde mit einer Glocke eingeläutet, die heute noch dort hängt. 1953 wurde der Schmelzbetrieb eingestellt, 1977 ging die Minengesellschaft bankrott. Die Schmelzhütte stand verlassen, erlitt Brandschäden und ist umgeben von Produkten der Branche.

Der Staat erwarb Teile des Anwesens und plante die Einrichtung eines Museums, das dem Besucher einen Eindruck vermitteln sollte vom Bergbau und der Entwicklung der Stadt und ihrer Umgebung. Die alte Schmelzhütte wurde restauriert. Äußerlich ist das Gebäude noch so wie 1889, im Inneren wurden vier Hauptausstellungen untergebracht zu den Themen: Bergbau in Røros, Bergbautechniken im Europa des 18. und 19. Jahrhunderts, kulturelle Eigenheiten der südlichen Lappen und gesellschaftliche Aspekte von Røros und seiner Umgebung.

Mit die interessantesten Exponate des Museums sind Modelle im Maßstab eins zu zehn, die demonstrieren, wie mühselig die Arbeit war, als die einzigen zur Verfügung stehenden Hilfsmittel noch Wasser, Pferde und Muskelkraft waren. Früher wurden solche Modelle im Maßstab eins zu zehn gefertigt, um eine Technik oder einen Ausrüstungsgegenstand auf Funktionsfähigkeit zu testen. Die Repliken folgen also einer alten Tradition. Das Museum wurde 1987 von Margrethe II., Königin von Dänemark, eröffnet.

Von Röros sind es 13 Kilometer bis zur Olavsgruva (Olavsmine), die zum Bergbaumuseum umfunktioniert und 1979 eröffnet wurde. Führungen finden statt, die die Besucher 500 Meter weit hinein in die 50 Meter tief im Boden liegenden Stollen bringen. Die Führung beginnt in Nyberget, der ältesten Mine, die 1560 eröffnet wurde und Licht- und Geräuscheffekte hat, die ihr eine besondere Atmosphäre verleihen. Sie endet mit der Olavsmine, die von 1936 bis 1972 betrieben wurde. Hier stehen Maschinen und Werkzeuge, als würden sie auf die nächste Schicht warten. In der Mine befinden sich imposante Galerien und Kammern, manche von beträchtlicher Größe.

Die beim Bergbau ursprünglich verwendete Technik nannte sich *Fyrsetning*. Dabei wurde vor dem Fels aufgestapeltes Holz in Brand gesteckt. Durch die Hitze des Feuers wurde der Fels rissig. Nach dem Abkühlen gingen dann die Bergleute mit Hammer und Meißel ans Werk. Dafür wurden riesige Mengen Holz benötigt. Das 1680 erfundene Dynamit kam erst 1880 zur Anwendung. Im oberirdischen Teil des Minenmuseums zeigen Exponate die Minentätigkeit von 1644 bis in die siebziger Jahre, doch mehr über die kläglichen Lebensbedingungen jener ersten Bergarbeiter sagt die Umgebung der Mine aus, die selbst in der Sommersonne trist und düster wirkt.

wohnten Orte Norwegens. Es entstand, als im 18. Jahrhundert hier Kupfer entdeckt wurde.

Die Mine ist nicht mehr in Betrieb, doch die Bergbaugesellschaft hat noch die Verwaltung und Instandhaltung für eine neue Mine bei dem 30 Kilometer entfernten **Hjerkinn** hier in Folldal. In der alten Mine und ihren Nebengebäuden werden im Sommer Führungen durchgeführt. In **Streitlien-Uppigard**, ebenfalls nicht weit weg, ist ein Bauernmuseum mit einheimischen Häusern, das von Dr. Anton Rabe und seiner Frau, der norwegischen Schauspielerin Tore Dyveke Segelcke, eingerichtet wurde.

Wenn Sie von der einsamen Bergbaustadt statt zur neuen Mine nach Hjerkinn auf der 29 nach Osten fahren, erreichen Sie wieder das Glomma-Tal, das zu dem Tal- und Flußnetz gehört, das von Österdalen ausgeht. Die vielen verlassenen Minen am Wegesrand zeugen von der Bedeutung, die die Bodenschätze für diese Region hatten und zu einem gewissen Grad noch haben. Nördlich von Alvdal erhebt sich der graue, kegelförmige Gipfel des **Tronfjell**, einer von den Bergen, die sich über 1500 Meter über das wilde Gebirge erheben. Schiene, Straße und Fluß führen nun nach Nordosten, durch Tolga und Os (wo die **Kopperveien** beginnt, die Kupferstraße nach Osten zum Femund-See) und nach Röros, einer der interessantesten Orte Norwegens mit langer Tradition im Kupferbergbau, guterhaltenen Gebäuden und einer eindrucksvollen Kirche (*siehe Nebenseite*).

In der Wildnis: In **Röros** zweigen Straßen ab, die nach Osten in ein unberührtes, dünn besiedeltes Gebiet führen, eine davon zur nur 46 Kilometer östlich gelegenen schwedischen Grenze, an mehreren teils künstlichen Seen vorbei, die das in den Minen benötigte Wasser lieferten, eine nach Alen mit seinem kleinen Freilichtmuseum und von dort durch das Wildwassertal des Gaula, das sich bei Stören dann verbreitert. Eine dritte Straße führt zum **Femund-See**, Norwegens drittgrößtem See mit großem Fischbestand. Nach Österdalen ist Gudbrandsdalen das zweitlängste Tal Norwegens. Der

Links: Das gut erhaltene Bergbaudorf Röros. Unten: Wie diese Beispiele zeigen, hat jede Gegend ihre eigene Tracht.

Fluß Lagen durchzieht auf ganzer Länge die 140 Kilometer nordwestlich von **Lillehammer** bis nach **Dombas**, wo es in den Hochlandfjells des 914 Meter hohen Dovre-Plateaus aufgeht. Für Wanderer, die das riesige, menschenleere Gebiet und die umliegenden Berge, die doppelt so hoch sind wie Dovrefjell selbst, nach Herzenslust und ausgiebig erkunden. Wege und Hütten sind vorhanden. Gudbrandsdalen war lange Zeit die traditionelle Route der Reisenden von Ostnorwegen nach Tröndelag und Trondheim. Heute führen Bahnlinie und E6 am Fluß entlang.

Vielleicht hat das Gudbrandsdal so eine lange Volkstanz- und -musiktradition, weil es durch die Berge abgeschnitten war und so eine eigene Identität entwickeln mußte. Berühmt sind die hiesigen Holzschnitzereien und Rosenmalereien. Hier findet man reizvolle kunsthandwerkliche Mitbringsel.

In **Ringebu**, nördlich von Lillehammer, steht eine der altnorwegischen Stabkirchen, die im frühen Mittelalter aus riesigen aufrechten Stämmen gebaut wurden. Sie beherbergt eine Statue des heiligen Laurentius und Kruzifixe und ein Taufbecken aus dem Mittelalter. Im nahen **Hundorp** steht ein König Olav, dem späteren Heiligen Olav, gewidmeter Monolith. Es war auch Sitz des Wikingerführers Dale Gudbrand, der sich 1021 von Olav taufen ließ.

Der echte Peer Gynt: Vinstra im Herzen des Peer Gynt-Landes und sein Hof **Haga**, jetzt in Privatbesitz, liegen nur ein paar Kilometer weiter. Ein ehemaliges Gynt-Haus dient als Informationszentrum Vinstras, ein anderes ist im Maihaugen Freilichtmuseum bei Lillehammer ausgestellt, ein drittes steht noch auf dem Hof. Auf dem Friedhof von **Södorp**, eineinhalb Kilometer von Vinstra, erinnert ein Denkmal an diese seltsame, sagenumwobene Gestalt der norwegischen Geschichte.

Der legendäre Peer Gynt ist vielen Norwegern als Schütze, Skiläufer und Prahlhans im Gedächtnis, der es mit der Wahrheit nicht so genau nahm. Und doch inspirierte er den Poeten und Dramatiker Henrik Ibsen zu dem Stück *Peer Gynt*

Das Muster, das von der Strickwarenfirma Dale für Norwegens Olympiamannschaft entworfen wurde, ist für Skikleidung sehr beliebt.

und Edvard Grieg zu seiner *Peer Gynt Suite*. Heute wird Peer (oder Per) Gynt werbewirksam von der Tourismusbranche strapaziert. Auf diese Weise entstand die **Peer Gynt Straße**, eine Nebenstraße, die in einem großen Halbkreis über Gola bei Tretten auf die E6 zurückführt. Sie erreicht Höhen von bis zu 915 Metern und bietet auf ganzer Strecke ein Panorama einsamer Berge und Seen – trist, und doch reizvoll. Hier liegen mehrere Berghotels (*Fjellhotell*), die Sommer wie Winter gut frequentiert sind. Wer sich noch nicht sattgesehen hat, dem bietet die 255 noch einmal Berglandschaft bis zum Überdruß. Sie führt in einem weiten Bogen am Wasser des **Espedalsvatnet** entlang, durch Forset und Follebu und kommt bei Faberg nördlich von Lillehammer heraus.

Wer Beziehungen zu Schottland hat, sollte sich unbedingt das Denkmal der Schlacht von 1612 in **Kringen** ansehen, wo ein schottisches Söldnerheer den einheimischen Bauern unterlag. Trotz dieser Niederlage verewigte man die Erinnerung an die Schotten (angeblich Sinclairs) im Karomuster einer Tracht, das dem des Sinclair-Tartan stark ähnelt. In Otta zweigen der gleichnamige Fluß und eine Nebenstraße westlich ab, führen über Lom zu den westlichen Fjorden und bilden die Nordostgrenze des gewaltigen **Jotunheimen** – der Heimat der Riesen.

Weiter nördlich klettern Straße, Zug und Fluß auf und über Dovrefjell, wo der Zug an kleinen Stationen wie Fokstua, Hjerkinn, Kongsvoll und Drivstua hält und Naturfreunde mit Wanderstiefeln und Rucksäcken ausspuckt.

Von Dombas aus folgen die 69 und die Schienen dem Lagen auf seinem langen Lauf nach Andalsnes am Romsdalsfjord im Westen. Seinen höchsten Punkt erreicht das Dovrefjell in **Hjerkinn** mit seiner modernen Mine, das, nebenbei bemerkt,als trockenster Ort Norwegens gilt. Von nun an geht es stetig bergab, durch den **Dovre National Park** nach **Oppdal**, einem Zentrum für Gebirgsaktivitäten wie Skifahren und Wandern.

Oppdal blickt nach Süden über die weite Hochebene des Dovrefjell und nach Nordwesten auf Trollheimen. Troll-

Die Herbstfarben zeigen sich früh am Fjord. Folgende Seiten: Idyllische alte Häuser im volkskundlichen Freilichtmuseum Maihaugen.

heimen hat all das zu bieten, was das Herz des Gebirgswanderers höher schlagen läßt: beschwerliche Gipfel und Hochebenen und herrliche Blicke von zerklüfteten Felsen, die steil in den Fjord abfallen. Die hiesigen Berge sind auch berühmt für ihre Gebirgsflora. Bereits 1756 entdeckte Professor Oeder von der Kopenhagener Universität die Pflanzenwelt des Oberen Drivdalen und seither hat es immer wieder Botaniker hierher gezogen.

Hier ist Platz für jeden. Skiläufer können ihrem Hobby frönen, ohne die Pflanzen zu zerstören und lärmende Schneeskooter können von Leuten ferngehalten werden, die Ruhe suchen. Die neue Hovden-Kabinenseilbahn befördert im Winter die Skifahrer, im Sommer die Wanderer in 1125 Meter Höhe. In Oppdal kann man auch angeln, Floß fahren und reiten.

Das Dovrefjell ist eine der wenigen Gegenden, wo man wildlebende Moschusochsen antrifft, und am Snöhetta, dem mit 2289 Metern höchsten Gipfel, gibt es viele wilde Rentiere, die hier auf Futtersuche herumwandern. Nicht weit von Oppdal geht von der 16 ein schmaler Weg ab zu einem idyllischen Ort mit Bäumen und unregelmäßigen Hügeln, Wikingergräbern. Hier liegt Vang, einst Ortszentrum, bevor im Zuge des Eisenbahnbaus Oppdal entstand. Viele Gräber wurden im 19. Jahrhundert geschändet, doch jetzt ist ein Wikingerzentrum in Oppdal geplant.

Eine Abzweigung führt nach Gjevilsvassdalen samt See, durch eine der schönsten Landschaften Norwegens. Hier erbaute Anders Rambech, ländlicher Anwalt des 18. Jahrhunderts und einer der Mitarbeiter an der Verfassung von 1814, Tingstua. Das hübsche Holzhaus in seiner herrlichen Umgebung ist heute ein beliebter Berggasthof, der – obwohl klein und schlicht – von Kronprinzessin Sonja als Ausgangspunkt für Wanderungen durchs Dovrefjell favorisiert wurde.

Für viele Norweger sind die Berge des Dovrefjell Symbol der Stärke ihres Landes, ein Bindeglied, das die Nation zusammenhält. In bewundernswerter Kürze drückt dies das alte Wort „*Enig og tro til Dovre faller*" – „Einig, bis die Dovreberge einstürzen" – aus.

CANARY
BODØ

DIE FJORDE

Ein Fjord, das sind ein Berg und ein Fluß, die sich in einer viele tausend Jahre zurückliegenden Eiszeit miteinander verbunden haben. Bei dem Versuch, die Fjorde zu beschreiben, gehen einem die Superlative aus. Die tiefsten Wasser, die höchsten Berge, der schmalste, schönste, ruhigste, friedlichste. Jeder Fjord hat sein besonderes Merkmal, vom Sognfjord (dem längsten) bis zum Geiranger, den viele für den schönsten halten. Doch wie könnte man darüber streiten? Bei so vielen Fjorden darf jeder sich seine eigene Meinung bilden.

Den Fjorden verdankt Norwegen seine große Vergangenheit als Seefahrernation. Von den frühen Wikingern, die eher nach Schottland, Island und das übrige Europa fuhren, als in den Südosten des eigenen Landes um Oslo, bis zum modernen Touristen, der das Schiff für die komfortabelste Art hält, die großartige Küste zu bereisen – immer war das Meer das Verbindungsglied.

Die Fjorde beginnen bei Stavanger im Süden, heute Norwegens Ölhauptstadt, nicht weit von Prekestolen, der großen Felsplatte, die sich schwindelnde 600 Meter über dem Lysefjord erhebt. Sie reichen im Norden bis zum Hardangerfjord, der früher sehr beliebt war, als sich Reisende wie der Komponist Edvard Grieg von alter Musik und Geschichten inspirieren ließen. Auf der Strecke liegen die Fjordhauptstadt Bergen, Sognfjord und Nordfjord inmitten von Gletschern, Seen und Bergzügen, der Storfjord mit seinen weit ins Land reichenden Ausläufern und schließlich der stille, friedliche Geiranger.

Von den hohen Felswänden stürzen Wasserfälle in die Fjorde hinab und kleine Bauernhöfe klammern sich an jeden Felsvorsprung, jeden Flecken Grün. Die Fjorde sind schön, zeitlos und verkörpern den Inbegriff Norwegens.

Vorangegangene Seiten: Blütezeit am Fjord. Die Küstenstadt Alesund treibt scheinbar auf dem Wasser. Links: Kleiner Küstenfrachter beim Femrissundet (Sund) im Norden.

ROGALAND UND DIE SÜDLICHEN FJORDE

Viele glauben, Norwegens Fjordland beginne mit dem Hardangerfjord und der Stadt Bergen und erstrecke sich nach Norden. Dabei lassen sie aber die südlichen Fjorde und Inseln außer acht, wo Norwegen erstmals zur Nation wurde. Heute ist Stavanger das Zentrum des Gebietes von Rogaland, Herzstück von Norwegens ausgesprochen erfolgreicher Ölindustrie und Heimat einiger der größten Naturschönheiten des Fjordlandes. Wie bedauerlich wäre es, **Prekestolen** („die Kanzel") zu verpassen, eine ebene Felsplatte 600 Meter oberhalb des **Lysefjordes**, die sich senkrecht über Fjell und Fjord erhebt.

Rogaland hat das mildeste Klima Norwegens und die Schönheit seiner Küste ist unübertroffen. Die Gebiete an der Küste und an der Seeseite der Fjorde weisen die höchsten Durchschnittstemperaturen des Landes auf, doch ist aufgrund der seenahen Lage mit unerwarteten Schauern und verstärkten Regenfällen zu rechnen. Die Winter sind dank des Golfstromes weitgehend schneefrei, die Felder fast das ganze Jahr über grün.

So kommt man hin: Sie können mit dem Flugzeug anreisen, über Stavangers internationalen Flughafen in **Sola**, mit dem Schnellboot aus Bergen in knapp drei Stunden oder mit der Norway Line, die neun Monate des Jahres von Großbritannien aus Stavanger anläuft. Die Hauptverkehrsverbindung von Süden nach Norden ist die E18, die südlich der alten Stadt Egersund das Gebiet durchschneidet. Auch die Küstenstraße 44, die stets in Meeresnähe verläuft, führt nach Norden bis nach Stavanger. An der Südkurve dieser Strecke fressen sich kleine Fjorde in die rauhe, felsige Küste, die in grüne Täler und zahllose, schimmernde Seen übergeht. Nördlich von Egersund wird das Land merklich flacher.

Den besten Blick über Egersunds geschützten Hafen mit den vielen kleinen und großen Yachten hat man vom Leuchtturm aus. Im Ort befindet sich das **Fayence Museum**, wo bemaltes Steingutgeschirr ausgestellt ist, einst Haupterzeugnis der Stadt. Landeinwärts liegt der Wasserfall **Fotlandfossen**, und weiter nördlich gelangen Sie auf der E18 ans Südende von **Örsdalsvatn**. Von hier fährt Rogalands letztes Binnenschiff, die *Örsdölen*, die 20 Kilometer nach **Vassbö** am anderen Ende des schmalen Sees. Hier können Sie sich mit einfacher Hausmannskost stärken, bevor Sie die Rückfahrt antreten. Ein paar Kilometer weiter liegt **Vikesa**. Von hier aus führt die 503 nach **Byrkjedal** an Seen und **Gloppedals Scree** vorbei, wo die Felsbrocken so groß wie Häuser sind.

Das flache, fruchtbare Land oberhalb von Egersund ist Norwegens Hauptquelle für Fleisch, Eier, Milchprodukte, war jedoch nicht immer so friedlich wie heute. 872 tobte hier die **Schlacht von Hafrsfjord**, wo König Harald Harfagre (Blondhaar) die letzte und wichtigste Schlacht zur Einigung Norwegens gewann. Der Schlacht wird am Rand des Hafrsfjordes gedacht, des beinah kreisförmigen Fjordes südwestlich von Stavanger, wo drei riesige, in Stein gehauene Schwerter auf den Boden zeigen.

Links: Prekestolen (die Kanzel), eines der Wahrzeichen Rogalands. **Rechts**: Ziegenkäse aus Egersund.

1977 wurde durch einen königlichen Erlaß ein schmaler Streifen von 71 Kilometern Länge von der Insel Raumen bis zum Leuchtturm von Tungnes (nordwestlich von Stavanger) zum **Naturschutzgebiet Jaerstrendene** erklärt, zu dem mehrere Inseln vor der Küste gehören. **Raumen** selbst ist eins von acht Vogelschutzgebieten, wo man nordische Vögel antrifft wie Steinwälzer, Ringellummen und andere Arten, die hier Rast machen auf dem Flug nach Südeuropa oder Afrika. Vor der Küste überwintern Eider- und andere Enten, an unzugänglichen Stellen auf den Inseln nisten Seevögel. In den acht botanischen Schutzgebieten kann man Raritäten wie eine Art der Fetten Henne und eine seltene Orchidee entdecken, die im Botanischen Reservat Ogna wächst. Auch vier geologische Fundstätten und 150 Denkmäler sind registriert und geschützt. Das heißt jedoch nicht, daß Jaerstrendene nur Flora und Fauna vorbehalten ist. Die weißgoldenen Sandstrände sind beliebte Ausflugsziele und das Wasser lädt trotz seiner niedrigen Temperatur zum Baden ein.

Radlerland: Sandnes am Sandfjorden ist Norwegens „Radfahrerstadt“. Hier werden die berühmten DBS-Räder hergestellt und ob nun aus diesem oder anderen Gründen ist in flacheren Gegenden, wo man auch Räder mieten kann, Radfahren hier ein beliebter Sport. Eine Jugendattraktion ist **Kongeparken**, Skandinaviens größter Freizeitpark, der nicht weit von Sandnes bei dem kleinen Ort **Algard** am Edlandsvatnet (See) liegt.

Der 80 Meter lange Gulliver des Kongeparken ist kaum zu übersehen. In seinem Inneren gibt es die verschiedensten Spiele und im Park befindet sich die längste Rodelbahn Skandinaviens.

In den Bergen rund um die Fjorde gibt es viele Wasserfälle, über die das Wasser metertief hinabstürzt. Einer der bekanntesten ist **Manafoss** am Frafjord, dem innersten Finger des Högsfjordes. Ihn erreicht man mit der 45 von Sandnes nach Gilja. In **Gilja** biegen Sie auf die Straße zum Frafjord ein, von der aus Sie einen herrlichen Blick über den Fjord haben. Vom Parkplatz am Fuße des Berges aus ist Manafoss ausgeschildert.

Straßenmusikantennachwuchs beim Filmfestival in Haugesund.

Fjorde über Fjorde: Das Gebiet von **Ryfylke** im Nordosten Stavangers ist Fjordland, wie es im Buche steht, und trotz der phantastischen Landschaft ein relativ unbekannter Teil Norwegens. Im Süden, östlich von Stavanger, beginnt Ryfylke mit dem **Lysefjord** und erstreckt sich entlang schmaler, langer Seen, die einst offene Fjorde waren, bis zu **Vindafjord, Saudafjord** und **Suldalsvatn.**

Obwohl er ihn nie gesehen hat, beschreibt Victor Hugo den Lysefjord in *Die Arbeiter des Meeres* als „den schrecklichsten aller Felskorridore des Meeres." Vermutlich meinte Hugo damit „ehrfurchtgebietend", und das ist der Fjord bis heute. Wie es 25 000 Touristen jedes Jahr tun, sollte man durch Heide, Moor und Gestrüpp auf den **Prekestolen** (Kanzelfels) hinaufwandern, diese seltsame Plattform hoch über dem Fjord. Auf dem Wege kann man Steinadlern, Schneehühnern, anderen Vögeln und auch Rentieren und Elchen begegnen.

Von Prekestolen aus sieht man Stavanger und die westlich gelegenen Fjorde und hinauf bis zur Baumgrenze und die felsigen Höhen darüber. Überall sind Seen, Wasserfälle und reißende Bäche. Bis Prekestolen sind es zwei Stunden Fußmarsch. In der Prekestolhytte (einer Hütte des Wanderverbandes) kann man übernachten.

Von **Forsand** an seiner Mündung aus ist der Lysefjord 40 Kilometer lang. An seinem landeinwärtigen Ende befindet sich ein Meisterwerk des Ingenieurbaus: die Straße zum Wasserkraftwerk **Lysebotn**. Die als Teil eines Wasserkraftprojektes gebaute Straße, die die Schwerkraft zu überwinden scheint, hat auf einer Strecke von 750 Metern 27 Haarnadelkurven und verbindet Lysebotn mit Sirdal und Setersdal an der Lyseveien. Wer sich traut, bei der beinahe senkrecht bergab führenden Fahrt mit dem Bus aus dem Fenster zu sehen, kann die herrliche Aussicht genießen. Das viele Meter im Berginneren gelegene Kraftwerk kann besichtigt werden.

Doch selbst diese Straße ist noch nicht der höchste Aussichtspunkt. Das ist **Kjeragfjell**, ein riesiger Granitberg am südlichen Ende des Fjordes mit 1084

Jaeren.

Metern. Legen Sie sich auf den Bauch und schauen Sie in den keilförmigen Spalt, der senkrecht 900 Meter tief den Fels durchschneidet bis zum Fjord hinunter. Kjerag erreicht man zu Fuß in zwei Stunden von mehreren Punkten an der Lyseveien aus.

Küsteninseln: Die geschützte Bucht nördlich von Stavanger und die äußeren Inseln wie Karmöy schirmen Ryfylkes Küsteninseln von der Nordsee ab. Hier setzte sich unter dem Wirken der Bischöfe von Stavanger schon früh das Christentum durch, und so gibt es auf den Inseln viele Kirchen. Im Sommer finden vor dem reizvollen Hintergrund des **Klosters Utstein** aus dem 12. Jahrhundert auf Mosteröy Konzerte statt, hauptsächliche klassische. Erst gegen Ende der Saison wird verstärkt Jazz gespielt. Umgebung, Akustik und die geschichtsträchtige Atmosphäre verleihen diesen Konzerten ein besonderes Flair.

Die vielen Leuchttürme dienen nicht nur Inselbewohnern und Seeleuten als Orientierungshilfe, sondern eignen sich ausgezeichnet zur Beobachtung der Kormorane und anderen Seevögeln auf den nackten, weißen Felsen. Die Gewässer um diese idyllischen Inselchen sind ein Eldorado für Segler. Hier findet jeder eine kleine Bucht für sich alleine und überall gibt es Yachthäfen. Bei den meisten Kaufleuten der Inseln kann man auch Ruderboote oder kleine Boote mit Außenbordmotoren leihen.

Das Hochland im Nordosten: Die Fjorde, Seen und Flüsse sind fischreich und ideal für Segler und Kanuten. Die östlichen Gebiete Rogalands bieten im Winter sehr gute Langlaufmöglichkeiten und auch ein paar alpine Abfahrten. Zu den schönsten Feriengebieten gehört die Gegend von **Suldal**, die von **Sand** am Sandsfjord den Suldalslagen (Fluß) entlang – dessen rauschendes Wasser große Lachse hervorbringt (der Rekord liegt bei 34 kg) – zum langen schmalen **Suldalvatn** reicht. Bei Sand am Suldalslagen ist **Laksestudioet**, eine Observationsstation, die unter dem Sandfossen (Wasserfall) errichtet wurde. Von hier aus kann man die Lachse beobachten, die sich vor ihrem nächsten großen Sprung auf dem Weg zu ihren

Die Kirche von Avdalsnes.

Laichgründen ausruhen. Wo der Fluß auf den See trifft, liegt das **Kolbeinstveit Museum** mit dem alten Hof **Guggedalsloftet Bygdetun** aus dem 13. Jahrhundert.

Suldalen ist Standort des größten Wasserkraftprojektes Norwegens. Die fünf Kraftwerke des riesigen **Ulla Förre**-Komplexes versorgt der von 13 Dämmen aufgestaute riesige **Blasjö** (See), der die östliche Grenze zur Provinz Aust Agder bildet. Von Sand aus fährt ein Bus den Fluß entlang zum riesigen **Kvilldal**-Kraftwerk, das 1982 von König Olav eröffnet wurde, der bei diesem Anlaß seinen Namen in den Fels meißelte – eine beliebte Tradition in Skandinavien. Auf der Strecke hält der Bus bei **Salmon Castle** in Lindum, das Lord Sibthorp 1885 erbauen ließ, als die britischen „Lachslords" jedes Jahr ein paar Wochen zum Angeln nach Norwegen kamen. Fluß und See ziehen bis heute Angler aus vielen Ländern an, und das Schloß ist ein beliebtes Gasthaus und Seminarzentrum.

Von Stavanger und Jaeren aus fahren Fähren und Schnellboote ins Fjordland und auf seine Inseln. Bus und Fähre sind hier eine gute Kombination. **Vindafjord, Saudafjord** und **Suldalsvatn** blicken auf 1500 Meter-Gipfel, die sich zum großen **Hardangervidda**-Massiv in der benachbarten Provinz Hordaland auftürmen. Im Sommer kann man die aufregende alte Bergstraße nördlich von Sauda nach **Röldal** nehmen. Die neue Straße hat viele Tunnels, damit sie auch im Winter befahrbar bleibt. In Röldal, auf der Straße vom Suldalsvatn, fahren sie auf die **Entdeckungsroute** (E76), die die ganze Strecke von den Haukeli-Bergen der Telemark und Ostnorwegens herüberführt. Auf ihr können Sie bleiben, bis sie in **Odda** endet, einer abgelegenen Industriestadt am **Sörfjord**.

Der Seeweg nach Bergen im Norden ist eine beliebte Weise, die Nordküste kennenzulernen. Mit dem Schnellboot (einer Kreuzung zwischen Katamaran und Tragflügelboot) kann man an jedem Hafen von Bord gehen und eine Nacht oder auch eine Woche bleiben, ganz nach Lust und Laune. **Karmöy**, die Insel im Süden der äußeren Inselkette, hat eigene

Der Gulliver im Kongeparken bei Stavanger.

Schiffsverbindungen nach **Skudeneshavn** im Süden, einer idyllischen alten Hafenstadt mit weißen Holzhäusern in engen Gassen und vom Norden der Insel zum Festland südlich von Haugesund, der ersten größeren Küstenstadt nördlich von Stavanger, die durch Öl schnell zu Wohlstand kam und die letzte Stadt dieser Provinz auf dem Festland ist.

Der Jüngste Tag: Karmöys Geschichte reicht zurück bis in die Sagenzeit, als der Schiffsweg nach Norden Norwegen seinen Namen gab. Harald Harfagre ließ sich nach der Schlacht am Hafrsfjord in **Avaldsnes** nieder. Hier steht auch die **St Olafs-Kirche**, die von 1248 bis 1263 von König Hakon Hakonson erbaut wurde. An ihrer Nordseite steht **Marias Nähnadel**, eine eigenartige, sechseinhalb Meter hohe Steinsäule, die sich auf die Kirche zuneigt. Der Legende nach bricht der Jüngste Tag an, wenn die Säule die Kirchenmauern berührt. Viele Geistliche sollen schon des Nachts die Säule erklommen und ihre Spitze abgeschmirgelt haben, um sicherzugehen, daß der Jüngste Tag noch fern ist.

In der Nähe von Kopervik an der Ostküste sind Grabhügel und Steinsäulen. Das größte der Gräber, der Doäa-Hügel, ist 1978 restauriert worden. Obwohl die Ausgrabungen noch nicht abgeschlossen sind, reichen die Funde bis in die Bronzezeit. Weiter nördlich, auf der Festlandseite der Haugesund-Brücke, sind die „fünf schlechten Jungfrauen", Steinmäler von zweieinhalb Metern Höhe, wo bei Ausgrabungen 1901 eine römische Schale aus den Jahren 300 bis 400 gefunden wurde. An der Westküste stehen vor dem Rathaus von Akrehamn zwei Steinsäulen aus der Eisenzeit, die vom nahen Akretunet stammen, wo früher die Ratsversammlungen abgehalten wurden.

Weiter südlich, in Ferkingstad, sind historische Bootshäuser mit Mauern aus eineinhalb Meter dicken Felsblöcken.

Fischerei und Festivals: Haugesund war lange Zentrum für Fischerei, Schiffahrt und Landwirtschaft. Heute füllen Vergnügungsdampfer den Hafen. Die Stadt ist Gastgeberin von Festivals und Kongressen, darunter jahrelang das norwegische Filmfestival. Zahllose Fjorde und Seen durchsetzen die unregelmäßig geformte Halbinsel und bieten ideale Voraussetzungen für Angler, Segler, Ruderer, Sporttaucher und Wanderer. Die Bootsfahrt auf die reizvolle Inselgruppe der Rövaer 10 Kilometer westlich ist eine Halbtages- oder Tagestour, die Gelegenheit bietet zum Küstenfischen. Eine interessante Flora und Fauna locken und im Sommer ein Hafencafé.

Abenteuerlustigere können mit der *MS Utsira* täglich auf die gleichnamige Insel fahren, den westlichen Vorposten Norwegens, den man aus Schiffahrtsvorhersagen kennt. Die 90minütige Fahrt ist ebenso interessant für Vogelbeobachter wie die Insel selbst. Auch Fischen kann man hier. Inhaber internationaler Angelscheine dürfen auch Norwegens Salzwasser befischen (*siehe S. 122*). Tagesscheine für die Seen Rogalands und für Lachse und Seeforellen vieler Flüsse kosten 20 bis 150 Kronen.

Von Haugesund sind es nur ein paar Stunden bis Bergen, der Fjordhauptstadt, doch ein Besuch in Rogaland überzeugt auch den Skeptiker davon, daß die Fjorde in dieser südlichen Provinz beginnen.

Links: Diese furchterregende Straße nach Lysebotn hat 21 Serpentinen. Rechts: Fischmarkt auf der Insel Utsira.

LAKE VIEW
BRAND
NET WEIGHT OZ.
GHOICEST NORWEGIAN
BRISLING-
SARDINES
PACKED BY:
IN PUREST OLIVE OIL
NORCANNERS LTD. STAVANGER·NORWAY.
FOR: MALLOTT JOHNSON CO.
DISTRIBUTORS, CHICAGO, ILL.

STAVANGER

Seltsam genug für eine Stadt, die beinah tausend Jahre lang eng mit dem Meer verbunden war, doch man erreicht **Stavanger** von Oslo aus am günstigsten mit dem Nachtzug. Wenn der Morgen graut, gleitet der Zug am Fjord entlang, vorbei an schwarzen Berggipfeln und einem riesigen Netzwerk von Bohrinseln und -türmen, die aus Stavanger Norwegens Ölhauptstadt machten. Trotz ihrer Größe stören sie das Landschaftsbild nicht allzu sehr, da Berg und Fjord sogar diese gigantischen Gebilde von Menschenhand majestätisch überragen. Wenn sich der graue Himmel rosa färbt, werden die Umrisse allmählich klarer.

Stavanger ist eine glückliche Stadt, der das Meer wohlgesonnen ist. Als eine Geldquelle schwand, tat sich sofort eine neue auf. Durch Schiffahrt, Fischerei und Handel kamen die Schiffe und Einwohner der Stadt in alle Teile der Welt und fremde Seeleute nach Stavanger – daher die Aufgeschlossenheit gegenüber fremdländischen Kulturen. Die Stadt ist heute so international wie eh und je. Sie ist nicht nur Standort des Hauptbüros der Statoil (der staatlichen, norwegischen Ölgesellschaft) und der Erdölaufsichtsbehörde, sondern auch der Hauptniederlassungen von zehn ausländischen Ölfirmen in Norwegen. Acht Prozent seiner 97 000 Einwohner sind Ausländer.

Internationale Küche: Diese kosmopolitische Gemeinschaft ist sehr anspruchsvoll und so gibt es in Stavanger gute Restaurants, Hotels, Lokale, Freizeitangebote und eine Atmosphäre, die in keinem Verhältnis steht zur Größe der Stadt. Vor allem die Speisekarten haben sich verändert, seit das Ölgeld fließt. Neben traditionellen Restaurants mit norwegischen Spezialitäten gibt es viele Feinschmeckerlokale und internationale Restaurants, darunter indische, italienische, portugiesische, mexikanische und japanische und mindestens ein halbes Dutzend Chinesen, die in allen norwegischen Großstädten beliebt sind.

Restaurants und vor allem Alkohol sind in Norwegen sehr teuer, doch es haben viele Cafés, Bars und Pubs (bis vor kurzem hier unbekannt) eröffnet, wo manchmal live Musik geboten wird, und auch einige Discos für jugendliches Publikum, die nicht alle alkoholische Getränke verkaufen. Auf dem Fischmarkt, dessen Attraktion frische Krabben zum sofortigen Verzehr sind, und dem Obst- und Blumenmarkt nebenan hört man viele Sprachen. Im Einkaufsviertel Stavangers hinter dem Markt wird in fast allen Geschäften Englisch gesprochen.

Schon vor dem Reichtum und der Entwicklung, die die Ölindustrie mit sich brachten, war Stavanger Hauptstadt und Sitz der Lokalregierung der Rogaland *Fylke* (Provinz), des südlichsten Fjordgebietes Westnorwegens.

Die Vergangenheit: Der Stavanger *Siddis* (umgangssprachlich für Einwohner Stavangers) hält sich für den ersten echten Norweger. Er stützt sich dabei auf die Schlacht von Hafrsfjord 872, als König Harald Harfagre den letzten Kampf um die Einigung des Königreiches gewann. Ihr sind die drei riesigen Schwerter am Rand des Hafrfjords gewidmet, der sich

Links: Stavangers vergangener Wohlstand gründete sich auf Sardinen. **Rechts**: Winter in den Straßen der Stadt.

im Südwesten der Stadt weit ins Land hineinfrißt.

Als 1125 mit dem Bau der Kathedrale begonnen wurde, bestand Stavanger lediglich aus einer Ansammlung von Holzhäuschen am Ende des schmalen Armes des **Vagen**. Da es die einzige Siedlung hier an der Südwestküste war, wurde es dennoch Bischofssitz. Von da an war Stavanger der wichtigste Ort in der Region und fing langsam an zu wachsen. Anfang des 19. Jahrhunderts hatte es noch 2000 Einwohner, um 1900 bereits 30 000. Heute sind es knapp 100 000.

Im 18. und 19. Jahrhundert lebte die Stadt vom Fischfang und Überseehandel und hatte viele Werften und Lagerhäuser, die dieser Industrie Rechnung trugen. Um 1870, als es mit Fischfang und Schiffahrt langsam bergab ging, spezialisierten sich die einheimischen Fischer auf Sprotten, die sie in den umliegenden Orten räuchern und eindosen ließen und als norwegische „Sardinen" in alle Welt lieferten. Stavanger hatte bis zu 70 Konservenfabriken und 70 Prozent der Bevölkerung waren in dieser Branche tätig. Noch in der ersten Hälfte dieses Jahrhunderts hing traniger Fischgeruch über der Stadt und setzte sich in alle Poren. Doch in Stavanger wußte man immer um den Wert dieses Duftes. Wenn ein aufmüpfiges Kind an einem besonders geruchsintensiven Tag die Nase rümpfte, sagte die Mutter: „Was dir da nicht gefällt, ist der Geruch des Geldes."

Und so war es. Stavanger verdiente an den Sardinen, bis sich der allgegenwärtige Geruch im Zuge des Nachfragerückgangs nach dem Zweiten Weltkrieg verflüchtigte. Die kommenden zwanzig Jahre waren hart für Stavanger, doch in den sechziger Jahren kam dann das Öl – wieder ein Geschenk der See.

Erinnerungen: Diese Schicksalswendungen hinterließen ihre Spuren. Aus dem späten 17. und frühen 18. Jahrhundert stammt **Gamle Stavanger**, die Altstadt mit ihren 150 weißen Holzhäusern, die auf den Vagen blicken, und den Kopfsteinpflasterstraßen mit ihren altmodischen Laternen. Sie ist jedoch kein Museum. Wohl stehen die Fassaden unter Denkmalschutz, und die Eigentümer

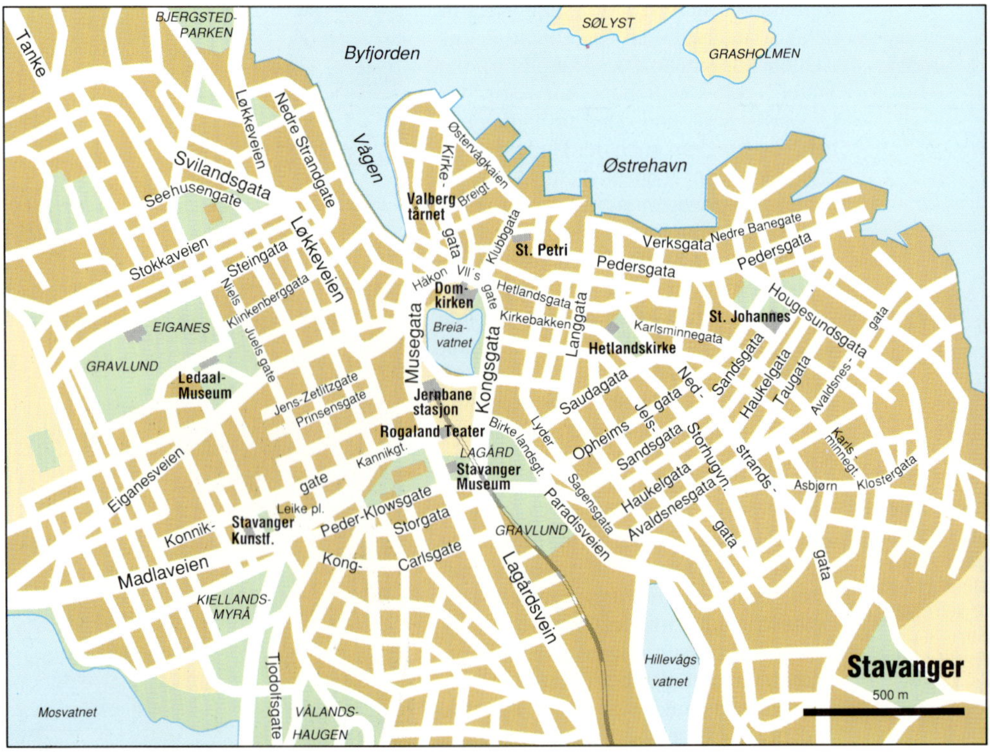

erhalten sie bereitwillig im alten Stil, doch im Inneren bieten die Häuser jeden Komfort, den der moderne Norweger gewohnt ist, und das Viertel ist als Wohngegend sehr gefragt.

Auch die Konservenfabriken stehen noch. In vielen wurden Büros untergebracht, ohne ihr Aussehen stark zu verändern. Wo früher Fisch eingedost wurde, sitzen heute die Hauptbüros so mancher internationaler Ölfirma. Eine Fabrik an der Övre Strandgaten am Hafen wurde als **Konservenmuseum** im Originalzustand erhalten. Im offenen Raum mit den Räucherkammern erzählt der Führer von den Männern und Frauen, die hier viele Stunden am Tag Sardinen sorgfältig auf lange Stangen spießten, sie räucherten und verpackten – fast alles von Hand.

Noch näher am Hafen und am Ortskern ist das **Schiffahrtsmuseum**, das in einem der alten Kaufmannshäuser an der Nedre Strandgaten untergebracht ist, mit Lagerhäusern zum Meer hin. Hier ist die Geschichte von Stavangers Meeresaktivitäten der letzten 150 Jahre aufgezeichnet, von Holz zu Stahl und Beton, vom Segelschiff zur Bohrinsel. Die Lagerhaustüren wurden durch große Fenster ersetzt, so daß man die moderne Stadt erblickt, wenn man den Kopf von der Geschichte abwendet.

An der Nedre Strandgate abseits vom Hafen ist der Kolonialwarenladen, voller Waren und Lebensmittel, die hier wohl vor dem Zweiten Weltkrieg angeboten wurden. Im oberen Stock, wo einst der Besitzer über dem Laden wohnte, ist ein Büro wie das, das in den dreißiger Jahren ein Seemann auf der Suche nach einer Koje betreten haben mochte, oder der Kapitän, um einen Anstandsbesuch zu machen. Die Wohnung des Ladenbesitzers zeigt, wie komfortabel ein Reeder Ende des 19. Jahrhunderts lebte. Möbel und Dekoration in diesem Stil sind heute wieder sehr beliebt.

Glaubenszentrum: Das Herz des modernen Stavanger ist die Gegend um **Breivatnet**, den kleinen See ganz in der Nähe des ältesten und größten Gebäudes der Stadt, der herrlichen **Domkirke** (Kathedrale) aus dem 12. Jahrhundert. Der im anglo-normannischen Stil errichtete Bau

Gamle (Alt-) Stavanger ist immer noch eine intakte Gemeinde.

darf sich zu Recht zu den besterhaltenen mittelalterlichen Kathedralen Europas zählen. Neben dem Hauptgebäude liegt die **Kathedralenschule**, die 1758 auf den Grundmauern der Bischofsresidenz aus dem 12. Jahrhundert gebaut wurde, die 1272 einer der unvermeidlichen Feuersbrünste zum Opfer gefallen war.

Das Innere der steinerne Kathedrale strahlt schlichte Strenge aus, im Kontrast zu den eleganten Bögen des Chores und einem bemerkenswerten Wandteppich (1927 von Frida Hansen gefertigt) im Vorraum. Sowohl Chor wie Vorraum wurden 1272 im Stil der schottischen Gotik neugebaut, ein Hinweis auf die frühen Auslandsbeziehungen Stavangers. Eines der Prunkstücke der Kathedrale ist die reich verzierte Kanzel von Andrew Smith aus dem 16. Jahrhundert.

Noch älter ist der Eisenzeithof in **Ullandhaug**, etwa zwei Kilometer südwestlich der Innenstadt. Hier förderten Archäologen Teile eines Bauernhofes zutage und bauten drei Häuser wieder auf sowie den originalen Steinwall, der das Gehöft zwischen 350 und 550 umgab.

Dies war Norwegens goldenes Zeitalter, und das städtische **Archäologische Museum** richtet die Häuser nach und nach ein, um einen Eindruck vom Leben der Menschen zu jener Zeit zu vermitteln.

Von Ullandhaug aus lohnt sich ein Abstecher in **Stavangers Botanischen Garten**, der über 1500 Pflanzenarten aus aller Welt beherbergt. Rogalands Tier- und Vogelwelt von der Küste bis ins Gebirge ist sehr reichhaltig. Das **Stavanger Museum** bietet einen ausgezeichneten Überblick darüber und auch über Kultur- und Fischereigeschichte, wobei die Industrie und die Tiere berücksichtigt werden, zum Beispiel Wale und Seehunde. Das Land südlich von Stavanger ist sehr fruchtbar. Das Meer war an diesem Teil der Küste mit Stränden und Klippen, doch ohne Häfen, nicht so leicht zu nutzen wie in anderen Gegenden Westnorwegens. Also errichteten seine frühen Bewohner schützende Wälle um guten Boden und bestellten das Land.

Die Natur: Stavanger liegt an der Schwelle zum **Jaerstrandene Naturschutzgebiet**, das sich 70 Kilometer die Südküste entlang bis zu den Küsteninseln erstreckt, mit Reservaten und wundervollen silbernen Stränden, ideal für Picknicks und Badeausflüge. Im Winter ist das Klima in Stavanger dank des Golfstroms recht mild, und auf den Feldern um die Stadt liegt kaum Schnee. Dennoch ist das nächste Skigebiet nur eine knappe Stunde entfernt.

Die Sportmöglichkeiten sind das ganze Jahr über gut: Schwimmen im Hallenbad und im Freien, Tauchen, Segeln, Windsurfen und Angeln kann man hier. Auch einen Wanderverein gibt es, und Bogenschießen, Tennis und Reiten in Jaerstrendene sind ebenfalls möglich. Die vielen Fjorde und Küstenkilometer bieten allerorten schöne, ruhige Strände.

Die meeresgewohnten Siddis besteigen ein Boot so selbstverständlich wie wir einen Bus. Es gibt Bootstouren zu den Inseln und Fjorden und schnelle Fähren, die bis nach Bergen fahren. Hier sitzen Geschäftsleute in ihrer Stadtkluft neben Urlaubern mit Angelzeug. Stavanger ist das Tor zu einer aufregenden Vielfalt von Meeresaktivitäten, für Geschäftsleute wie Touristen gleichermaßen.

Links: Stavangers Domkirke. Rechts: Einen Großteil seiner Nahrungsmittel bezieht Norwegen aus der Gegend südlich von Stavanger.

COLUMBUS C

Hordaland: Insel und Fjord

Niemand weiß genau, wieviele Inseln vor der Küste Hordalands liegen. Verlassene Schären, grüne Inselchen, blühende kleine Häfen und geschäftige Ortschaften bilden vor der Küste ein knotiges Geflecht, von den südlichsten Inseln Bömlo und Stord bis zu dem schönen, kleinen Eiland Fedje nicht weit von der Mündung des Sognfjordes.

Viele der landnahen Inseln um die Fjordhauptstadt Bergen sind durch Brükken und Dämme verbunden. Das Muster aus Inseln und Wasser paßt zu dem vielverzweigten Fjord. Landeinwärts wird das Land im Osten immer höher, bis es ins Hardangervidda-Massiv übergeht, dem großen Bergrücken 1300 Meter über dem Meeresspiegel.

Vorhergehende Seiten: Ein Kreuzer im Eidfjord (Hardanger). Links: Kielwasser. Unten: Baumblüte unterhalb des Folgefonn-Gletschers.

Wasser, Wasser, Wasser: Die südwestliche Provinz **Sunnhordland** hat Inseln, Schären, Sund und Meerengen, gute Häfen und geschützte Buchten. Trotz Nordseenähe ist das Klima überraschend mild und für Wassersportler, insbesondere Hobbyskipper, ideal.

Die drei Hauptinseln sind **Bömlo, Stord** und **Tysnesöy,** die landschaftlich erstaunlich abwechslungsreich sind. Ein Höhenzug auf Stord erreicht immerhin 750 Meter Höhe. Von hier aus kann man bis zum Hardangerfjord und der weißen Fläche des Folgefonn-Gletschers blikken, und im Süden nach Haugesund. Das Wasser ist voller bunter Segel und weißem Kielwasser des Schnellbootes von Stavanger nach Bergen und kleinerer Vergnügungsschiffe.

Stord ist auch ein geeigneter Ausgangspunkt für Seekanuten, die hier von Insel zu Insel oder in die Mündung des Hardangerfjordes paddeln können. Außerdem ist es „Ölinsel", mit fortschrittlichsten Bohrinseln, deren gigantische Umrisse bis zu 380 Meter hoch aufragen.

Der Legende nach soll der Heilige Olav 1024 zuallererst diese Inseln christianisiert haben. Seit 1984 findet alljährlich in Mosterhamn auf Bömlo eine Freilichtaufführung des historischen Stückes *Mostraspelet* statt, das von dieser Legende handelt. Ganz in der Nähe wurde 1924 ein **Steinkreuz** errichtet anläßlich des 900. Geburtstages der Ankunft des Christentums. Darüberhinaus steht in Mosterhamn die älteste Steinkirche Norwegens.

Tor zu Hardanger: Wo die kalten Wasser des **Hardangerfjordes** sich mit den wärmeren Fluten des Westens mischen, liegt die zauberhafte **Baronie Rosedal**, die einzige ihrer Art in Norwegen. Die Träger des Adelstitels verschwanden allerdings größtenteils mit dem Abzug der Dänen. Obwohl es ursprünglich auf Hakon Hakonson zurückgehen soll, wurde das Haus 1665 von Ludvig Rosenkrantz erbaut. Er wurde in der nahegelegenen mittelalterlichen **Kvinnherad-Kirche** beigesetzt, die sich schutzsuchend an die Felsen schmiegt und einst zur Baronie zählte. Heute gehört zu dem Anwesen ein friedvoller Park und ein großer, sorgfältig gepflegter Rosengarten. Verwaltet wird es von der Osloer Universität, die hier landwirtschaftliche Experimente durchführt. Im Sommer finden im Gelben Zimmer Mittagskonzerte statt und im Mai und Juni ein Musikfestival.

Auf der Halbinsel an der Mündung des Hardangerfjordes ist es so schön wie überall um den Fjord, doch leider wird Sunnhordaland oft vom Bekanntheitsgrad und Reiz des Hardangerfjordes in den Schatten gestellt, so daß zu viele Touristen nur rasch hindurchreisen zu anderen Zielen. Insider wissen, daß die Provinz selbst eine Reise wert ist.

Der **Hardangerfjord** ist Teil der norwegischen Sagenwelt. Nach ihm wurde Norwegens Nationalinstrument, die achtsaitige Hardangerfiedel, benannt, er inspirierte den Komponisten Edvard Grieg, den Musiker Ole Bull und indirekt auch die Nationalistenbewegung des 19. Jahrhunderts, die schließlich die Unabhängigkeit Norwegens erreichte. Diese Berge und Fjorde bereisten Grieg und Bull zu Fuß und zu Pferd, lernten alte Melodien und erhielten Einblick in die jahrhundertealten Traditionen und Bräuche der Volkskultur.

Die ersten Touristen kamen bereits um 1830 ins Hardanger-Gebiet, als der Dichter Henrik Wergeland über den „wundervollen Hardanger"schrieb. Ausländische wie norwegische Künstler, Wissenschaftler und andere Reisende kamen, erst vereinzelt, dann in Strömen, als 30 Jahre später regelmäßig Dampfer aus Bergen oder Stavanger fuhren.

Wie die heutigen Touristen kamen sie zum Hardangerfjord der Wasserfälle, der geheimnisvollen Schönheit der kleineren, die sich fast bis ins Hardangervidda-Massiv erstrecken, und der Gletscher und Berge wegen, die nur selten schneefrei sind und einen reizvollen Kontrast zu den Obstgärten am Fjordufer bilden. Fast eine halbe Million Obstbäume wachsen hier und färben den Fjord im Frühling rosa-weiß, wenn sich die Blüten im tiefen, stillen Wasser spiegeln. Zur Blütezeit stürzen die Wasserfälle über die Felswände herab, darunter die beiden höchsten und bekanntesten Norwegens, der **Skykkjedalsfoss** mit 300 Metern Höhe und der **Vöringfoss**, der niedriger, doch ausgesprochen schön ist.

Wie die Kreuzfahrtschiffe gehen von Bergen Tages- oder Mehrtagesgruppenreisen per Boot oder Straße ab. Auf der E68 ist die erste Station der Bezirk **Kvam**

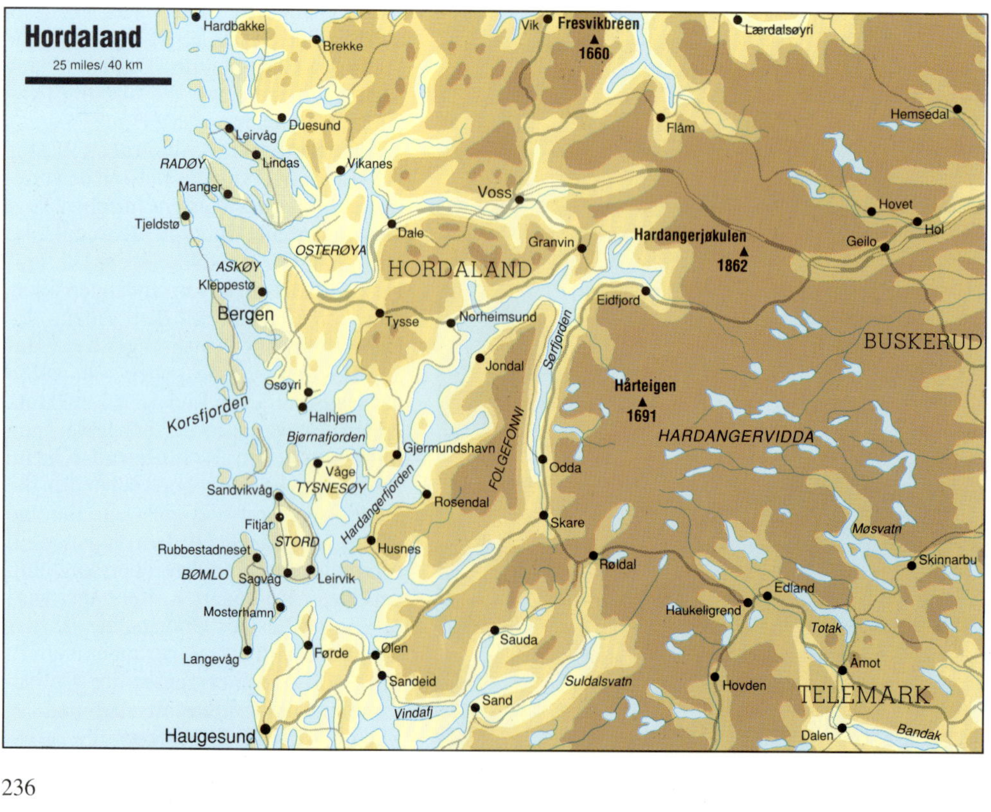

mit den Fjorddörfern **Strandebarm, Norheimsund** und **Öystese** auf der Sonnenseite des Fjordes, alle drei ideale Ausgangspunkte für aufregende Entdekkungsreisen mit dem Auto oder der Fähre. Die ausgeschilderten Wanderwege hier und im landeinwärts gelegenen Kvamskogen garantieren sichere Touren jeden Niveaus.

Holzboote: Einen Abstecher wert ist das **Hardanger Schiffsrestaurationszentrum** in Norheimsund, wo Restaurateure liebevoll die Holzschiffe bearbeiten, die den Ruhm der Norweger als Bootsbauer begründeten. Darunter sind kleine Ruderboote ebenso wie das bisherige Prunkstück, die *S/Y Mathilde*, eine 22 Meter-Hardanger-Yacht, die 1884 vom Stapel lief. Das herrliche Boot bekam seinen alten Glanz zurück unter der Leitung Kristian Djupevags (der auch Roald Amundsens Yacht *Gjöa* restaurierte) und hat das umfangreichste authentische Yacht-Tauwerk der Welt. Es hat Kojen und Hängematten für 25 Personen und kann für Kreuzfahrten und Tagesfahrten gechartert werden. Bei letzteren faßt sie 50 Personen, die dann auf Fjord und See hinaussegeln wie in alten Zeiten.

Jondal auf der anderen Fjordseite ist der Zugang zum Folgefonn-Gletscher und zum **Folgefonn Sommerskizentrum**. Die sichere, doch aufregende Strecke zu dem neuen Skizentrum wurde im Juni 1989 geöffnet und ist von Juni bis September befahrbar. Im ewigen Schnee gibt es drei Skilifte, Langlauf- und Tourenmöglichkeiten, einen Skiverleih, eine Cafeteria und geführte Gletschertouren.

In **Jondal** ist ein Heimatmuseum im alten **Ortsvorsteherhaus** und die **Hardanger Kathedrale** (die größte Kirche der Region). Im benachbarten **Herand** befinden sich Felsschnitzereien aus der Bronzezeit und in **Herandsholmen** Hardangers erster Gasthof, der 1754 eröffnet wurde. Hier biegt die Straße zu den landeinwärts gelegenen Fjorden scharf nach Südosten und führt am Utnefjord entlang ins Dorf **Utne**, Teil der *Kommune* Ullensvang, zu der auch beide Ufer des Sörfjordes gehören.

Fünf Generationen: Als die Fjorde noch Hauptverkehrswege waren, war Utne

Rosendal, Norwegens einzige Baronie, nicht weit von der Mündung des Hardangerfjordes.

wichtiger Knotenpunkt zwischen Westen und Osten und hatte das erste Post- und Telegrafenamt Hardangers, 1836 bzw. 1876. Zwei Gebäude Utnes erzählen vom Leben in Hardanger in den vergangenen Jahrhunderten – das **Volkskundliche Hardanger Museum** und das **Utne Hotel**, das 1722 erbaut wurde und das älteste Hotel Norwegens ist, das noch betrieben wird. Seit 1787 gehörte das Utne Hotel fünf Generationen derselben Familie und erlangte zur Zeit Torbjörg Utnes (1812-1903) internationale Bekanntheit. Sie wurde auch liebevoll Mor (Mutter) Utne genannt. Ihr Bild hängt im Aufenthaltsraum. Heute ist die Familie vertreten durch ihre Großenkelin Hildegun Aga Blokhus. Das Hotel war von jeher beliebt bei Künstlern, die oft Bilder schenkten. Darüber hinaus beherbergt es eine Sammlung von Nationaltrachten und typischen Stickereien.

Seit seiner Eröffnung 1911 sammelte das **Hardanger Museum** alte Häuser und Hofgebäude für seine Freilichtausstellung, die ein „Gruppengehöft" darstellt, wie es in Norwegen vor der Agrarreform Mitte des 19. Jahrhunderts üblich war. Am Ufer zeugen alte Bootshäuser und ein Kaufladen, der noch vor nicht allzu langer Zeit in Utne betrieben wurde, von der Vergangenheit, und ein Obstgarten mit Sorten, die es heute am Hardangerfjord sonst kaum noch gibt.

Im Inneren des Museums befinden sich eine moderne Sammlung, Schauräume mit antiken Kunstgewerbe- und Handwerksartikeln und der berühmten Hardangerfiedel und Wanderausstellungen zu fjordspezifischen Themen.

Das Mittelalter: Hinter Utne führt die Fjordstraße nach Süden zum **Sörfjord**. Sie können aber auch die schmale Straße von Utne durch Aga im Westen des Sörfjorden nach **Agatunet** nehmen, dem Hof eines Ortsvorstehers aus dem 13. Jahrhundert. Vom Mittelalter bis in die jüngste Vergangenheit wurde daraus ein Neun-Familien-Dorf mit rund 30 Häusern. Heute leben die Einwohner nicht mehr hier und die Anlage steht unter Denkmalschutz.

Auf der Ostseite des Sörfjordes liegt der größte Freizeitpark der Gegend, der

Das alte Fjordstädtchen Utne.

Ferieparken in **Kinsarvik**. Er ist eine Attraktion für Kinder, hat eine Wasserrutsche, ein Trampolin, einen Minizoo und einen Bootsteich. Surfboard, Wasserskooter und Wasserski können geliehen werden. Auch Kinsarvik lag an der Ost-West-Verbindung. Auf seinem Marktplatz trafen sich Händler von beiden Seiten des Hardangervidda-Massivs um Eisenerz und Pelze gegen Salz zu tauschen. Die **alte Steinkirche** soll um 1200 von Schotten erbaut worden sein. Die Kanzel aus dem 17. Jahrhundert zieren Malereien von Peter Reimers.

Bis die Kirche Utnes 1896 geweiht wurde, gehörten alle Fjordanwohner der Gemeinde Kinsarvik an. Zum Gottesdienst kamen viele mit Kirchenbooten. Am Südende des Sörfjordes liegt **Odda**, bei den ersten Touristen sehr beliebt, mit dem **Hotell Hardanger**, dem damals größten und bekanntesten der Gegend. Heute ist Odda eine bedeutende Industriestadt an der Hauptstraße von Oslo nach Bergen, der E76, die es so eng an Rogaland und den Süden anbindet, wie es zum Fjordland gehört.

Felder und Wälder: Von Kinsarvik an der Mündung des Sörfjordes aus hat man zwei Möglichkeiten: Ein unregelmäßiges „V" nach Nordwesten oder nach Nordosten. Durch den Utnefjord im Westen kommt man zum **Grandvinfjorden**. Im Nordosten ist eine der schönsten Wasserflächen hier, der **Eidfjord**.

Granvin ist im Herzen eines Landwirtschafts- und Forstgebietes, zu dem auch Ulvik gehört, das 14 Kilometer weiter an einem Ausläufer des Eidfjordes liegt. Hier wie dort kann man angeln, campen, wandern, am **Osafjell** und im Hardangermassiv bergsteigen und – wer abgehärtet ist – auch schwimmen. Die **Kirchenglocke Granvins** ist die älteste noch benutzte Glocke Norwegens.

Von Granvin aus führt die Hauptverbindung, die E68, nach Norden, an **Skjervefossen** (Wasserfall) vorbei. Wer sportlich ist, kann die alte Poststraße entlang nach **Ulvik** wandern. Künstler und Touristen kommen schon länger nach Ulvik als an jeden anderen Ort Hardangers. Hier sind Dauerausstellungen von Künstlern wie Tit Mohr und Sigurd Un-

Traditioneller norwegischer Hochzeitszug.

deland zu besichtigen. Die schönen Rosenmalereien in Ulviks **Kirche aus dem 19. Jahrhundert**, die 1923 von Lars Osa geschaffen wurden, sollte man unbedingt gesehen haben.

Der Eidfjord reicht bis weit in das Gebiet hinein, in dem der **Hardangergletscher** und Norwegens höchster Wasserfall **Skykkjedalsfossen** liegt und auch **Vöringfoss**, der zwar nicht höchste, doch der berühmteste Wasserfall hoch über Mabödalen. Von unten kann man beobachten, wie die Wassermassen herabstürzen. Unternehmungslustigere wagen sich an den uralten Packpferdpfad aufs **Maböfjell**, mit 1500 Stufen und 125 Kehren. Oberhalb des winzigen Simadalsfjordes liegt **Kjeasen**, ein Bergbauernhof, der als einsamste Siedlung der Welt gilt. Wie ein Adlerhorst liegt er in 623 Meter Höhe auf nahezu senkrechtem Fels hoch über dem Wasser. Kraft und Mut gehören dazu, über den alten Weg hinaufzuwandern, auf dem die Dorfbewohner früher alles Lebensnotwendige herbeischafften. Wer sich das nicht zutraut, kann Kjeasen heute auch über einen Tunnel erreichen. Im Berg liegt das **Wasserkraftwerk Sima**, das besichtigt werden kann.

Doch zurück in die Stadt. Bergens Inseln sind so eng verbunden, daß man manchmal kaum merkt, daß man Wasser überquert hat. Inseln wie **Asköy** und **Osteröy** im Norden haben jedoch ihren eigenen Charakter, und die Gegend um den **Björnefjord** (Bärenfjord) im Süden ist besonders mild und grün und voll von Booten aller Art. Die eine Fahrstunde entfernte Insel **Sotra**, die die Stadt von der Nordsee abschirmt, ist eine Welt für sich. Sotra bietet ideale Möglichkeiten zum Kanufahren im Meer um seine kleinen Külsteninseln und -felsen und bei gutem Wetter auch weiter hinaus zum Fischen. Ein Unterschlupf ist hier immer schnell gefunden.

Wilde Stille: Nördlich von Bergen ist noch eine Inselprovinz, **Nordhordland**, das bis zum Sognefjord reicht. Am Wochenende kommen hier gerne Bergener her zum Segeln, Schwimmen und Angeln. Da es hier erst wenige Straßen und Brücken gibt, kann der Besucher das alte Fährsystem kennenlernen, das einst Bergens einzige Verbindung zu anderen Teilen Norwegens war.

In Nordhordland ist die See rauh und peitscht wild gegen die Westküste. Dennoch ist die Gegend seit rund 8000 Jahren besiedelt. Hakon den Gode (der Gute) liegt in **Seim** bei Knarvik begraben (eine halbe Stunde mit dem Schnellboot von Bergen entfernt). An die Wikinger erinnert auch ein **Buchenwald** bei Seim, der 1000 Jahre alt und Europas nördlichster seiner Art ist.

Heute ist die Fischzucht eine wichtige Industrie Nordhordlands, das große Mengen Lachs und Forellen exportiert. Die Fischzüchter versuchen sich nun auch an Kabeljau, Heilbutt und anderen Arten. Manche der Fischfarmen können besichtigt werden. Eine modernere, wenn auch nicht störende, Branche ist das Öl. Nur wenig erinnert wie der nächtliche Lichtschein von Mongstad an die großen Raffinerien. Hier kann man gut Kabeljau und andere Salzwasserfische angeln, und in den Seen lebt eine rosa Forellenart. Das klare Wasser eignet sich vorzüglich zum Tauchen,

Schneemann vor der Vosser Kirche.

Unterwasserfischen und Schatzsuchen.

Am abgelegensten und ein beliebtes Ziel für Segler und Urlauber ist **Fedje**, das jahrhundertelang ein bedeutender Navigationspunkt war und dessen zwei Leuchttürme aus dem 19. Jahrhundert heute noch in Betrieb sind. Nach norwegischem Gesetz müssen alle Schiffe, die diese unberechenbaren Gewässer befahren, Lotsen an Bord nehmen. In Fedje ist eine betriebsame Lotsenstation. Unterkünfte gibt es nur wenige, eine *Pension* in einem alten Fischlager und eine große *Hytte*, doch die Insel ist nach wie vor ein Paradies für Vögel, Blumen und eine große Familie von Wildkaninchen.

Drachenflug und Skilauf: In **Voss** inmitten reichen Ackerlandes ist der Kontrast zur Küste groß. Die *Kommune* Voss benutzt die Reize ihrer Gegend, um zweimal im Jahr die Touristen anzulocken. Im Sommer kommen sie zum Wandern, zu Fjordfahrten, zum Bergwandern, Fallschirmspringen und Drachfliegen vom **Hangurfjell** und zum Angeln und Wassersport am **Vangsvatnet**, dem See nicht weit vom Zentrum der Kleinstadt. Im Winter wird Voss eines der Zentren für Alpinski- und Langlauf, vor allem für fortgeschrittene Läufer.

Von der Endstation der Hangurfjell-Seilbahn aus hat man einen herrlichen Blick über Voss in seinem Talkessel. Die beiden Gondeln „Dinglo" und „Danglo" brauchen für die 610 Meter hinauf nur vier Minuten. An sonnigen Tagen kann man auf der Terrasse der Cafeteria wunderbar Kaffee trinken und mit etwas Glück die Gleitschirmflieger beobachten oder auf den Vagnsvatnet hinunterblikken. Zu Beginn des Zweiten Weltkriegs wurde Voss durch deutsche Bomben schwer beschädigt. Bis auf die **Kirche** aus dem Jahr 1277 steht nicht mehr viel vom alten Stadtkern. Zweihundert Jahre früher besuchte der missionierende König Olav Haraldson die Stadt und ließ der Überlieferung nach das große **Steinkreuz** auf einem Feld südlich der Kirche errichten. Die Wände der Kirche sind zwei Meter dick, der achteckige, hölzerne Kirchturm ist einzigartig in Norwegen.

Der lange Aufstieg zum Gletscher.

Unterhalb des Hangurfjells, rund eine halbe Stunde Fußmarsch über der Stadt, ist das **Vosser Heimatmuseum**, eine Sammlung von 16 alten Holzgebäuden. Die Häuser stammen von 1600 bis 1870 und enthalten Geräte und Möbel, die bis 1927 in Gebrauch waren. Trotz der schweren Feldarbeit stellten die Bauern die Stickereien her, die im neuen Museumsgebäude ausgestellt sind. Eins der schönsten Stücke ist eine traditionelle Holzschnitzerei, die eine Hochzeitsgesellschaft auf dem Weg zur Kirche darstellt. Das Pferd der Braut wird vom Brautvater mit fester Hand geführt, als fürchte er, sie könne jeden Moment davongaloppieren. Die Schnitzerei stammt von Gudleik Brekkhus.

Voss war lange Treffpunkt von Malern und Musikern, über deren Werke man überall stolpert. Das **Sivle-Denkmal** von 1957 gilt dem hundertsten Geburtstag des Autors und Poeten Per Sivle, der auf dem Bergbauernhof Sivle in der großen Stalheim-Schlucht aufwuchs. Das **Bergslien-Denkmal** von Magnus Dagestad hinter der Vosser Kirche erinnert an die drei Bergslien-Brüder Brynjulf, Nils und Knut. In der Nähe der Vosser Gesellschaft der Schönen Künste ist das Denkmal des Schauspielers **Lars Tvinde**, der auf dem Tvinde-Hof geboren und groß wurde, der unterhalb von Tvindefossen (einem Wasserfall nördlich von Voss) liegt und an derselben Straße steht das **Sjur Helgeland**-Denkmal zu Ehren eines weiteren einheimischen Künstlers (Geiger und Komponist).

Trachten und Fiedeln: Die künstlerische Tradition wird weitergeführt. Voss ist einer der besten Orte, um die Hardangerfiedel zu hören und alte Tänze in schönen Trachten zu sehen. Auch gibt es einen herrlichen Laden, in dem man die hübschen Silbergürtel und -schmuckstücke betrachten und auch kaufen kann, die zur norwegischen Tracht getragen werden.

Voss ist eun guter Ausgangspunkt für Berg- und Angeltouren zu den rund 500 Seen und den zahllosen Gebirgsflüssen und -bächen. Der **Vosso** ist berühmt für die Größe seiner Lachse. Auch im Sommer braucht man in den Bergen Stiefel, festes Schuhwerk und genügend warme Kleidung. Wie in allen Gebirgsgegenden kann sich das Wetter schnell ändern.

Reisen kann man im Auto, im Reisebus oder mit Pauschaltouren wie „Norwegen an einem Tag", die von Voss mit dem Bus nach **Gudvangen** führen, mit einer Rast im Stalheim Hotel. Von der Brüstung des Hotels aus blickt man in die Stahlheim-Schlucht, Schauplatz eines der heftigsten Gefechte des Zweiten Weltkrieges. In Haarnadelkurven geht es zum Fjord und nach Gudvangen hinunter. Von Gudvangen aus fährt eine Fähre durch Norwegens schmalsten Fjord, den **Naerøyfjord** (Teil des Sognefjords), dessen Ufer doppelt so hoch sind, wie die Wasserfläche breit ist. In dem Fjorddörfchen **Flam** wird zu Mittag gegessen, danach geht es 40 Minuten durch eine steile Bergschlucht ins 845 Meter höhere **Myrdal**. Unterwegs gibt es eine Pause am wilden **Kjosfossen** und an mehreren Haltestellen, um Passagiere und Rucksäcke einzuladen, bevor man in Myrdal wieder auf die Hauptstrecke stößt und es nach Voss zurückgeht. Abgesehen vom Fehlen von ein oder zwei Inseln könnte die Tour auch gut „Hordaland in einem Tag" heißen.

Links: Mittagsimbiß am Hangur-Skizentrum. Rechts: Die Stalheim-Schlucht, Schauplatz von Kampfhandlungen während des Zweiten Weltkrieges.

SKUR

SIGV. CHR.
Folkeferie
R-15796

BERGEN

In einer Stadt, die auf Hügel gebaut ist, spürt man stets einen Sinn für Symmetrie und Ordnung. Steht sie noch auf einer Halbinsel und hat einen Hafen in ihrer Mitte, dann muß sie ganz einfach schön sein. **Bergen**, die Hauptstadt Westnorwegens, hat alle diese Eigenschaften. Die auf sieben Hügeln errichtete Stadt dehnte sich von der Küste und dem Hafen am Puddefjord mit seinem putzigen Namen in die Hügel hinein und über Brücken auf Inseln und Landzungen aus.

Den besten Eindruck von den natürlichen Umrissen Bergens bekommt man, wenn man mit der Seilbahn vom Zentrum aus in nur acht Minuten die 300 Meter auf den **Fløyen** hoch über der Stadt zurücklegt. Bei der Abfahrt taucht man förmlich kopfüber in die Stadt ein – doch Flöybanen, die erste Seilbahn Skandinaviens, fährt seit 1918 unfallfrei. Ganz oben liegt das zauberhaft-altertümliche **Fløyen Restaurant**, das 1925 erbaut wurde. Von hier gehen acht beschilderte Wanderwege aus, von denen selbst der längste nur 4,2 Kilometer lang ist. Doch durch waldige Steilhänge und Moorgebiete sind sie nicht zu unterschätzen.

Ein gemütlicher Imbiß auf der Terrasse des Fløyen Restaurants gibt Ihnen Gelegenheit, den Blick über Hunderte von Inseln zu genießen. Auf vielen stehen kleine *Hytter* (Holzhäuschen) und an den Molen dümpeln die Boote. Kurz, es ist alles da, was zu einem perfekten norwegischen Sommer gehört. Hügel und Berge umgeben die Stadt – Damsgardfjellet, Løvstakken, Sandviksfjellet, Rundemanen, Blamanen und, der höchste der sieben, Ulriken mit rund 600 Meter, an dem sich die Seilbahn langsam auf und ab bewegt wie eine große rote Spinne an ihrem Faden.

Durch Handel und Wirtschaftsbeziehungen wurde diese Stadt die wohl weltoffenste Norwegens. Die Bergener haben einen schwungvollen Gang, der an Generationen von Seeleuten erinnert und ihr Selbstwertgefühl zum Ausdruck bringt. Sie wissen um ihren Status und sind sich bewußt, daß Oslo, mag es auch heute Hauptstadt sein, verglichen mit Bergen historisch gesehen ein Kleinkind ist.

Die Stadt Olav Kyrres: Die Gründung Bergens im Jahre 1070 in Torget, wo heute der tägliche Fisch-, Obst- und Blumenmarkt stattfindet, wird König Olav Kyrre zugeschrieben. Doch es wäre naiv zu glauben, daß der phantastische Hafen und die geschützten Fjorde nicht schon vorher besiedelt gewesen wären in einer Gegend, deren Bewohner vom Meer lebten. Im 13. Jahrhundert wurde Bergen die erste Hauptstadt eines geeinten Norwegens und entwickelte sich zum geistlichen Zentrum, mit einer Kathedrale, nicht weniger als 20 Kirchen und Kapellen, fünf Klöstern und zwei Armenhospitälern – mehr christlichen Einrichtungen, als sie irgendeine andere Stadt Norwegens damals aufzuweisen hatte. Heute ist Bergen immerhin noch Hauptstadt der *Kommune* Hordaland.

Bergen wurde als Hauptstadt im Mittelalter von Oslo abgelöst, doch stellte es die neue Hauptstadt noch lange in den Schatten. Im Mittelalter war es die größte Stadt aller nordischen Länder und bis

Vorherige Seiten: Der Hafen von Bergen. Links: „Jacob" von Jacobsgarden, ein wichtiges Erkennungsmerkmal, als die Leute noch nicht lesen konnten. Rechts: Fløybanen erklimmt den Fløyen, einen der sieben Hügel Bergens.

1830 die größte Stadt Norwegens. Heute ist es mit über 200 000 Einwohner etwa halb so groß wie Oslo.

Seine Größe früherer Zeiten verdankt es vor allem dem Umstand, daß es im Mittelalter von der deutschen Hanse als Zentrum für den nördlichen Raum gewählt wurde. Ihre Handelsniederlassung an der Nordseite Vagens wurde zum Motor aller Handelsaktivitäten an der nordwestnorwegischen Küste. Doch die Hanse wurde in Skandinavien immer mächtiger, und schließlich löste Norwegen das Band, das den Westen in Knechtschaft hielt. Wie alle holzgebauten Städte wurde auch Bergen wiederholt von Bränden heimgesucht und oft verwüstet. Infolgedessen sind die ältesten erhaltenen Gebäude der Stadt aus Stein und die heutigen Straßen, die nach der letzten Feuersbrunst von 1916 angelegt wurden, als ein Sturm die Flammen zu einem Inferno anfachte, sind breit und als Feuerschneisen gedacht.

Widerstandsbewegung: Im Zweiten Weltkrieg war Bergen Zentrum des norwegischen Widerstandes und viele junge Bergener wagten den gefahrvollen Weg durch die Inseln nach Schottland. Hier wurden sie für Widerstandsaktionen ausgebildet, kehrten nach Westnorwegen zurück und bildeten Sabotagegruppen. Bis heute gibt es den Linge-Club, Überlebende der Gruppe unter Oberst Linge, deren Taten im Theta Museum (Bryggen) zu erfahren sind.

Die größte Katastrophe dieser Epoche hing jedoch nicht direkt mit dem Krieg zusammen, sondern war ein durch den Krieg bedingter Unfall. 1944 explodierte im Hafen ein holländisches Munitionsschiff und beschädigte viele der alten Gebäude auf dem nördlichen Kap, darunter Hakonshallen und Rosenkrantztarnet. Der Haß auf die Deutschen war damals groß, und so mancher Bergener, der kein Blatt vor den Mund nimmt, wird heute noch bemerken, es sei schade, daß der Tyskebryggen (deutsche Kai) der Hanse, heute taktvoll Bryggen abgekürzt und eins der historischen Prunkstücke Bergens, dabei nicht zerstört worden ist.

Blick in die Vergangenheit: Die ältesten archäologischen Funde sind im **Bryg-**

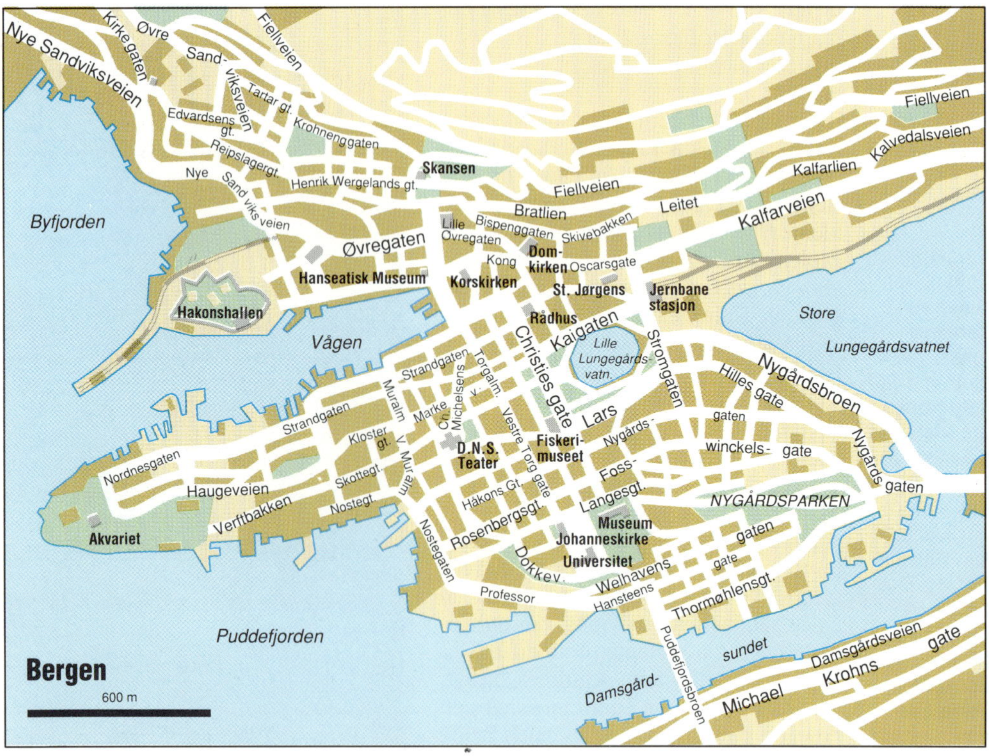

gens Museum hinter den Hansehäusern an der Hafennordseite, fast am Ende des Kaps **Holmen**, das heute der Kai für die Nordseefähren verlängert. Das Museum ist gleichzeitig das Erling Dekker Naess Institut für mittelalterliche Archäologie, und so werden die Originalfundstücke der Archäologen von 1955 bis 1972 hier gezeigt. Auch Kunstgegenstände und naturgetreue Rekonstruktionen mittelalterlicher Zimmer sind zu sehen, die nach überliefertem Material möglichst authentisch nachgebaut wurden. Hier entsteht ein Bild der Zeit, als Bergen noch ein kleines Fischer- und Seefahrerdorf in den sanften Hügeln an der Küste war.

Ganz in der Nähe ist das älteste noch genutzte Gebäude, **Mariakirken** (Marienkirche), die Anfang des 12. Jahrhunderts erbaut wurde und zu Recht stolz ist auf ihre barocke Kanzel. Die beiden anderen mittelalterlichen Kirchen, die als einzige die periodischen Feuer überstanden, ist die heutige **Domkirke** (Kathedrale), einst St Olavs, doch heute eine Mischung vieler Stilepochen, und **Korskirken** (Heiligkreuz), im Renaissance-Stil des 17. Jahrhunderts gehalten. Die beiden letzteren sind in Hafennähe und alle drei einen Besuch wert.

Holmen war Standort von **Bergenshus**, des alten, aus Holz gebauten Königspalastes aus der Zeit, als Bergen Hauptstadt wurde. Während eines Baubooms im 13. Jahrhundert wurde sie in eine steinerne Festung umgebaut. Die restaurierten Überreste befinden sich nicht weit vom Standort der ursprünglichen Kathedrale. Zwei Gebäude der Stadt sind besonders bemerkenswert. In **Hakonshallen**, die zwischen 1247 und 1261 von König Hakon Hakonsson erbaut wurde, fand die Hochzeit König Magnus Lagabötes (des Gesetzesmachers) statt, der Hakons Sohn und Mitregent war. **Rosenkrantztarnet** war das Werk eines dänischen Gouverneurs in Bergenshus, Erik Rosenkrantz, das er auf Hakons ursprünglichen „Bergfried der See" propfen ließ.

Hakonshallen ist das älteste erhaltene säkulare Gebäude Norwegens aus dem Mittelalter. Als es wie Rosenkrantztarnet durch die Explosion von 1944 stark be-

Links: Polizeipatrouille am Bryggen. **Rechts**: Trolle bewachen den Eingang eines Souvenirladens.

schädigt wurde, wurden die beiden Gebäude nach Anweisung norwegischer Historiker so originalgetreu wie möglich wieder aufgebaut. Heute ist Hakonshallen ein herrlicher Konzertsaal mit einer Galerie und einem darunter befindlichen Restaurant. Die massigen Säulen der Großen Halle mit ihren schönen, modernen Wandteppichen sind bis heute zu sehen. Rosenkrantztarnet ist ein Museum mit Dauer- und Wanderausstellungen. In beiden Gebäuden erzählen Überbleibsel verschiedener Epochen Bergens Geschichte in Stein.

Die Hanse: Die Führer des Bryggen Museums, meist Studenten, führen auch durch die Zeile von Hansehäusern am **Bryggen**. Diese Kaufmannshäuser und Lagerhallen stammen alle aus der Zeit nach dem großen Feuer von 1702, das viele Gebäude zerstörte, und stehen auf der UNESCO-Liste erhaltenswerter Kulturdenkmäler. Die Norweger der frühen Pächtergemeinden trieben lange Handel mit aller Welt, und im Sommer quoll Vagen förmlich über von Schiffen verschiedenster Nationalitäten. Doch vom 14. Jahrhundert wuchs der Einfluß der Deutschen, bis sie den Handel Bergens und des Nordens dominierten.

Ein Schlüssel zum Verständnis des Hanselebens ist ein Besuch des **Hanseatischen Museums**, das im Stil der Zeit eingerichtet ist, als der Kaufmann sein Büro noch innerhalb des Hauptkontors im ersten Stock hatte. Das kleine Zimmer ermöglichte ihm die Kontrolle über das Spirituosenlager gleich daneben. Den anschließenden Raum ziert ein „Königskabeljau", kenntlich an der Beule auf dem Kopf, der Glück bringen soll. Er war Eß- und Aufenthaltsraum der Kaufleute und Lehrlinge. Im Stock darüber befinden sich die schmalen Etagenbetten der Lehrlinge. Obwohl die Lehrlinge meist Söhne von Kaufleuten waren, die das Handwerk bei einem Kollegen erlernen sollten, wurden sie jede Nacht in ihren winzigen „Zellen" eingeschlossen.

Bierkrug und Bibel: Als – oft nutzlose – Feuerschutzmaßnahme wurden die Hansehäuser nicht geheizt. Die Kälte muß den Deutschen in den grimmigen Bergener Wintern ordentlich zugesetzt ha-

Boote im geschäftigen Hafen Bergens.

ben. Kein Wunder, daß die **Schöstuene**, die nahegelegenen Versammlungshäuser, im Winter so gut frequentiert waren, in der Sauregurkenzeit des Handels, wenn nur wenige Schiffe im Hafen lagen. Auf dem langen Mitteltisch lag neben den Bierkrügen die Bibel, beispielhaft für die beiden Religionen der Hanse. In einer Schublade lag der Rohrstock zum Züchtigen der Lehrlinge, die hier unterrichtet wurden. Auf einer Wand steht in Deutsch das „Vereinsstatut“. Zuwiderhandelnde wurden auf einer Tafel vermerkt, bis sie durch gutes Betragen verdient hatten, ausgewischt zu werden. Hier war das Zentrum des privilegierten Hanselebens. Seine Privilegien führten schließlich zu seinem Niedergang, denn die Einheimischen ärgerte, daß die Deutschen weder Kriegsdienst leisten noch diverse Steuern zahlen mußten. Schwerer wog noch, daß die Hanse den Handel fest in der Hand hatte. Bei festlichen Anlässen werden die Schötstuene bis heute als Versammlungsräume genutzt.

In Elsesro an der Küstenstraße hinter Bergenshus und dem Nordseekai liegt **Gamle Bergen** (Altbergen), das unvermeidliche, von den Skandinaviern so geschätzte Freilichtmuseum mit 35 Holzbauten aus dem Bergen des 18. und 19. Jahrhunderts. Die Innenräume sind in verschiedenen Stilrichtungen eingerichtet. An den Pflasterstraßen geleiten Führer in der roten, wadenlangen Tracht mit schwarzem Schal die Besucher durch Welten vom Prunk eines Beamtensalons im französischen Empire-Stil bis zu dem aus Wohnzimmer und Küche bestehenden Häuschen, wo eine Näherin 1860 ihre geschickten Hände betätigte. Nicht weit ist **Sandvik Sjöbad**, ein beliebtes Seebad mit Blick über Byfjorden auf Bergen. Gamle Bergen erreicht man mit den Bussen 1 und 9 vom Zentrum aus.

Großes Schiff: Eine Überfahrt mit der Fähre unterhalb von Rosenkrantztarnet auf die Halbinsel **Nordnes** gibt Ihnen Gelegenheit, das elegante Segelschulschiff *Lehmkuhl* mit seinen glänzenden Messingteilen zu betrachten. Bis nach Schloß **Fredriksborg** ist es nur ein kurzer Weg. Nicht weit dahinter liegt **Nordnes Sjöbad** mit einem beheizten Freibad.

Morgens auf dem Fischmarkt.

Bei schlechtem Wetter ist das **Bergen Aquarium** ein gutes Ausflugsziel, das eine der schönsten Sammlungen Europas beherbergt. Seehunde und Pinguine schwimmen und tauchen hier oder aalen sich im Freien auf den Felsen um die Schwimmbassins. Die Haupthalle hat neun Tanks von bis zu 1,5 Meter Tiefe, die einem den Eindruck vermitteln, man bewege sich unter Wasser. (Von Bergen-Zentrum aus mit dem Bus 4.)

Ein Muß am Morgen: An jedem Wochentagmorgen ist Bergens **Fischmarkt** bunt von Blumen, Zimmerpflanzen und Obst. Damen mittleren Alters, selbst um diese Zeit schon elegant gekleidet, verwickeln die Fischer vor interessiertem Publikum in tiefschürfende Gespräche über den Tagesfang. An Ständen werden *Gravlaks* (Räucherlachs) und andere Delikatessen für zuhause verkauft. Diese Szene ist typisch für Bergen, wo immer was los ist und die Menschen stehenbleiben und zusehen oder in die Boote spähen, die nach einer Fischnacht auf See am Kai vertäut sind. Nicht weit gibt es gute Fischrestaurants, wo man sich aus einem Aquarium den Fisch aussuchen kann, den man gerne essen möchte.

Karneval in Bergen.

Nicht weit liegt am Berg in einem anderen alten Stadtteil **Gamle Radhuset**, das **Alte Rathaus**. Es wurde 1558 als Privathaus gebaut, 1562 der Stadt übergeben und diente ihr dann mehrere Jahrhunderte lang als Rathaus, bis es 1974 durch den wenig eleganten Hochhausblock in der Nähe ersetzt wurde. Ein weiteres schönes altes Haus dieser Gegend ist das **Hotel Victoria**, ein alter Gasthof, der heute ein kleines, komfortables Stadthotel ist und etwas preiswerter als die größeren Häuser.

Ebenfalls nicht weit vom Fischmarkt ist **Torgalmenningen**, ein weiterer Platz, der zum Verweilen einlädt, mit den besten Geschäften der Stadt. Hier steht auch das **Seemannsdenkmal**. Geschnitzte Figuren marschieren rund um dieses Denkmal für alle norwegischen Seeleute, die im Meer den Tod fanden. Für Touristen interessant ist das Fremdenverkehrszentrum, wo man Broschüren mit wichtigen Informationen erhält, Übernachtungsmöglichkeiten erfragen, Ausflüge buchen und dem hilfsbereiten Personal Fragen stellen kann. Von hier fährt Bergens neueste Attraktion ab, der **Bergen Express**, eine Straßenbahn, die Zentrum, Fischmarkt und Bryggen abfährt. Stadtrundfahrten mit dem Bus sind geeignet, sich einen Überblick zu verschaffen. Sie starten neben dem Hotel Norge, einem der ältesten und beliebtesten Hotels von Bergen gegenüber Torgalmenningen. Einen schönen Eindruck von der Stadt bekommt man auch durch eine Hafenrundfahrt mit dem Motorboot *White Lady*, das auch Fjordrundfahrten macht.

Museenviertel: Bergen ist gut zu erlaufen. In Richtung auf den hohen Turm von **Johanneskirken** erreichen Sie von Torgalmenningen aus in zwei Minuten den Gipfel von **Sydneshaugen** beim Universitätsgelände. Hier befinden sich mehrere Museen – das **Naturhistorisk Museum** (Naturgeschichte) im schönen botanischen Garten, das **Historisk Museum** und das **Bergen Sjöfartsmuseum** (Schiffahrt), in dem die Geschichte seiner Seefahrer von der Zeit der Wikinger bis heute nachgezeichnet ist. Nicht weit, in der Nähe des Studentencenters, ist das

Bergen Teatermuseum. Einst war hier das Universitätsviertel, bis sich die Universität mehr in den nördlichen Teil der Stadt an der Helleveien verlagerte. Das alte Museumsgebäude gehört jedoch immer noch zur Universität. Hier begann die Karriere des Polarforscher Fridtjof Nansen und auch der Vater der Wettervorhersage, Vilhelm Bjerknes, hatte hier seine Anfänge.

Große Namen: Es überrascht nicht, daß dieser quirligen Stadt mit ihren engen Verbindungen zu Europa viele berühmte Leute entstammen. Außerdem war sie ein Zentrum des Nationalismus des 19. Jahrhunderts, der 1905 in der Trennung Norwegens von Schweden gipfelte. Erstmals seit 500 Jahren war Norwegen damit wieder völlig unabhängig. Der damalige norwegische Premierminister war Christian Michelsen, dessen Heimat **Gamlehaugen** in Fjösanger heute die Bergener Residenz des Königs ist.

Der Nationalismus gründete sich insbesondere auf die Rückbesinnung auf die norwegische Kultur im 19. Jahrhundert unter Führung von Henrik Ibsen, Geiger dem Ole Bull, dem Komponisten Edvard Grieg und Schriftstellern wie Björnsterne Björnson. Weder Ibsen noch Björnson stammten aus Westnorwegen. Trotzdem leitete Björnson zeitweilig das Bergener **Den Nationale Scene** (Nationaltheater), das Ole Bull 1850 gegründet hatte. Daher auch die Björnson-Statue vor dem Theater. Der virtuose Geiger Ole Bull debütierte mit 25 Jahren beim Orchester der Pariser Oper und bereiste die folgenden 45 Jahre lang Europa und die Vereinigten Staaten. Seine Hingabe zur norwegischen Kultur entstand ebenfalls auf Wanderungen durch die Dörfer Westnorwegens und durch das Jotunheimen-Massiv östlich des Fjordlandes. Hier hörte und sammelte er viele alte Volksmelodien, die auf der Hardangerfiedel gespielt wurden. Später schrieb Grieg einiger dieser Weisen für Klavier um und rettete sie so für die Nachwelt.

Musikerhäuser: Tausende von Menschen besuchen jedes Jahr Griegs Sommerdomizil in **Troldhaugen**, hoch über dem Fjord. Grieg besaß hier auch ein *Hytte*, wo er in Ruhe komponieren konn-

Die Prozession den Bryggen entlang.

te. Das Haus ist noch genau so wie Grieg es verließ. Überall liegen Manuskripte herum und auch das Klavier im gemütlichen Wohnzimmer ist voll funktionsfähig. Früher fanden in diesem Raum oft Musikabende statt. Heute spielt der Kurator hier manchmal Grieg-Stücke. Für größere Veranstaltungen war der Raum zu klein, und so wurde 1985 in Trondhaugen ein **Kammermusiksaal** für 200 Personen eröffnet, der so an den Hang gebaut wurde, daß er zwischen den großen Bäumen kaum auffällt. Für Darbietungen im kleineren Rahmen aber wird die Grieg-Villa noch genutzt.

Troldhaugen ist ein herrlicher Schauplatz für Konzerte in der Tradition Griegs und seiner Frau Nina Hagerup, einer dänischen Sängerin, an Sommerabenden Freunde in ihrem idyllischen Garten zu empfangen. (Jeder Bus Richtung Fana fährt durch Hopsbroen, von wo es 15 Gehminuten nach Troldhaugen sind. Viele Städtetouren haben Troldhaugen ebenfalls im Programm.)

Ole Bull baute sich auf der Insel **Lysøen** 1873 ein Haus, als er in und außerhalb Norwegens schon lange berühmt war. Bull verwandelte die Insel in einen waldigen Park mit Wanderwegen und das Haus ist einmalig in Norwegen. Es ist traditionell aus norwegischen Holz, wobei ihm der verzierte, geschützte Balkon und die Spitzbögen der Fenster an der Vorderfront des Holzgebäudes einen fast maurischen Einschlag verleihen und der Turm mit dem Minarett an die Basiliuskathedrale am Roten Platz in Moskau erinnert. Seine amerikanischen Nachfahren haben das Anwesen lange erhalten und es jetzt der norwegischen Denkmalpflegegesellschaft überschrieben. Mit dem Bus ist es von Bergen aus in 50 Minuten zu erreichen (Ausgang 20 des Busbahnhofes zu dem mit Lysefjordruta ausgezeichneten Bus). Der Besuch auf Lysøen läßt sich gut mit einem Abstecher zum **Lysekloster** verbinden, den Ruinen einer Zisterzienserabtei aus dem 12. Jahrhundert, eines Tochterklosters der Fountains Abbey in Yorkshire, England.

Künstlerisches Erbe: Ob nun infolge des Ruhms von Größen wie Bull, Grieg oder des Malers J.C. Dahl, jedenfalls hat Ber-

Der weite Blick vom Fløien.

gen ein lebhaftes Künstler- und Kulturleben. Das **Internationale Musikfestival Bergen**, das jedes Jahr im Mai und Juni stattfindet, zieht Künstler aus aller Welt und Tausende von Besuchern an. Ende der 70er Jahre wurde für das Festival ein neuer Konzertsaal gebaut, **Grieghallen**, mit einer phantastischen Akustik, die er vielleicht der ungewöhnlichen Architektur verdankt. Außen ähnelt das Gebäude nämlich einem großen Konzertflügel, möglicherweise eine Hommage an den Komponisten, dessen Namen es trägt. Hier ist das Herz des 12tägigen Festivals, doch es finden auch Darbietungen in Hakonshallen, Troldhaugen, Lysøen und in der alten Mariakirken statt.

Auch über mehrere imposante Kunstsammlungen verfügt Bergen, die meisten davon am **Lille Lungegardsvann** konzentriert, dem achteckigen See inmitten des Parks, nicht weit von den Denkmälern Edvard Griegs und Ole Bulls mit seiner Violine und von Grieghallen. Hier ist die **Städtische Kunstgalerie** mit einer umfassenden Sammlung norwegischer Maler der letzten 150 Jahre, mit der **Rasmus Meyer-Sammlung**, ebenfalls auf norwegische Künstler spezialisiert, darunter Werke Edvard Munchs, und der **Stenersen-Sammlung** mit herrlichen Werken von Munch, Picasso und Klee. Wie in vielen skandinavischen Städten gibt es auch in Bergen private Galerien, viele spezialisiert auf moderne Malerei.

In den Geschäften findet man Beispiele mehr folkloristischer Kunst, traditionelle und moderne Handarbeiten. Am bekanntesten ist Husfliden mit reich verzierten norwegischen Trachten (je nach Region unterschiedlich), handgestrickten und gewebten Textilien, Messing- und Holzarbeiten und auch den berühmten, dekorativen Rosenmalereien auf Schalen und Tellern. Auch norwegisches Glasdesign ist schön, wie es bei **Irgens** in der Markveien oder in **Bergens Glasmagasin** angeboten wird. Der Juwelier Magnus Aase hat sich auf Silber- und Goldschmuck und herrliche emaillierte Silberartikel spezialisiert. Bergens größtes Kaufhaus **Sundt** (Torgalmenningen) hat nahezu alles, und die drei neuesten Einkaufsmeilen **Bystasjonen,**

Ein Konzert im reich verzierten Musiksalon von Ole Bulls Haus auf Lysøen.

Kløverhuset und **Galleriet** sind beliebtes Revier von Souvenirjägern – mit ausreichend Gelegenheit zu gemütlichen Kaffeepausen.

In Aktion werden die norwegischen Traditionen in Bergen von Mitte Juni bis Ende August gezeigt. Das Bryggens Museum ist der geeignete Hintergrund für die **Bjørgvin Volkstanzgruppe**, die traditionelle Volkstänze und Musik aus dem ländlichen Norwegen aufführt. Am Sonntagabend finden im **Hotel Norge** Folkloreveranstaltungen statt, doch am authentischsten ist **Fana Folklore** im südlichen Fana-Bezirk. Dabei wird eine Bauernhochzeit dargestellt, mit typisch norwegischem Essen wie *Rømmegraut*, ein reichhaltiger, festlicher Haferbrei, der mit herkömmlichem Haferschleim wenig Ähnlichkeit hat, geräuchertem Hammel und Würstchen, flachem Brot und anderen traditionellen Gerichten.

Mit dem Bus geht es zunächst zur **Fana Kirken**, der 800 Jahre alten Kirche, die allein schon einen Tagesausflug wert ist. Hier spielt der Organist alte Lieder und Melodien. Weiter geht es nach **Rambergstunet**, wo Sie traditionell von der *Lur* begrüßt werden, einem posthornähnlichen Volksinstrument, und zu den langen Tafeln der Hochzeitsfeier, vorbei an Volkstänzer, die Figuren und Sprünge vollführen, die im 19. Jahrhundert beinah ausgestorben wären. Etwas später können Sie sich auch daran beteiligen. Auch Kinder geben ihr Können zum besten, und es wird zur *Langleik* gesungen, Norwegens schwermütigstem Musikinstrument, einer einsaitigen Zither, mit der traditionell Gesang begleitet wird. Auf der Rückfahrt nach Bergen ist man voll vom guten Essen und von farbenfrohen, klangvollen Eindrücken.

Outdoor-Stadt: Der Natur der Meeres- und Fjordstadt gemäß ist der Lieblingszeitvertreib das Segeln, gefolgt von Salzwasserfischen und Schwimmen. Dazu gibt es reichlich Gelegenheit. Sie können aber auch eine Fjordrundfahrt über einen Tag oder länger ins Auge fassen oder eine Wanderung durch die mit der Fløyenbane nur 10 Minuten entfernten Hügel von Bergen. Vom **Sandviken Ridesenter** nicht weit vom Gamle Bergen Museum werden kurze und längere Ausritte veranstaltet. Auch Tennisplätze und -hallen gibt es. Etwas ganz anderes ist ein Abend auf der Trabrennbahn des **Bergen Travpark** in Asane, 16 Kilometer außerhalb. Dieser Sport ist besonders skandinavisch und die Stimmung bei den Rennen ist elektrisierend.

Neben den Gärten Troldhaugens und Lysøens gibt es noch das **Norwegische Arboretum** in Milde, 1971 gegründet, wo eifrig Sträucher und Bäume aus aller Welt gezüchtet werden. Die Umgegend an der Küste ist reizvoll, mit Felsschluchten, Hügeln und einem kleinen See. Der Fanafjord bietet gute Bademöglichkeiten. (Mit dem Bus bis Mildevagen, dann 15 Minuten Fußmarsch in Gelände mit Blick auf Inseln und Meer.)

Viele Touristen machen den Fehler, für Bergen nur einen oder sogar nur einen halben Tag zu Beginn und Ende einer Tour durch die westlichen Fjorde einzuplanen, was der Stadt nicht gerecht wird. Machen Sie die Stadt lieber zur Ausgangsbasis eines Fjordurlaubes und genießen sie Stadt und Natur mit der herrlichen Fjordlandschaft gleichermaßen.

Links: Ole Bull nannte sein Haus gern „Kleine Alhambra“. Rechts: Alte Häuser im Gassengewirr hinter Bryggen.

POST

DIE SCHÖNSTE REISE DER WELT

Tag für Tag, das ganze Jahr über, gleitet das Schiff um 22 Uhr aus Bergens hügelumsäumtem Hafen. Im Winter ist es dann schon seit Stunden dunkel und die Passagiere warten nicht, bis die Lichter Bergens verschwunden sind, sondern suchen rasch die Wärme der Salons und Kabinen. Im Sommer dagegen ist das Deck voll, wenn der große Dampfer auf den Fjord hinausfährt und Hakonshallen, Rosenkrantztarnet und die kleinen Holzbauten hinter sich läßt, wo einst die deutschen Kaufleute der Hanse lebten und Handel trieben.

Der **Küstenexpress** ist auf Nordkurs, durch Byfjorden und Hjeltefjorden, vorbei an Inseln wie Askøy und Holsnøy aufs offene Meer hinaus. Es beginnt eine Reise über 1250 Seemeilen um das Nordkap nach Kirkenes an der russischen Grenze, über den Polarkreis.

Heute ist dieser Küstentrip eine der beliebtesten Touristentouren. Für die Norweger bedeutet er viel mehr. Von frühester Zeit an war die langgestreckte, schöne Küste die schnellste Verbindung für Kommunikation und Handel, so daß weit entfernte Ort oft enge Beziehungen unterhielten. Für die West- und Nordnorweger waren Schottland und Island einst leichter erreichbar als der Südosten des eigenen Landes, etwa das Gebiet des heutigen Oslo.

Im Winter war dies sogar die einzige Reisemöglichkeit, da der Golfstrom das Wasser damals wie heute eisfrei hält – auch wenn die Temperaturen an der Küste unter null Grad sinken. Auch heute noch kann man manche Orte nur durch die Luft oder auf Skiern erreichen, wenn Bergstraßen unpassierbar und Fjorde zugefroren sind.

Die Schnellroute: Der erste Dampfer, die *Prinds Gustav*, fuhr 1838 von **Trondheim** nach **Tromsø**. Bald verbanden weitere Dampfer die Küstenstädte, und 1893 wurde von der Schiffahrtsgesellschaft Vesteraalens Dampskibsselskab die Hurtigrute eröffnet (wörtlich „Schnellroute") zwischen Trondheim und Hammerfest weit im Nordwesten, das bis heute von vielen Schiffen angelaufen wird. Als die Verbindung auf Bergen und Kirkenes ausgedehnt wurde, beteiligten sich weitere Reeder, und so betreiben heute fünf Gesellschaften elf Schiffe auf zwölftägigen Rundfahrten von Bergen bis Bergen.

Die **Hurtigrute** läuft 36 Häfen an der sich stetig wandelnden Küste an. An manchen stehen nur wenige Häuschen, und die Einheimischen warten am Kai auf ein Auto, einen Container oder auf Freunde, die aus einem nahen Ort per Schiff zu Besuch kommen, weil die Alternativverbindung lang und umständlich ist. Oder sie treffen sich hier zum Zeitvertreib, um den Passagieren auf Deck zuzuwinken, wenn die Zeit nicht für einen Landgang reicht.

Interessant wird die Reise auch durch die Möglichkeit, die Besatzung bei der Arbeit zu beobachten: die Landemanöver, die Kommunikation mit den Dockarbeitern, die Kräne, die schwere Geräte abladen, die während der Fahrt fest auf dem Deck verzurrt waren, und das nervöse Gesicht eines Autobesitzers, wenn

Vorherige Seiten: Sonnenuntergang auf See. Links: Die Hurtigrute befördert Post nach Norden. Rechts: Die *SS Harald Jarl* auf dem Weg durch Raftsundet nach Süden mit Kurs auf Svolvaer.

sein neuer Wagen durch die Luft schwebt. Der erste Landgang ist in Alesund, einer der drei Møre-Städte. Es hat alle typischen Merkmale einer Hafenstadt und wurde nach einem verheerenden Feuer 1904, das 10 000 Menschen obdachlos machte, im Ganzen neugebaut, mit Holzhäusern im Art-Nouveau-Stil, die sorgfältig gepflegt und in leuchtenden Farben gestrichen sind.

Der nächste längere Halt ist in Trondheim, weiter nördlich an der herrlichen Küste mit 87 Berggipfeln, die über weite Teile des Jahres schneebedeckt sind. Als es noch Hauptstadt war, hieß Trondheim Nidaros. Die Nidaros-Kathedrale ist ein nationales Heiligtum. Sie enthält die königlichen Insignien und ein Denkmal König Olav Haraldsons, der in der Schlacht von Stikelstad nördlich von Trondheim fiel und heiliggesprochen wurde. Die Schiffspassagiere haben genug Zeit für einen morgendlichen Besuch der historischen Stadt mit ihren geschäftigen Häfen, Buchten und breiten Straßen mit kleinen Holzhäusern und alten Warenlagern, heute gefragte Wohnhäuser.

Zeitig am nächsten Morgen rollt das Schiff wieder nach Norden, kreuzt den Polarkreis und fährt in „das Land der Mitternachtssonne".

Dies war der große Slogan der norwegischen Tourismuswerbung, bis unbequeme Ehrlichkeit sie zwang, ihn abzusetzen, da beileibe nicht überall in Norwegen die Mitternachtssonne scheint. Doch so weit nördlich kann man in den hellen Sommernächten auf Deck um Mitternacht die Küste am Schiff vorbeiziehen sehen. Auf Südkurs tritt König Neptun zu den die Polarkreisüberquerung Feiernden, um die Polarkreisurkunden zu verleihen.

Hamsuns Nordland: Zwischen den Lofoten-Inseln befindet sich das Schiff bereits in Nordland, der Heimat eines der berühmtesten Schriftsteller Norwegens, Knut Hamsuns. Hamsun nannte die alte Handelsstation Kjeringø „Sirilund" in seinen Romanen, die das überraschend weltoffene Leben dieser nordischen Fischer- und Händlerfamilien um die Jahrhundertwende beschreiben. Ein Hamsun-Roman (besonders die Wande-

Das Schiff fährt die spektakuläre Nordküste entlang.

rertrilogie) ist eine gute Begleitlektüre für die Reise und gibt Einblick in den Charakter und die Denk- und Lebensweise in diesen Nordgebieten.

Vogelfreunde würden beim Umkreisen der Inseln das Deck am liebsten keine Sekunde verlassen, um nicht eine der zahlreichen Seevögelkolonien zu versäumen, die Schwärme exotischer Enten oder die lustigen Papageientaucher, die es hier zu Hunderttausenden gibt.

Im Sommer macht das Schiff einen Abstecher in den **Trollfjord**, was kein großer Ozeankreuzer könnte, weil nackter Fels und Geröll weit in den engen Fjord hineinragen. Auch dieser Anlaß wird gefeiert: Der Küchenchef serviert zu Griegs trollhaftester Musik eine spezielle Trollfjordsuppe. Zur Erheiterung des Publikums läßt sich dabei auch ein Troll blicken.

Im Winter ist der Fjord von Eis blokkiert, doch dafür kann man die unaufhörliche Faszination des Nordlichts genießen – einmal blitzen weiße Speere, ein andermal erhellt ein strahlender, blaugrüner Schein den Himmel, oder es gleißt und glitzert in allen Farben. Die hohen Berge des südlicheren Fjordlandes sind inzwischen verschwunden. An den kurzen Wintertagen taucht die sinkende Sonne die weißen Kegel der Hügelkuppen in rötliches Licht wie Himbeersoße auf Eiscreme.

Durch die Jahreszeiten: Im Frühling und Herbst ist die 12tägige Fahrt wie eine Reise durch die Jahreszeiten. Verlassen Sie Bergen im Mai, versinken die Fjordtäler in einem Blütenmeer, während über die winterlich weißen Hügel und Berge des Nordens der Schnee stiebt.

Bei der Rückfahrt ist es genau umgekehrt. Wenn sich der Norden gerade aus dem Klammergriff des Winters befreit, hat der kurze norwegische Sommer auf seinem Vormarsch nach Norden bereits die Gegend von Bergen erreicht. Vielleicht ist es schon warm genug, sich in einer geschützten Ecke auf Deck in die Sonne zu legen, wenn sich das Schiff dem Ende der langen Reise nähert.

In **Tromsø** auf einer Insel in zerklüfteter Landschaft befindet sich die nördlichste Universität der Welt. Wegen der zahl-

Maskenball im Sommer, wenn die Hurtigrute auch Vergnügungslinie ist.

reichen Restaurants und Cafés wird Tromsø auch „Paris des Nordens" genannt. Die Stadt ist Basis für die Wissenschaftler einer Polarforschungsstation und auch Zentrum der Arktikflotten und -expeditionen. Im Sommer ist bei der Rückkehr nach Tromsø Zeit genug für einen mitternächtlichen Ausflug mit der Seilbahn auf den Gipfel des Stornsteinen. In 410 Metern über dem darunterliegenden Meeresspiegel hat man eine herrliche Aussicht auf Küste und Festland.

In der Finnmark zieht das Schiff, vorbei an verwitterten Hügeln und bewaldeten Flußtälern nach Hammerfest, Norwegens nördlichster Stadt. Im Sommer erlaubt sich der Küstenexpreß, obwohl er kein Vergnügungsdampfer ist, einen Abstecher durch den Margeröy-Sund nach Honningsvag, wo eine Bustour zum Nordkap abgeht – einer der Höhepunkte jeder Norwegenreise.

Das Nordkap ist gleichbedeutend mit einem Kurswechsel nach Osten über die Spitze Norwegens ins fünf Kilometer von der russischen Grenze entfernte **Kirkenes**. Die Ortsnamen in dieser Gegend haben ihre Wurzeln in Sami und Finnisch. Kirkenes selbst ist eine Bergbaustadt am Fluß Pasvikelva in einem seltsamen Niemandsland zwischen West und Ost, in dem auch Sami-Einflüsse spürbar sind. Man kann eine Bustour zur Grenze machen. Lange vor *Glasnost* und der Umwälzung in Osteuropa trafen sich hier zwei Kulturen und bauten grenzüberschreitende Kontakte auf.

Nichts verpaßt: Auf Südkurs läuft das Schiff am Tag all die Häfen an, die die Passagiere auf der Hinfahrt in ihren Kabinen verschliefen. Man verpaßt also nichts. Die Fahrt ist im übrigen recht friedlich. Das Schiff bewegt sich meist in Küstennähe oder zwischen Inseln und ist so weitgehend geschützt vor den Unbilden des Atlantik und des Nordmeeres.

Zur Hochsaison im Sommer bemüht sich das Schiff um die typischen Attraktionen eines Vergnügungsdampfers wie Tanz, Kino und Führer, die rechtzeitig auf Sehenswertes hinweisen und Landausflüge organisieren. Doch ist es ein normales Passagierschiff, und außerhalb der Saison gerade deshalb reizvoll, weil es zu seiner traditionellen Aufgabe zurückkehrt, nämlich der des Transports von Westnorwegern, die es wie einen Bus benutzen – zu geschäftlichen und privaten Zwecken. Sie kommen an Bord, stapeln ihre Rucksäcke in Gestellen an der Gangway, vertreiben sich die paar Stunden an Bord mit Kartenspielen oder Musik, unterhalten sich untereinander oder mit der Besatzung wie mit alten Bekannten und verlassen das Schiff mit flüchtigem Gruß. Obwohl die Passagierzahlen durch den Flugverkehr zwischen abgelegenen Orten gesunken sind, ist der Küstendampfer immer da, wenn Flughäfen geschlossen oder Straßen blockiert sind. Zur Versorgung und Belieferung von Industrie und Handel in einsamen Gegenden sind die Schiffe unersetzlich und können Lasten transportieren, die für ein Flugzeug zu groß sind. Ob man im Winter ruhig unter Deck sitzt oder, mit Stiefeln, Handschuhen, Hut und Mantel gegen die Kälte geschützt, an der Reling steht und das Treiben beobachtet, man fühlt sich trotz aller modernen Ausrüstung und Kommunikation der Vergangenheit verbunden.

Links: Passagiere gehen im Winter in Tromsø von Bord. Rechts: Sonnenbad noch weiter nördlich im Polarmeer bei Vadsø.

VOM SOGNEFJORD ZUM NORDFJORD

Aus den kleinen Flugzeugen, die es irgendwie schaffen, an den Fjords oder auf den kleinen Grünflecken im Gebirge zu landen, sieht das Land richtig unwirklich aus. Und doch hat das Gebiet von Sognefjorden im Süden zu Nordfjorden im Norden all das, wofür Norwegen berühmt ist: den längsten, tiefsten Fjord der Welt, den größten Gletscher und den tiefsten See Europas und Jotunheimen, Skandinaviens größtes Bergmassiv.

Die große Provinz (*Fylke*) von Sogn und Fjordane liegt zwischen den von der Nordsee gefressenen Küstenzacken und dem Fuße des Jotunheimen-Massivs. Schmale Ausläufer der Fjorde graben sich tief ins Gebirge und Wasserfälle stürzen zig Meter in die Tiefe des Fjords. Die Gewalt dieses Wassers treibt große Wasserkraftwerke an, die in den Bergen versteckt liegen und Strom bis nach Oslo und Deutschland liefern. Auch Aluminiumwerke nutzen die stürzenden Wasser zur Energieerzeugung und produzieren unter anderem Absperrungen für die meisten Bergstraßen Europas.

In der Vergangenheit waren Fjord, Gebirge und Tal im Winter oft unpassierbar. Heute reist man immer noch langsamer als in anderen Gegenden, doch durch das Fähren- und Bootssystem und die Straßen mit Tunnels und Brücken die auf viele der höheren Berge und in die einsamsten Täler führen, kommt man leichter voran. Von Bergen aus fährt ein Expressboot (ein Katamaran mit Wasserdüsenantrieb) nach Ardal im hintersten Winkel des Fjordes, auf halber Strecke nach Schweden, und viele Leute kommen nach Sogn als Teil einer Fjordrundfahrt.

Am tiefsten und am längsten: Mit 200 Kilometern und 1300 Metern ist der **Sognefjord** in dieser Hinsicht unerreicht auf der Welt. Nachdem ihn britische Touristen im 19. Jahrhundert entdeckt hatten, reisten auch Angehörige von Königshäusern hierher, etwa Edward VII. oder der deutsche Kaiser Wilhelm II., der auf Sommerurlaub in Sogn war, als er vom Attentat auf den Erzherzog in Sarajevo erfuhr, das den Ersten Weltkrieg auslöste.

Im Frühjahr zeigt sich der Fjord im rosa-weißen Kleid, wenn auf dem scheinbar so kargen Boden Obstbäume und Gärten erblühen. An warmen Sommertagen grasen Kühe und Schafe auf den kleinen grünen Plateaus, den Berghöfen oder *Seter*, wo früher die Frauen und jungen Mädchen den Sommer damit zubrachten, Kühe zu melken und Käse zu machen, eine müßige, erholsame Zeit. Ein Großteil der 100 000 Einwohner der Provinz lebt immer noch von Landwirtschaft oder Fischfang, Forstwirtschaft und Obstbau.

An beiden Fjordufern bedecken kleine Dörfchen jeden Quadratmeter Boden, von denen jedes seinen eigenen Charakter hat. **Balestrand** ist seit dem 19. Jahrhundert populär und hat eine englische Kirche, **St. Olavs**, gegründet Ende des 19. Jahrhunderts von einer der unerschrockenen viktorianischen Engländerinnen, die damals die Welt bereisten.

Auch deutsche Künstler der Düsseldorfer Akademie schätzten die Schönheit

Vorherige Seiten: Ein einsames Boot hat den Sognefjord für sich allein. Links: Das Dorf Flam. Rechts: Die St.- Olav's-Kirche (einst eine englische Kirche) in Balestrand.

des Sognefjords und bauten Häuser im schweizerischen Stil, die sie im Gedanken an die Wikingervergangenheit ihres Gastlandes mit Drachenköpfen verzierten. Damit erhöhten sie noch den Reiz des malerischen Dörfchens. Die Gegend ist bekannt für ihr mildes Klima. Jenseits eines kleinen Wasserarmes bei **Dragsvik** pflanzte ein einheimischer Pastor und Botaniker exotische Bäume, die in der geschützten Bucht blühen und gedeihen.

Ein schmaler Seitenfjord führt zu der kleinen Gemeinde **Fjaerland**, einem Molkereizentrum an den beiden südlichsten Ausläufern des großen Jostedal-Gletschers, das per Fähre oder Auto zu erreichen ist. Im Sommer führen die Einheimischen dieses und anderer Orte an den Gletscherausläufern Touristengruppen und veranstalten Gletschererkundungskurse. Die **Gaularberge** in Richtung Sunnfjord im Norden bieten herrliche Bergwanderwege durch ein Areal interessanter Pflanzen- und Vögel.

Mit der Fähre von Dragsvik kommen Sie nach **Vangsnes** am Südufer. Ein paar Kilometer weiter südlich liegen **Vik** und die **Hopperstad Stabkirche** aus dem 12. Jahrhundert, mit Drachenköpfen an der Außenwand und reichen Verzierungen im Inneren. In Vik steht auch die älteste norwegische Steinkirche, die **Hove Kirche**, nur 20 Jahre jünger als Hopperstad. Auf dem Rückweg kommen Sie an der Statue des norwegischen Wikingerhelden **Fridtjof** vorbei, ein Geschenk Kaiser Wilhelms II. von 1913.

Eine kurze Überfahrt von Balestrand aus nach Osten bringt Sie nach **Hella** und am gleißenden Bogen von **Kvinnfoss** (Frauenwasserfall) vorbei fast bis auf die Hauptstraße. An der Spitze des Fjordes liegt **Sogndal,** Handels- und Verwaltungszentrum eines Land- und Forstwirtschaftsgebietes. Die hübsche Kleinstadt hat rund 6000 Einwohner. Während der Schulzeit sind es beträchtlich mehr, denn Sogndal ist auch Schulzentrum mit Bildungsstätten auf Universitätsniveau und Norwegens ältestem Volksgymnasium. Weiter nördlich leben 500 Menschen auf Gehöften rund um den schmalen See Sognadalens. Er ist im Sommer Ziel von Wanderern, im Winter von Skifahrern.

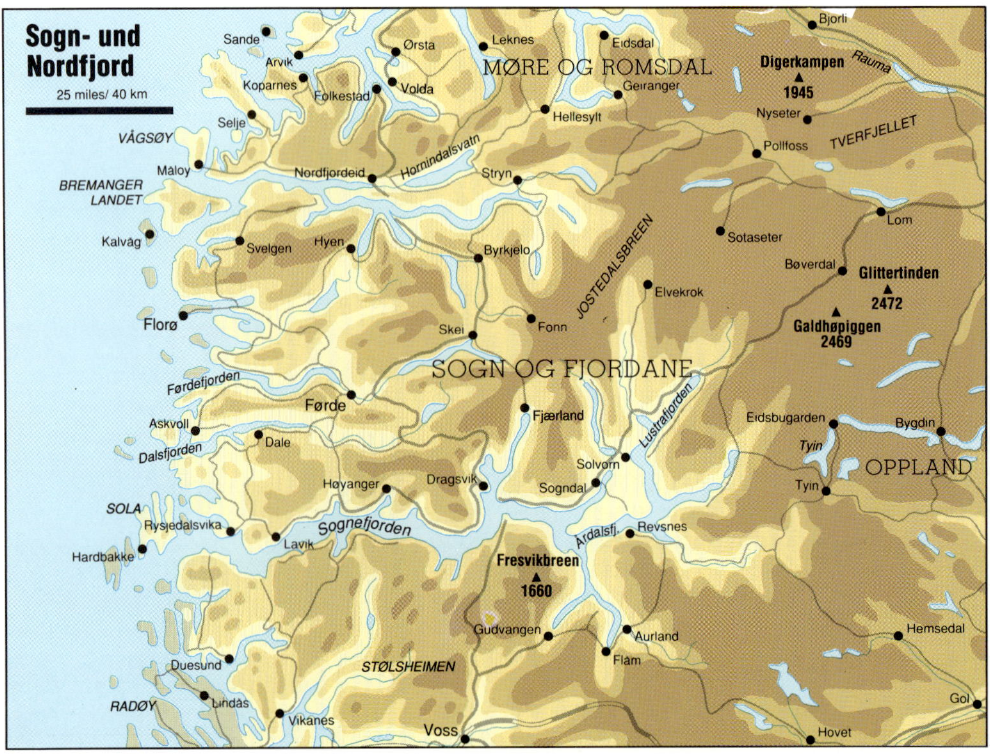

Die **Kaupanger Stabkirche** ist die größte Sogns. Sie wurde Ende des 12. Jahrhunderts erbaut. Die schlichte, dunkle Holzfassade wurde in ihrem ursprünglichen Zustand erhalten. Ein schöner Platz für sommerliche Orgelkonzerte. Das **Sogn Volkskunstmuseum** (die Heibergske-Sammlung) ist eines der ältesten und größten Heimatmuseen Norwegens. Es wurde 1909 von dem Grundbesitzer Gert F. Heiberg als „lebendes“ Museum mit Tieren, 32 Bauernhäusern und Nebengebäuden errichtet, um zu zeigen, wie die Menschen in Sogn vom 16. Jahrhundert bis heute lebten. Besonders erwähnenswert sind die Tanz- und Musikveranstaltungen.

Bei **Nordsnes** ragt am Fjord das steinerne Denkmal der **Schlacht von Fimreite** im Juni 1184 auf. Damals schlugen König Sverre und seine ländlichen Birkebeiner (so genannt wegen ihrer Stiefel aus Birkenrinde) König Magnus Erlingsson und den Adel, ein Wendepunkt für die norwegische Demokratie.

Kühles, grünes Wasser: In **Luster** hinter Sogndal liegt eine weitere Stabkirche Sogns, **Urnes**, die als älteste Norwegens gilt. Ebenfalls in Reichweite ist eine der eisigen Zungen des Jostedal-Gletschers, **Nigardsbreen**. Zu ihren Attraktionen gehört eine Bootsfahrt über das eiskalte, grüne Wasser eines Gletschersees. Südlich von Sogndal läuft der Sognefjord in die beiden östlichsten Fjorde aus, die nach **Ardal** und **Laerdal** führen, liebliche Täler mit Berghöfen, Möglichkeiten zum Wandern und Bergsteigen oder zum Angeln in den schönen Seen und Flüssen.

Aurland, **Flam** und **Gudvangen** liegen an den innersten Ausbuchtungen des Fjordes, die sich vom Hauptfjord aus wie ein umgekehrtes Ypsilon nach Süden erstrecken. Der **Naerøyfjord** im Westen ist der schmalste Fjord Europas. Deshalb gelten die Fjordrundfahrten hier als die aufregendsten in Westnorwegen. Die Berge stehen so eng, daß man sich fragt, ob das Schiff überhaupt hindurchkommt.

Die 10 Kilometer lange Bergbahn von **Flam** nach **Myrdal** (an der Hauptstrecke Oslo-Bergen) ist die bemerkenswerteste Bahnstrecke Norwegens und windet sich die steile Bergschlucht hinauf, wo sie

Kinder am Wasser des Sognefjordes.

manchmal unter den Schneedächern verschwindet, die sie im Winter schützen. An den schönsten Wasserfällen hält die Bahn. *(Siehe S. 242.)*

Die Küste: Die vielen hundert Inseln des Sunnfjords sieht man am besten von den hohen Gipfeln im Osten aus. Doch auch die Küste ist nicht eben flach. Der **Bleia**, der höchste Berg der **Sunnfjord-Alpen** etwa erhebt sich direkt am Ufer des Fördefjordes 1310 Meter hoch, und auch manche Inseln sind gebirgig. Die Inseln säumen die Küste auf ganzer Länge, vom Fensfjord und der Insel **Sandøy** bis nach **Vestkapp** (Westkap), wo die Küstendampfer der Hurtigrute auf Nordostkurs zu ihrem nächsten Anlaufpunkt Alesund einschwenken.

Eine seltsame Vorstellung, daß **Florø**, der einzige Ort dieser großen Provinz, der die Bezeichnung Stadt verdient, an einem abgelegenen Küstenstreifen liegt. Angesichts der jahrhundertelangen Abhängigkeit Norwegens vom Meer als Nahrungslieferant, Handels- und Transportmedium ist dies aber durchaus erklärlich. Diese westlichste Stadt entstand durch die Heringsindustrie, die Mitte des 19. Jahrhunderts Hochkonjunktur hatte. Seither ging es mit ihrem Wohlstand auf und ab, doch sie lebt immer noch vom Meer, besser gesagt von Fischzucht und -verarbeitung. Doch auch die weiter westlich gelegenen Öl- und Gasanlagen wirkten sich auf Florø aus, das heute auch Ölstadt ist, wie der Besucher unschwer erkennt.

An der Küste besitzt fast jeder ein Boot. In Florø sind über 1000 Freizeitboote registriert, genug, um die ganze Bevölkerung über Wasser zu halten. Jede Familie hat ihre Lieblingsbucht oder -insel für Badeausflüge, und der Hochsommer ist die Zeit des Vergnügens. Außerdem findet man hier auch die südlichsten Seeadlerbrutstätten der Küste.

Sehenswertes auf See: Da ist viel zu erwähnen, etwa die Felsschnitzereien von **Ausevik** südöstlich von Florø, oder das alte Steinkreuz des Heiligen Olav auf der Insel Svanöy, das mit Runen überzogen ist, oder ein Anwesen mit altem Garten und herrlichem Baumbestand. Auf **Kinnöy** ist eine romanische Kirche aus dem Mittelalter, wo das Stück *Der Gesang aus der Tiefe* von einer Provinztheatergruppe aufgeführt wird und jedes Jahr im Juni Tausende von Menschen auf die Insel lockt. Weiter südlich, in der Mündung des Sognfjordes, liegen die Inseln **Sula** und **Ytre Sula**, umgeben von Hunderten von kleineren Inselchen mit so vielen Buchten, Wasserarmen und Landspitzen, daß sich für jeden ein ruhiges Fleckchen findet.

Am anderen Ende, auf der Insel **Bremanger** in der Mündung des Nordfjordes sind **Wikingerschnitzereien**, die noch älter sind als die Ausvikas. Sie erzählen vom Leben in den Fischersiedlungen am Nordfjord. Das weiter nördlich gelegene Dorf **Maløy** auf **Vagsøy** ist einer der größten Fischerei- und Handelshäfen Norwegens. In **Raudeberg** werden alle möglichen Fischsorten zu Salz- und Trockenfisch verarbeitet. Doch die Industrie beeinträchtigt hier nicht die ländliche Ruhe der bergigen Insel. Der **Brurahornet** erreicht immerhin eine Höhe von 610 Metern.

Nördlich von Vagsøy und Raudeberg liegt **Silda**, eine winzige Insel für Salzwasserfischer, Sporttaucher und Vogel-

Der Wikinger-*Knarr* (Frachter) *Saga Siglar* im Sognefjord kurz vor seiner zweijährigen Weltumseglung.

kundler und idealer Ausgangspunkt für Touren in die Gewässer von Stadhavet im Westen. Auf Silda leben nur 80 Menschen. Autos gibt es nicht. Auf einer Insel im Hafen werden in einer restaurierten Salzerei Fischspezialitäten serviert.

Windgepeitschtes Westkap: Auf der nahegelegenen Insel **Selje** befinden sich die Ruinen des mittelalterlichen Klosters **Sunniva**. Auf der nördlichsten Halbinsel liegt **Vestkapp** (Westkap), wo ein scharfer Wind bläst. Das nächste Land sind von hier aus die Shetlandinseln vor der Nordküste Schottlands. Mit einem guten Fernglas, so behaupten die Einheimischen, kann man die Bohrtürme im Westen und Bootshäuser auf den Shetlands erkennen. Meist ist es auf der Landspitze aber stürmisch und die Wellen schlagen hoch.

Abseits der Küste des Sunnfjordes schieben sich kleinere Fjorde ins Acker- und Moorland, so daß man nie weit vom Meerwasser entfernt ist. Sie gehen über in schmale Seen in Bergtälern und reichen bis ins Vorland der hohen Gipfel im Osten. Flüsse wie **Gaula** und **Nausta** führen Lachse und Forellen. Hinter dem **Jølstravatnet** (See) unterhalb des **Grovebreen** (Gletscher) fließt der **Jölstra**, der als einer der besten Lachsflüsse gilt. Bis nach **Førde** an der Fjordmündung überwindet er ein Gefälle von zig Metern. Hier befindet sich das **Sunnfjord-Museum**, eine Ansammlung von 17 alten Gebäuden von 1850, von denen einige zu einem Hof zusammengefügt sind.

Am Südufer **Jølstravatnets** liegt **Astruptunet** (der Astruphof), das Zuhause Nikolai Astrups, der von 1880 bis 1928 gelebt und das Musterbeispiel eines westnorwegischen Malers war, der seine Motive aus seiner Umgebung bezog. Astruptunet ist noch wie zu Lebzeiten des Malers, nur die Scheune wurde durch eine Kunstgalerie ersetzt, wo eine ständige Ausstellung präsentiert wird. Ein paar Kilometer westlich liegt ein weiterer Hof, **Midttunet**, eine typische Anordnung von 12 Gebäuden, die in dieser immer noch ländlichen Gegend das Leben vor 200 Jahren beschreiben.

Vom Jølstravatnet aus ist der in 1650 Metern Höhe gelegene **Grovebreen**

***Stolkjaerrer* zur Fahrt auf den Briksdal-Gletscher.**

(Gletscher) leicht zu erreichen. **Haukedalsvatn** im Süden liegt nicht weit von der anderen Gletscherseite. Wanderer können bis zu den großen Eisfeldern des Josterdal-Gletschers vordringen. Eine Kette von Tälern, Seen und Fjorden verbindet diese Hochplateaus mit dem Nordfjordgebiet im Norden.

Nach Norden zum Nordfjord: Der **Nordfjord** ist 100 Kilometer kürzer als der Sognfjord, hat aber so viele Arme, Seen und Täler, daß man leicht in die Berge gelangt, wo Rentiere umherstreifen, oder auf den **Briksdal-Gletscher**, einen der schönsten des Fjordlandes. Er ist mit den zweirädrigen Bauernwagen, den *Stolkjerrer*, besonders bequem zu erreichen, die von den kleinen, stämmigen, cremefarbenen Norwegerpferden (*Fjording*) gezogen werden.

Die traditionelle Heimat des *Fjording* ist das **Eid**-Gebiet um **Nordfjordeid**, wo sich der Nordfjord in **Eidsfjorden** und **Isefjorden** geteilt hat. Eid ist auch bekannt für **Firdareket**, den Sitz des letzten Wikingerführers. Die Stadt hat traditionelle, weißgestrichene Holzgebäude. Auf einem großen Gut in der Nähe ist die **Leikvin-Galerie** untergebracht.

Zwölf Kilometer weiter östlich erreicht die Straße **Hornindalsvatnet**, einen See, der vor Tausenden von Jahren entstand, als Wasser die Täler überflutete. Die Eiszeit endete, und zurück blieb der mit 514 Metern tiefste See Europas. Im Tal des Sees liegt auch die größte Gemeinde, **Grodas**, am Fuße der Berge.

Hornindal hat eine lange Tradition in Kunstgewerbe und Volksmusik. Die Musiker tragen die Lokaltracht, schwarze Kniebundhosen beziehungsweise den langen schwarzen Rock mit grünem Oberteil. Der berühmteste Künstler war Anders Svor, erst Holzschnitzer, später nach dem Studium an der Kopenhagener Kunstakademie auch Bildhauer, der in Berlin 1891 eine Goldmedaille gewann. Das **Anders Svor-Museum**, 1953 eröffnet, beherbergt 450 Skulpturen. Im Süden, am Ende von **Gloppenfjorden**, liegt **Sandane**, Hauptstadt von Gloppen, des größten Landwirtschaftsdistrikts der Provinz. Das **Nordfjord Heimatmuseum** begann 1920 mit fünf grasgedeckten

Sonnenuntergang über den Hängen von Sognefjell.

Häusern. Heute hat es 32 Gebäude verschiedenen Typs, Scheunen, Ställe und einen Berg-*Seter*. Am Fjordufer liegt ein hundert Jahre altes Segelschiff, die *Holvikjekta*, der letzte der traditionellen Frachter, die Küste und Fjorde befuhren.

Auch ein Sportzentrum gibt es hier, **Gloppen Abenteuer**, das von einer Woche Reiten, Kanufahren, Surfen, Berg- und Gletscherwandern, Mountainbiking, speziellen Kanu- und Gletschertouren bis hin zu Ausflügen zu Naturschönheiten alles bietet. Es gibt noch mehrere solcher Zentren, die Abenteuer- und Aktivurlaub am Nordfjord organisieren.

Sommerskifahrer müssen zum Inneren Nordfjord, dorthin, wo das Fjordnetz bei **Stryn, Loen** und **Olden** endet. Hier beginnen drei herrliche Täler, die sich zum Norwestrand des Jostedal-Gletschers ziehen. Heute durchschneiden vom Stryntal aus drei Tunnels die Berge zum berühmten Geirangerfjord im Norden.

Stryn ist bekannt für das Sommerskigebiet nordöstlich von **Strynsvatn**, am Fuße des **Tystigbreen**-Gletschers. Wer das noch nie gesehen hat, kann sich nur schwer Skifahrer in Bikinis, Shorts und T-Shirts mit Südseebräune vorstellen, wie sie hier in vollen Zügen die Freuden dieses Sports genießen. Es gibt auch eine Slalomschule, wo die Telemarktechnik gelehrt wird, Lifte, Restaurant, Skiverleih und **Schneeland**, ein Spielzentrum für Kinder (alles Juni bis September).

Über **Oldendalen** führt der Weg zum Briksdal-Gletscher. Vom Briksdalsbreen Fjellstove geht es im Pferdewagen oder in einer halben Stunde Fußmarsch zu den großen Eiskaskaden, die über Eisbächen oberhalb des grünen Gletschersees hängen. Kleine Vögel flattern über dem Wasser, und in alten Zeiten pflegten die Bauern Ostnorwegens ihr Vieh über die großen Eisfelder in die milderen Täler des Westens zu treiben.

Die Provinz Sogn og Fjordane bietet frische Luft und Freiheit und, ob Insel, Küste, Fjord, Hochland oder Berge, eine großartige Natur. Überall gibt es *Hytter*, Campingplätze oder die Berghütten von **Den Norske Turistforeningen**, ideale Urlaubsdomizile für den auf eigene Faust reisenden Touristen.

Das stämmige Fjordpferd *Fjording* ist typisch für diese Gegend.

MØRE UND ROMSDAL

Fast ein Jahrhundert lang legen die Küstenschiffe der Hurtigrute nun schon in Alesund, Molde und Kristiansund an auf der Fahrt nach Trondheim und in den Norden. Dieser zerklüftete Küstenabschnitt ist 6000 Kilometer lang. Mehr als zehn Prozent der Bewohner dieser Provinz (*Fylke*) leben auf Inseln. Es ist daher nicht weiter verwunderlich, daß das Meer bis heute die Lebensgrundlage für Møre und Romsdal ist. Neben Fisch ist die Ölbranche ein bedeutender Industriezweig, und Nordseeöl und -gas werden vielleicht noch bedeutender werden, wenn Norwegens Suche nach neuen Vorkommen Erfolg hat.

In dem Durcheinander von Küste, Inseln und Fjordmündungen auf der Karte ist manchmal schwer zu unterscheiden, was Meer und Insel und was Fjord und Festland ist. Etwas weiter landeinwärts befindet man sich bereits 600 Meter über dem Meeresspiegel. Im Südosten erreichen die höchsten Gipfel 1800 bis 1900 Meter. Die Provinz besteht aus drei *Kommuner*: Sunnmöre, Romsdal und Nordmöre, deren Hauptstädte Alesund, Molde und Kristiansund sind.

Der Seehandel spielte stets eine wichtige Rolle. Im Mittelalter war die Anerkennung einer Siedlung die Verleihung des Markt- (*Kaupang*) Status. Märkte gab es damals zwei: Borgundkaupangen in Sunnmöre, nur fünf Kilometer vom Zentrum Alesund entfernt, und Veöykaupangen in Romsdal. Beide fungierten als Handelsumschlagplätze an der Nordsüd- und Ostwestverbindung zur See und auf dem Land.

Seltene Harmonie: Alesund ist Norwegens größte Fischerstadt, doch vor allem für seine Art Nouveau-Architektur bekannt, die nach dem Großen Feuer von 1904 entstand, das den Ortskern zerstörte. Erste Hilfe kam vom norwegerfreundlichen Kaiser Wilhelm II. von Deutschland, der vier Schiffe mit Versorgungsgütern und Baumaterial schickte. Durch Unterstützung und Spenden aus ganz Europa konnten die Leute von Alesund ihre Stadt bis 1907 wieder-

aufbauen, im bis heute sorgfältig erhaltenen Art Nouveau-Stil. Türme, Erker und mittelalterlich-romantische Fassaden, oft mit mehr als einer Spur nordischer Mythologie, verleihen der Stadt eine Harmonie, die sich bis auf die gestrichenen Holzlagerhäuser am Brosundet erstreckt, einem tiefen Arm der Bucht.

Bis in die fünfziger Jahre war Alesund ein Eldorado für Fische, Fischer und deren Boote und *Klippfisk* (traditionelles Gericht Norwegens, getrockneter Kabeljau). Doch mit der Fischerei wandelte sich auch Alesund, wo Fisch verarbeitet und gezüchtet wurde. Viele der früheren Lagerhäuser sind heute Büros und Restaurants, in denen man die ungewöhnlicheren Spezialitäten der Küste probieren kann wie *Bacalao* aus grätenlosem Klippfisch. Ein traditionsreicheres Gericht ist *Brennsnute*, ein Fischeintopf.

Auf der Höhe der 418 Stufen zum **Alaskaberg** im Zentrum der Stadt blickt man über die zum Ort gehörigen Inseln, zu denen ein 12 km langer Tunnel führt.

In jedem Buch und jeder Broschüre über die zahllosen Inseln dieser Provinz sieht man die gleichen Bilder von glücklichen Menschen auf, in und unter dem Wasser und stolzen Anglern mit ihrem Fang. Es gibt Meereshöhlen, Tunnels und Vogelklippen, kleine Buchten, Campingplätze, saubere, weiße Strände und *Hytter*, die vermietet werden. Auf den einen gibt es Relikte aus der Wikingerzeit, auf anderen Sommerfestivals. Das Angebot der Inseln ist grenzenlos. Der Haken dabei ist einzig die Qual der Wahl.

Vogelinsel: Eine Insel bei Alesund sollten Sie aber in jedem Fall besuchen. Auf **Runde** treffen sich Berufs- und Hobbynaturkundler aus aller Welt. Über 200 Vogelarten wurden hier registriert, und die kleine Insel ist bekannter Nistplatz der Vögel, die zu Hunderttausenden die Klippen bevölkern. Fliegen sie, so wirken sie wie riesige Insektenschwärme, die den Himmel verdunkeln. Außerdem liegen im Wasser rundum interessante Schiffswracks. Erst vor kurzem entdeckten Taucher auf dem holländischen Schiff *Ackerendam* einen Goldschatz.

Südlich von Alesund steigen zwischen Vartdalsfjord und Hjörundfjord

Vorherige Seiten: Friedliche Landschaft um Olden. Der Geirangerfjord von Flydalsjuvet aus.

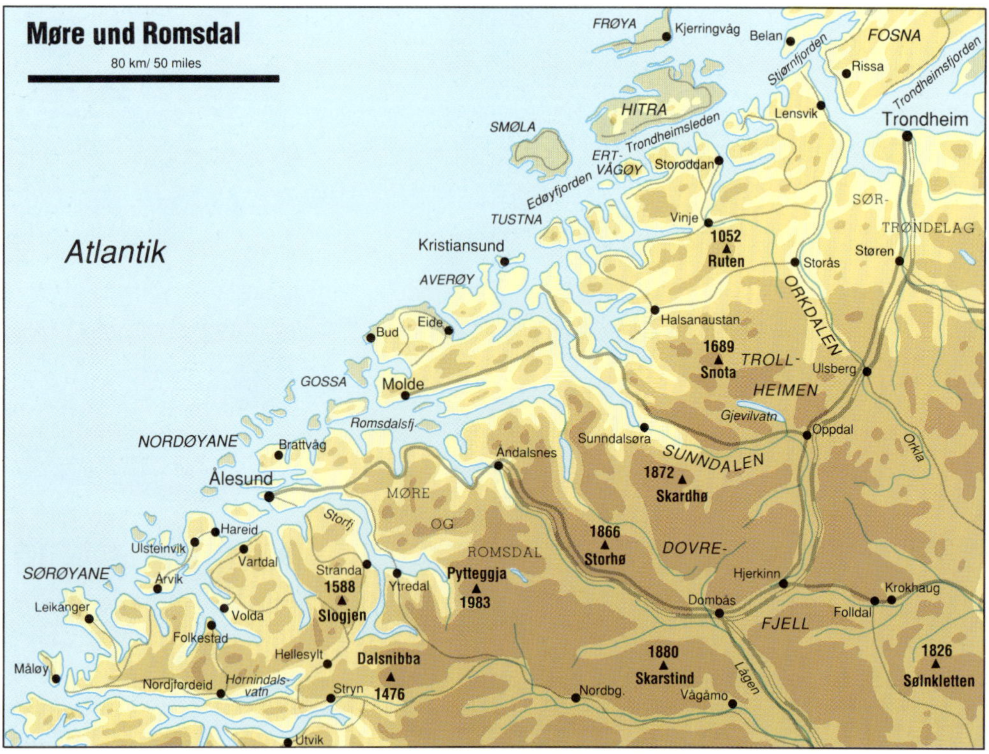

die **Sunnmöre-Berge** steil aus dem Fjord im Bezirk von Örsta, wo sich bereits früh britische Bergsteiger einstellten, die als erste die norwegischen Berge entdeckten. Alesund ist Hauptzufahrt zum Storfjord, den Kreuzfahrtschiffe auf dem Weg zum **Geirangerfjord** passieren, dem wohl schönsten Fjord Norwegens. Ein Weg dorthin führt durch **Stranda**, die Hauptstadt am inneren Storfjord, oder Örsta nach **Hellesylt**. Von hier aus erreicht man das innere Ende des Geirangerfjordes per Boot oder im Sommer über einen Pfad an der hohen Südwand.

An diesem geheimsten aller Fjorde weitab vom Meer stürzen große Wasserfälle metertief in solch reizvollen Kaskaden hinab, daß man ihnen Namen gab wie *Die sieben Schwestern* oder *Brautschleier*. Hohe Berge spiegeln sich im reglosen Wasser und verleihen dem Fjord Erhabenheit. Kleine Gehöfte kleben an den unwahrscheinlichsten Stellen. Ein oder zwei schmale Bootsstege weisen darauf hin, daß Menschen hin- und herklettern zu diesen kleinen Höfen, die auch das letzte Fleckchen Grün nutzen.

Die Gegend ist so schön, daß jeder auf dem Schiff an Deck bleibt, bis es in Geiranger anlegt, wo sich Häuser und Hotels in einen Halbkreis von Bergen schmiegen. Auf halber Strecke an der kurvigen Bergstraße hinter dem Ort liegt ein Hotel, das treffend **Hotel Utsikten Bellevue** (Aussicht) heißt – von hier hat man eine der schönsten Aussichten in ganz Norwegen. Die Straße wurde 1939 als Teil einer neuen Inlandverbindung von Süden nach Norden eröffnet. **Dalsnibba** ist mit 1495 Metern der höchste Punkt gleich an dieser Straße, und unterhalb breiten sich Geiranger und Umgebung aus wie ein Teppich.

Nach Norden wie ein Adler: In Richtung Norden nach Andalsnes heißen die ersten 25 Kilometer bis **Eidsdal** am Norddalsfjord **Ørneveien** (Adlerstraße). Warum, ist nicht schwer zu erraten: Die Straße windet sich empor bis nach **Ørnesvingen**, einem weiteren Aussichtspunkt. Über dem Fjord beginnt eine noch aufregendere Straße durch **Gudbrandsjuvet** (Schlucht). Weiter westlich erheben sich die Berge, und man gelangt zu **Trollsti-**

Alesund, die Art Nouveau-Stadt.

gen, dem Ende der „Trolleiter“,des „Trolldammes“, ins Herz Romsdals.

Im Osten liegt der **Trolltindane** mit 1787 Metern Höhe, und überall folgt Bergkette auf Bergkette wie ein Regiment bei einer Parade. In Trollstigen ist gewöhnlich im Juli noch reichlich Schnee zum Skifahren. Von hier führt die rasante Strecke im Zickzack in elf großen, in den Fels gehauenen Biegungen nach Andalsnes.

Andalsnes wird auch „das Dorf zwischen Fjell und Fjord“ genannt. Es liegt auf einer Landspitze, eingekreist von Berg und Fjord, mit Blick auf Gipfel, die Bergsteiger aller Nationen anziehen. Sie kommen in Scharen, um Trollveggen (die Trollwand) zu bezwingen, die zum zerklüfteten Trolltindane gehört, dessen schneebedeckter Gipfel sich von Romsdalen im Osten fast senkrecht erhebt.

Trollveggen selbst besteht aus 1000 Metern senkrechtem bis überhängendem Fels und wurde erstmals 1965 bestiegen. Es werden immer noch neue Routen entdeckt. Auf weniger abenteuerlichem Wege dauert der Aufstieg auf den Trolltindane rund vier Stunden und erfordert Stiefel und berggerechte Kleidung.

Andalsnes ist die Endstation des Zuges von Oslo durch Romsdalen, der mit Tausenden von Reisenden die Bevölkerung verdoppelt bis verdreifacht. Eine Touristin des 19. Jahrhunderts, Lady Beauclerk, beschrieb **Romsdalen** als „steile, graue Felsen, die in Nadelspitzen auslaufen ... und in eines der sonnigsten, und zauberhaftesten Fleckchen Erde übergehe ... das durch einen Gürtel schneebedeckter Berge vor jedem Luftzug geschützt ist, während ein einladender Fluß das Tal durchströmt.“

Berühmte Bergsteiger: Das idyllische Tal war Basislager der ersten Bergsteiger wie William Slingsby und Johannes Vigdal, die 1881 erstmals den **Store Vengetind** bestiegen. Im selben Jahr bezwang ein weiterer Pionier, Carl Hall, mit zwei Einheimischen zum zweiten Mal den spitzen Gipfel des **Romdalshornet**, der 50 Jahre zuvor von zwei einheimischen Bauern erstmals bestiegen worden war.

Zur Versorgung dieser ersten Besucher eröffnete der örtliche Polizeibeamte

Links: Art Nouveau-Detail an einer Tür in Alesund. Rechts: Molde, Stadt der Rosen.

Anders Landmark in **Aak** einen einfachen Holzgasthof, der als Norwegens erstes Touristenhotel gilt. Viele der leidenschaftlichen Bergsteiger Europas nächtigten hier. Die fünf Kilometer von Andalsnes entfernt im Tal gelegene Anlage wurde als Bergsportzentrum neueröffnet, mit Bergsteige- und Kletterkursen im Sommer und Eiskletter- und Skikursen (auch Telemark) im Winter.

Auf dem **Rauma**, einem der bekanntesten Fischflüsse Norwegens, der durch das Tal führt, kann man Floß und Kanu fahren. Doch man muß nicht unbedingt durch Felsen kraxeln, um in die Höhen der Berge vorzudringen. Meist gibt es anspruchslosere Alternativen, oft führen Straßen bis in 850 Meter Höhe.

Auf der Rückfahrt zur Küste nach Molde bietet sich ein Umweg über den Langfjord nach **Nesset** am Eresfjord an, tief im Gebirge. Bjørnsterne Bjørnson, der herausragende norwegische Autor und Patriot des 19. Jahrhunderts, hatte hier ein Sommerhaus und beschrieb die Nesset-Berget: „manche weiß, manche blau, mit zerklüfteten, wetteifernden, aufregenden Gipfeln, manche durch alles bedeckenden Schnee marschierend."

Von der Fähre am **Eikesdalvatnet** aus können Sie sehen, was er meinte. Die Berggipfel erheben sich abrupt aus dem Fjord, und man bekommt einen Eindruck von Nordeuropas größtem Wasserfall, **Mardalsfossen**, der über 655 Meter hoch ist. In den siebziger Jahren bildete sich vor dem Wasserfall eine Menschenkette, um den Bau eines Wasserkraftwerkes zu verhindern. Das Projekt wurde ein heißes Eisen in der Politik, und obwohl die Demonstranten den Bau nicht ganz stoppen konnten, erreichten sie zumindest den Fortbestand des sommerlichen Wasserfalls. Unerwartete Begleiterscheinung war, daß Nesset berühmt wurde und immer mehr Bergsteiger und Touristen kamen. **Molde** ist Teil eines Systems von geschützten Inseln und Halbinseln. Dem milden Klima, der grünen Vegetation und den Rosengärten verdankt es den Titel „Stadt der Rosen". Die Statue der **Kleinen Rosenverkäuferin** steht auf dem Marktplatz, auf dem an Ständen von Obst und Blumen bis zu Kleidern und,

Tovik auf Averöya, südlich von Kristiansund.

natürlich, Rosen, alles verkauft wird. Das hübsche, unkomplizierte Städtchen ist idealer Ausgangspunkt für Fjord- und Straßenrundfahrten.

Von **Varden** aus, dem wohl besten Aussichtspunkt Moldes, blickt man über Fjord und Insel zu den Schneekappen der **Sunnmöre-Berge** – Einheimischen zufolge kann man 87 Gipfel zählen. Eine halbe Fahrstunde weiter nördlich liegen kleine Fischerdörfchen, die den scharfen Westwinden trotzen.

Auch in Molde gibt es das unvermeidliche Freilichtmuseum, in besonders reizvoller Lage, wo Holzhäuser, Trachten und Volkstänze mit der Landschaft verschmelzen. Die Trachtensammlung des Museums zeigt alle Details der *Bunads*, Schals, Kopfschmuck, Leibchen, Schmuck und gestickte Beutel, und gilt als eine der schönsten. Das **Fischereimuseum**, mit dem Boot zehn Minuten vom Marktplatz entfernt, dokumentiert das Leben der einheimischen Fischer über die letzten hundert Jahre.

Moldes Unterhaltungsangebot hat nur wenige traditionelle Nuancen. Das moderne Stadion verfügt über einen ganzjährigen Fußballplatz (Fußball wird in Norwegen sonst nur im Sommer gespielt), und die Straßen sind voller Musiker, besonders während des jährlichen Molde Jazz Festivals.

Mit dem Auto gen Norden: Molde ist ein guter Ausgangsort für Ausflüge zum Geirangerfjord. Empfehlenswert ist auch eine Autotour nach Norden über die 67 und die 664 von Molde zu dem Dorf **Bud** aus dem 16. Jahrhundert, gleich an der Westküste. Von hier aus fährt ein Boot zur alten Fischerstation von **Bjørnsund**, die heute nur im Sommer bewohnt ist. Vor Bud liegt abseits der 67 **Trollkirka**, die Trollkirche – eine ca. 70 Meter lange dreigeteilte Höhle mit einem großen Wasserfall, der durch eine Öffnung in ein weißes Marmorbecken im Berg stürzt. Von Bud aus führt eine schmale Küstenstraße zur „Atlantikstraße" nach Kristiansund, über **Averøy**, der größten Insel der Gegend. Hier hat man das Gefühl, direkt auf dem Wasser zu fahren.

Averöy ist mehr wert als nur einen Blick aus dem Autofenster. Archäologen

Heuwagen auf dem Weg zu einem Bergbauernhof.

meinen, daß hier eine der ersten Siedlungen nach der letzten Eiszeit war, und ihre Funde von 1909 sind einzigartige Relikte der frühen **Fosnakultur** um 7000 v. Chr. (Fosna war der ursprüngliche Name Kristiansunds, der Hauptstadt Nordmöres.) Die 50 Kilometer-Rundfahrt führt über Schären und kleine Inseln, die durch Brücken oder Dämme verbunden sind, und Hügelland von bis zu 502 Metern Höhe. In Kvernes im Osten ist eine schöne Stabkirche.

Bei **Bremnes** ist der **Wikingerstein von Horg**, wo der Sieger von Hafrsfjord, Harald Harfagre, sein berühmtes Haar schneiden und waschen ließ und damit seinen Eid erfüllte, es nicht anzufassen, bis Norwegen vereint sei. Von Bremnes nach Kristiansund sind es mit der Fähre nur 15 Minuten.

Viele Einflüsse: Im Gegensatz zu Alesund und Molde ist Kristiansund den Unbilden des Nordatlantik voll ausgesetzt. Es liegt direkt an der wettergepeitschten Felsküste. Landeinwärts gibt es Gras und kleine Wäldchen. Kristiansund ist die *Klippfisk*-Stadt, seit langem der größte Exporteur getrockneten Kabeljaus in Norwegen. Es hat nur 18 000 Einwohner, doch aufgrund der jahrhundertalten Auslandskontakte seiner Seeleute und Fischer und der ausländischen Kaufleute, die sich hier niederließen, hat es eine kosmopolitische Atmosphäre.

Wie die meisten norwegischen Städte auf „Kristian" wurde auch Kristiansund nach dem Dänenkönig Christian VI. benannt, der ihm 1742 Stadtrechte verlieh. Auf dem Hafenboot *Sundboten*, das seit über 100 Jahren die zur Stadt gehörigen Inseln anläuft, bekommt man einen guten Eindruck von der Stadt. **Melomverftet**, eine der vier Werften in Vagen, ist heute ein Zentrum für die Erhaltung der Schiffsbaukunst, in dem liebevoll die schönen, alten norwegischen Schiffe restauriert werden.

Zu Kristiansund gehören drei Inseln, darunter **Innlandet**, der älteste erhaltene Teil der Stadt mit ihrem ersten Zollhaus (1660-1748), Krankenhaus, Schule und anderen Gebäuden, die nach und nach restauriert werden. In **Sjursvika** auf der Ostseite kann man alte Lagerhäuser be-

Im Frühjahr umgibt ein Blütenteppich die Fjorde.

Schwimmendes Land

Im Ausland ist Norwegen gleichbedeutend mit Seefahrt. Das Wort Wikinger bedeutet „Männer aus den Buchten". Vom Zeitalter der Segelschiffe bis nach dem Zweiten Weltkrieg war die norwegische Handelsflotte eine der größten der Welt, und in den Häfen aller Länder hörte man Norwegisch. Die mit Abstand berühmtesten Museen des Landes sind das Schiffahrtsmuseum auf der Halbinsel Bydøy in Oslo und das Wikingerbootmuseum mit den wunderbar erhaltenen Wikingerbooten, das Kontiki-Museum mit den Flößen des Entdeckers Thor Heyerdahl, die zum Nachweis seiner Theorie über die Migration pazifischer Völker in riskanten Überfahrten übers Meer dienten, und das Fram-Museum, das um das massige Schiff herum errichtet wurde, das Fridtjof Nansen und Roald Amundsen auf ihre heldenhaften Polarexpeditionen um die Wende zum 19. Jahrhundert begleitete. Zwar haben sie durch das Zeitalter der Düsenjets an Bedeutung verloren, doch die Schiffahrt spielt in der norwegischen Wirtschaft immer noch eine Rolle – ganz besonders das Öl.

Ein Norweger scheint im, am oder auf dem Wasser am glücklichsten. Jedes Jahr verbringen 1,6 Millionen Norweger, also ein Drittel der Bevölkerung, ihren Sommerurlaub auf dem Wasser. Von kleinen Jollen über große Motorboote bis hin zu Hochseeyachten ist dabei alles vertreten. Gemäßigte Schätzungen geben die Zahl der Freizeitschiffe mit 650 000 Stück an. Ein Schiff auf sieben Norweger. Das Meer ist hier natürlicher Bestandteil des Lebens.

Geographie und Topographie sind die ausschlaggebenden Faktoren. Das Land ist lang und schmal. Würde man es um seinen südlichsten Punkt drehen, reichte seine Nordspitze bis nach Norditalien. Es gibt Abertausende von Inseln aller Größen, vom bergigen Hinnöya mit 2200 Quadratkilometern nördlich des Polarkreises bis zu flachen Felsrücken. Diese Zahlen liegen der Beliebtheit des Bootssports zugrunde. Die Fjorde und die Küsteninseln sind ein Eldorado für Wettkampf- und Hobbysegler, König und Bürger.

Der erste Segler des Landes ist König Olav V. – und nicht nur dem Namen nach. Bei den Olympischen Spielen von 1928 gewann er im Segeln eine Goldmedaille und ist damit der einzige königliche Olympiasieger. 1971 und 1976 gewann er außerdem Gold und Bronze in der 5,5 Meter-Klasse der Weltmeisterschaften im Segeln.

Mit der Gründung des ersten Segelklubs in dem damals zu den bedeutendsten Handelshäfen des Landes zählenden Tönsberg im Jahr 1868 verwirklichte Norwegen ein langgehegtes Bedürfnis. Die erste Regatta des Landes hatte fünf Jahre zuvor, 1863, stattgefunden. 1883 wurde in der Hauptstadt Den Kongelige Norske Seilforening (der königlich-norwegische Seglerverband) ins Leben gerufen. 1900 wurde Segeln olympische Disziplin. Lange Jahre waren die Norweger führend bei Segelolympiaden und -weltmeisterschaften und bei Regattas.

Zufällig fiel die norwegische Führungsposition bei internationalen Seglerwettkämpfen in etwa zusammen mit der Yachtproduktion des Landes. Zu Zeiten der Holzyachten zählten die norwegischen Werften und Bootsbauer zu den besten der Welt und Colin Archer (1832-1921) zu den besonders herausragenden. Geboren in der Hafenstadt Larvik, wuchs Archer mit Booten auf und begann sehr jung, Boote nach eigenen Entwürfen zu bauen. Zu seinen Paradestücken zählen die stabilen, stämmigen Rettungsboote, die seinen Namen tragen, und das dreimastige Polarforschungsschiff *Fram*, das er 1892 baute. Aus Archers Fertigung stammen auch Regattagewinner, mit denen er den folgenden Generationen skandinavischer Schiffsbauingenieure Maßstäbe setzte.

Die Tradition lebt fort, wenn auch in anderer Form. Rümpfe und Masten aus Fiberglas eröffneten neue Dimensionen. Die verschiedensten Modelle von Motorbooten werden produziert, für jeden Geldbeutel passend. Außer Massenartikeln wie Jollen stellt Norwegen heute keine Segelboote mehr her. Es exportiert Motorboote und importiert Yachten.

Überall am Wasser gibt es alle Typen von Motor- und Segelbooten. Die kleinen Bootshäfen in oder bei größeren Städten, insbesondere Oslo, Kristiansand, Alesund, Stavanger und Bergen, beeindrukken jeden Besucher mit der Vielzahl und Vielfalt von Wasserfahrzeugen. Auch abseits der Häfen sind Boote und das Meer gegenwärtig durch die zahllosen Autos, die ein Boot auf dem Anhänger hinterherziehen und in der großen Zahl von Surfbrettern auf Dachständern.

sichtigen. Diese interessantesten Viertel am Hafen sollen zu einem Küstenkulturzentrum verschmolzen werden, das neben dem modernen Hafenbetrieb die Geschichte eines einstigen Seefahrervölkchens erzählt.

Kristiansunds Hauptkirche wurde 1940 zerbombt. Der für den Ersatz verantwortliche Architekt taufte sein Werk **Felskristall in Rosen**, und ob positiv oder negativ, das mächtige weiße Gebäude fällt jedenfalls auf. Die Chorwand im Inneren ist aus 320 farbigen Glasscheiben, die ganz unten die schweren dunklen Farben der Erde haben und sich zum ewigen Licht emporarbeiten.

Eine ganz andere Kirche steht auf der Insel **Grip**, nahe bei Kristiansund, deren Geschichte von Fluten und Stürmen geprägt ist. 1796 fegte ein starker Norwestwind 100 Häuser hinweg, und als sich dies sieben Jahre später wiederholte, schrieb der Pfarrer folgendes Gebet nieder: „Allmächtiger Gott, erspare uns weitere Zerstörung und Not.“ Ob nun auf diese Bitte hin oder nicht, jedenfalls blieb die alte, kleine, rote Stabkirche verschont, die nur acht Meter über dem Meeresspiegel liegt. Einst lebten auf Grip 400 Menschen vom Fischfang, heute ist es nur im Sommer bewohnt, wenn es sich in eine Ferieninsel verwandelt und beliebtes Ausflugsziel für die Städter ist. Eine Hochzeit in der alten Kirche ist ein ganz besonderes Erlebnis.

Bewegende Denkmäler: Im Nordmöore-Museum sind archäologische Funde über die Fossa-Kultur und die Geschichte der *Klippfisk*-Produktion ausgestellt. Die ungewöhnlichsten Denkmäler der Stadt sind die hohen, spitzen Natursteine, die ihren großen Söhnen gewidmet sind: Bäckström, der die Stauseen baute, Brinchman, der die Wasserversorgung sicherte, Braein, dem Stammvater einer musikalischen Familie, der das alljährliche Opernfestival zu verdanken ist, und Hansen, dem Polarforscher.

Die dritte große Insel im Norden und Nordosten Kristiansunds ist Smøla in der Mündung des Trondheimfjordes. Hier endet das Festland in einer Inselgruppe, auf der die Bauern und Fischer fast wie früher leben.

Eine Feier unter Bootsbesitzern.

Sanden ist eines der Gebäude des verstreuten Museums von Smøla, dessen Hauptbau aus dem 18. Jahrhundert, Scheune und Lagerhaus auf Holzsäulen noch genauso aussehen, wie vor wenigen Jahren, als die letzten Besitzer auszogen. Ein paar der alten Fischgründe, wo Kabeljau ausgenommen, gesalzen und getrocknet wurde, sind heute Yachthäfen mit einfachen Unterkünften, Fischlokalen und nostalgischer Atmosphäre. Die kleine, idyllische Insel Kuli vor Smöla ist reich an historischen Relikten, darunter der berühmte Kuli-Stein. Auf diesem Stein erscheint erstmals der Name Norwegen in einer Inschrift, die aus den ersten Jahren nach Verbreitung des Christentums stammt.

Im Osten endet der Nordteil der Provinz in einem Netz aus Fjorden, die sich in Inseln und Halbinseln fressen und nach **Trollheimen** führen, der „Heimstatt der Trolle", wo die Berge fast 1600 Meter erreichen. Dieses Ski- und Bergsteigerparadies durchziehen zwei bedeutende Täler, **Surnadalen** und **Sunndalen**, die den winzigen **Todalfjord** umschließen.

An letzterem liegt das überraschende **Svinvik Arboretum**, herrliche Gärten mit Tausenden von Rhododendren, Koniferen und anderen Pflanzen. Trotz seiner nördlichen Lage gedeihen in Svinvik, das zur Universität von Trondheim gehört, Pflanzen aus aller Welt.

Auf dem Weg nach Sunndalen kommt man durch **Tingvoll**, wo Nordmöres älteste Kirche steht, in einer Gegend von erstaunlich großer Stilvielfalt. Kirchenhistoriker meinen, der gut erhaltene, wunderschöne Bau aus Granit und Ziegeln, der von einem Steinwall mit gebogenen Durchgang umgeben ist, stamme aus dem 12. Jahrhundert.

Sunndalen liegt tief in der Wildnis Nordmöres, mit engen, geschützten Tälern zwischen Bergrücken, wo ein Großteil des norwegischen Getreidebedarfs herstammt. Am Ende des Fjordes liegt der Hauptort **Sunndalsøra** am Fuße der Berge, in denen man Rentiere in einer Schneewolke verschwinden sehen kann. Diese wilde, schöne Gegend ist ideal für Wanderer, Skifahrer und Angler.

Die 16 folgt dem Verlauf des Tales bis nach **Oppdal** unterhalb von Trollheimen. Die Wanderwege durch die Berge sind recht anspruchsvoll. In **Innerdalen** ist ein Ski- und Bergzentrum mit Liftanlagen. Der Fluß Driva ist einer der berühmtesten in einer Provinz und einem Land voller guter Lachs- und Forellenflüsse. Am Ende von Sunndalen und Grödalen liegt gleich bei Amotan die spektakuläre **Jenstadjuvet** (Schlucht), wo fünf Täler und zwei Wasserläufe in einem wilden Wasserfall zusammenlaufen. Grödalens Attraktion ist **Alfheim**, eine kleine Jagdhütte, 1876 im schottischen Hochlandstil von Lady Arbuthnott erbaut, die so etwas wie die Herrin des Tales wurde. Ihr altes Gut in **Elverhöy** ist heute das Sunndal-Museum.

Der Fluß Surna im **Surnadal** ist ebenfalls eine gute Adresse für Lachsfischer. Seitentäler führen ins Herz von Trollheimen und zu beschilderten Wanderwegen von Berghütte zu Berghütte in einem Gebiet, das wie das Dach der Welt wirkt. Die Talstraße durch das Surnadal ist der Landweg nach Westnorwegen, der geradewegs nach Trondheim führt, dem Tor zum Norden.

Links: Im Herbst sind Berge und Wälder bunt von Beeren. Rechts: In Norwegens Flüssen kann man ausgezeichnet Forellen und Lachse fischen.

Gipfel und Hochebene

Das untere Zentralnorwegen besteht aus **Jotunheimen**, zu dem Norwegens mächtigster Gebirgszug gehört, und Hardangervidda, einem riesigen Hochplateau – ein weites Gebiet von großer landschaftlicher Schönheit (*siehe Karte S. 202*). Es gibt nur wenige Bevölkerungszentren und auch Sehenswürdigkeiten sind rar, doch herrlich gelegen. Berge, Gletscher, Seen und Flüsse dagegen gibt es reichlich.

Hardangervidda liegt in einer Durchschnittshöhe von 914 Metern südlich von **Jotunheimen** und wird von mehreren Flußtälern in südöstlicher Richtung durchschnitten – Begnadalen, dem Hallingdal und dem Numedal. Hardangervidda (*Vidde* bedeutet Hochebene) breitet sich vor **Hallingskarvet**, einer 1737 Meter hoch aufragenden Felswand, nach Süden aus.

Im Zentrum der Hochebene mit ihren Seen, Wasserläufen und Strömen – einem Anglerparadies – entspringen die mächtigen Flüsse von Hallingdal und Numedal. Den besonderen Reiz Hardangerviddas machen die weiten, offenen Flächen aus. Auch liegt im Westen einer von Norwegens schönsten Wasserfällen – **Vøringfoss**. Das Wasser stürzt hier 149 Meter senkrecht in das wilde Mabö-Tal hinunter. Es gibt einen Wanderweg oberhalb des Falles, der allerdings nichts für Leute mit Höhenangst ist. Sie erreichen ihn über eine private, gebührenpflichtige Straße, die von der Schnellstraße 7 abgeht. Unter den vielen Wasserfällen dieser Gegend ist auch der **Valursfoss** zu erwähnen, der über 91 Meter ins Hjelmodal fällt.

Kribbliges Gefälle: Die Bahnlinie Oslo-Bergen durchschneidet die Hochebene parallel zur 7 bis **Haugastøl**, wo sie nördlich von Hardanger Jøkulen durch Finse, Myrdal und Mjølfjell führt. Die Straße verläuft woanders, ein Asphaltband nach Süden über leeres Land mit Blick auf entfernte Berge, vorbei an Seen und Flüssen, bis es in kribbligem Gefälle durch eine Reihe kunstvoller Tunnel am Eidfjord Meereshöhe erreicht.

Hardangervidda, mit 10 000 Quadratkilometern Europas größtes Bergplateau, ist in mehr als einer Hinsicht einzigartig. Knapp ein Drittel seiner Fläche bildet Norwegens größten Nationalpark. Wanderwege und Bergpfade gibt es in Hülle und Fülle. Einsame Hütten bieten einfachen Schutz für die Nacht. Die unwegsamen Pfade waren einst lebenswichtiges Glied in der Ostwestverbindung eines abgelegenen Landstriches und Grundlage kultureller Entwicklung. Heute dienen sie Wanderern jeden Leistungsniveaus als Teil eines Outdoor-Systems, das den Norwegern die Betätigung an frischer Luft noch schmackhafter macht.

Flora und Fauna des Hochplateaus sind arktisch und vielfältig. Mehrere tausend Rentiere streifen frei umher, rund 120 Vogelarten nisten im Hochlandmoor, und es wurden über 400 Pflanzenarten gefunden, ein Reichtum, der auf die zwei Klimazonen von Hardangervidda zurückzuführen ist – mild an der Westküste, rauh landeinwärts im Osten.

Von Haugastøl führen Straße und Schienen in nordöstlicher Richtung an

Vorherige Seiten: Das Bergmassiv Jotunheimen, die Heimat der Riesen. Links: Norwegens älteste Stabkirche in Urnes, hoch über dem Lustrafjord. Rechts: In vielen Gegenden Norwegens hört man die traditionellen Klänge von Geige oder Akkordeon.

Ustaoset und Ustevatn (See) vorbei, wo der Berg Hallingskarvet die Szenerie beherrscht. In der Gegend von **Geilo** wird das Land etwas lieblicher. Dennoch liegt es 805 Meter über dem Meeresspiegel, ungefähr auf halber Strecke zwischen Oslo und Bergen. Geilo hat sich zum bekanntesten und international beliebtesten norwegischen Wintersportort gemausert. Es liegt strategisch günstig am Ende vom Hallingdal und am Tor zu Hardangervidda. Die 16 Sessellifte können 14 000 Personen in der Stunde befördern. Hinzu kommen Schlepplifte und kilometerlange, gepflegte Pisten.

Wintersportgegend: Auch im Sommer ist Geilo mit seinen Hotels beliebtes Ferienziel und Ausgangspunkt für Ausflüge in die Region, per Auto (obwohl die Auswahl an Straßen begrenzt ist), zu Fuß oder zu Pferd. Im Sommer wirkt Geilo wie ein Wintersportort ohne Schnee, eine weitläufige Anlage, etwas unfertig irgendwie, mit all den Merkmalen eines typischen Wintersportzentrums.

Die 8 führt von Geilo nach Südosten zu einem Freilichtmuseum, der üblichen Ansammlung alter Gebäude, darunter **Mostugua** von 1750, **Hagastuga** von 1806, eine Mühle von 1774, ein Stall und ein Trockenboden, und Möbel, Geräte und Haushaltsgegenstände. Die 8 führt weiter am Ostrand Hardangerviddas entlang und folgt dann dem Numedal nach Kongsberg. Die 7 verläuft in nordöstlicher Richtung durch Hagafoss und ein Wintersportgebiet mit vereinzelten Berghütten am **Strandavatn** entlang. Jenseits dieses klaren Sees verändert sich die Landschaft, die Aussicht wird schöner, und ganz in der Nähe befindet sich ein Sommerskizentrum. Plötzlich geht es dann bergab, durch eine imposante Kette von Tunnels, darunter auch spiralförmige, die den Autofahrer im Aurland-Tal wieder ausspucken. Das Tal führt zum Dorf **Aurland** am Aurlandfjord. Diese Tour ist eine aufregende Fahrt, erleichtert durch das straßenbauliche Können der norwegischen Ingenieure.

Einzigartige Decke: Nachdem sie durch den Strandfjorden getrennt waren, treffen sich die 7 und die Bahngleise in **Al**, das ein aus 15 Gebäuden bestehendes

Links: Der ganze Spaß des Sommerskilaufs. **Rechts:** Die ersten Fröste färben die Bäume rot.

Museum in **Leksvold** unterhält. Es bietet eine herrliche Sammlung von Rosenmalereien und 2000 andere Exponate. **Torpo** hat kein Museum, dafür aber eine **Stabkirche**, der älteste Bau im Hallingdal. Der Bau selbst stammt aus der zweiten Hälfte des 12. Jahrhunderts, die einzigartigen Deckenmalereien aus der zweiten Hälfte des 13. Jahrhunderts. Es sind Szenen aus dem Leben der Heiligen Margarethe, der die Kirche geweiht ist.

In **Nesbyen** kommen sie am örtlichen Einkaufszentrum vorbei und gelangen am Stadtrand zu Norwegens ältestem Freilichtmuseum von 1889. Das **Hallingdal Volkskundemuseum** hat 22 Gebäude, das älteste, Staveloftet, stammt von 1340. Sie kommen aus allen Teilen des Hallingdal, sind teilweise innen mit Rosenmalereien verschönert. Das Ausstellungsgebäude beherbergt Möbel, Textilien und Waffen. Straße und Schienen folgen dem Hallingdal bis nach Gulsvik am Nordende des Krøderen-Sees.

Auf dem Weg ins Jotunheimen-Massiv.

Die beiden anderen Straßen in Gol führen beide durch reizvollere Landschaft. Die 52 verläuft durchs **Hemsedal** nach Nordwesten, vorbei an dem gleichnamigen Wintersportort, in dessen Kirche ein Altarbild von 1775 und eine Darstellung des *Letzten Abendmahles* von 1716 zu bewundern sind. Im Ort zweigt eine Nebenstraße zu einem kleinen Freilichtmuseum bei Ulsak ab, und etwas weiter schlängelt sich ein gebührenpflichtiger Privatweg durch eine herrliche Gegend nach Ulnes an der E68. Dies ist die **Panoramastraße**, eine beliebte Verbindung der Täler Hemsedal und Valdres. Sie ist streckenweise in schlechtem Zustand und schmal, doch macht ihrem Namen Ehre mit Blicken auf Seen und auf das **Skogshorn**, auch „Königin vom Hemsedal“ genannt.

Troll und Riese: Das Jotunheimen-Massiv ist in der norwegischen Mythologie die Heimat von Troll und Riese. Sicher ist, das hier die mächtigsten Berge der Gegend stehen mit Gipfeln von 2133 Metern und auch die beiden höchsten Berge Norwegens, der **Galdhøpiggen** mit 2469 Metern und der **Glittertind** mit 2465 Metern. Nicht viel niedriger ist die von Gletscherspalten durchzogene

Gruppe im Westteil Jotunheimens, zu der der **Skagastølstindane** gehört.

Im Südteil des Jotunheimen-Massivs liegen größere Seen, darunter der **Gjende,** mit seinem grünen Gletscherwasser von besonderer Schönheit. Er ist umgeben von hohen Gipfeln wie dem **Knutsholstind** (2340 Meter) und dem Besshö (2258 Meter). Weitere größere Seen sind Bygdin, Tyin und Vinstri. Zu den Naturschönheiten der Gegend zählen auch die Gletscher.

Im Norden bildet das **Otta Flußtal** die natürliche Grenze des Jotunheimen. Von **Otta** aus ziehen Fluß und Straße durch fruchtbares Land mit Gehöften, Feldern und Wäldern. Hinter Lom ändert sich das Bild allmählich. Anstelle der üppig grünen Landschaft breiten sich Wälder und Felsnasen aus und der Fluß wird wilder. An der Baumgrenze schließlich wird das Land kahl und unwirtlich.

In **Grotli**, das praktisch nur aus einem großen Hotel an der Straße, einer Cafeteria und einem Andenkenladen besteht, setzt sich die Schnellstraße 15 hinter der Kreuzung in der 58 fort – einer atemberaubenden Straße, die den Djupvatnet entlang führt und dann steil nach Geiranger abfällt. Die 15 folgt der neueren Strecke durch mehrere Tunnels nach Stryn am Innvikfjord.

Eine Alternativroute zur 15 ist von Grotli aus die alte Straße (258), 26 spektakuläre Kilometer. Sie klettert auf 1139 Meter Höhe, ist teilweise schmal und unbefestigt, doch von atemberaubender Schönheit. Westlich des Gipfels führt sie vorbei an einem Skizentrum und **Snowland**, einem Sommerfreizeitpark für Familien, mit etwas Schnee garniert.

Nur zwei Straßen zwischen Otta und Grotli wagen sich ins Herz von Jotunheimen vor. Die weit östlich verlaufende 51 zweigt in Randen von der 15 ab und führt nach Süden ins Valdres-Gebiet. Sie erklettert zunächst ein Gebiet mit Bergweiden vor dem Hintergrund des Gebirges in der Ferne. Nach dem Anstieg nach Darthus ist es nicht mehr weit bis **Ridderspranget**, wo der Fluß Sjoa in eine schmale Schlucht gefädelt wird. Nach der Legende soll ein Ritter von Valdres mit einer schönen Jungfrau im Arm über

Fischzucht im Sunndalsfjord.

die Schlucht gesprungen sein – daher der Name Riddersspranget, der „Rittersprung“ bedeutet.

Kidnapping: Der Ritter war Sigvat Kvier, und er sprang, um Verfolger abzuschütteln, die von Ivar von Sandbu und seinen Mannen angeführt wurden. Sie jagten ihn nicht ohne Grund, hatte er doch die Verlobte des Ritters von Sandbu geraubt. Dabei hatte er eine Wache mit der Axt angegriffen und einen Hof in Brand gesteckt – für die Bergbevölkerung eine ganz alltägliche Geschichte.

Im Westen liegen Seen wie übers Land verstreut, dahinter ragt der Glittertind. Die bedeutendste Wasserfläche ist der **Gjende-See**, lang und schmal und leicht nach Südwesten gekrümmt. Jenseits von Bessheim wird die Landschaft reizvoller, ein Feuerwerk von Naturschönheit, das sich kilometerweit fortsetzt.

Bygdin liegt zwischen zwei Seen, dem gleichnamigen Bygdin-See, der wie ein langer Finger auf die Berge im Westen zeigt, und der großen Wasserfläche des Vinstri-Sees im Osten. Auf manchen Seen sind Bootsfahrten möglich. Auf dem **Bygdin-See** gibt es die höchstgelegene Bootsverbindung Europas in 1060 Metern über dem Meeresspiegel.

Zwischen Bessheim und Bygdin erreicht die Straße mit 1389 Metern ihren höchsten Punkt. Von hier geht es bergab, erst zur Baumgrenze, dann in attraktivere Landschaft um **Beitostølen**. Dieser Wintersportort bekam 1964 seinen ersten Skilift, hat inzwischen sieben und über 100 Kilometer markierte Strecken. Es ist ein typischer Ferienort mit mehreren Hotels und sehr beliebt bei Langläufern. Hier gibt es eine Skischule für Behinderte und Blinde, die bei den alljährlichen Wettkämpfen unglaublich sicher die Hänge hinab wedeln.

Fagernes liegt im Herzen des Valdres-Gebietes. Attraktiv hier ist das **Valdres Volksmuseum** mit 70 alten Gebäuden. Besonders interessant ein Wandteppich aus dem 16. Jahrhundert, mittelalterliche Truhen, eine antike Silbersammlung, Textilien, Volksmusikinstrumente und Jagdwaffen. Was die Moderne anbelangt, so ist hier einer der neuesten Flughäfen Norwegens, 1987 eröffnet.

Die Touristen bestaunen die Ziegen und umgekehrt.

Die E68 führt durch Begnadalen nach Südosten und schließlich nach Hönefoss. In die andere Richtung verläuft sie durch aufregendere Landschaft am Südrand des Jotunheimen-Massivs nach Westen. In Tyinkriysset zweigt eine Straße nach Övre Ardal am Ardalsfjord ab, während die E68 nach Süden biegt und durch waldiges Gelände nach Borgund hinabführt. Neben der Stabkirche von **Heddal** gilt die in **Borgund**, 1150 erbaut, als die typischste und besterhaltene Norwegens.

Atemberaubende Strecke: Von Saebö aus führt eine Nebenstraße nach Aurland, auf einer der atemberaubendsten Strecken ganz Norwegens. Sie führt fast unmittelbar bergan, durch außergewöhnlich üppige Landschaft, die sich langsam wandelt, je höher die Straße hinaufführt, und bis zum Gipfel in 1305 Metern Höhe eine ganze Reihe herrlicher Panoramen bietet. Nun beginnt ein immer steiler werdendes Gefälle bis zum Dorf **Aurland.** Das vielstrapazierte Wort „atemberaubend" ist für diese Strecke wirklich angebracht, besonders für den Blick über den Aurlandsfjord mehrere hundert Meter hinab – nichts für schwache Nerven! Die nicht ganz so aufregende Alternativroute durch das Jotunheimen-Massiv ist die 55 von **Lom** zum **Lustrafjord**, der Teil des Sognefjordes, der am weitesten vom offenen Meer entfernt ist. Lom ist ein typisch norwegisches „Kreuzungsdorf", mit zwei, drei Hotels, Läden und Werkstätten. Außerdem hat es eine der schönsten **Stabkirchen**, die ursprünglich 1100 erbaut, doch dann erweitert und im 17. Jahrhundert erneuert wurde. Glücklicherweise wurde die originale Bauweise dabei erhalten.

Von Lom aus geht es durch das täuschend friedliche Böverdal, vorbei an kleinen Bauernhöfen und Dörfern. Je höher man kommt, desto mehr verändert sich das Bild, desto gebirgiger wird die Landschaft. Von Galdesand aus führt eine gebührenpflichtige Straße nach **Juvashytta**. Nirgendwo sonst kommt man mit dem Auto so nah an den **Galdhøpiggen** heran.

In 640 Metern Höhe liegt **Elveseter**, eine der ungewöhnlichsten Hotels des Landes. Hier leben seit 1000 Jahren Menschen und bestellen das Land. Das Anwesen ist seit fünf Generationen im Besitz der Familie Elveseter, die es nach und nach in ein Hotel verwandelte, wobei viele der alten Gebäude erhalten blieben. Das älteste ist von 1640, ein Holzgebäude, das dank der trockenen Gebirgsluft so lange hielt. Die ersten Gäste kamen um 1880, doch erst mit der Öffnung der Sognefjell-Straße expandierte der Tourismus.

Die Straße führt weiter bergauf, vorbei am einsamen Jotunheimen Fjellstue zum mit 1400 Metern höchsten Punkt in **Krossbu**, inmitten herrlicher Berglandschaft. Von hier aus geht es steil bergab nach **Turtagrø**, dessen Hotel (viel mehr gibt es hier nicht) beliebter Ausgangspunkt für Wanderer und Bergsteiger ist. Noch tiefer unten, bei Fortun, wird die Landschaft lieblicher und erreicht nach ein paar Kilometern Meeresniveau – in Skjolden am Lustrafjord.

Ob zu Fuß oder per Auto, Jotunheimen und Hardangervidda sind zwei Regionen, die mit ihrer Schönheit alle Sinne berühren und dem Betrachter unbeschreiblichen Genuß vermitteln.

Links: Lustrafjord. Rechts: Ein Berghof (Seter) im Herbst.

TRONDHEIM

Vor tausend Jahren war **Trondheim**, damals hieß es noch Nidaros, die Hauptstadt Norwegens, die Stadt Olav Tryggvasons und die Ruhestätte König Olav Haraldsons, dem Heiligen Olav. Heute ist es eine moderne Stadt, aus europäischer Sicht weit im Norden, aus norwegischer gerade mal auf halber Strecke der langen Westküste. Trotz aller Modernität hat sich Trondheim aber den Charme vergangener Zeiten bewahrt.

Der alte Stadtkern liegt buchstäblich auf einer Insel zwischen Fluß (**Nidelva**) und Fjord (**Trondheimsfjorden**). Die einzige Verbindung ist eine schmale Landzunge im Westen, das einstige Westfort. Heute schlängelt sich der Fluß durch die gewachsene Stadt, und Brükken führen aus den neuen Stadteilen in die alte Innenstadt.

Vorherige Seiten: Trøndelag im Herbst. Links: Der Fang wird ausgenommen. Unten: Trondheims Domkirke, die Nidaros Kathedrale.

König Olav Tryggvason gründete die Siedlung Nidaros im Jahr 997. An jene Tage und den alten Hafen erinnern die **Kais**. Zwar stammen sie erst aus dem 18. Jahrhundert, doch in den farbigen Holzlagerhäuser schlug sich die mittelalterliche Architektur nieder und die Atmosphäre des geschäftigen Hafens, als die Stadt noch von Fisch und Holz lebte, ist leicht nachzuempfinden. Alt sind auch die schmalen Gassen (*Veitene*), die zwischen den Holzhäusern verlaufen.

In starkem Kontrast zu diesen Erinnerungen an die Vergangenheit steht das **Technischen Institut** der **Trondheimer Universitäty** im Südwesten des Zentrums. Die Universität selbst hat 10 000 Studenten und ist damit die zweitgrößte Norwegens. Neben dem Technischen Institut gibt es noch eine medizinische Fakultät, eine Kunst- und eine naturwissenschaftliche Akademie und die königlich norwegische Gesellschaft für Natur- und Geisteswissenschaften. Das universitätseigene Museum von 1760 ist Norwegens älteste wissenschaftliche Einrichtung überhaupt.

Heute ist Trondheim im Bildungswesen, in kirchlichen Angelegenheiten und in der Hightech-Forschung führend im Lande. Nicht weit von der Universität liegt SINTEF, Skandinaviens größte Stiftung für wissenschaftliche und industrielle Forschung. SINTEF und das technische Institut haben die Ansiedlung von Hightech-Unternehmen in Trondheim gefördert, die hier bei Planung und Entwicklung von der Nähe der Forschungseinrichtungen profitieren können. Außerdem ist die Stadt noch der Verwaltungssitz der Provinz (*Fylke*) Tröndelag.

Im **Nordensfjeldske Kunstindustrimuseum** in der Munkegate treffen sich Vergangenheit und Gegenwart, angewandte Kunst und Handwerk von damals und heute. Das ganze Jahr über finden Ausstellungen gewerblicher Kunst aus Norwegen und anderen Ländern statt.

Heiliger und Märtyrer: Trotz der Bemühungen Olav Tryggvasons, Ende des 10. Jahrhunderts das Christentum in Norwegen einzuführen, verehrten viele Norweger noch ihre ursprünglichen Götter. Erst nach dem Tode von Olavs Nachfolger Olav Haraldson, in der Schlacht von Stiklestad 30 Jahre später, (*siehe S. 309*) konnte sich das Christentum einen Platz erkämpfen. Über Olav Haraldsons Grab wurde eine große Steinkirche errichtet, die heutige **Nidaros Kathedrale**, Trondheims schönstes Bauwerk. Bis zur Reformation war sie auch Sitz des Erzbischofs und Schauplatz der Krönung norwegischer Monarchen, eine Tradition, die nach 1814 wieder aufgenommen wurde, als Norwegen 400 Jahre Dänenherrschaft hinter sich ließ und sich mit Schweden vereinte. Die letzte Krönung war 1906, als die Verfassung geändert wurde. Heute gibt es keine formelle Zeremonie mehr. 1988 wurden die norwegischen Kronjuwelen in einer feierlichen Zeremonie in die Kathedrale gebracht, und heute sind die schlichten, doch schönen Insignien von König, Königin und Kronprinz in einer Seitenkapelle zu besichtigen.

Das große, gewölbte Schiff ist vom Stil her gotisch. Das auffallendste Merkmal ist beim Blick aufs Hauptportal die farbige Glasrosette über dem Haupteingang an der Westseite, ein Werk Gabriel Kjellands von 1930, mit der darunterliegenden Orgel. Innen und außen befinden sich zahlreiche Skulpturen von Heiligen und Monarchen. Die Wirkung des schönen Interieurs der Kirche aus grüngrauem Speckstein würde durch zuviel Schmuck eher beeinträchtigt.

Als zweitälteste Stadt des Landes hat Trondheim zahlreiche Gebäude und Einrichtungen, die es stolz „das erste“, „das älteste“ oder „das größte“ ihrer Art nennen kann. Gleich neben der Kathedrale ist Skandinaviens ältester Säkularbau, einst **Erzbischofspalast**, später Residenz der dänischen Gouverneure und schließlich militärische Einrichtung. Der älteste Gebäudeteil wird für Empfänge genutzt. Zum Palast gehört das **Rustkammeret**, ein Armeemuseum. In der Nähe liegt das **Waisenhuset**, ein schöner Holzbau von 1722. Die ursprüngliche, mittelalterliche Stadt umgeben die Überreste von Festungsanlagen, die Ende des 17. Jahrhunderts gebaut oder verstärkt wurden, und zwar von einem Militärbaumeister aus Luxemburg, General Johan Caspar de Cicignon, nachdem das große Feuer von 1681 Trondheim weitgehend zerstört hatte. Von der Kathedrale ist es nicht weit zu **Gamle Bybro,** der alten Stadtbrücke – ebenfalls

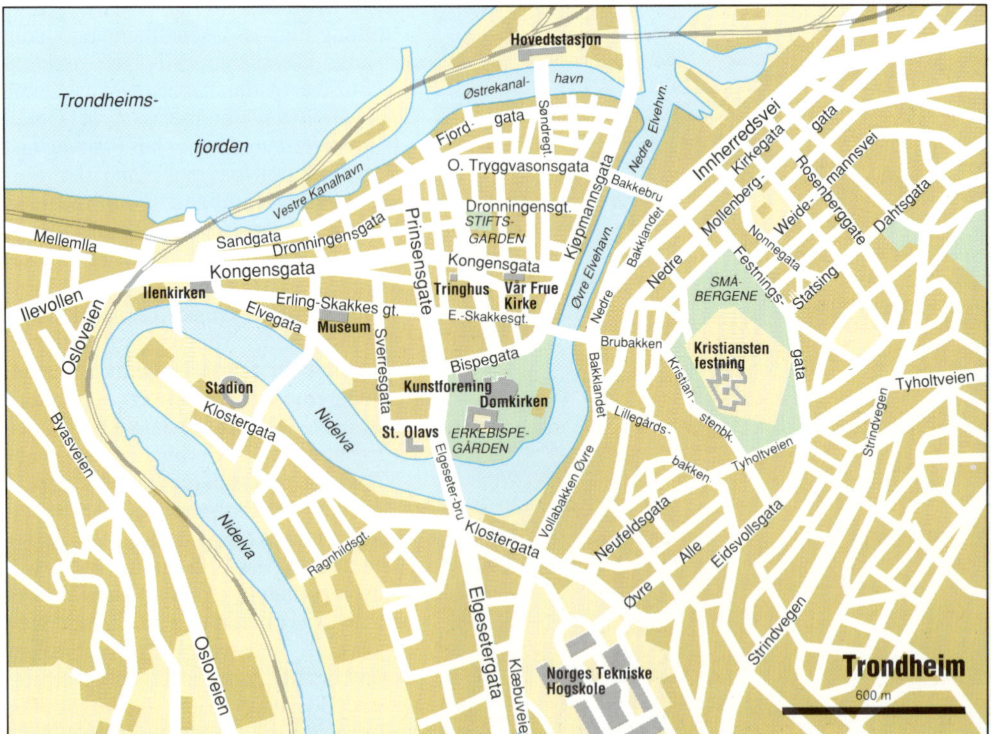

errichtet nach dem Brand von 1681, als de Cicignon auf einem Hügel im Osten das Fort Kristiansten anlegte, das damals außerhalb der Stadtgrenzen lag. Die erste Brücke hatte ein Wachhäuschen und ein Steuergebäude an beiden Enden. Der westliche Bau steht noch. Heute ist ein Kindergarten darin untergebracht. Die gegenwärtige Brücke und die Tore stammen von 1861.

Bester Aussichtspunkt: Das Fort Kristiansten, heute innerhalb der Stadt, bietet mit die beste Aussicht auf Trondheim, das sich wie ein Stadtplan unterhalb ausbreitet. Von hier aus sieht man die alten Steinmauern der **Var Frue Kirke** (Kirche Unserer Frau) aus dem 13. Jahrhundert und von **Stiftsgarden**, Skandinaviens größtem Holzgebäude, das um 1770 als Privathaus entstand. Heute ist es König Olavs Residenz in Trondheim und im Sommer zu besichtigen. Kirche wie Residenz liegen nahe am Hauptplatz der Stadt an der Munkegate, der auf die Kathedrale blickt.

In der Nähe des geschäftigen **Ravnkloa**-Fischmarktes am unteren Ende der Munkegate, hinter dem schmucken Bahnhof, liegt **Fosenkaia**, wo Ausflugs- und andere Schiffe anlegen. Mittags liegt der Hurtigrute Küstenexpreß an einem der beiden Hauptkais. Er hat auf dem Weg nach Norden einen halben Tag Aufenthalt in Trondheim. Auf der Rückfahrt hebt sich das Schiff an Sommerabenden vor der Abendsonne ab, wenn die Passagiere einen Ausflug zum Gipfel des **Storsteinen** machen, um die Mitternachtssonne zu sehen. Im Westen, wo einst das Stadttor stand, liegen die Ruinen der Befestigungsanlagen, **Skansen**. Heute ist Skansen ein Park. Am Hafen steht ein kurioses Lagerhaus, das auf Eisenstützen im Meer errichtet wurde. Seine Form rührt daher, daß es im Zweiten Weltkrieg unter deutscher Besatzung als U-Boot-Bunker diente.

Draußen im Fjord liegt **Munkholmen** (Mönchsinsel), wo die Benediktiner Anfang des 11. Jahrhunderts eines der ersten beiden Klöster Norwegens gebaut hatten. Davor war die Insel der Hinrichtungsplatz der Stadt und wurde 1658 eine Gefängnisfestung. Heute ist Munkholmen

Farbenfrohe alte Häuser säumen den Yachthafen.

ein beliebtes Ausflugsziel, das mit dem Boot von Ravnkloa aus zu erreichen ist. Man kann das Fort besichtigen, ins Restaurant oder schwimmen gehen.

Aus der Vogelperspektive sehen Sie die Stadt vom 120 Meter hohen **Tyholt-Hochhaus** aus. Vom Telekommunikationsamt erbaut, verfügt es über Funk- und Telekommunikationsverbindungen, ist beliebter Aussichtspunkt und hat ein Drehrestaurant in rund 90 Metern Höhe.

Von hier oben wird deutlich, daß Trondheim eine Fußgängerstadt ist und viele Menschen im Zentrum wohnen. Am besten zu Fuß erkundet man **Hospitalslökka,** die Gegend rund um das alte Trondheimer Hospital, das 1277 gegründet wurde, Skandinaviens ältester erhaltener Krankenhausbau und heute Altersheim ist.

Auf dem Grundstück liegt ein weiteres Unikat, die erste achteckige Holzkirche Norwegens und Schwedens aus dem Jahre 1705. In der Umgebung stehen viele typische alte Holzhäuser, die von den jetzigen Eigentümern liebevoll restauriert wurden.

Der *Sparkstotting*-Schlitten ist im Winter ein gutes Fortbewegungsmittel.

Östlich von Nidelva, nicht weit von der alten Stadtbrücke und gegenüber den Lagerhäusern am Fluß liegt **Bakklandet**, ebenfalls ein Holzhausviertel und ursprünglich die Arbeitergegend der Stadt. **Bakklandet** wurde wie **Mollenberg** und **Rosenborg** erst vor relativ kurzer Zeit als einheitliches Ganzes aus Häusern und Geschäften restauriert. In Trondheim steht auch das älteste Fabrikgebäude Norwegens, **Sukkerhuset**, eine Zuckerfabrik von 1752, die später zur Brauerei umfunktioniert wurde.

Für einen tieferen Einblick in die Geschichte der alten Provinz Tröndelag sind zwei Museen unerläßlich. Im **Universitätsmuseum** dokumentiert eine archäologische Ausstellung die Geschichte der Gegend bis ins Mittelalter, und eine kirchengeschichtliche Ausstellung zeigt Kirchenkunst vom 13. bis 18. Jahrhundert. Die naturgeschichtlichen Exponate informieren über Flora und Fauna Tröndelags. Nicht weit von hier ist die **Universitätsbibliothek**. Das **Schiffahrtsmuseum** (Sjøfarts Museum), ein altes, gelbes Gebäude in der Nähe des Royal Garden Hotels nördlich der Lagerhauszeile an der Kjøpmannsgate, erzählt von Schiffahrt, Fischerei und Walfang.

Das **Trøndelag Heimatmuseum** in Sveresborg im Westteil der Stadt zeigt Bauerndörfer, das Leben an der Küste und auf dem Land in lange vergangenen Tagen. Hier gibt es altertümliche Werkzeuge, mit denen sich die Menschen ihren kärglichen Lebensunterhalt verdienten, ein Skimuseum und Erinnerungen an alte Gewerbe wie die *Passementerie*, die Fertigung von Bordüren und Spitzen für die Sonntagskleidung der Damen. Innerhalb des Museums liegen die Überreste von König Sverres Palast **Sion** von etwa 1180, und die **Taverne** vom Ende des 18. Jahrhunderts ist ein gutes Restaurant. Es gibt Führungen auf Englisch, Deutsch und Norwegisch. (Bus Nr. 8 und 9 von Dronningensgate nach Wullumsgarden.)

Angesichts so vieler Superlative überrascht es nicht, daß in Trondheim auch Norwegens ältestes Theater steht, das **Trøndelag Teater** im Zentrum der Altstadt und auch das **Teater Avant Garden.** Andere Künste repräsentieren Einrichtungen, Galerien und Zentren wie das

Trøndelag Kunstnersenter, die Kunstakademie, Galerien, die zeitgenössische Werke ausstellen und verkaufen, das Trondheimer Symphonieorchester, das **Konservatorium** und, interessanter als alles andere, das **Museum für Musikgeschichte** in Ringve.

Das Ringve Museum liegt in der Nähe des Lade-Viertels im Nordosten, ein altes Anwesen, das auch nach Einrichtung des Museums noch als Bauernhof genutzt wurde. Seit Ende des 19. Jahrhunderts gehört es der Familie Bache. 1943 vermachte der letzte Abkömmling Christian Anker Bache das Anwesen der Ringve Museumsstiftung, und nach seinem Tod 1946 arbeitete seine Witwe, die gebürtige Russin „Madame Victoria", stetig am Aufbau der Sammlung von Musikinstrumenten aus aller Welt. Ihre Überredungskunst bei Verhandlungen um Musikraritäten aus aller Welt war legendär, und als das Museum 1952 eröffnet wurde, war die Sammlung des Paares beträchtlich gewachsen.

Madame Victoria wollte ein lebendiges Museum. Fast alle Instrumente in den schönen Räumen des Hauptgebäudes können gespielt werden und werden gespielt – von den Musikstudenten, die hier als Führer arbeiten. Neben den klassischen Instrumenten gibt es auch Spieluhren, alte Volksinstrumente wie die *Langeleik*, eine norwegische Zither, und Tonflöten in Form von Vögeln und Soldaten, die besonders die Kinder begeistern. Ebenfalls vorhanden sind „Äolische Glocken", mit denen die Norweger des 18. Jahrhunderts Musik in ihre Gärten brachten. Als die Menschen noch abergläubisch waren, betrachtete man sie als Schutz vor bösen Geistern.

Kurz vor ihrem Tod 1962 eröffnete Madame Victoria den Konzertsaal des Museums, der 350 Personen faßt. Er wurde in den alten Kuhstall gebaut und wird für formellere Anlässe genutzt. Planen Sie nach dem Museumsbesuch einen Bummel durch den **Botanischen Garten von Ringve** gleich nebenan ein, denn es ist der nördlichste botanische Garten der Welt.

Leben im Freien: Wie in allen norwegischen Städten ist es auch von Trondheim

Im Winter, wenn die Berge im Schnee versinken, ist die Hurtigrute eine bequeme Art, die Küste zu bereisen.

nicht weit bis in die freie Natur. Trondheims Hinterland ist die **Bymarka** im Westen, wo der **Gråkallen** (Der alte Mann) liegt, mit 520 Metern Höhe beliebtestes Skigebiet der Trondheimer. Im Sommer zieht er die Wanderer an. Das östliche Gegenstück ist die **Estenstadmarka**, die ebenfalls über Wanderwege sowie Pisten, die bei der norwegischen Jugend so gefragten Schanzen und eine **Skistua** (Skihütte) verfügt. Im Juni kann man auf Trondheims Neun Loch-Platz Golf spielen.

Zum Angeln eignet sich der Fluß Nidelva, bekannt für die Größe der Lachse. Auch im Gaula weiter südlich kann man fischen. Im Fjord kann man von der Küste oder vom Boot aus viele Arten von Seefischen fangen.

Neben dem stündlichen Bootsservice nach Munksholmen bietet der Trondheimer Fremdenverkehrsverband eine Trondheim-Führung vom Wasser aus an, ab Ravnkloa und auch eine Halbtagestour in das Anwesen von **Austråtborgen** in Ørland an Trondheimsfjorden, ein Haus mit Gärten aus dem 17. Jahrhundert, inklusive einer Katamaranfahrt durch den Fjord nach Brekstad, einer Schloßbesichtigung und Kaffee und Waffeln. Man kann auch ein Stück weit mit der Hurtigrute fahren und mit Bus oder Bahn zurückkommen.

Trondheim ist eine Mischung aus alt und modern, mit Hightech-Industrie und Einrichtungen, die es dem Schiffsbau um die Jahrhundertwende, dem Seehandel und der Fischerei verdankt, die es reich machten. Für die meisten Leute ist Trondheim gleichbedeutend mit Geschichte und Kultur.

Wie die Pilger vergangener Zeiten strömen die Touristen in die Kathedrale, den Palast des Erzbischofs und de Cicignons Stadt des 17. Jahrhunderts historische Ereignisse wie das alljährliche, zehn Tage dauernde **St. Olav Festival**, Olsok (Olav) Tage genannt, um den 29. Juli, den Jahrestag der Schlacht von Stiklestad werden groß gefeiert. Obwohl Trondheim seine politische Bedeutung lange verloren hat, ist es für viele Norweger immer noch historische, kulturelle und kirchliche Hauptstadt.

Unten: Alte Ansicht von Stiklestad von Johannes Flintoe, aus *Snorrisn Norsekönige*, 1839. Rechts: Der Sieger von Stiklestad, König Canute von Dänemark.

Stiklestad

Stiklestad ist ein Begriff, der den meisten Norwegentouristen nichts bedeutet, den Einheimischen aber geläufig und teuer ist. Das alte Schlachtfeld ist ein Meilenstein in der norwegischen Geschichte und eine Kirche dort, wo König Olav Haraldson verschied. Stiklestad im Norden Trondheims erlebte die Begründung der norwegischen Einheit und die Annahme des christlichen Glaubens, nicht durch Unterzeichnung eines Vertrages oder einen ruhmreichen Sieg, sondern durch den Tod des christlichen Königs Olav Haraldson im Kampf.

Im 11. Jahrhundert war das Land durch Streitigkeiten rivalisierender Anführer zerrissen, und Olavs Ehrgeiz war die Schaffung eines vereinten Norwegens. Auch wollte er ein christliches Land schaffen, mit christlichen Gesetzen, Kirchen und Geistlichen.

Es war der zweite Versuch, das Christentum einzuführen. Den ersten hatte im vorangegangenen Jahrhundert Olav Tryggvason unternommen (ein Nachfahre Harald Harfagres, der in seiner Jugend an vielen Wikingerexpeditionen teilgenommen hatte). In England war Olav Tryggvason zum Christentum bekehrt und vom Bischof von Winchester konfirmiert worden. Im Jahr 995 kehrte er in seine Heimat zurück mit dem Vorsatz, die Wikingerführer zu stürzen und seinen neuen Glauben durchzusetzen.

Doch Olav Tryggvasons Christianisierung hatte seine Wikingerinstinkte nicht völlig lahmgelegt und so ging er in seinem religiösen Eifer bei der Bekehrung der Bevölkerung mit großer Grausamkeit zu Werke. Sein Tod in der Schlacht von Svolder im Jahr 1000, in der er gleichzeitig gegen die Könige von Dänemark und Norwegen kämpfte, war eine der Folgen. Der Verrat aufgebrachter norwegischer Führer verhalf den Königen zum Sieg.

Olav Haraldson, ebenfalls Nachfahre Harald Harfagres, landete in Norwegen und bestieg den Thron 1015. Ein günstiger Zeitpunkt, da König Canute von Dänemark und England, der Norwegen lange bedroht hatte, sich gerade außer Landes befand, in England. Doch wie sein Vorgänger benutzte Olav unklugerweise zu oft das Schwert bei der Verbreitung des Glaubens – mit ähnlichen Konsequenzen: sein missionarischer Eifer machte ihn hochgradig unbeliebt, die Ablehnung wuchs. Den norwegischen Thron im Auge, unterstützte Canute die unzufriedenen Parteien und fiel 1028 in Norwegen ein, woraufhin König Olav nach Rußland floh.

Unverzagt kehrte König Olav mit ein paar Gefolgsleuten zurück, doch jede Loyalität, die ihm einmal entgegengebracht wurde, hatte er durch sein rücksichtsloses Vorgehen verspielt. Er fiel am 29. Juli 1030 in der Schlacht von Stiklestad. Sein Leichnam wurde in die damalige Hauptstadt Nidaros gebracht und am Ufer des Flusses Nid begraben. Als er ein Jahr darauf exhumiert wurde, zeigte er keine Spuren von Verwesung. Das Gesicht war wie das eines Lebenden, seine Nägel und Haare waren gewachsen, was damals als Zeichen von Heiligkeit galt.

Nach dieser Enthüllung fühlten sich viele mitverantwortlich für seinen Tod. Olav wurde heiliggesprochen, sein Körper in einem silbernen Schrein in der Nidaros Kathedrale in Trondheim verwahrt und angebetet.

Canutes Triumph in der Schlacht von Stiklestad war nur von kurzer Dauer. Er gab die Macht in die Hände seines Sohnes Svejn, doch als sich Gerüchte um die Heiligkeit Olavs verbreiteten und von der Nationalversammlung bestätigt wurden, schwand der Rückhalt Canutes in der Bevölkerung dahin. Svejn versuchte, dänische Gesetze einzuführen, die den norwegischen Traditionen von Recht und Freiheit widersprachen, und wurde 1035 ins dänische Exil geschickt. Die ganze Zeit über hatte Olavs Sohn Magnus ebenfalls im Exil gelebt, in Rußland. Jetzt bat ihn Norwegen, zurückzukehren und die Krone anzunehmen, ein Ereignis, das einen Wendepunkt in der norwegischen Geschichte darstellt.

Seither ist Stiklestad Ziel von Pilgerfahrten. Bis heute kommen die Menschen, inzwischen meist im Auto, jedes Jahr Ende Juli im Gedenken an die Schlacht hier zusammen.

Stiklestad hat heute ein schönes Freilichttheater, das größte Skandinaviens, wo zum Jahrestag der Schlacht mit einer Besetzung von über 300 Mann – Schauspielern, Chorsängern, Tänzern und Musikern – die Ereignisse vom Juli 1030 nachgespielt werden. Noch einmal steht der christliche König Olav seinen Widersachern gegenüber, wird besiegt und schließlich erschlagen.

Nach Norden zum Polarkreis

Trondheim ist ein besonderer Punkt auf der Karte Norwegens, das Tor zum Norden. Doch jeder, der hier einen abrupten Wechsel in der Landschaft erwartet, wird enttäuscht. Die erste Provinz nördlich von Trondheim, **Nord Tröndelag,** besteht aus fruchtbarem Ackerland und blühenden Gehöften.

Die Grenze zwischen Nord und Sör Tröndelag verläuft im Trondheimfjord, der tief in das schöne, grüne Land hineinreicht. Ein großes Gebiet an seinem Westufer gehört zur Provinz **Sör Tröndelag**. An seiner Ostküste verläuft Norwegens Nordsüd-Verbindung, die Schnellstraße E6, die den Fahrer immer weiter und weiter nach Norden lockt.

Die **Nordlandbahn** verläuft ungefähr parallel. Direkt nördlich von Trondheim zweigt eine Nebenstrecke (und auch eine Straße) ab, die über die Grenze nach Schweden führt. Die Abzweigung ist in dem kleinen Dorf **Hell**, dessen Bahnhof das wohl meist fotografierte Motiv aller englischsprachigen Reisenden ist. Die Fahrkarten sind Sammlerobjekte.

Für den Autoreisenden gibt es entlang dieses Abschnittes der E6 nicht viel von Interesse, so daß viele Leute schnurstracks durchfahren. Machen Sie aber ruhig einen Abstecher nach **Vaernes** mit seiner sehenswerten mittelalterlichen Kirche und der schönen Barockkanzel. Nebenan liegt das Stjördal Freilichtmuseum. Bei **Asen** befindet sich ein Denkmal für die von den deutschen Besatzungstruppen ermordeten Kriegsgefangenen – ein unerfreuliches Kapitel, an das man auf dem Weg nach Norden mehr als einmal erinnert wird.

Schlachtfeld des Heiligen Olav: Nördlich von Verdalsöra geht es nach **Stiklestad**, wo König Olav Haraldson am 29. Juli 1030 auf dem Schlachtfeld fiel, und das heute als Geburtsstätte der norwegischen Einheit und des christlichen Glaubens in Norwegen gilt.

Bei Utøy ist **Rostad Gard**, die Heimat Ole Richters, der Mitte des 19. Jahrhunderts Premierminister war. Sein Leben und das seiner Familie ist Thema eines Stückes des bekannten norwegischen Autors Bjørnsterne Bjørnson, *Paul Lange og Tora Parsberg*.

Die erste Stadt von Bedeutung nördlich von Trondheim ist **Steinkjer** am Beitstadfjord, das über 1000 Jahre lang ein Handelszentrum war. Das **Nord Trøndelag Heimatmuseum** hat bei Steinkjer zwei „Zweigstellen", eine davon in der ehemaligen Fabrik **Dampsaga**, die andere ist eine Sammlung von alten Bauernhäusern in **Eggemarka**.

Kriegsschäden: Wie viele andere Städte im Norden Norwegens wurde auch Steinkjer im Zweiten Weltkrieg zerstört. Nach dem Einmarsch der Deutschen 1940 wichen König und Regierung immer weiter nach Norden zurück, bis sie schließlich von Tromsø ins Exil nach London gingen. Deshalb wurden der dünn besiedelte Norden nach der deutschen Invasion ja auch so heftig bombardiert. Die ganze Küste entlang stößt man immer wieder auf Denkmäler und Überbleibsel aus der Besatzungszeit und Orte wie Steinkjer, die wenig mehr sind als moderne Handelszentren.

Vorherige Seiten: Winterliche Berge spiegeln sich im Meer. **Links:** Herbstfarben in Nord Trøndelag. **Rechts:** Beliebtes Fotomotiv englischsprachiger Touristen.

Nordwestlich von Steinkjer gibt es interessante Felsschnitzereien aus der Stein- und der Bronzezeit. Die mit Abstand beeindruckendsten Schnitzereien befinden sich in der Gegend von **Bøla** auf der gegenüberliegenden (Ost-) Seite des Snasavatnet, eines langen, schmalen Sees im Nordosten von Steinkjer. Die beste davon ist das 6000 Jahre alte **Bøla-reinen-Rentier.** Die Landschaft um den See ist bemerkenswert lieblich für den 63. oder 64. Grad nördlicher Breite. Am Nordufer des Sees liegt **Snasa**, Zentrum der Süd-Sami- (Lappen-) Kultur. Hier gibt es eine Sami-Schule und ein Kulturzentrum mit Museum. Im Osten, etwa 50 Kilometer entfernt, ist der **Gressamoen Nationalpark**, wo eines der für Tröndelag typischen, dichten Waldgebiete und die Berglandschaft geschützt wurde.

Über Norwegen – vor allem Nordnorwegen – verteilt sind kleine Orte und Dörfer, die hauptsächlich als Kommunikationszentren und Verkehrsknotenpunkte dienen, wie zum Beispiel Grong, wo die E6 in Nord-Süd-Richtung verläuft und die Bahnstrecke nach Namsos an der Küste nach Westen abzweigt, während südlich des Ortes eine Nebenstraße nach Osten führt, durch wildes Land nach Gaeddede an der schwedischen Grenze. Auch zwei Flüsse treffen sich hier, **Namsen** und **Sandøla**, die bei Anglern hoch im Kurs stehen. Beide haben nicht weit von Grong imposante Wasserfälle: **Fiskumfoss** am Namsen und **Formofoss** am Sandöla.

Hier beginnt das langgezogene Namdalen. Im Nordosten liegt **Røyrvik**, ein weites, bergiges Gebiet, das bis an die schwedische Grenze reicht. Zur Hälfte liegt diese Region oberhalb der Baumgrenze in 610 Metern Höhe, zu der drei größere Seen gehören: **Tunnsjøen**, Limingen und Store Namsvatnet. Aus dem Tunnsjöen ragt eine Berginsel 823 Meter hoch. An diesem See opferten einst die Sami ihren alten Göttern.

In dieser Gegend kommt der Kontrast zwischen Osten und Westen Nord Tröndelags besonders deutlich zum Ausdruck. Die Grenzberge im Osten, die nach Schweden hineinreichen, sind von rauher Schönheit, doch die Landschaft

Gut ausgerüstet für einen Tag auf dem Svartisen ist dieser Wanderer.

wirkt oft trostlos und verlassen. Die Küstenlandschaft im Westen ist dagegen grün, fruchtbar und reizvoll. Der Golfstrom wärmt die Westküste bis weit nach Norden. Dadurch ist das Klima viel milder als auf gleicher Höhe weiter landeinwärts, milder, als man erwarten würde. Selbst im Winter ist das Wasser eisfrei, und die Hurtigrute (die Küstendampfer) kann problemlos die ganze Westküste ab- und das Nordkap umfahren. An der Mündung des Namsen liegt **Namsos**, das in seiner vergleichsweise kurzen Geschichte mehrfach von Bränden zerstört wurde. Das letzte Feuer während des Zweiten Weltkrieges war absichtlich gelegt worden.

Am Nordende von Namdalen beginnt die Provinz Nordland und damit der echte Norden. Auf beiden Seiten der Grenze erstreckt sich der **Børgefjell Nationalpark**, ein Gebiet mit hohen Bergen, Seen und zahllosen Wasserläufen, ideal für Wanderer und Naturfreunde.

Auch Campern bleibt Hausarbeit nicht erspart.

Weites Land: In diesen nördlichen Territorien sind die Entfernungen groß. **Nordland** reicht 500 Kilometer weit bis hinter Narvik. Der Polarkreis verläuft ungefähr auf halber Strecke. Zu der Provinz gehören die langen, schmalen Inseln von **Vesteralen** und die grauen Gipfel der **Lofoten**. (Der nördlichste Punkt, der im Rahmen dieses Kapitels behandelt wird, ist Bodø.)

Nordland ist ausgesprochen abwechslungsreich. Fjorde und Inseln mitgerechnet, verfügt Nordland über 25 Prozent des gesamten norwegischen Küstengebietes. Innerhalb seiner Grenzen liegen über 1900 Meter hohe Gipfel, unzählige Inseln und Schären, **Svartisen**, der zweitgrößte Gletscher Norwegens und der mit 210 Quadratkilometern größte Binnensee des Landes, **Røsvatnet**.

In der Nähe der Helgeland-Küste erstreckt sich **Bindalen**, ein bewaldetes grünes Tal. Als hier Gold entdeckt wurde, entwickelte es sich zu einer Art Miniatur-Klondike. Heute ist es wieder ruhig und verschlafen. Nicht weit weg, am Ufer des Bindalfjordes, liegt das Bergmassiv **Tosenfjellet**, ein beliebtes Ziel von Höhlenforschern. Die größte Höhle ist mit 1400 Metern Länge **Etasjegrot-**

ten, wo vor kurzem erst ein unterirdischer See entdeckt wurde.

Zwischen Trofors und Mosjøen liegt der breite, doch niedrige **Laksfors**-Wasserfall, der über 15,8 Meter stürzt. Norwegens Wasserfälle sind Ende Mai bis Juni besonders schön. Dann erreicht der Sommer den Norden, Eis und Schnee schmelzen und verwandeln jedes Rinnsal in einen reißenden Bach.

Am Ende der langen Wölbung des Vefsnfjordes, der weit ins Land reicht, liegt **Mosjøen**, eine Industriestadt. Hier ist ein herrliches Fleckchen Erde von einer großen Aluminiumfabrik bedroht. In Mosjöøen steht die **Dolstadkirche**, 1734 erbaut, und die älteste achteckige Kirche Nordnorwegens.

Nicht weit von der Kirche liegt das **Vefsn Museum**, 1909 gegründet und eines der allgegenwärtigen Freilichtmuseen, die die Skandinavier so lieben. Hier stehen zwölf Gebäude, die alle aus der Umgegend stammen. Das größte beherbergt eine Sammlung von 5000 Gegenständen des Ackerbaus, Fischfangs, der Jagd und der Haushaltsführung früherer Zeiten. Wo der Fluß Vefsna in den Fjord mündet, liegt ein altes Stadtviertel mit ein paar erhaltenen und restaurierten Holzbauten und Lagerhäusern.

Hinter der Stadt verändert sich die Landschaft und Ackerland weicht Fjells. Auf beiden Seiten der Straße von Mosjöen nach Norden liegen Campingplätze mit Zelten und Hütten, Unterkünfte für Frischlufturlauber, die diese nördlichen Regionen besonders lieben. **Moi-i-Rana** liegt ebenfalls an einem Fjord und ist wie Mosjøen Industriestadt – hier befinden sich die Stahlwerke Norsk Jernverks. Solche Anlagen in kleinen, abgelegenen Orten sind kein schöner Anblick, doch sie versinnbildlichen die Entschlossenheit der Norweger, die Verlockungen des bevölkerungsreicheren Südens möglichst gering zu halten und sind ein Zeichen des Erfolges bei der industriellen Erschließung, durch die die Menschen in ihrer Heimat Arbeit finden können.

Mo-i-Rana selbst mag dem Touristen zu modern sein, doch in Reichweite liegen mehrer Attraktionen, die für Norwegenbesucher ein absolutes Muß sind: Höhlen, ein Gletscher und der **Polarkreis**. Die **Grønligrotten** sind rund 21 Kilometer von der Stadt entfernt. Hier finden Führungen durch die faszinierende unterirdische Welt stalaktitgeschmückter Grotten statt. **Saetergrotten** reizt Höhlenforscher mit unerforschten Grotten, Spalten und Passagen und einem Innenraum aus weißem Marmor und Kalkstein.

Auch Norwegens zweitgrößter Gletscher **Svartisen** ist von Mo-i-Rana leicht zu erreichen. Seine stellenweise 100 Meter dicke Eisschicht bedeckt 370 Quadratkilometer. Er ist der am niedrigsten gelegene Gletscher des europäischen Festlandes und liegt nur 172 Meter über dem Meeresspiegel. Sie erreichen ihn über eine Abzweigung der E6, die nördlich von Mo-i-Rana nach Nordwesten zum Svartisvatnet führt. Sie setzen mit dem Boot über und dann sind es noch drei Kilometer Fußmarsch bis zum Gletscher.

Der Polarkreis: Viele haben es versucht, doch niemand kann so recht erklären, was so Besonderes daran ist, eine Linie zu überschreiten, die man nicht sehen kann.

Am Rande des Gletschers.

Dennoch ist die Überschreitung des Polarkreises für die meisten Menschen ein besonderes Ereignis. Hier scheinen die Annehmlichkeiten der Moderne zu enden, hier beginnt die Wildnis. Nirgendwo empfindet man stärker das Gefühl einer Reise ins Unbekannte, als auf der E6 in Richtung Norden.

Von Mo-i-Rana aus führt die Straße durch die wenig dramatische Landschaft von **Dunderlandsdalen**, vorbei am Storsforshei Eisenerzbergwerk. Hinter Krokstrand ändert sich das Bild allmählich, je weiter man ins Saltfjell vordringt, ein wildes, majestätisches Gebirgstal, umgeben von düsteren, kahlen Gipfeln. Hier gibt es nichts außer Straße, Schienen und den Fluß, bis man in 650 Meter Höhe die Polarkreismarkierungen erreicht.

Neben den offiziellen Malen sind zahlreiche Steinpyramiden, aufgestellt von Touristen, die das kollektive Bedürfnis hatten, diesen Augenblick zu verewigen. Außerdem gibt es ein Café, einen Andenkenladen, einen Parkplatz und ein Sami-Lager, wo Handarbeiten verkauft werden. Pläne für ein Polarkreiszentrum am Straßenrand, das die Landschaft, Flora und Fauna, Klima und Sami-Kultur beschreiben soll, liegen vor. Es darf eben nichts der Natur überlassen bleiben, wie es scheint.

Sklavenarbeit: Ein dunkles, trauriges Kapitel der Geschichte dieser Region ist der Zweite Weltkrieg, als Tausende von Kriegsgefangenen, vornehmlich Jugoslawen, zum Bau der Bahnlinie herangezogen wurden. Viele überlebten den Winter nicht. An die Opfer erinnert ein Mahnmal in der Wildnis der Berge, wo sie arbeiteten und starben.

Der höchste Punkt der Saltfjell-Straße ist mit 707 Meter in **Stødi**. Dieses Gebirge ist die Grenze für die Flora und Fauna gemäßigterer Zonen – mit wenigen, widerstandsfähigen Ausnahmen. Am Gefälle tauchen zunächst bei Lønsdal wieder Bäume auf, und wo die Straße bei **Rognan** wieder auf Meereshöhe abfällt, ist die Vegetation üppig und reichhaltig, links und rechts flankiert von imposanten Gipfeln. Auf halber Strecke führt ein kleiner Umweg nach rechts über ein steiles Gefälle nach Junkerdalen auf die „Sil-

Spätes Picknick im Schein der Mitternachtssonne.

berstraße", eine historische Verbindung von Skelleftea am Bottnischen Meerbusen in Schweden nach Bodø.

In dieser dramatischen Berglandschaft gibt es ein einzigartiges botanisches Phänomen: Der Untergrund aus hellem Glimmer hat zum üppigen Gedeihen seltener Pflanzen geführt wie etwa Alpenveilchen, die sonst nur in niedrigeren Lagen oder gemäßigten Klimazonen vorkommen. Nirgendwo sonst wurde ein solcher Pflanzenwuchs in dieser Höhe und auf 67 Grad nördlicher Breite festgestellt. Bei **Rognan** ist eins der obligatorischen Museen mit 20 alten Gebäuden.

Ein bewegenderer Anblick ist etwas weiter, in **Botn**, der Friedhof der 1657 jugoslawischen und russischen Kriegsgefangenen, die hier im Zweiten Weltkrieg starben. Sie arbeiteten an einer Straße statt an einer Bahnlinie, doch die Folgen waren ähnlich. Daher auch der Name „Blutstraße" für die Strecke von Rognan nach Fauske. Auf dem nahegelegenen Soldatenfriedhof liegen 2700 Deutsche begraben, und eine Tafel erinnert an die 2000, die mit dem Schlachtschiff *Scharnhorst* 1943 vor dem Nordkap versenkt wurden – alles ernüchternde Gedenkstätten einer schlimmen Epoche der jüngeren Geschichte.

Silber und Gold: Fauske am Skjerstadfjord ist ein weiterer Verkehrsknotenpunkt. Die allgegenwärtige E6 führt nach Norden und Süden, während eine andere Straße ostwärts in die Berge geht, nach **Sulitjelma**, das seine Existenz dem Umstand verdankt, daß ein Lappe 1858 hier Kupfer entdeckte. Die Minen reichen bis in 400 Meter Tiefe und werfen eine halbe Million Tonnen pro Jahr ab. Kupferpyrite, Sphalerit und Eisenpyrite werden aus dem Erz gewonnen, und auch etwas Silber und Gold.

Lange Jahre war das abgelegene Sulitjelma nur durch Gleise mit der Außenwelt verbunden. Als die Bahnstrecke stillgelegt wurde, baute man nach dem Verlauf der Schienen einen Straße. Die unberührte Bergwildnis dieser entlegenen Region wird vom **Sulitjelma-Gletscher** beherrscht, dessen Schmelzwasser den schwedischen Fluß Pitea speisen, und vom **Suliskongen** mit 1913 Metern

Nordlandsbanen fährt Hunderte von Kilometern nach Norden, nach Bodø.

Höhe. Diese Landschaft und das Bergbaumuseum in Sulitjelma, das im Sommer zu besichtigen ist, sind einen Abstecher wert. Touristenunterkünfte sowie ein Campingplatz sind vorhanden.

Aus den Steinbrüchen rund um Fauske stammt der einzigartige rötliche Marmor, bekannt unter der Bezeichnung Norwegisch Rosa, der für die Ausstattung bedeutender Gebäude in aller Welt verwendet wurde, darunter auch für das UNO-Gebäude in New York. Fauske selbst wurde 1940 zerbombt und ist daher praktisch erst 50 Jahre alt. Die **Bodin-Kirche** in der Nähe, 1200 erbaut und 1784 umgebaut, war eins der wenigen Gebäude, die den Angriff überstanden.

In diesem schmalen Teil Norwegens – der nach Norden hin immer schmaler wird – ist man niemals weit vom Meer oder der schwedischen Grenze entfernt. Im mittig gelegenen Fauske biegen die 80 und die Bahnlinie nach Westen und führen am Nordufer des Fjordes entlang nach **Bodö** an der Westküste.

Moderne Stadt: Bodø ist ein weiterer Meilenstein auf dem Weg in den hohen Norden. Wie viele Küstenstädte war es ursprünglich ein kleiner Ort mit geschütztem Hafen für Fischer und Boote und blieb das bis 1860/70, als drei Faktoren den Wohlstand brachten: die sich schnell entwickelnde Heringindustrie, der Förderbeginn in den Minen Sulitjelmas und die Küstendampferverbindung zu anderen Städten der Westküste. Auch Bodø wurde im Mai 1940 durch die deutschen Truppen stark beschädigt. Heute ist es eine großzügig angelegte, moderne Stadt mit 32 000 Einwohnern.

Bodø ist Handels- und Verwaltungszentrum und auch Station für die Sommertouristen, die hier an der Endstation der Nordlandbahn aussteigen und mit Küstendampfern oder Bussen weiter nach Norden reisen. In der Stadt gibt es ein Provinzmuseum und das **Bodøsjøen Freilichtmuseum** am Saltenfjord, rund vier Kilometer außerhalb.

Interessanter als beide ist die alte Handelsstation **Kjerringøys** 40 Kilometer weiter nördlich an der Küste. Längst von Bodö überrundet, war Kjerringøy im 19. Jahrhundert eine der reichsten Handels-

Rentiere haben Vorfahrt.

niederlassungen Nordnorwegens. Fünfzehn Gebäude sind erhalten, alle komplett möbliert, und ein paar typische Nordlandboote.

Wer auf der E6 landeinwärts nach Norden gefahren ist, kann auf der Rückfahrt von Bodö aus eine andere Route nach Süden einschlagen, die allerdings mit zahllosen Fährüberfahrten verbunden ist – die 17, die nordöstlich der Stadt beginnt und über **Saltstraumen** führt. Hier bilden reißende Strömungen und ein schmaler Kanal zweimal täglich einen Hexenkessel von Strudeln und Gischt. Es ist der mächtigste Strudel Norwegens. 372 Kubikmeter Wasser stürzen durch den nur 15 Meter breiten Sund mit einer Geschwindigkeit von bis zu 28 Knoten. Saltstraumen ist für Angler wie Seevögel ein wahres Paradies, denn die Strömung bringt Seefische in großen Mengen.

Die Straße folgt Küste und Fjord nach Süden, vorbei an Vag auf der Insel Sandhornøy und an **Blixgard**, dem Anwesen mit dem Denkmal des Dichters Elias Blix, der Norwegens Nationalhymne *„A eg veit meg eit land“* (Oh, ich kenne das Land) schrieb. Am **Glomfjord** gibt es einen Sessellift, der herrliche Aussichten eröffnet. Von hier aus kann man einen Ausläufer des Svartisen-Gletschers erreichen. Besser ist, auf der 17 weiterzufahren, die durch einen größeren Tunnel unter dem Rand des Gletschers hinweg führt und am Nordfjord mündet. Überqueren Sie den Holandsfjord und wandern Sie von hier zum Hauptteil des Gletschers. Vier Fähren später erreichen Sie **Sandnessjøen** an der Nordspitze der Insel Alsten, seit über 300 Jahren Handelsplatz.

Alstahaug an der Südspitze hat eine Kirche aus dem 12. Jahrhundert und einen Gedenkstein für den Pastor und Poeten Petter Dass, der hier von 1689 bis zu seinem Tod 1708 lebte. Dass war so bekannt, daß nach seinem Tod die meisten norwegischen Schiffe ihre Segel mit einem Trauerflor versahen, ein Brauch, der 100 Jahre lang beibehalten wurde. Heute wird des Lebens und Werkes von Petter Dass bei den zweijährlichen viertägigen Kulturtagen gedacht.

Eine kurze Überfahrt bringt sie auf die Insel Dønna. Das **Dønna-Anwesen** hat eine Geschichte, die von der Zeit der Sagen bis heute reicht. Die Steinkirche aus dem 13. Jahrhundert hat Geheimgänge in den Wänden, wo bei Restaurierungsarbeiten 1974 ein Münzschatz gefunden wurde, der zum Teil auf die Zeit König Hakon Hakonssons (1204-63) zurückgeht.

An der Ostseite von Alsten ist ein Bergzug mit sieben Gipfeln, bekannt als **De Syv Søstre** (Die sieben Schwestern). Südlich von Sandnessjøen liegt **Tjøtta**, die Heimat Hareks, eines der Anführer, die bei Stiklestad König Olav töteten.

In dieser Gegend gibt es überall Grabhügel und Monolithen. Auch ein Friedhof befindet sich hier, auf dem die 7500 Russen liegen, die im Zweiten Weltkrieg als Kriegsgefangene starben. Noch ergreifender ist der **Riegel-Friedhof** mit den Gräbern der 1000 von beinahe 3000 Russen, Deutschen, Polen, Tschechen und Norwegern, die bei der Versenkung der *Riegel* 1945 vor Tjøtta starben. Ein alliiertes Flugzeug hatte sie angegriffen in Unkenntnis ihrer menschlichen Fracht.

Viele Luftwege führen auf den Flughafen von Bodø.

Ein alter Hut: Bei Brønnøysund, zwei Fährenüberfahrten weiter südlich, ist ein weiteres seltsames Naturphänomen: Die hohe, hutförmige Insel **Torghatten**, die in 160 Metern Höhe ein 40 Meter großes Loch aufweist. Der Legende nach wurde das Loch von einem Pfeil verursacht, den ein Reiter auf die Dame seines Herzens, die Maid von Leka, abschoß, weil sie ihn abgewiesen hatte.

Gerade noch rechtzeitig bemerkte der Bergkönig vom Sømnafjellet, was vorging, und warf seinen Hut in die Luft, um den Pfeil abzufangen. In diesem Augenblick ging die Sonne auf, und alle wurden in Stein verwandelt. Die Maid von Leka steht versteinert auf der Insel **Leka**, auf Torghatten ist das Loch, und der Reiter ist auf der Insel **Hestmannøy.** Eine prosaische Erklärung ist die Wirkung von Frost und Meer zum Ende der letzten Eiszeit, als die Insel viel niedriger lag als heute. Eine schmale Straße führt nach Torhatten. Von hier aus kann man in 30 Minuten zu dem Loch hinaufklettern.

Das **Brønnøysund-**Gebiet ist mit die fruchtbarste Gegend mit den größten Gehöften Nordnorwegens. Im Inselmuseum auf Leka sind viele Kuriositäten ausgestellt, darunter Boote und Fischereigerät. **Herlaugshaugen** kann sich des zweitgrößten Grabhügels von Norwegen rühmen.

Südlich von Leka liegt **Vikna**, die größte dieser erstaunlichen Kette von 6000 Inseln und Schären. Vikna ist durch eine 700 Meter lange Brücke mit dem Festland verbunden. Sie führt über den **Naerøysund,** der Legende nach das Schlachtfeld von Troll und Riese.

Noch eine Überfahrt, und dann verläßt die 17 die Küste, der sie die lange Strecke nach Süden treu gefolgt ist, und führt landeinwärts durch Namsos nördlich von Steinkjer auf die allgegenwärtige E6 zurück. Es ist mehr als nur ein kleiner Umweg, doch wenn Sie im Landesinneren nach Norden fahren und am Meer nach Süden, erleben Sie eine herrliche Mischung aus Fjorden, Inseln, Flüssen und Wasserfällen, Seen und Wäldern, Bergen und fruchtbarem Ackerland, kurzum alles, was das Land zwischen Trondheim und Bodö zu bieten hat.

Jedermanns Liebling:Die lustigen Papageientaucher gibt es an den nördlichen Küsten in Hülle und Fülle.

RANA 17

INSELN UND BERGE

Vom Festland aus gesehen, über die weite Fläche des Vestfjordes, sind die Lofoten eine imposante Wand aus zerklüfteten Gipfeln, die steil aus dem Meer aufragen. Im Westen fungieren diese Berge als mächtige Wellenbrecher gegen die Gewalten des Nordmeeres. Über 112 Kilometer erstreckt sich der Archipel vom schmalen Raftsund im Norden zum winzigen Eiland Røst im Süden. Im Winter ist dieser Küstenabschnitt einer der stürmischsten Europas, im Sommer sind die Inseln ihrer unvergleichlichen Schönheit wegen einer der beliebtesten Urlaubsziele Norwegens.

Zwischen den Bergen, die aus dem ältesten Fels der Welt bestehen, breiten sich fruchtbares Ackerland, Fjorde und Schluchten aus, während die Küste von kleinen Fischerdörfern und ein oder zwei Städtchen gesäumt wird.

Ein für die Lofoten typisches Ereignis war das alljährliche Kabeljaufischen, an dem sich bis zu 6000 Boote und 30 000 Fischer beteiligten. Von Januar bis März lebten diese zugewanderten Fischer in einfachen Holzhütten am Wasser, *Rorbuer* genannt. Seit 1947 ist die Zahl der Fischer auf 2000 gesunken, und dieses Saisonereignis wurde durch eine ganzjährig ausfahrende Fischereiflotte ersetzt. Die *Rorbuer* wurden aufpoliert und mit modernem Komfort versehen an Sommergäste vermietet.

Die Hauptstadt **Svolvaer** liegt auf der Insel Austvagøy und war seit dem 17. Jahrhundert ein Handelszentrum. Sie ist buchstäblich von Wasser umgeben – was Besucher manchmal verwirrt – und flankiert von spitzen Felsgipfeln. Manche davon erheben sich steil aus den Gärten. Der Hausberg der Stadt ist **Svolvaergeita** (die Svolvaer Ziege).

Die Stadt ist mit dem Festland durch die Fähre nach Skutvik und den Küstendampfer nach Bodø verbunden. Svolvaer ist wie die ganzen Lofoten ein Anziehungspunkt für Künstler und Kunsthandwerker. Daher gibt es hier auch ein Künstlerzentrum und in **Kabelvag** eine Kunstschule. Kabelvags beeindruckende Holzkirche von 1898 sieht älter aus, als sie ist. Am Stadtrand liegt das **Lofot Museum** auf historischem Boden, wo im Mittealter **Vagar** lag, die erste Stadt nördlich des Polarkreises.

Fisch als Zahlungsmittel: Das Hauptgebäude des Museums lag ursprünglich im Zentrum eines blühenden Fischerdorfes. Ein Zimmer ist eingerichtet wie das Büro des Eigners einer Fischstation um 1880. Ihm gehörten alle *Rorbuer*, und die Fischer, die sie mieteten, bezahlten ihn mit einem Anteil vom Fang. Hier steht auch eine typische *Rorbu* von 1789, mit ihrem primitiven, beengten Raumangebot, und ein Bootshaus mit drei traditionellen Booten in verschiedenen Größen. Ein weiteres Gebäude ist der Entwicklung der Fischindustrie auf den Lofoten gewidmet, die in ihrer heutigen Form einen bedeutenden Wirtschaftsfaktor für die Inseln darstellt. Um eine Attraktion reicher wurde Kabelvag 1989 mit der Eröffnung des **Lofoten Aquariums**, das einem kleinen Fischerdorf nachgebildet ist. Es beherbergt Süß- wie Salzwasserfische und ein Seehundbecken.

Vorherige Seiten: Røost/ Lofoten. Nacht über der Tjelsund-Brücke und der Eiskathedrale Tromsös. Links: Kleine Boote und Rorbuer (alte Fischerhütten) in Stamsund. Rechts: Inselfischer.

Auf der Fahrt nach Süden kommt man von Insel zu Insel, die mit einer Ausnahme durch imposante Brücken verbunden sind. Die letzte Fährverbindung sollte 1990 durch einen Unterseestraßentunnel ersetzt werden.

An der Südspitze Austvagøys liegt **Henningsvaer**, eines der vielen Fischerdörfer der Lofoten. Die mächtige Brücke über den Gimsøystraumen führt über 840 Meter auf die kleine Insel Gimsøya. Von hier kommt man über eine zweite Brücke über den Sundklakkstraumen nach Vestvagøy. Stamsund, ein an einer Nebenstraße gelegener Fischerort, wird von den Küstendampfern angefahren.

Das **Vestvagøy Museum** in Fygle bei Leknes zeigt, wie sich das Leben der Fischer und Bauern im Laufe der Jahre gewandelt hat. **Leknes**, das Bevölkerungszentrum der Insel, ist eine typische norwegische Kleinstadt mit einer langgezogenen Hauptstraße. Ein paar Kilometer südlich von hier, in **Lilleeidet**, legt die Fähre nach Napp auf **Flakstadöya** an. Mit der Eröffnung des 50 Meter langen Tunnels unter dem Nappstraumen im Juli 1990 wurde sie überflüssig.

Nördlich des Polarkreises: An der Westküste Flakstadøyas überraschen weiße Sandstrände. An sonnigen Sommertagen planschen hier die Kinder, und es schwer zu glauben, daß man sich Hunderte von Kilometern nördlich des Polarkreises befindet. **Flakstad** hat eine hübsche Kirche aus dem 18. Jahrhundert mit einer Zwiebelkuppel. Nicht weit von hier wurde den Opfern des Zweiten Weltkriegs und auch den auf See gebliebenen Fischern ein Denkmal gesetzt.

Nusfjord und **Sund** sind zwei weitere Fischerdörfchen auf der Insel. Nusfjord steht auf der UNESCO-Liste erhaltenswerten Kulturgutes, in Sund ist ein kleines Fischereimuseum. Eine Abteilung ist der Geschichte des Motorbootes gewidmet, während im benachbarten **Smithy** der Künstler Hans Gjertsen arbeitet, der für seine kunstvollen Stahlkormorane bekannt ist. Auch **Storbathallaren**, die älteste Steinzeitsiedlung Nordnorwegens, die schon vor 6000 Jahren bewohnt war, liegt auf der Insel. Jüngeren Datums

Inseln und Berge

ist **Østre Nesland**, ein verlassenes Fischer- und Bauerndorf mit einigen erhaltenen Gebäuden.

Die letzte Brücke führt auf die Insel **Moskensøy.** Von ihren Fischerdörfchen ist **Reine** wohl das malerischste. Die Straße verläuft eng an der Küste. Über dem Vestfjord sieht man die Berge des Festlandes liegen. Auf der 19 gelangen Sie schließlich nach A, dem Dorf mit dem kürzesten Namen der Welt. Das Ortsschild ist das beliebteste Fotomotiv auf den Lofoten. In A endet die Kette der Lofoten. Hier sind ein paar alte Gebäude und eine der wenigen Handelsstationen in ihrem Originalzustand erhalten. Außerdem gibt es ein kleines **Fischer- und Bauernmuseum** in einer Scheune aus dem 19. Jahrhundert. In dem Café gegenüber mit der weißgestrichenen Holzfassade kann man sich bei hausgemachtem Kuchen und Kaffee entspannen.

Hinter Møskensøy liegt der **Moskenstraumen**, ein Strudel, der vielleicht nicht dem Saltstraumen bei Bodø nahekommt, doch unter Seeleuten einst gefürchtet war. Selbst bei ruhigem Wetter brodelt und kocht es hier. Bekannt wurde er durch Werke Jules Vernes und Edgar Allan Poes.

Für die Vögel: Der Strudel trennt Moskensöy von der kleinen Insel **Vaerøy**, hinter der das noch kleinere **Røst** liegt. Das sind die „Vogelinseln", wo sich Tausende von Vögeln verschiedener Arten ein Stelldichein geben, darunter Papageientaucher, Krabbentaucher, Eiderente, Lumme, Dreizehenmöwe und Kormoran.

Beide Inseln haben Flugplätze mit Linienflugverkehr nach Bodø. So werden Schiffsfahrten vermieden, die wegen der unberechenbaren See sehr unangenehm sein können. Auf Røst und Vaerøy wird es nicht sehr kalt. Auch im Winter stehen hier Schafe auf der Weide. Die Temperaturen im Januar liegen durchschnittlich bei 20° C und damit höher als in anderen Gegenden dieser Breitengrade.

Die Fahrt von Svolvaer nach A ist eine der interessantesten Strecken Norwegens. Hinter jeder Kurve warten neue Formationen zerklüfteter Gipfel von 609 bis 914 Metern Höhe. Ihre rauhe Schön-

Statue bei Leknes.

heit bildet einen reizvollen Kontrast zu der grünen, lieblicheren Landschaft der in Meereshöhe gelegenen Gegenden.

Im Norden Svolvaers hat man herrliche Aussichten, doch reichen sie nicht an die Schönheit des Südens heran. Es bestehen jedoch nur graduelle Unterschiede, denn die Lofoten haben soviele Reize, daß man geradezu übersättigt wird mit landschaftlicher Schönheit. Nach Norden führt die Straße dicht am Austnesfjord entlang. Dahinter liegt im Nordosten der Raftsund und der schmale, düstere Trollfjord, der im Sommer von den Küstendampfern befahren wird. In Fiskebøl verläßt man die Lofoten mit der Fähre nach **Melbu** auf der ersten der **Vesteralen**, Hadseløya. Wie zur Bestätigung, daß man sich nicht mehr auf den Lofoten befindet, steht in **Melbu** das **Vesteralen Museum**, untergebracht in einem Anwesen im Empire-Stil. Zu den Exponaten gehört eine Trachtensammlung aus dem 18. Jahrhundert.

Zwischen Melbu und Stokmarknes auf der Nordseite der Insel liegt die **Hadsel-Kirche** (1824) mit ihrem charakteristischen Stil und einem Altarbild von 1520. **Stokmarknes** war im 18. Jahrhundert eine Handelsstation. Hier ist die Hauptniederlassung der Vesteralen Schifffahrtsgesellschaft, gegründet von Richard With, der hier auch Vater der Küstendampfer genannt wird.

Die kleine Stadt hat wenig Charakter. Ihr interessantestes Merkmal ist die Hadsel-Brücke, die 1200 Meter weit auf die Insel Langøya führt. Deren Hauptort **Sortland**, ein Handelszentrum mit Fischereihafen, hat eine betriebsame, einladende Atmosphäre.

Auf der Westseite der Insel erheben sich mächtige Berge. Der außergewöhnlichste ist der **Reka** mit 607 Metern, der bei Bergsteigern sehr beliebt ist. Der nördlichste Punkt ist **Langenes**. Im Südwesten liegt **Vinjesjöen**, wo ein Fischereimuseum eingerichtet wurde.

Die Sortland Brücke ist 961 Meter lang und die Verbindung nach **Hinnøya**, der größten Insel Norwegens. Im Nordwesten liegt die langgezogene Insel **Andøya**, die ebenfalls über eine Brücke erreichbar und im Gegensatz zu den mei-

Restaurierte Rorbuer sind beliebte Ferienhäuser.

sten anderen Vesteralen flach ist. Hier gibt es Torf und Beeren. **Andenes** am Nordwestrand ist ein großes Fischerdorf mit einem **Polarmuseum**. Es war bereits im Mittelalter eine Fischersiedlung und wurde im 17. Jahrhundert von den Holländern als Walfangstation genutzt. Sein herausragendstes Merkmal ist der 1856 erbaute, 48 Meter hohe Leuchtturm.

Hinnøyas Landschaft ist abwechslungsreich: an der Küste Ackerland, grüne Täler, wilde Berge und Fjorde. **Lödingen** an der Ostküste hat eine Fährverbindung nach Bognes auf dem Festland. Im Norden liegt **Harstad**, die Hauptstadt der Vesteralen mit 22 000 Einwohnern. Der einstige Fischerort ist heute Handels- und Verwaltungszentrum mit einer Werft, Maschinenfabriken und einem Basislager für die Bohrinseln vor der Küste. Außerdem ist es Garnisonsstadt.

Adolfs Kanonen: Etwas weiter nördlich liegt **Trondenes** mit einer Steinkirche aus dem 13. Jahrhundert, dem nördlichsten Beispiel für Romanik-Gotik. In der Bucht darunter sind Wikingergrabhügel. Hier sind auch die Adolf-Kanonen, mächtige Kanonen von großer Reichweite, die die deutschen Truppen im Zweiten Weltkrieg zum Schutze der Einfahrt nach Narvik installierten. Es werden Führungen durchgeführt.

Eine letzte Brücke von 1000 Metern Länge schafft die Verbindung über den Tjeldsundet aufs Festland, das dem verwirrten Autofahrer oft wie eine weitere Insel erscheint. Dieses weite Gebiet Nordlands ist durch die große Wasserfläche des **Ofotfjordes** vom übrigen Festland getrennt, der auch großen Schiffen die Einfahrt nach Narvik gestattet.

Wer nicht über Lofoten und Vesteralen fahren will, für den ist die unvermeidliche E6 die einzige Alternativroute nach Norden. Von Fauske aus führt sie an den Fjorden entlang durch eine Reihe von Tunnels. Im Osten erstreckt sich der **Rago Nationalpark** bis an die schwedische Grenze. In dem weiten, bergigen Gebiet gibt es keine Straßen. Es gilt als der schönste, doch am schwersten zugängliche Nationalpark Norwegens.

Morgendlicher Gottesdienst in der Hadsel-Kirche, Vesteralen.

Von Sommarset aus, wo früher eine Fähre verkehrte, wurde ein phantastischer neuer Straßenabschnitt in atemberaubendes Bergland gebaut. In vielen Gebieten des Nordens haben diese Straßen interessante Gegenden erschlossen, die in früheren Zeiten durchtrainierten Wanderern vorbehalten waren. Der längste der Tunnels ist der unter dem **Sildhopfjell**. Nördlich von Krakmo, in **Sagelv**, gibt es 5000 Jahre alte Felsschnitzereien von Rentieren (die frühen Einwohner dieses Teils von Norwegen waren schaffenskräftige Graffiti-Künstler).

Von Ulsvag aus führt eine Straße nach Westen über Hamarøy nach Skutvik zur Fähre nach **Svolvaer**. Bis vor kurzem war eine andere Fähre die einzige Verbindung zu mehreren Ortschaften, die zwar nahe am Fjord, doch auf dem Festland lagen, und zur Insel **Engeløya**. Heute gibt es auch eine Straße.

In **Hamarøy** wuchs Nordlands größter Autor und Poet auf, Knut Hamsun. Alle zwei Jahre finden hier *Die Hamsun-Tage* statt, ein Kulturereignis zur Erinnerung an sein Leben und Werk. Die Insel Engeløya war vor vielen Jahrhunderten ein Machtzentrum, von dem viele Gräber und Grabhügel zeugen. Der größte ist **Sigarshaugen**.

Nördlich von Bognes wurden Felsschnitzereien mit 40 verschiedenen Motiven entdeckt. Östlich vom Tysfjord liegt ein bergiges Gebiet, das sich bei Kletterern großer Beliebtheit erfreut – insbesondere der **Stetind** mit 1392 Metern, der auch „der Welt größter Obelisk" genannt wird. Wer lieber ab-, statt aufsteigt, für den gibt es zahlreiche Höhlen. Die bekannteste ist wohl **Raggejavie** mit 620 Metern Tiefe. Das letzte Stück nach Narvik zieht sich die Straße am Ofotfjord entlang und bietet einen herrlichen Blick nach Westen.

Dem tiefen, eisfreien Wasser des Ofotfjordes hat **Narvik** seine Entwicklung zu einem bedeutenden Zentrum des Exportes von Eisenerz zu verdanken, das in Nordschweden abgebaut wird. Die Bahnverbindung von der Bergbaustadt Kiruna zu dem Hafen wurde 1883 fertiggestellt. Im Zweiten Weltkrieg war Narvik Schauplatz erbitterter Kämpfe.

Studenten feiern das Ende des akademischen Jahres. Die Universität von Tromsø ist die nördlichste Europas.

Diese Zeit dokumentiert das **Kriegsmuseum**. Heute ist die Stadt Touristenstation. Einen Überblick über Narvik und seine Umgebung gewinnt man durch eine Seilbahnfahrt auf den **Fagernes** (700 Meter). Narvik an sich ist nicht besonders interessant.

Nördlich von Narvik führt die E6 über eine weitere große Brücke über den Rombakfjord, kreuzt die 1984 eröffnete Straße nach Schweden und vereint sich in Bjerkvik mit der 19. Dann geht es steil an der Provinzgrenze **Gratangseidets** hinauf nach Troms.

Troms ist eine der drei Nordprovinzen zwischen Nordland und Finnmark. Seine Landschaft ist abwechslungsreich und dabei typisch nordnorwegisch. Sie finden zerklüftete Berge, spitze Gipfel, zahllose Inseln und Schären, lieblichere Landschaft in Küstennähe, reißende Flüsse und viele Seen. Die Provinz durchziehen einige große Fjorde und die für Troms charakteristischen ausgedehnten waldigen Täler.

Setermoen, die erste Stadt nördlich von Narvik, liegt im Herzen eines militärischen Übungsgeländes und beherbergt eine große Garnison. Das Militär ist auch in **Andselv** weiter nördlich präsent, auf dem großen Flugplatz von Bardufoss.

Südlich von Andselv führt in **Elverum** eine Straße nach Osten zum Wasserfall **Malselvfossen**. Hier fällt das Wasser nur 15 Meter tief, doch über eine Breite von 600 Metern. Hier gibt es Lachsleitern und den Fluß Malselv, der seit seiner Erschließung durch englische Angler um 1840 für seine Lachse berühmt ist.

In Rundaug zweigt eine Nebenstraße ab, die dem Malselv nach Øverbygd folgt und dann durch **Tamokdalen** mit seinen seltsam geformten Bergen verläuft. Bei Øvergard trifft sie auf die E6. Der Fluß fließt weiter nach Osten in den Store Rostavatn, einen See an der schwedischen Grenze. Im Süden erstreckt sich der **Rostadalen und Dividalen Nationalpark**, wo die vier größten Raubtiere Norwegens heimisch sind – Bär, Wolf, Luchs und Vielfraß.

Vier Kilometer von Andselv entfernt ist das **Malselv Bygdemuseum** mit einer kleinen Sammlung einheimischer Gebäude von 1820 bis 1900.

In Sørreisa, weiter westlich am Solbergfjord, laufen zwei Straßen zusammen. Eine führt nach Süden, nach Salangen, und schließlich zurück auf die E6, die andere in die entgegengesetzte Richtung nach **Finnsnes**, ein wichtiges Verkehrszentrum gegenüber der zweitgrößten Insel Norwegens, **Senja**. Finnsnes bietet sich an als Ausgangspunkt für die Erkundung der Insel, die über die 1146 Meter lange Gysundbrücke erreichbar ist. Auf der Insel befindet sich unter anderem der **Anderdalen Nationalpark**.

Geschenk der Straßenbauer: Von Andselv aus folgt die E6 dem Malselv, bis sie hinter dem See Takvatnet abrupt nach Osten biegt. Hier bietet eine neue Abzweigung ein herrliches Panorama entfernter Berge, eine Pracht, die der Autofahrer den Straßenbauern zu verdanken hat. Die neue Straße führt an **Storsteinnes** am Balsfjord vorbei, wo Ziegenkäse produziert wird. Bei der **Balsfjordkirche**, 10 Kilometer von Storsteinnes entfernt, sind 2500 bis 4000 Jahre alte Felsschnitzereien.

Bootsbauer mit einem Norlandsbat, dem traditionellen Verkehrsmittel des Nordens.

Am Balsfjord liegt mit das fruchtbarste Ackerland Troms, und die Ziegenwirtschaft und -zucht ist in dieser grünen Gegend sehr verbreitet.

Tromsø nimmt große Teile der Insel Tromsöya ein und reicht bis auf die Nachbarinsel Kvaløya. Mit 45 000 Einwohnern ist es bei weitem die größte Stadt Nordnorwegens. Bis zur Eröffnung der Brücke 1960 war die Stadt ausschließlich auf Fähren angewiesen.

Tromsö wird Tor zur Arktis, Stadt des Nordmeeres und Paris des Nordens genannt. Die ersten beiden Beinamen mögen gerechtfertigt sein, für den dritten braucht man schon eine blühende Phantasie. Die Fischerei ist der wichtigste Industriezweig. Heute gibt es vier große Fischfilierfabriken in der Innenstadt und auch die größte Krabbenverarbeitungsanlage und drei Tranfabriken sind in Tromsö – daher auch der andere Spitzname der Stadt: Norwegens größtes Fischerdorf.

Land der Fallensteller: Anfang des 19. Jahrhunderts brachen von Tromsö aus die Fallensteller zu Expeditionen ins Packeis nach Norden und nach Spitzbergen im Osten auf. Die Fallensteller segelten ins Weiße Meer, nach Grönland und Neufundland und kehrten erst nach Monaten mit ihrer Beute zurück.

Heute hat Tromsö, das glücklicherweise nicht im Zweiten Weltkrieg zerstört wurde, Nordnorwegens einzige Universität, die 1972 gegründet wurde, und die nördlichste Brauerei des Landes – Mack, für das Arktikbier bekannt, mit einer Schankstube unterhalb der Anlage. Die Stadt ist reich bestückt mit Museen, darunter das alte **Stadtmuseum**, das größte in diesem Teil Norwegens. Außerdem gibt es ein **Polarmuseum**, ein **Meeresaquarium** und das **Troms Heimatmuseum**.

Im Zentrum der Stadt liegt die 1861 fertiggestellte Kathedrale, mit einem Fassungsvermögen von 750 Personen eine der größten Holzkirchen des Landes. Auf dem Festland ist die moderne **Tromsdalkirche**, 1965 eröffnet und im Volksmund **Nordmeerkathedrale** genannt. In der Nähe führt die Seilbahn 420 Meter hoch auf den **Storsteinen**, der eine

Links: Die Gestelle zum Trocknen von Fisch haben „Wächter" zur Abschreckung hungriger Vögel. Rechts: Kirche im winterlichen Tromsø.

herrliche Aussicht über die Stadt und ihre Umgebung bietet.

Auf der Insel **Kvaløya**, die man über eine weitere imposante Brücke von 1975 erreicht, ist das **Nordlichtplanetarium** in Breivika. Auf dem Straumen-Hof kann man eine Sammlung von 10 historischen Gebäuden besichtigen. Im Nordwesten Tromsøs liegen eine Reihe von Inseln, die die Mündungen des langgestreckten Ullsfjordes und des Lyngenfjordes bewachen.

Zwischen diesen beiden größeren Fjorden liegt eine lange, breite Halbinsel. Der Bergzug an ihrer Ostseite, die **Lyngen Alpen**, ist ein beliebtes Bergsteigerziel. Die Majestät dieser schneebedeckten Gipfel und Gletscher, die eine Höhe von bis zu 1524 Metern erreichen, nimmt man am besten vom Ostufer des Lyngenfjordes aus wahr.

Von Tromsö aus gibt es eine reizvolle Alternative zur Hauptstraße, die schöne Blicke auf die Lyngen Alpen eröffnet. Man fährt auf der 91 durch das Breiviktal, setzt mit der Fähre über den Ullsfjord nach **Svensby** über, fährt nach **Lyngseidet** und nimmt eine zweite Fähre nach **Olderdalen** auf dem Festland, wo man die E6 erreicht.

Bekannter ist die Strecke über die E78 zu ihrer Kreuzung mit der E6 in **Nordkjosbotn** und dann durch **Skibotn**, immer die Küste des Lyngenfjord entlang mit Blick auf die Berge jenseits des Wassers. Nach einem Richtungswechsel am Rotsundet gegenüber der Insel Uløya führt die Straße landeinwärts und gelangt schließlich zum Reisafjord. Der Blick nach Westen ist unübertroffen, vor allem nach Übersteigung des Gipfels des **Kvaenangsfjellet** 402 Meter über dem Meeresspiegel.

Vor dem Abstieg zum Burfjord hinunter breitet sich ein beeindruckendes Panorama von Inseln und Bergen auf dem Festland aus. Weiter weg, westlich von Alteidet, führt eine Nebenstrecke zum Jøkelfjord, wo der **Øksjord-Gletscher** als einziger norwegischer Gletscher das Meer speist. Kurz hinter Alteidet ist die Grenze zu Norwegens abgelegenster nördlicher Provinz, der Finnmark.

Tromsøs Eiskathedrale.

Nordkap und Finnmark

In keiner Beschreibung der Finnmark fehlen Superlative und eindrucksvolle Statistiken. Sie ist gleichzeitig Norwegens nördlichste und größte Provinz. Mit 48 000 Quadratkilometern bedeckt die Finnmark 15 Prozent des Landes und hat doch nur 75 000 Einwohner – zwei Prozent der Gesamtbevölkerung.

Die Finnmark liegt auf gleicher Höhe mit Alaska und Sibirien, doch der Golfstrom sorgt dafür, daß die Häfen auch im tiefsten Winter nicht zufrieren. An Land können die Temperaturen bis auf unter 50 Grad Celsius fallen. In den kurzen Sommern erreichen sie bis zu 32 Grad. Von Mitte Mai bis Ende Juli geht die Sonne nicht unter. Dann ist rund um die Uhr Tag und man kann jederzeit draußen Zeitung lesen. Im Winter bleibt die Sonne dafür von Ende November bis Ende Januar hinter dem Horizont.

Die Landschaft ist atemberaubend. Die höhergelegenen Gegenden liegen im Nordwesten, die flacheren Gebiete im Osten und Südosten. Über die nackten grauen Felsen an der Küste brechen mit ganzer Gewalt die Winterstürme aus der Arktis herein.

Den größten Eindruck hinterlassen die menschenleeren Weiten: Ketten von Bergen und Fjells reichen scheinbar endlos bis an den Horizont, still und ehrfurchtgebietend. Die Küste ist von rauher Schönheit. Hier und da bleibt das Auge des Besuchers überrascht an einer Grünfläche oder einem hübschen Fleckchen Erde hängen. Dieses herrliche Land ist mittlerweile größtenteils mit dem Auto oder öffentlichen Verkehrsmitteln über gut ausgebaute Straßen zu erreichen. Außerdem gibt es ein dichtes Luftverkehrsnetz und allerorten kleine Flugplätze. Darüberhinaus legen die allgegenwärtigen Küstendampfer in den Städten und Dörfern am Meer an.

Alte Völker: Trotz der unwirtlichen Natur dieser Region und des grimmigen Winters lieben die Bewohner der Finnmark diesen Teil Norwegens, der seit nunmehr 10 000 Jahren bewohnt ist. Es leben nicht nur Norweger und Sami (Lappen) hier, sondern auch nicht wenige Finnen. Die Norweger siedelten im 14. Jahrhundert an der Küste, doch die Veränderungen des 18. und 19. Jahrhunderts brachten auch Menschen aus dem Süden des Landes hierher. Zur gleichen Zeit gab es Einwanderungswellen aus Finnland und Schweden.

Verbrannte Erde: Der Zweite Weltkrieg war für die Provinz ein Alptraum. Als die sowjetischen Befreier im Herbst 1944 die Nordgrenze überschritten, betrieben die deutschen Besatzungstruppen auf ihrem Rückzug nach Süden eine Politik der verbrannten Erde. Städte, Dörfer und selbst einzelne Gehöfte auf ihrem Weg wurden in Brand gesteckt.

Alta ist die erste Stadt hinter der Grenze zu Troms und mit 14 000 Einwohnern auch die größte. Eigentlich besteht sie aus mehreren Orten – Aparnes, Bossekop, Sentrum, Bukta und Elvebakken. Die Architektur ist teilweise eintönig wie in vielen nordnorwegischen Städten, die nach dem Zweiten Weltkrieg in Eile wieder aufgebaut wurden. Das wenig beeindruckende Alta hat aber eine bedeutende

Vorherige Seiten: Sonnenuntergang auf den Vesteralen. Links: Eines der Wahrzeichen des Nordkaps. Rechts: Briefkästen als bunte Farbtupfer im Schnee.

archäologische Attraktion. An seinem Südrand in **Hjemmeluft** befindet sich eine einzigartige Sammlung prähistorischer Felsschnitzereien. Sie wurden 1973 entdeckt und stehen nun auf der Liste der UNESCO für erhaltenswertes Kulturgut. 2500 bis 3000 Stück wurden an vier verschiedenen Fundstätten entdeckt, die meisten in Hjemmeluft.

Das Alter dieser „Bildergeschichten" wird auf 2500 bis 6000 Jahre geschätzt. Ihre Motive sind Menschen, Tiere (insbesondere Rentiere), Boote und Waffen und noch nicht Erforschtes. Spuren der frühen Künstler des Volkes der Komsa wurden 1925 auf dem **Komsafjell** entdeckt, das in den Altafjord hinausragt. Die Siedlungen hier sind 10 000 Jahre alt, ein vielsagender Hinweis darauf, wie lange diese scheinbar so menschenfeindliche Region bereits bewohnt ist.

Im **Alta Museum** sind historische Exponate zu Fjord- und Flußfischerei, Schieferbruch (bis heute), Sami-Trachten und zum Wald um Alta zu besichtigen. Die 1850 erbaute Kirche überstand als einziges Gebäude den Krieg. Die Stadt ist ein wichtiges Kommunikationszentrum, und allmählich entwickeln sich hier einheimische Industrien. Der Fluß ist unter Lachsanglern ein Begriff.

Sami-Kultur: In der Finnmark gibt es nur wenige Straßen, so daß man sich kaum verfahren kann. Von Alta aus kommt man mit der 93 ins südlich gelegene **Kautokeino** und an die finnische Grenze. Kautokeino ist die größte Sami-Gemeinde der Provinz und Zentrum des Sami-Schulwesens. Das **Kulturhus** besitzt das einzige Sami-Theater Norwegens, im Museum erzählen Ausstellungen drinnen und draußen vom Leben der Sami im früheren Kautokeino.

Vom **Leirbotnvatn** aus nordwärts (um den Fjord von Alta) geht es nach Skaidi 89 Kilometer weit durch leere Weite. Die allgegenwärtige E6 läuft einsam durch diese wunderbare, ehrfurchteinflößende Wildnis. Die einzigen Zeichen von Leben abseits der Straße sind die Rentierherden. Trotz der modernen Straßen und Fahrzeuge beschleicht einen auf der ersten Fahrt durch dieses große Gebiet der Gedanke, wie gering sich menschliches

Links: Alter Druck einer Sami-Frau mit Kind. Rechts: Sie verkauft Felle und andere Sami-Erzeugnisse.

Tun auf die Erhabenheit dieser endlosen Weite ausgewirkt hat. Außerhalb der modernen Küstenstädte stehen Dörfer eng beisammen, und jedes einsame Kirchlein ist eine Eintragung in die Karte wert.

Skaidi ist beliebter Ausgangsort von Anglern, Jägern und Wintersportlern. Hier kreuzt sich die E6 mit der Straße nach Hammerfest (56 Kilometer entfernt, auf der Insel Kvalöya), die durch das Repparfjordtal führt, am Südufer des Fjordes entlang und zu der langgezogenen Hängebrücke, die das Festland mit der Insel verbindet.

Hammerfest auf seiner nackten Felseninsel ist die nördlichste Stadt der Welt. 1789 gegründet, war es jahrhundertelang der beste eisfreie Hafen in nordischen Gewässern, obwohl Stürme, Taifune und von Menschen verursachte Katastrophen die Stadt wiederholt verwüsteten. 1825 zerstörte ein Wirbelsturm Häuser und Schiffe, und der vielleicht noch schlimmere Sturm von 1882 bewegte den deutschen Kaiser, Königin Viktoria und den Zar von Rußland zu Geldspenden für den Wiederaufbau. 1890 hatte man ehrgeizige Pläne für ein Wasserkraftwerk, doch bereits einen Monat nach Aufnahme der Arbeiten legte ein Brand zwei Drittel der Stadt in Schutt und Asche. Im Jahr darauf wurde Hammerfest trotzdem die erste Stadt Europas mit elektrischer Beleuchtung in Straßen und Häusern.

Feuer, die zerstörende Kraft: Der Hafen war in kommerzieller wie strategischer Hinsicht stets von großer Bedeutung gewesen und wird schon seit langer Zeit von Schiffen angelaufen. Über 100 Jahre lang war er auch Norwegens Hauptbasis für Jagd und Fischfang. Als Norwegen 1940 besetzt wurde, war Hammerfest eine wachsende, blühende Stadt. Auf dem Rückzug legten die Deutschen Feuer, und am 10. Februar 1945 stand außer der Friedhofskapelle kein Haus mehr. Heute ist Hammerfest Norwegens größter Trawler-Hafen und widmet sich allen Aspekten der Fischereiindustrie. Hammerfest liegt an der geschwungenen Küste, die von einer steilen Böschung unterstützt wird. Sein bemerkenswertestes Denkmal ist die **Meridiansäule**, die von

Stilkontrast auf dem Sami-Markt in Hammerfest.

König Oskar II. zum Gedenken an die erste internationale Vermessung der Erde errichtet wurde, ein Gemeinschaftsunternehmen Rußlands, Norwegens und Schwedens. Auf dem höchsten Punkt des Weges vom Stadtzentrum die Böschung hinauf ist der **Mittagspfahl**, der Ende des 19. Jahrhunderts errichtet wurde und von einer Kanonenkugel gekrönt wird. Zeigt der Schatten des Mittagspfahles direkt auf die Meridiansäule, ist es exakt zwölf Uhr mittags. Die Kanonenkugel erinnert stark an eine andere Episode aus der Geschichte Hammerfests. 1809, nach der norwegischen Verwicklung in die napoleonischen Kriege, griffen zwei britische Kriegsschiffe Hammerfest an. Die Stadt fiel und wurde eine Woche lang von den Briten belagert und geplündert. Die britische Kanonenkugel soll stets an diesen unerfreulichen Vorfall erinnern. Zur Abwehr zukünftiger Attacken errichtete die Armee 1810 eine Redoute, **Skansen**, mit acht Kanonen, die, wie Hammerfest stolz vermeldet, nie im Zorn abgefeuert wurden. Der Weg führt auch zu einem Leuchtfeuerhaus, das die Jugend der Stadt 1882-83 baute, als „es keine andere Unterhaltung gab". Die Besatzungstruppen rissen es ab, doch die Stadt ließ es 1982-83 wiederaufbauen – als die Jugend längst andere Interessen hatte. Auffallender ist die runde **Isbjornhallen** (Eisbärenhalle), die für Sportveranstaltungen und Ausstellungen genutzt wird. Der Brunnen in der Innenstadt ist ein Geschenk Charles Ulrick Bays, eines ehemaligen US-Botschafters, dessen Mutter aus Hammerfest kam. Die Skulptur auf dem Brunnen – Mutter mit Kindern – ist ein Werk Örnulf Basts.

Gewinnbringende Eisbären: Ein kluger Schachzug Hammerfests war die Gründung der **königlichen und historischen Eisbärengesellschaft** 1963, die der Stadt erkleckliche Summen einbringt. Die Mitgliedsurkunde, ein begehrtes Souvenir, erhält nur, wer sich persönlich beim Museum der Eisbärengesellschaft im Rathaus bewirbt.

Von Skaidi aus führt die E6 nach Nordosten, wieder durch wildes, unbewohntes Land, bis sie am Olderfjord zum Meer hin abfällt. Hier fahren die meisten

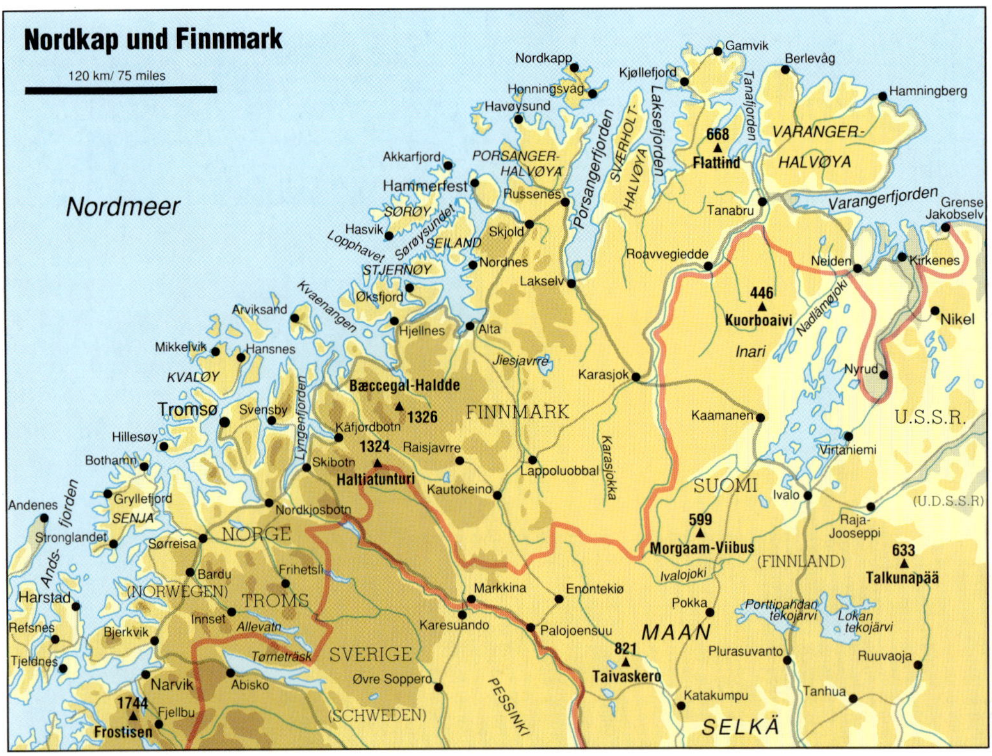

Nordkap und Finnmark

Touristen nach Norden, zur größten Attraktion der Finnmark, dem **Nordkap.**

Nordkapp, das Nordkap, ist für viele der Heilige Gral, das Ende ihrer langen Reise mit Auto, Wohnmobil, Motorrad, Bus oder sogar Fahrrad. Alternativen sind nur der Flug nach Honningsvag, die Küstendampfer oder eine Kreuzfahrt.

Die Straße führt um das Ende des großen Porsangerfjordes herum, mit zerklüfteter Landschaft landeinwärts, und endet bei der **Kafjord**-Fährstation, wo die Fähre nach Honningsvag auf **Mageröya** ablegt. Dies ist das letzte Hindernis auf der Fahrt zum Nordkap. In der Hochsaison im Sommer muß man manchmal lange auf die 55minütige Überfahrt warten. Doch trösten Sie sich: ein sieben Kilometer langer Unterseetunnel ist in Planung und soll 1997 fertiggestellt sein. Dann wird das Nordkap das ganze Jahr über Touristenattraktion sein.

Zwischen Honningsvag und dem Nordkap liegen 35 Kilometer der einzigen echten **Arktiklandschaft** Europas. Die Insel mag nackt und baumlos sein, doch strahlt eine sie rauhe Schönheit aus, die an sonnigen Tagen von der klaren Luft noch verstärkt wird. Leider ist es aber oft diesig.

Weg nach China: Der Name Nordkap wurde der mächtigen Landspitze von dem Engländer Captain Richard Chancellor verliehen, der 1553 mit der *Edward Bonaventure* einen neuen Seeweg nach China suchte und dabei Europas aufsehenerregendstes Nordende umrundete. Touristen zog es erst im 19. Jahrhundert hierher. Im Jahr 1845 wurden Passagiere der *Prinds Gustav* ans Ufer gerudert und erklommen die 300 Meter zum Plateau. Nachdem der unternehmungslustige König Oskar II. dem Nordkap 1873 einen Besuch abgestattet hatte, organisierte Thomas Cook 1875 die erste Gruppenreise für 24 Engländer.

Um 1880 gab es bereits einen Pfad mit einfachem Geländer, der von der **Horn Bay** zum Kap führte. Die Überreste des Kais sind 11 Kilometer vom Plateau entfernt noch zu besichtigen. Den größten Anschub erhielt der Tourismus von den Küstendampfern. 1920 hatte sich das Nordkap bereits an sein erstes, nicht be-

Der Hafen von Hammerfest.

sonders gelungenes Gebäude gewöhnt, einen achtseitigen Pavillon mit Postamt und Erfrischungsverkauf.

Die Straße von Honningsvag wurde 1956 eröffnet, und ebenso das **Nordkapphuset** mit Andenkenladen, Cafeteria und Postamt, eben allem, was dazu gehört. 1988/89 entstand an seiner Stelle ein neues Zentrum mit dem runden **Kompaßrestaurant** und dem **Supervideographen** darunter, in dem eine 225 Grad-Leinwand und Rundumbeschallung dem Besucher die Finnmark in allen vier Jahreszeiten nahebringen.

Ein unterirdischer Tunnel führt von dem Neubau zu der **Nordkaphalle** und Sektbar, die wie ein Amphitheater aus dem Fels geschnitten wurde und aufs Nordmeer blickt. Auch wer nicht schwindelfrei ist, sollte einen kurzen Blick über den Balkon riskieren, der eine phantastische Aussicht auf des Meer in der Tiefe bietet. Im Tunnel präsentieren Wandbilder historische Ereignisse am Nordkap wie etwa den Besuch König Oskars II., der auch mit einem Denkmal auf dem Plateau bedacht wurde.

Menschen en masse: Auf dem überfüllungsgefährdeten Plateau stehen sieben runde, radähnliche Skulpturen. Sie wurden von sieben Kindern zwischen acht und zwölf Jahren aus sieben Ländern für die Kinder der Welt geschaffen. 1988 verbrachten sie sieben Tage am Nordkap, um die Skulpturen, Denkmäler für Freude, Freundschaft und Zusammenarbeit, zu fertigen. Das benachbarte Denkmal *Mutter und Kind* ist von der Bildhauerin Eva Rybakken.

Neben der Hauptstraße zum Nordkap gibt es auf der Insel nur noch eine Straße, die zum Dorf **Gjesvaer** an der Westküste führt. Am Ostufer Magerøyas ist der kleine Fischerort **Skarsvag**. **Honningsvag**, wo die Fähre anlegt, war jahrelang Fischereihafen und wichtige Lotsenstation. In früheren Zeiten waren hier Trawler die häufigsten Besucher. Bis zu 4000 davon liefen im Jahr diesen abgelegenen nordischen Hafen an. Die meisten waren britischer Nationalität, und so entwickelte sich in Honningsvag das „Schellfischenglisch“, eine Mischung aus Zeichensprache und ein paar Brocken Eng-

Europas berühmtestes Ende, Nordkapp (Nordkap).

lisch. Wie andere Städte des Nordens wurde auch Honningsvag im Zuge der Kampfhandlungen niedergebrannt. In Honningsvag befindet sich heute ein kleines Heimatmuseum.

Bis auf die beiden großen Sami-Siedlungen liegen fast alle Dörfer und Städte der Finnmark an der Küste. Kautokeino und Karasjok dagegen liegen tief im Binnenland. Nach Karasjok, der zweiten bedeutenden Sami-Ortschaft, fahren Sie nach der Rückkehr vom Nordkap nach Süden durch Lakselv am Ende des Porsangerfjordes. Die Kirche von 1807 ist die älteste der Finnmark und hat den Krieg unbeschadet überstanden. Im Sami Museum und der Bibliothek befindet sich eine einzigartige Sammlung von Sami-Literatur. In Karasjok macht die E6 eine u-förmige Kurve und biegt wieder nach Norden. Bis ins 180 Kilometer entfernte Tana Bru folgt sie jeder Windung des Tana. In **Tana Bru** an der ersten Brücke über den Fluß kreuzen sich vier Straßen. Eine davon ist die Alternativroute nach Norden, die am Ende des Porsangerfjordes von der E6 abweicht. An dieser langen Straße liegen nur wenige Orte, doch dafür herrliche Landschaften und zwei phantastische Landstriche – die Strecke von **Børselv** zum **Adamsfjord** und das **Ifjordfjell**. Vom Ifjord führt eine Straße noch weiter nach Norden, auf die Halbinsel **Nordkyn** nach Kjöllefjord, Mehamn und Gamvik, quer durch das Nordende des Landes.

Hinter der Brücke von Tana Bru teilt sich die E6: die Hauptstrecke führt weit nach Osten ins nur fünf Kilometer von der russischen Grenze entfernte Kirkenes, während eine zweite Straße nach Norden in Richtung Berlevag und Batsfjord geht, eine herrliche Nebenstraße, die erst 1961 eröffnet wurde und über den höchsten Paß der Finnmark führt, den **Oarddojokke** in 400 Metern Höhe. Berlevag und Batsfjord sind Fischerdörfer, beide am anderen Ufer der Halbinsel Varanger, der letzten der drei Halbinseln Nordnorwegens.

Auf dem Weg nach Osten teilt sich die Straße in Varangerbotn erneut, hinter der schmalen Landzunge, die die Halbinsel Varanger mit dem Festland verbindet. In

Die Kinderskulpturen am Nordkap.

diesem Teil Norwegens, wo sich Fjorde und Meeresküste tief ins Land schieben, ist man nie weit vom Wasser entfernt. **Varangerbotn** besitzt ein kleines, aber sehenswertes **Sami Museum**. Der Umweg die Nordküste des Varangerfjordes entlang auf der 98 nach **Vadsø,** dem Verwaltungssitz der Finnmark, rentiert sich. In **Nesseby** auf der Strecke befinden sich eine kleine Holzkirche aus dem Jahr 1858 und Varangers älteste Blockhütte von 1700. Diese abgelegene Gegend überrascht immer wieder mit archäologischen Fundstätten, Gräbern und Opferstätten, die bis ins Jahr 9000 v. Chr. zurückreichen.

Auch Finnen: Ein Denkmal der finnischen Einwanderer in Vadsö erklärt, warum so viele seiner Einwohner finnischer Abstammung sind und Finnisch sprechen. Auch das Heimatmuseum befaßt sich mit den zwei Nationalitäten der Stadt. Es ist auf zwei Gebäude verteilt, ein Haus im finnischen Stil (Tuoainengarden) und ein Patrizierhaus von 1840 (Esbensengarden). Der **Königstein** vor Vaadsös Kirche trägt die Schriftzüge König Olavs V. von Norwegen, des finnischen Präsidenten Kekkonen und König Carl Gustavs von Schweden, die die Stadt 1977 besuchten zur Enthüllung des **Einwandererdenkmals** für die Finnen, die im 19. Jahrhundert in der Finnmark Arbeit zu finden hofften. Ein anderes Wahrzeichen ist der **Anlegemast**, der von Amundsens Luftschiff *Norge* 1926 und von Nobiles Luftschiff *Italia* zwei Jahre darauf benutzt wurde.

Hinter Vadsø liegt nur noch Vardö, auf einer Insel, die ein zweieinhalb Kilometer langer Unterseetunnel mit dem Festland verbindet. Sie ist die östlichste Stadt Norwegens und die einzige in der arktischen Klimazone. Festungsanlagen gibt es in Vardø seit etwa 1300. Die achteckige, sternförmige Redoute mit den vier Bastionen, die heute zu sehen ist, stammt von 1734. Von der ursprünglichen Anlage ist nur ein Balken übrig, der den Namenszug Christians IV. trägt und von 1599 datiert ist. Spätere Monarchen wie König Oskar II. (1873), König Haakon VII. (1907) und König Olav V. (1959) fügten ihre Namen hinzu.

Ein guter Fang: Atlantischer Lachs in Honningsvag.

Vardös einziger Baum, eine Eberesche, steht innerhalb der Festung. Im Winter wird er schützend verpackt. Die Rückkehr der Sonne wird mit Salutschüssen an dem Tag begrüßt, an dem nach zwei Monaten winterlicher Dunkelheit die Scheibe erstmals wieder ganz sichtbar ist. Diese Zeremonie findet meist um den 20. Januar herum statt.

Vogelbeobachtung: An der Küste westlich von Vardö liegt das verlassene Fischerdorf **Hamningberg** mit alten Bauten und einer Kirche, paradoxerweise einer der wenigen Orte, die während des Zweiten Weltkriegs verschont blieben. Norwegens östlichster Punkt ist Hornöya vor Vardö. Auf der Rückfahrt nach Süden kommt man zum **Domenberg**, wo sich der Legende nach die Hexen versammelten, um den Teufel zu treffen. Dann folgt in Kiberg **Kibergnesset**, die Überreste einer großen Feuerstellung des Zweiten Weltkriegs. An der Küste zwischen Vardö und Vadsö liegt Ekkeröya, der einzige Vogelfelsen der Finnmark, der mit dem Auto zu erreichen ist. Hier beobachten Vogelkundler Dreizehenmöwen, Lummen, Eiderenten und Odinshühnchen. Von den kleinen Häfen der beiden Städte aus kann man mit dem Fernglas ebenfalls interessante Vögel beobachten. Hinter Varangerbotn verläuft die E6 an der Küste entlang durch ein weiteres, großes, unbewohntes Gebiet im Südosten und bietet schöne Blicke über das Wasser des Varangerfjordes. **Bugøynes**, ein alter Fischerort an der Küste, blieb wie Hamingborg im Zweiten Weltkrieg verschont und liegt in einem finnischsprachigen Gebiet. **Bygøyfjord** weiter östlich ist ein altes Handelszentrum und Geburtsort des Sami-Künstlers John Savio.

Im Südwesten, nur acht Kilometer von der finnischen Grenze entfernt, liegt die kleine Stadt **Neiden** mit der einzigen **griechisch-orthodoxen Kirche** Norwegens, wo die Skollé-Lappen Gottesdienste abhalten. Seit 1965 wird jedes Jahr ein Gottesdienst zur Segnung des Flußwassers des Neiden gefeiert, um die ihm nachgesagten Heilkräfte zu erhalten. Dieser Anlaß zieht Gläubige von weither an. Der restaurierte **Labaha-Hof** in Nei-

Fischtrawler in Lebesby, 70° 30' Nord, an der arktischen Küste.

den, von finnischen Immigranten erbaut, gehört zum Sör-Varanger Museum.

Dieser östlichste Streifen Norwegens wurde durch die Entdeckung von Eisenerz in **Björnevatn** bedeutend, das seit 1906 abgebaut und vom sieben Kilometer entfernten Kirkenes aus verschifft wurde. Die Region ist aber auch für Fischerei, Ackerbau, Forstwirtschaft und Rentierzucht bekannt.

Kirkenes, eine Stadt mit 5000 Einwohnern, wird von den Anlagen der Sydvaranger Eisenerzgesellschaft beherrscht. Trotz des kürzlich errichteten Luxushotels **Rica Arctic** wirkt die Stadt irgendwie ungemütlich, was erklärlich und verzeihlich wird angesichts der Tatsache, daß sie im 20. Jahrhundert von nicht weniger als vier Kriegen betroffen war. Das schlimmste Leiden brachte der Zweite Weltkrieg, als Kirkenes sich mit Malta die zweifelhafte Ehre teilte, das am stärksten bombardierte Gebiet Europas zu sein. 1944 wurde es von den Russen befreit. Sie zogen sich 1944 zurück und hinterließen eine seltene Gelassenheit und Sympathie gegenüber dem „Russischen Bären“, und ein Denkmal, das die Stadt in Auftrag gab. Kirkenes ist der letzte Hafen, den die Küstendampfer anlaufen, bevor sie wieder Kurs auf Bergen nehmen.

Ein Hauch von Rußland: Östlich von Kirkenes, in **Storskog**, ist der einzige offizielle Grenzübergang nach Rußland. Der Aussichtspunkt in **Skafferhullet** ist für die meisten Touristen ein Muß. Von hier erhaschen sie einen Blick auf Boris Gleb in Rußland. Es gibt noch mehr solche Punkte, etwa Höyde 96 (Hügel 96), von dem aus man die russische Stadt Nikel sehen kann. Einmal wöchentlich finden Rundflüge über die Eisenerzminen und entlang der russischen Grenze statt, seit *Glasnost* auch Bootsausflüge nach Murmansk.

An der äußersten Ostspitze Norwegens steht in **Grense Jakobselv** eine Kapelle, die 1869 auf Anweisung König Oskars II. als ungewöhnliches Mittel zur Wahrung norwegischer Interessen errichtet wurde. Die Idee, statt einer Festung eine Kapelle zu bauen, entstand, als die Norweger bemerkten, daß die Russen ihre eigene orthodoxe Kirche gleich an der Grenze eifrig besuchten. Angesichts einer protestantischen Kirche würden die Russen bemerken, daß sie sich auf norwegisches Gebiet verirrt hätten. Diese etwas unkonventionelle Methode der Grenzsicherung war erfolgreich.

Ganz im Norden der Finnmark ist Norwegen zwischen Meer und Grenze oft nur zwei, drei Kilometer breit. Ein langer Streifen Land schiebt sich im Süden zwischen Finnland und Rußland. Hier, im **Øvre Pasvik Nationalpark**, liegt der größte unberührte Wald des Landes. In dem relativ flachen Gebiet gibt es Kiefernwälder, nackten Fels, Sümpfe und zwei Wasserläufe, die in den Pasvik münden (die offizielle Grenze zwischen Norwegen und Rußland).

Zur Fauna des Parkes gehören Elch, Rentier, Bär und Vielfraß. Außerdem leben hier Singschwäne, große graue Eulen, Gänse, Seeadler, Gerfalken, Schnepfen und Kraniche. Das ganze Gebiet steht unter Naturschutz. Es darf nicht erschlossen oder verschmutzt werden und bildete lange die friedliche Grenze zwischen Ost und West.

Links: Das Bergmannsdenkmal in Kirkenes. Rechts: Winter in Kautokeino.

SPITZBERGEN

Vom nordnorwegischen Tromsø aus rauscht das große Flugzeug eineinhalb Stunden nach Norden. Weit unten liegt die scheinbar leere See, hier und da unter Wolkenbänken verborgen.

Plötzlich bemerkt der Passagier, daß mächtige, zerklüftete Berggipfel wie riesenhafte Giftzähne aus den Wolken ragen, und daß die Wolken dazwischen gar keine Wolken sind, sondern schneebedeckte Gletscher. Das ist **Svalbard**, besser bekannt unter dem Namen **Spitzbergen** – Land der spitzen Berge. Der Archipel liegt 640 Kilometer nördlich des norwegischen Festlandes und besteht aus zwei Hauptinseln, Spitzbergen und Nordaustland, sowie zahllosen kleineren Inselchen, die im umliegenden Meer verstreut sind. Im Winter umschließt das arktische Packeis die Inselgruppe, die nur 960 Kilometer vom Nordpol entfernt ist.

Die glatte Landebahn, die auch für größere Maschinen lang genug ist, liegt auf der schmalen Küstenebene zwischen den Bergen Westspitzbergens und den Wassern des **Isfjordes**. Nach einem Minimum an Formalitäten ist man durch den Zoll und betritt ein Land, das noch von den Naturgewalten beherrscht wird. Landeinwärts steigen die Berge düster hinauf bis in die Wolken. Die Pfostenreihen, die quer hindurch laufen, wurden früher zum Transport von Kohle aus dem Bergwerk zum Verladehafen benutzt.

Der Kohlebergbau auf Spitzbergen unterscheidet sich von anderen Kohlebergwerken dadurch, daß hier die Stollen nicht nach unten führen, sondern waagerecht in die Berge hinein. Der Kohleberg blickt auf den **Adventfjord**, einen Seitenarm des Isfjordes, der den relativ geschützten Hafen von Longyearbyen beherbergt.

Vorherige Seiten: Felsformationen auf Spitzbergen. **Links**: Der König der Arktis, ein junger Eisbär. **Unten**: Saxifrage Herculus.

Wozu ein Flughafen? Während des arktischen Sommers ist der Fjord meist ruhig und friedlich, die glatte Wasserfläche wird nur von auftauchenden Seehunden, tauchenden Eiderenten oder Dreizehenmöwen auf Nahrungssuche zerrissen. Nach rund eineinhalb Kilometern auf der streckenweise gar nicht so schlechten Straße öffnet sich ein Tal und erklärt, wozu es einen Flughafen gibt.

Hier liegt der Ort **Longyearbyen**, der erbaut wurde, um die Menschen unterzubringen, die – meist aus Norwegen – nach Norden kamen, um unter härtesten Bedingungen die Kohle aus dem Inneren der Berge Spitzbergens zu fördern. Die Kohlevorkommen wurden bereits Anfang des 17. Jahrhunderts entdeckt, blieben jedoch lange unangetastet – abgesehen von den Fallenstellern, die sich hier Brennstoff besorgten. Erst um 1900 wurde erstmals ernsthaft versucht, die Bodenschätze abzubauen. Der erste, der Bergbaurechte beanspruchte, war ein norwegischer Skipper aus Tromsø namens Zakariasen. Ihm folgten andere, darunter John Longyear, der Amerikaner, nach dem der Ort benannt wurde.

Rund 2000 Menschen leben heute in dem Ort in modernen, gut isolierten Häusern und mit Geschäften, Bank, Café und sogar einem hübschen kleinen Museum, in dem ausgestopfte Vögel und Tiere Spitzbergens zu besichtigen sind und viele Gegenstände aus der Zeit, als die einzigen Menschen auf diesen arktischen Inseln ein paar wenige Jäger und Fallensteller waren.

Wie zur Mahnung, daß der Sommer zwar schön, doch sehr kurz ist, stehen vor den meisten Häusern parkende „Skidoos“, Motorschlitten mit Gummikufen und Steuerungsskiern. Sie sind im Winter, wenn eine dicke Schneedecke das Land überzieht und der Fjord eisbedeckt ist, das einzige Fortbewegungsmittel.

Unberührte Natur: Mit reichlich 500 Metern Straße auf 1000 Quadratmeter Fläche wird Svalbard kaum je ein Ziel für den Massentourismus sein. Die Inseln wären damit überfordert, und sie sprechen ohnehin nur denjenigen an, der Wildnis und unberührte Natur sucht. Und das ist vielleicht gar nicht schlecht, wie ein ehemaliger Bürgermeister Svalbards bestätigte: „Da es bei uns keine Hotels und Restaurants gibt, besucht man Svalbard am besten im Rahmen einer Kreuzfahrt. Im Sommer kommen meist ein paar Camper, doch sie müssen sich ihr Essen und ihre Zelte selbst mitbringen. Und das ist auch ganz gut so, denn das Ökosystem ist zu empfindlich für andere Formen des Tourismus.“

Die Situation ist noch weitgehend dieselbe, obwohl die Gegend von Longyearbyen im Sommer wirklich reizvoll ist. Vor den mächtigen Bergen tut sich das Tal auf, dessen Wiesen mit Blumen geschmückt sind, die Botaniker jeden Kalibers hierher locken. Hier findet man die kleinen *Cassiope*-Glöckchen, mit purpurnem Steinbrech, *S. oppositifolia*, gemischt und mit etwas Glück sogar einen Flecken *Polemonium boreale*, eine arktische Rarität mit hübschen Blüten. An der Küste, wo sich die Silbermöwen sammeln, kann man die fleischigen Blätter der *Mertensia maritima* entdecken, die so weit nördlich sonst kaum vorkommt.

Im Winter sieht das ganz anders aus. Die Sonne bleibt in Svalbard hinter dem Horizont und alles ist in Dunkelheit gehüllt, nur erhellt vom Schein des Mondes und der **Aurora Borealis**, dem Nordlicht. Wenn die Sonne wiederkehrt und Kraft gewinnt, zieht sich das Packeis nach Norden zurück, beschleunigt vom

Die spitzen Gipfel, die Spitzbergen seinen nicht-norwegischen Namen gaben.

wärmenden Golfstrom. Diese starke Gezeitenströmung, die ihren Ursprung im warmen Gewässer des tropischen Südatlantik hat, zieht sich an der Küste Großbritanniens entlang nach Norden und streckt einen Arm in die Nordsee zur norwegischen Küste. Noch stark genug, um das Eiswasser des Nordmeeres zu bedrängen, fließt dieser mächtige Strom an der Küste Westspitzbergens entlang und gewährleistet die eisfreie Durchfahrt an die Nordküste der Inseln. Dennoch schmilzt an manchen Stellen das Eis das ganze Jahr über nicht.

Westspitzbergen ist größtenteils bergig und gletscherreich und zu rund 60 Prozent vom ewigen Eis überzogen. Der **Newtoppen** ist mit 1717 Metern der höchste Berg. Die zweitgrößte, am weitesten vom wärmenden Golfstrom entfernte Insel **Nordaustlandet** ist 15 000 Quadratkilometer groß und fast vollständig von einer stellenweise über 700 Meter dicken Eisschicht bedeckt.

Nutzungsrecht: Nach dem Ersten Weltkrieg wurde der Svalbard-Archipel unter norwegische Hoheit gestellt, wobei sich die Unterzeichnerstaaten des entsprechenden Abkommens das Recht auf Nutzung der Bodenschätze vorbehielten. Schweden hatte bereits ein Kohlebergwerk, verkaufte es jedoch 1934 an die norwegische Gesellschaft.

Heute hat von den ursprünglichen Unterzeichnern des Svalbard-Abkommens nur noch Rußland ein Interesse am Abbau der Kohlevorkommen und unterhält ein großes Bergwerk in **Barentsburg**, nur ein paar Kilometer von Longyearbyen entfernt. Rund 2000 Personen leben in einem Dorf am steilen Abhang des Fjordufers. Hier plaudern gutgekleidete Russen mit Pelzmützen unter Plakatwänden mit den Konterfeis besonders verdienter Arbeiter. Dreizehenmöwen kreischen von ihren Nestern auf Fenstersimsen herunter, und über der Szene lächelt noch immer, etwas fehl am Platze, ein Leninporträt. Da es zu Land keine Verbindung nach Barentsburg gibt, sind die einzigen „fremden" Besucher des Ortes die Teilnehmer von Kreuzfahrten, die mißtrauisch, doch nicht unfreundlich begrüßt werden.

Zeugnisse einer vergangenen Epoche.

Unbekannt und unerforscht: Nach den alten isländischen Annalen wurde 1194 Land entdeckt „vier Tagesreisen mit dem Schiff von Langanes entfernt, am Nordende des Meeres." Es wurde Svalbard getauft und blieb nach dieser ersten Erwähnung jahrhundertelang unbekannt und unerforscht. Das nächste Mal taucht es erst 1596 in den Schriften des großen niederländischen Entdeckers Willem Barents auf. Barents war mit zwei Schiffen auf dem Weg, eine Nordroute nach China auszumachen, als er eine Insel sichtete, die er wegen der Form ihrer Berge Spitzbergen taufte.

Die beiden Schiffe trennten sich. Das eine fuhr zurück nach Holland, um von Fjorden voller Wale und Walrosse zu berichten, während Barents mit dem anderen Schiff weiter nach Osten segelte. Die Besatzung gelangte bis nach Novaja Zemljej, wo sie vom Packeis eingeschlossen und gezwungen wurde, zu überwintern. Diese langen, harten Monate überstanden viele nicht. Auch Barents überlebte nicht.

In den folgenden Jahren fuhren einige Jagdexpeditionen gen Norden. Zunächst wagten sie sich selten weiter als zur **Bäreninsel**, doch 1610 wurde auch an den Küsten Spitzbergens gejagt. Die Kunde von der großen Zahl von Walen verbreitete sich, und bald gesellten sich englische, französische, baskische und dänische Jäger zu den Niederländern. Es kam zu den unvermeidlichen Auseinandersetzungen um Fangrechte, und schließlich wurden Kriegsschiffe nach Norden gesandt, um die Interessen der Walfänger zu verteidigen.

Der Butterberg: Schließlich teilten Engländer und Niederländer das Fanggebiet unter sich auf. Die Niederländer richteten auf der Insel **Amsterdam** eine Küstenstation ein, die sich mit einer Festung, einer Kirche und einer Walfischtranraffinerie zu einer Stadt mit mehreren tausend Einwohnern im Sommer entwickelte. Sie wurde **Smeerenberg** – „Butterberg" – genannt. Spuren dieser Aktivitäten – Umrisse von Steinbauten und die Öfen, in denen Walfischspeck zu Öl verarbeitet wurde – sind bis heute zu sehen. Die Massen gebleichter Knochen von Tausenden von Walen zeugen von der wachsenden Nachfrage nach Walfischtran, und in den Gräbern weiter nördlich sind die Männer begraben, die im Kampf oder durch die naturbedingten Härten dieser unwirtlichen Gegend ihr Leben lassen mußten.

Das Massentöten führte zu einer erheblichen Dezimierung des Walbestandes. Gegen Mitte des 18. Jahrhunderts wurde der Walfang in Spitzbergen eingestellt und verlagerte sich mit allen Folgeindustrien in ein Gebiet westlich von Grönland, bis auch diese Region um die Jahrhundertwende leergefangen war. Wale wurden ausschließlich im Sommer gefangen. Im Winter waren die Inseln meist verlassen .

1630 lief ein englisches Schiff auf Grund, und der Mannschaft gelang es, über den Winter zu kommen. 1633 überwinterten Niederländer in Smeerenberg. Im Jahr darauf starben alle, die zum zweiten Mal blieben, an Skorbut. Die Engländer wollten den Archipel kolonisieren, doch selbst zum Tode Verurteilte scheuten angesichts der Aussicht auf ein Leben in der arktischen Nacht.

Die norwegische Botanikerin Hanna Resvoll-Holmsen. Selbstporträt im Camp in Colbay, 1908.

Ein hartes Leben: Die Russen waren aus härterem Holz geschnitzt, und so bauten sich Jägergruppen Anfang des 18. Jahrhunderts Häuser auf Spitzbergen und jagten auch den dunklen Winter über Bären, Füchse, Walrosse und Seehunde. Norwegische Jäger kamen erst Ende des 18. Jahrhunderts nach Svalbard. Sie blieben ebenfalls über den Winter, und ihre Hütten stehen bis heute an den Küsten vieler Fjorde. Sie sind meist unbewohnt, werden aber von Wissenschaftlern und Forschern gern benutzt und sind daher zum Teil in recht gutem Zustand.

Das Leben der Fallensteller war hart und unerbittlich. Sie legten Fallen aus für Füchse, deren schöne Pelze im Winter in dem meherere Quadratkilometer großen Revier von unschätzbarem Wert waren. Außerdem schossen oder fingen sie Eisbären in ihren mit Ködern versehenen Fallen und machten Jagd auf Seehunde, nicht nur des Fleisches und der Pelze, sondern auch des Öls wegen, das sie aus dem Speck gewannen.

Kilometerweit wanderten sie durch Stürme und die Dunkelheit des Winters, stets auf das plötzliche Auftauchen eines hungrigen Eisbären gefaßt.

Seit seiner Entdeckung hat Svalbard wissenschaftliche Expeditionen angezogen. Von der ersten wurde 1773 berichtet. Kein Geringerer als Horatio Nelson nahm daran teil, damals noch Fähnrich zur See. 1827 fand unter Professor B.M. Keilhau die erste Expedition norwegischer Geologen statt, der bald Forscher aus anderen Ländern folgten. Heute ist das Norsk Polarinstitut Schaltstelle aller Expeditionen zu diesem faszinierenden Vorposten der Arktis.

Naturlabor: Svalbard bietet Amateuren und Profis einzigartige Bedingungen zum Studium von Ökologie und Naturgeschichte. So gut wie jeder Tourist, der die weite Reise auf den abgelegenen Archipel unternimmt, hat mehr als nur vorübergehendes Interesse an Wildtieren im allgemeinen und Vögeln im besonderen. Svalbards kurzer arktischer Sommer ist daran überreich. Die Inselgruppe mag noch so menschenfeindlich wirken, in den 24 Stunden langen Sommertagen wellt sich die Tundra zwischen den Ber-

Am Rande des Packeises.

gen und am Meer und ernährt eine überraschende Vielfalt an Pflanzen.

Von diesen wiederum leben Tiere – Insekten, Vögel und auch Säuger. Die See um die Inseln ist kalt, doch reich an Fischen und Wirbellosen, die Seevögel und Meeressäugetiere anziehen, die auf den Küsten und Klippen nisten und rasten. Durch ihre Mobilität sind Vögel in der Lage, praktisch jede futterbietende Nische auszunutzen. Zur Brutzeit bilden sie riesige, lärmende Kolonien auf geeigneten Klippen, ja, manchmal sogar auf Fenstersimsen. Überall ertönt der charakteristische Schrei der Dreizehenmöwe. Ein anderer hier heimischer Meeresvogel ist der Eissturmvogel. Auf Svalbard lebt hauptsächlich die für auf arktische Gewässer beschränkte dunkelgraue Art, was Hobbyornithologen aus südlicheren Gefilden erstaunen mag.

Vier Alkarten brüten auf Svalbard: Trottellumme, Krabbentaucher, Papageientaucher und Tordalk. Während die Trottellumme auf offenen, schwer zugänglichen Felsbändern nistet, brüten die anderen Arten in Felsspalten oder Bauten, wo ihre Eier und Jungen vor Füchsen und Raubmöwen besser geschützt sind. Auf Svalbard lebt fast die gesamte europäische Population der seltenen Krabbentaucher.

Die hübsche Elfenbeinmöwe nistet überall auf Spitzbergen.

Fernglas griffbereit: Die Weiten des kahlen Berglandes bieten nicht viel Nahrung für Landvögel. Auf Hängen und in Tälern, oft mit Birken- und Weidenwuchs, gedeihen viele Arten alpiner Pflanzen wie etwa Steinbrech. Hier sieht man Schneeammern auf Futtersuche herumpicken und singend auf den Felsen sitzen. Das widerstandsfähige Schneehuhn ist ebenfalls hier heimisch. Als einzige Vogelart überwintert es hier und ist in seinem weißen Winterkleid im Schnee kaum zu erkennen.

Auch Watvögel nisten in den Tundraebenen in Küstennähe. Purpurne Wasserläufer, Steinwälzer, Regenpfeifer und Wassertreter kommen häufig vor, Knutt und Sanderling sind dabei seltener vertreten. Im Inselinneren gibt es nur wenige Seen und Teiche. An diesen siedeln rotbekehlte Taucher, deren durchdringende Schreie charakteristisch sind für arktische Gebiete.

Drei Gänsearten brüten auf Svalbard. Die zahllosen Naturwissenschaftler, die sich mit der Nonnengans befaßt haben, erkannten, daß die gesamte auf Svalbard heimische Population jedes Jahr die weite Strecke nach Schottland fliegt, um den Winter im Gebiet von Solway im Südwesten zu verbringen. Immer wieder kehren sie zu ihren Nistplätzen nach Norden zurück. Die Kurzschnabelgans kommt in beachtlichen Zahlen vor, und es gibt auch kleinere Kolonien der Hellbäuchigen Ringelgans. Wenn sie einen der vielen Schwärme von Eiderenten entdecken, achten Sie darauf, ob nicht eine der besonders schönen Prachteiderenten darunter ist, die mit ihrem herrlichen Gefieder vor ihren weniger ansehnlichen Verwandten herumstolziert.

König der Arktis: Es gibt nur ein pflanzenfressendes Säugetier auf den Inseln, eine widerstandsfähige Rentierart. Es ist kleiner als das Rentier der Tundren Lapplands und lebt in kleinen Gruppen, die sehr zahm wirken und spartanisch von den Pflanzen und Flechten der Talsohlen leben. Die beiden anderen Landsäuger – Fuchs und Bär – sind Fleischfresser. Der Eisfuchs ist ein hübsches, kleines Tier, dessen Pelz von weiß-grau Schattierungen im Sommer bis reinweiß im Winter gefärbt ist. Obwohl er stark verfolgt wurde, ist er Menschen gegenüber immer noch erstaunlich zutraulich und neugierig und streift im Winter auf der Suche nach Aas oft um die Orte herum. Auch im Sommer sieht man ihn häufig, etwa auf Seevogel-Klippen, wo er Nester ausgräbt und Jungvögel sucht, die von Felsvorsprüngen gefallen sind.

Der unumstrittene König der Arktis ist jedoch der Eisbär. Erwachsene männliche Tiere führen ein Nomadenleben auf dem Packeis und ernähren sich von Seehunden, während jüngere Männchen, Weibchen und Jungtiere den Sommer meist auf den Inseln verbringen. Eisbären gelten als die gefährlichsten Tiere überhaupt. Dabei leben jüngere Männchen und Weibchen im Sommer weitgehend von Pflanzenkost. Die ehemals ihres Pelzes wegen gejagten Tiere stehen unter Schutz und dürfen nur geschossen werden, wenn sie Menschen bedrohen. Je nach Entfernung des Packeises leben mehr oder weniger Eisbären auf Svalbard, doch es sind immer welche anzutreffen, insbesondere auf **Barentsøya** und **Edgeøya**.

Wale und Walrosse: Zwar sind die Fjorde Spitzbergens nicht mehr „voller Wale und Walrosse“ wie im 15. Jahrhundert, doch man kann die Tiere rund um die Inseln immer noch entdecken. Zwar sieht man nur selten „große“ Wale in den Gewässern der Arktis, doch kleinere Furchenwale besuchen den Fjord recht häufig. Am größten ist die Chance, einen Beluga oder Weißwal zu Gesicht zu bekommen, leicht zu erkennen an seinem hellen Körper und dem Fehlen der Rükkenflosse. Mit etwas Glück sieht man auch einen Narwal, ein kleiner Wal mit gesprenkelter Haut und einem speerähnlichen Stoßzahn, der vorne herausragt.

Die riesigen Walroßherden, die sich in früheren Zeiten etwa auf der Insel Moffen drängten, vor der Südküste Westspitzbergens, haben sich nie richtig von der exzessiven Jagd auf sie erholt, doch kleinere Gruppen zeigen sich noch auf **Moffen**, oder im Süden **Egdeøyas**, ernähren sich von den Muschelbänken und sonnen sich an der Küste. Spitzbergens hauptsächliche Robbenarten sind Ringelrobbe und Bartrobbe. Die Seehundjäger von einst nannten die Ringelrobbe „Eisschollenratte“. Sie ist die kleinere Art mit dunklem, geflecktem Fell. Die Bartrobbe ist größer und meist von bräunlicher Farbe.

Entdeckungsreise mit Komfort: Für jeden Reisenden – außer den jungen, durchtrainierten Abenteurern mit tiefem Interesse an der Natur – ist eine Kreuzfahrt wohl die beste Art, diese Inseln zu bereisen. Es gibt zwei Arten von Schiffen, die größeren, die Svalbard im Rahmen weiterer Reisen anfahren und kleinere, die den Sommer über in Svalbard bleiben und längere Aufenthalte bieten.

Wer einen tieferen Einblick in Flora, Fauna und Geologie Spitzbergens gewinnen will, sollte sich für ein kleineres Schiff entscheiden. Es kommt näher an die Küste heran und auch in abgelegenere Fjorde. Sie bieten zwar nicht den Komfort eines Ozeanriesen, doch sind auch nicht unkomfortabel.

Rechts: Ein Kajak im Eiswasser. Folgende Seite: Schmiedeeisernes Tor im Osloer Vigeland Park

APA GUIDES

Reisetips

Bozell

FÜR LEUTE, DIE DEN WERT DER ZEIT ZU SCHÄTZEN WISSEN.

Bevor Sie sich für eine Patek Philippe *Abb. 1* entscheiden, sollten Sie ein paar grundsätzliche Dinge wissen. Anhand von Stichworten wie Präzision, Wert und Zuverlässigkeit erklären wir Ihnen, warum die Uhr, welche wir für Sie anfertigen, vollkommen anders ist als alle anderen Uhren.

"Pünktlichkeit ist die Höflichkeit der Könige", pflegte Louis XVIII. zu sagen.

Wir glauben in aller Bescheidenheit, daß wir beim Thema Pünktlichkeit auch den Ansprüchen der Könige gewachsen sind. So haben wir unter anderem ein mechanisches Laufwerk hergestellt, das in vollkommener Übereinstimmung mit dem gregorianischen Kalender die Schaltjahre der nächsten fünf Jahrhunderte berücksichtigt: Es fügt den Jahren 2000 und 2400 jeweils einen Tag hinzu, überspringt aber die Jahre 2100, 2200 und 2300 *Abb. 2.* Allerdings sollte so eine Uhr von Zeit zu Zeit neu justiert werden: Denken Sie bitte alle 3333 Jahre und 122 Tage daran, die Uhr um einen Tag vorzustellen, damit sie wieder mit der Himmels-Uhr übereinstimmt. Solche Dimensionen erreichen wir natürlich nur, weil wir bei der Herstellung jeder Uhr, also auch Ihrer, zu den absoluten physikalischen, wenn nicht metaphysischen Grenzen der Präzision und des Machbaren vorstoßen.

Fragen Sie bitte nicht "wieviel?"

Versetzen Sie sich einmal in die Welt der Sammler, die bei Auktionen Höchstpreise bieten, um eine Patek Philippe zu erwerben. Vielleicht schätzen sie die Einzigartigkeit der Feinmechanik und des Laufwerks, vielleicht die Schönheit einer Patek Philippe oder weil es eine Rarität ist. Wir glauben jedoch, daß hinter jedem Mehrgebot von US$ 500'000.– auch die Überzeugung steht, daß eine Patek Philippe, selbst wenn sie 50 Jahre oder älter ist, auch für zukünftige Generationen noch mit äußerster Präzision arbeiten wird. Falls wir nun in Ihnen den Wunsch nach einer Patek Philippe geweckt haben, versichern wir Ihnen folgendes: Die Uhr, die wir für Sie herstellen, wird besagten Sammlerstücken technisch noch überlegen sein. Schließlich ist es bei uns Tradition, daß wir laufend nach noch perfekteren mechanischen Lösungen für höchste Zuverlässigkeit und perfekte Zeitkontrolle suchen. Darum wird Ihre Patek Philippe über Neuerungen verfügen *Abb. 3,* von denen die Meisteruhrmacher, welche diese großartigen Armbanduhren vor 50 Jahren schufen, nicht einmal zu träumen wagten *Abb. 4.* Gleichzeitig sind wir natürlich bestrebt, Ihre Finanzkraft nicht über Gebühr zu strapazieren.

Besitz als Erlebnis.

Stellen Sie sich vor, heute wäre der Tag, an dem Ihnen Ihre Patek Philippe überreicht wird. Das Gehäuse birgt die Huldigung des Uhrmachers an das Geheimnis "Zeit". Er hat jedes Rädchen mit einer Kehlung versehen und es zu einem strahlenden Ring poliert. Die Platten und Brücken aus Gold und kostbaren Legierungen sind fein gerippt. Kleinste Oberflächen wurden facettiert und auf das Mikron genau geschliffen. Ganz zum Schluß, nach monate- oder jahrelanger Arbeit, prägt der Uhrmacher ein kleines Zeichen in die Hauptbrücke Ihrer Patek Philippe: das Genfer Siegel – die höchste Auszeichnung großer Uhrmacherkunst, verliehen von der Regierung des Kantons Genf *Abb. 5.*

Äußerlichkeiten, die innere Werte verheißen. *Abb. 6.*

Wenn Sie Ihre Uhr bestellen, legen Sie zweifellos Wert darauf, daß deren Äußeres die Vollendung und die Eleganz des Uhrwerks im Innern widerspiegelt. Darum ist es gut für Sie zu wissen, daß wir Ihre Patek Philippe exakt nach Ihren Wünschen künstlerisch gestalten können. Unsere Graveure sind beispielsweise in der Lage, ein subtiles Spiel von Licht und Schatten auf die goldene Rückseite unserer einzigartigen Taschenuhren zu zaubern *Abb. 7.* Wenn Sie uns Ihr Lieblingsbild bringen, fertigen unsere Emailleure davon eine Miniatur mit den feinsten Details an *Abb. 8.* Unsere Gehäusemacher sind stolz auf die perfekt guillochierte Lunette ihrer Armbanduhr und unsere Kettenschmiede auf ihr kostbares Geschmeide *Abb. 9* und *10.* Wir möchten Sie noch auf die Meisterschaft unserer Goldschmiede aufmerksam machen und auf die Erfahrung unserer Edelsteinspezialisten, wenn es darum geht, die schönsten Steine auszuwählen und einzupassen *Abb. 11* und *12.*

Es gibt Dinge, die bereiten schon Freude, bevor man sie besitzt.

Sicher verstehen und schätzen Sie es, daß Uhren, wie wir sie herstellen, immer nur in begrenzter Stückzahl gefertigt werden können. (Die vier Calibre 89-Uhren, an denen wir zur Zeit arbeiten, benötigen neun Jahre bis zur Fertigstellung.) Darum wollen wir Ihnen nicht versprechen, daß wir Ihren Wunsch sofort erfüllen können. Die Zeit, während der Sie auf Ihre Patek Philippe *Abb. 13* warten, ist jedoch die schönste Gelegenheit, sich in Gedanken über die philosophischen Dimensionen der Zeit zu ergehen.

Falls Sie weitere Informationen zu einer bestimmten Patek Philippe Uhr oder zur Uhrmacherkunst im allgemeinen wünschen, würden wir uns freuen, Ihnen weiterzuhelfen. Schicken Sie uns Ihre Visitenkart

Abb. 1: Eine klassische Patek Philippe in ihrer dezenten Schönheit.

Abb. 2: Eine der 33 Komplikationen der Calibre 89 ist ein Satellitenrad, das alle 400 Jahre eine Umdrehung macht.

Abb. 3: Bis heute die fortschrittlichste mechanisch regulierte Vorrichtung: Patek Philippe Gyromax demonstriert die Äquivalenz von Einfachheit und Präzision.

Abb. 4: Armbanduhren von Patek Philippe, links um 1930, rechts von 1990. Echte Uhrmacherkunst hat Tradition und Zukunft.

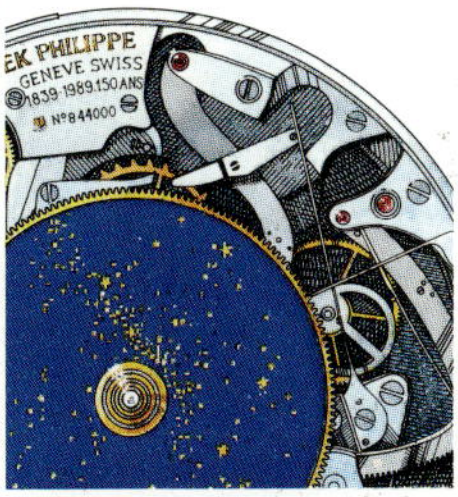

Abb. 5: Das Genfer Siegel wird nur Uhren verliehen, welche dem hohen Standard der Uhrmacherkunst entsprechen, wie sie in der Genfer Gesetzgebung verankert ist.

Abb. 6: Ihre Freude am Besitz einer kostbaren Patek Philippe ist das höchste Ziel all jener, die an ihrer Entstehung mitarbeiten.

Abb. 7: Eine zeitlose Arabeske ziert eine zeitlose Patek Philippe.

Abb. 8: Vier Monate lang arbeitet ein Künstler täglich sechs Stunden, bis eine Email-Miniatur auf dem Gehäuse einer Taschenuhr vollendet ist.

Abb. 9: Harmonie im Design als Symbiose von Schlichtheit und Perfektion an einer Calatrava Damenarmbanduhr.

Abb. 10: Der Kettenschmied formt mit Kraft und Feingefühl das Band für eine Patek Philippe.

Abb. 11: Goldene Ringe: ein Symbol für vollendete Einheit.

Abb. 12: Daran erkennen Sie den wahren Meister des Edelsteines: Er bringt die ganze Schönheit seiner wertvollen Steine vollendet zur Geltung.

PATEK PHILIPPE
GENEVE

Abb. 13: Das diskrete Zeichen jener Leute, die den Wert der Zeit zu schätzen wissen.

mit dem Vermerk «Bücherkatalog», damit wir Ihnen ein Verzeichnis unserer Publikationen zustellen können. Patek Philippe, 41 rue du Rhône, 1204 Genf, Schweiz, Tel. +41 22/310 03 66.

THOMAS COOK
MASTERCARD
TRAVELLERS CHEQUES...
Thomas Cook
Travellers Cheques
MasterCard

KURZFÜHRER

ANREISE

MIT DEM FLUGZEUG

Skandinaviens Flaggschiff unter den Transportunternehmen, SAS, unterhält zahlreiche Flugverbindungen von Oslo in Großstädte in aller Welt mit vielen Direktflügen von und nach Oslo. Linienflüge nach Oslo gehen zum Fornebu Flughafen, Charterflüge nach Gardermoen. Außerdem wird Norwegen von vielen europäischen Fluggesellschaften angeflogen. Die Air Europe fliegt seit 1989 täglich im billigen APEX Tarif von London nach Oslo. Die beiden anderen internationalen Flughäfen sind in Bergen und Stavanger. Norwegen hat auch ein umfangreiches Inlandflugnetz, das von Braathens, Norsk Air und Wideroes bedient wird.

MIT DEM SCHIFF

Die Fred Olsen Linie fährt das ganze Jahr über zweimal wöchentlich von Newcastle (Großbritannien) nach Bergen und weiter nach Ålesund und Molde. Die Überfahrt nach Bergen dauert 21 Stunden. Die Norway Line läuft Stavanger und Bergen an. Die Überfahrt nach Bergen dauert 22 Stunden. Von Anfang Februar bis Ende September zweimal wöchentlich, von Oktober bis Ende Dezember einmal wöchentlich. Die Scandinavian Seaways bietet eine längere Tour über Dänemark an. Von Harwich (ganzjährig) und Newcastle (nur im Sommer) geht es nach Esbjerg an der dänischen Westküste, dann mit dem Zug nach Kopenhagen (5 Stunden). „Seapex“ Inklusive Preis für Schiff und Zug nach Kopenhagen. Die Überfahrt mit der Scandinavian Seaways von Kopenhagen nach Oslo dauert 16 Stunden. Die Stena Line betreibt Fährverbindungen zwischen Dänemark, Norwegen und Schweden.

MIT DER BAHN

Zweimal täglich gibt es Zugverbindungen von Stockholm und Kopenhagen nach Oslo. Von Stockholm aus fahren auch Züge nach Nordnorwegen, hauptsächlich nach Trondheim und Narvik, ebenfalls zweimal täglich. Außerdem bestehen täglich mehrere Verbindungen von Kopenhagen und Götheborg aus. Mit der Nordtourist-Karte fahren Sie 21 Tage durch DK, N, SF für 437.-DM (Jugendliche bis 25 Jahre 326.-DM).

Die Norwegische Staatsbahn (NSB) informiert über Zugverbindungen und betreibt ein Reisebüro für Inlandreisen. In Oslo ist sie in der Jernbanetorget 1, Oslo, unter der Rufnummer 02-36 37 80 zu erreichen. In Deutschland: **Norwegisches Fremdenverkehrsamt**, Mundsburger Damm 27, 2000 Hamburg 76, Tel. 040/22 71 08-10.

MIT DEM AUTO

Die meisten großen Schiffahrtsgesellschaften befördern auch Autos. Durch das eigene Auto wird die Anreise teurer und auch das Benzin ist nicht billig – der Liter Normalbenzin kostet etwa 5,30 Nkr.

Zwei Organisationen mit Sitz in Oslo helfen bei Fragen zum Autofahren: der Norges Automobil Forbund (NAF oder norwegischer Automobilverband) in der Storgate 2-6, Oslo 1, Rufnummer 02-33 70 80, und der Kongelig Norsk Automobilklub (KNA oder königlich norwegischer Automobliclub) in der Parkveien 68, Oslo 2, Rufnummer 02-56 26 90.

Ein Auto zu mieten kann in Norwegen teuer werden (bis 3000 Nkr pro Woche), doch rentiert es sich manchmal, wenn sich mehrere zusammentun.

Ansonsten ist auf Wochenend- und Sommersonderangebote zu achten. Beim Autoverleiher Budget gibt es etwa einen niedrigeren Tarif für Freitag bis Montag (550 Nkr mit 250 Freikilometern, Telefon am Fornebu Flughafen 02-53 79 24).

Die folgenden drei Verkehrsregeln sollten Sie beherrschen:

- Vom 1. September bis 30. April ist Abblendlicht Pflicht (bei rechtsgesteuerten Fahrzeugen sind die Scheinwerfer nach rechts einzustellen).
- Wer von rechts kommt, hat stets Vorfahrt.
- Es besteht Gurtpflicht.

REISEINFORMATIONEN

VISA & PÄSSE

Für die Einreise nach Norwegen ist für die meisten Nationalitäten nur ein gültiger Reisepass erforderlich. Ein Visum wird nicht verlangt. Einreisende aus skandinavischen Ländern (Dänemark, Finnland, Island, Schweden) erhalten keinen gesonderten Stempel. Der Aufenthalt ist für Touristen generell auf drei Monate beschränkt. Wer länger bleiben will, muß nach Ablauf der Dreimonatsfrist ein Visum beantragen (ausgenommen Inhaber skandinavischer Pässe), und ebenso, wer in Norwegen arbeiten will.

GELD

Eine norwegische Krone (Nkr) sind 100 Øre. Es gibt Scheine zu 10, 50, 100, 500 und 1000 Nkr (selten auch größere) und Münzen zu 1, 5, 10, 50 und 100 Øre.

Wechseln können Sie in Postämtern, am Bahnhof Oslos, an internationalen Flughäfen, in einigen Hotels und auf der Bank. Banköffnungszeiten sind von Montag bis Freitag von 8.15 Uhr bis 15.00 Uhr.

Es gibt keine Einfuhrbeschränkung für norwegisches Geld, doch es dürfen maximal 5000 Nkr ausgeführt werden. Sie dürfen soviel Fremdwährung ausführen wie Sie eingeführt haben.

Euroschecks werden von Banken bis zum Gegenwert von 1300 Nkr angenommen. In den meisten Banken bekommen sie mit einer Visa Card Barauszahlungen bis zu 2000 Nkr in der Woche.

GESUNDHEIT

Für die Einreise nach Norwegen sind keine Impfungen vorgeschrieben. Das Leitungswasser ist von ausgezeichneter Qualität. Für Reisen in abgelegenere Gegenden wird ein Erste-Hilfe-Kasten empfohlen. Unbedingt ratsam sind Schutzmittel und Medikamente gegen Mückenstiche – vom Hochsommer bis in den Frühherbst wimmelt es in Lappland nur so von blutsaugenden Insekten.

Stationäre Behandlung: Norwegen hat mit Großbritannien und vielen anderen europäischen Staaten ein Gesundheitsabkommen. Das heißt, Ihre heimische Krankenkasse müßte für medizinische Versorgung aufkommen. Reisende aus Ländern, mit denen kein Gesundheitsabkommen besteht, müssen eine kleine Gebühr entrichten. Ein Arztbesuch in einem Krankenhaus kostet 50 bis 100 Nkr. Wer unsicher ist, ob er eine Zusatzversicherung benötigt, sollte sich vor der Abfahrt genau erkundigen.

Wer in Oslo einen Arzt konsultieren will, kann unter der Nummer 02-20 10 90 einen Termin einholen. Die Rufnummer für medizinische Notfälle ist 003. In anderen Landesteilen finden Sie die entsprechenden Nummern auf der ersten Seite des Telefonbuches. Ist keins zur Hand, rufen Sie die Vermittlung unter 0180 und erkundigen sich nach der lokalen Notrufnummer (*Nødhjelp* = Hilfe im Notfall).

KLEIDUNG

Wer Norwegen im Sommer bereist, wird angenehm überrascht sein. Durch den Einfluß des Golfstromes kann es hier wärmer sein, als in den südlichen Nachbarstaaten. Im Süden sind Temperaturen zwischen 25° C und 30° C keine Seltenheit. Die Durchschnittstemperatur für Juli liegt für das ganze Land einschließlich der Nordgebiete bei 16° C, für Oslo bei 22° C. Frühjahr und Herbst sind regenreich, die Nächte frisch.

Im Winter ist ratsam, sich sehr warm und in mehreren Schichten zu kleiden. Wollfäustlinge oder Handschuhe und Mützen sind empfehlenswert und für Skifahrer ein Gesichtsschutz. Weit im Norden sinken die Temperaturen auf unter -20° C. Im Januar liegt die durchschnittliche Tagestemperatur für Oslo bei -2° C, nachts bei -7° C.

ZOLLBESTIMMUNGEN

Die folgenden Mengen Alkohol und Tabak dürfen zollfrei eingeführt werden:

Wer mindestens 20 Jahre alt ist, darf einen Liter Wein und einen Liter Spirituosen oder zwei Liter Wein einführen. Außerdem sind noch zwei Liter Bier gestattet.

Reisende aus europäischen Ländern ab dem 16. Lebensjahr dürfen 200 Zigaretten oder 250 Gramm anderer Tabakwaren einführen. Reisenden aus außereuropäischen Ländern ab dem 16. Lebensjahr sind 400 Zigaretten oder 500 Gramm anderer Tabakwaren gestattet.

Zusätzlich zu den zollfrei einführbaren Waren dürfen Sie noch vier Liter Spirituosen verzollt einführen.

Zollfrei darf ein Kilo Schokolade oder Süßigkeiten eingeführt werden. Andere Waren dürfen bis zu einem Gesamtwert von 1200 Nkr zollfrei eingeführt werden, wobei sich diese Bestimmung nicht nur auf persönlichen Bedarf bezieht. Die Einfuhr von Drogen, Medikamenten (außer zum persönlichen Bedarf) und Giften, Feuerwaffen, Munition und Sprengstoff ist verboten.

Der Import von landwirtschaftlichen Produkten unterliegt strengen Kontrollen. (Betrifft Sie das, erkundigen Sie sich vor Reiseantritt im eigenen Land.) Das gleiche gilt für die Einfuhr von Tieren. Die meisten Tiere werden unter Quarantäne gestellt, Hunde und Katzen vier Monate lang. Für Hunde und Katzen aus tollwutfreien Ländern gilt eine Quarantäne von 30 Tagen. Tiere aus Großbritannien benötigen eine Tollwutimpfung, da sie besonders anfällig für die Krankheit sind.

KLEINE LANDESKUNDE

VERWALTUNG & WIRTSCHAFT

Norwegens Nationalversammlung, das Storting, ist der Dreh- und Angelpunkt des politischen Systems. Es hat 157 Abgeordnete in zwei Kammern (Odelsting und Lagting). Wahlen finden alle vier Jahre statt. Es gibt 19 größere Regionalregierungsbezirke, deren Gebiete wiederum in kleinere Kommunen unterteilt sind. Regierungschef ist der Premierminister, der der Mehrheitspartei oder einer Koalition im Storting vorsitzt. Der norwegische König fungiert symbolisch als Staatsoberhaupt.

Die größten Parteien sind die Sozialistische und die Konservative Partei, doch auch Christdemokraten, Zentrumspartei, Sozialistische Linke und Fortschrittspartei sind im Storting vertreten. Norwegens Verfassung stammt vom 17. Mai 1814. Im Storting hängt ein Gemälde, auf dem die Unterzeichnung dieses Dokuments dargestellt ist. Vordem war Norwegen jahrhundertelang unter dänischer Herrschaft, bis es von 1814 bis 1905 eine Union mit Schweden einging.

Der Jahrestag der Verfassung am 17. Mai wird im ganzen Land als Nationalfeiertag mit Paraden, Musik und Tanz begangen.

Norwegen gehört NATO und OECD an und gibt pro Einwohner mehr Geld für Auslandshilfe, insbesondere für die Dritte Welt, aus als jedes andere Land. Es ist außerdem Mitglied im Europarat und in der EFTA. Der EG gehört Norwegen nicht an, hat aber Handelsabkommen mit ihr. Neben Dänemark, Schweden, Island, den Farœr Inseln und Grönland gehört Norwegen dem 1952 gegründeten Nordischen Rat an. Der Rat hat 87 Mitglieder, die sich einmal im Jahr zu einer Vollversammlung zusammenfinden, und ein Büro in Kopenhagen.

Sein größter Erfolg ist das Abkommen zur Reisefreiheit, daß es den Einwohnern der Mitgliedsstaaten ermöglicht, innerhalb der Unterzeichnerstaaten ohne Pass zu reisen und ohne besondere Arbeitserlaubnis zu arbeiten. Die Konvention zur sozialen Sicherheit von 1955 garantiert ihnen Wohlfahrtsleistungen von Arbeitslosenunterstützung bis zu medizinischer Versorgung in dem Land, in dem sie arbeiten. Verhandlungen über eine Zollunion waren weniger erfolgreich. In jüngster Zeit befaßt sich der Rat hauptsächlich mit der Entwicklung einer gemeinsamen Außenpolitik, etwa hinsichtlich der Unterstützung Mittelamerikas.

Unter den vielen Aktivitäten für Zusammenarbeit auf technischem und kulturellem Gebiet sind NORDUNET, ein Kommunikationssystem für das Erziehungswesen, Schüleraustauschprogramme, Austausch medizinischer Daten, Behinderteneinrichtungen, öffentliche Verwaltung und Umweltprogramme, darunter eine nordische Konvention zum weltweiten Umweltschutz. Einzelthemen wurden auf bestimmte Zentren konzentriert wie zum Beispiel die Umweltstudien in Helsinki oder der Nordische Industrierat in Oslo, der die Zusammenarbeit auf industrieller Ebene koordiniert.

Das Nordseeöl bescherte Norwegen eine Hochkonjunktur. Andere Pfeiler der norwegischen Wirtschaft sind Produkte aus natürlichen Ressourcen, darunter Holz, Papier, Strom aus Wasserkraft, Gas, Schiffahrt und Bergbau und seit langer Zeit Fisch und Agrarprodukte. Neuere Industriezweige sind die Computerbranche und das Dienstleistungsgewerbe. Auch der Tourismus ist eine stetig wachsende Einnahmequelle. Zu Norwegens erfolgreichsten Unternehmen gehören Statoil, Elektrikbyra und die Royal Caribbean Cruise Lines.

GEOGRAPHIE & BEVÖLKERUNG

Norwegen ist ein 2600 Kilometer langes, schmales Land, geformt wie eine nach Süden schwimmende Kaulquappe. An manchen Stellen am „Schwanz" ist es nur zwei Kilometer breit. Es reicht von 57° 57' bis 71° 11' nördlicher Breite. Zu Norwegen gehören mehrere Inseln innerhalb des Polarkreises. Die größte ist Spitzbergen, das unter norwegisch-sowjetischer Verwaltung steht. Der größte Teil der Küste verläuft entlang der Nordsee. Nachbarstaaten sind Schweden, Finnland und im Norden die Sowjetunion. Norwegen ist bergig, mit Erhebungen von bis zu 2000 Metern Höhe.

Das Land hat insgesamt nur knapp über vier Millionen Einwohner. Mit 10 Menschen pro Quadratkilometer ist Norwegen nach Island das am dünnsten besiedelte Land. (Norwegens Gesamtfläche beträgt 386 958 Quadratkilometer.)

Der Süden ist hügelig und teilweise bewaldet. Die fruchtbarsten Ackerbaugebiete liegen im Süden. Obwohl die ganze Küste mit Fjorden (ein Fjord ist ein schmaler Meeresarm, der die Küstenberge durch-

Swatch. The others just watch.

seahorse/fall winter 94-95

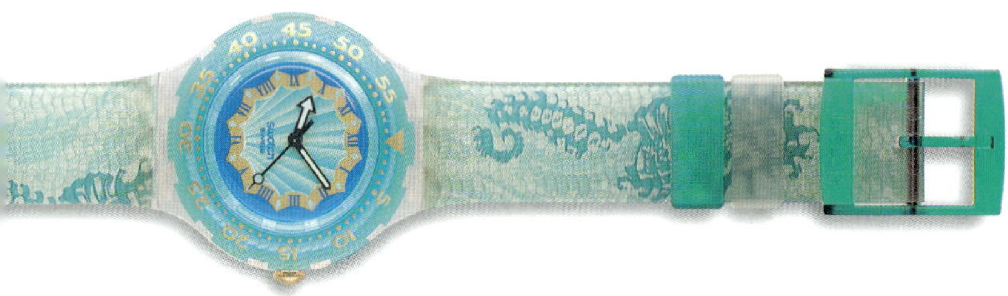

shockproof
splashproof
priceproof
boreproof
swiss made

swatch
SCUBA 200

REMY XO BECAUSE LIFE IS WHAT YOU MAKE IT

schneidet) durchsetzt ist, liegen die meistfrequentierten Fjorde an der Westküste zwischen Stavanger und Bergen und Bergen und Trondheim. Der Norden ist besonders dünn besiedelt.

Die Hauptstadt Oslo liegt an der Südostküste, am Ende des Oslofjordes. Hier leben 450 000 Menschen – über 10 Prozent der Gesamtbevölkerung. Hier wie in anderen größeren Städten Norwegens kann man sich mit Englisch recht gut verständigen. Die geschätzten Einwohnerzahlen anderer größerer Städte: Bergen 209 000, Stavanger 90 000, Trondheim 135 000.

ZEITZONEN

In Norwegen gilt die Mitteleuropäische Zeit, die der Greenwicher Zeit um eine Stunde, der osteuropäischen Zeit um sechs Stunden voraus ist. Zur „Sommerzeit" wird die Uhr im März eine Stunde vorgestellt, Ende September eine Stunde zurück.

KLIMA

Oslo gehört im Winter zu den wärmsten Gegenden des Landes. Im Januar liegen die durchschnittlichen Tageshöchstwerte bei -2°, die Tiefstwerte bei -7°. Im Norden sieht das schon anders aus. Hier sinken die Temperaturen auf Monate unter Null und eine ganze Reihe von Straßen muß wegen anhaltender Schneefälle längerfristig gesperrt werden. Februar und März sind die besten Monate zum Skifahren. Im März, April und manchmal bis in den Mai hinein kommt der nasse Frühling, wenn der Himmel grau ist und die Straßen durch den Wechsel von Tauwetter und Frösten wellig. In dieser Zeit steigen die Tageshöchsttemperaturen von um 4° C auf 16° C.

Im Sommer, zur Zeit der Mitternachtssonne, liegen die Tagesdurchschnittstemperaturen bei 20° C bis 25° C, während im sonnengebadeten Norden mit rund 20° C ideale Temperaturen zum Wandern herrschen. Im Oktober setzen die Herbstregen ein und die Quecksilbersäule sinkt auf 10° C und dann stetig weiter Richtung Null. Der erste Schnee fällt je nach Lage von Mitte Oktober bis Anfang Dezember.

Mai und September sind beliebte Reisemonate – Verkehrsmittel, Hotels und Museen sind dann meist sehr voll. In den Osterferien findet ein Massenexodus von Schulen und Arbeitsplätzen auf Pisten und Loipen statt. Ansonsten machen die Norweger meist im Juli oder August Urlaub.

KULTUR & BRÄUCHE

Norweger sind große Händeschüttler. Treffen sich Fremde, begrüßen sie sich stets mit Handschlag und stellen sich mit vollem Namen vor. Auch flüchtigen Bekannten gibt man bei der nächsten Begegnung zur Begrüßung und zum Abschied die Hand.

Die Norweger sind wohltuend höflich. Wenn Ihnen etwas serviert wird, dann immer mit dem Zusatz *Vær så god*, was soviel heißt wie „Bitte sehr" und „Gerne zu Diensten" in einem. Die norwegische Entsprechung für „bitte" heißt *vennligst*, was sehr formell ist und nicht oft gebraucht wird.

Der einzige etwas ungehobelte Zug der Norweger macht sich in den geschäftigen Straßen Oslos bemerkbar. Hier rempeln sich die Leute häufiger an und entschuldigen sich nicht immer. Wundern Sie sich also nicht, wenn jemand sie versehentlich anstößt, ohne gleich um Verzeihung zu bitten. Bedenklicher sind da schon – besonders für Autofahrer – die unberechenbaren Manöver beim überqueren der Straßen. Dabei nehmen die Osloer weder Rücksicht auf Ampeln, noch auf die Tatsache, daß die Skandinavier als vorbildliche Fußgänger gelten.

Kaffee ist das Nationallaster und wird überall serviert, wo sich Menschen treffen. Man wird regelrecht in Kaffee ertränkt, wenn man an einem Tag mehrere Leute besucht. Problematischer ist dabei, mit den Bergen von Gebäck fertig zuwerden, die oft zum Kaffee angeboten werden. Ablehnen sollte man nur ausgesucht höflich, vor allem, wenn es sich um hausgemachtes Gebäck handelt. Werden Sie von jemanden zum Essen nach Hause eingeladen, sind Blumen oder Pralinen als Geschenk angebracht.

Beim Zuprosten, dem „Skåling", gibt es ein besonderes Augenkontaktritual. Die Gläser werden gehoben, man sieht sich in die Augen, sagt *Skål*, stößt an, sieht sich noch einmal in die Augen, und trinkt dann (beziehungsweise nippt – angesichts der Kosten).

Trinkgelder sind unproblematisch. In Hotels wird meist ein Servicezuschlag erhoben. Trinkgelder werden nicht erwartet. Auch in Restaurants ist der Service meist im Preis eingeschlossen. Trinkgelder gibt man nach Gutdünken, und zwar fünf bis zehn Prozent. Das gleiche gilt für Taxifahrer. Beim Friseur sind Trinkgelder nicht so verbreitet, doch auch hier sind fünf bis zehn Prozent angebracht – und willkommen. Garderoben haben meist feste Gebühren von fünf bis zehn Nkr. Bei krummen Beträgen können Sie der Gardrobiere das Rückgeld spendieren.

ELEKTRIZITÄT

In Norwegen sind 220 Volt Wechselsspannung üblich. Stecker haben zwei runde Stifte. Je nach Norm ihrer Geräte kann ein Adapter erforderlich sein.

GESCHÄFTSZEITEN

Die Geschäftszeiten sind in Norwegen 8 oder 9 Uhr bis 16 Uhr. Mittagspause ist früh, meist zwischen 11.30 und 12.30 oder von 12 bis 14 Uhr. In dieser Zeit kann man sich zum Essen verabreden. Geschäfte sind von Montag bis Freitag von 9 bis 17 Uhr geöffnet, Samstag von 9 bis 13, 14 oder sogar 15 Uhr. Ausnahmen sind die Einkaufsmeilen der Osloer City und Aker Brygge, wo wochentags bis 20 oder 21 Uhr und am Samstag bis 18 Uhr geöffnet ist. Banken sind nur wochentags von 8.15 Uhr bis 15 Uhr geöffnet.

FEIERTAGE

Neujahr
Gründonnerstag, Karfreitag, Ostermontag (also über Ostern fünf freie Tage von Donnerstag bis Montag)
1. Mai (Tag der Arbeit)
17. Mai (Unabhängigkeits- oder Verfassungstag)
Himmelfahrt
Pfingstmontag
Erster und Zweiter Weihnachtsfeiertag.

GOTTESDIENSTE

Die lutherische Kirche ist Norwegens Landeskirche, 94 Prozent aller Norweger sind eingetragene Lutheraner. Oslo hat viele lutherische Kirchen, darunter eine amerikanisch-lutherische Kirche.

Auch eine Quäkervereinigung gibt es, die schwedische Kirche, eine deutsche evangelische Kirche, eine anglikanische Episkopalkirche, eine Synagoge und eine Moschee. Englischsprachige Gottesdienste werden in der amerikanisch-lutherischen Kirche und der anglikanischen Episkopalkirche abgehalten (St Edmund's). Religiöse Minderheiten sind u. a. die Pfingstbewegung, Baptisten, evangelisch-lutherische Protestanten, Methodisten, Katholiken, Juden und Moslems.

KOMMUNIKATION

MEDIEN

An den größeren Kiosken (wie Narvesen) und in einigen Buchläden werden internationale, meist englischsprachige Zeitungen angeboten. Die größte öffentliche Bücherei ist die Deichmanske Bibliotek in der Henrik Ibsen's gate 1 in Oslo. In ihrem Lesesaal finden Sie ausländische Tageszeitungen und Periodika. In den größeren Zeitungen sind im Sommer eine oder zwei Seiten in englischer Sprache.

Auf FM 106.8 sind im Sommer englischsprachige Radiosendungen zu empfangen. Der NATO-Sender hat auf FM 105.5 das ganze Jahr über ein englisches Programm. Hotels mit Radio auf dem Zimmer verfügen meist auch über ein Radioprogramm.

In Oslo gibt es mehrere Buchhandlungen mit englischer Abteilung: Erik Qvist in der Drammsveien 16, Tel. 02-44 52 69, Tanum Karl Johan in der Karl Johansgate 43, Tel. 02-42 93 10.

POST

Das Hauptpostamt in der Dronningensgate 15 (Eingang Ecke Prinsensgate) ist von Montag bis Freitag von 8 bis 20 Uhr geöffnet, am Samstag von 9 bis 15 Uhr. Andere Postämter sind wochentags von 8 bis 16 Uhr, samstags von 8 bis 13 Uhr geöffnet. Als dieser Führer gedruckt wurde, kosteten Briefe und Postkarten bis 50 Gramm innerhalb Europas 4 Nkr, Luftpostsendungen nach Nordamerika bis 20 Gramm 5 Nkr.

TELEFON

Auslandsgespräche können von Hotels aus geführt werden – wofür ein Zuschlag berechnet wird –, oder von Telefonzellen oder dem Haupttelegrafenamt in der Kongensgate 21 (Eingang Prinsensgate). Von hier kann man auch Faxe, Telexe und Telegramme absenden. Die meisten älteren Münzfernsprecher nehmen Ein- und Fünfkronenstücke (manche auch Zehnkronenstücke), der Mindesteinwurf ist zwei Kronen. Die billigsten Zeiten zum Telefonieren sind außerhalb der Geschäftsstunden: von 5 bis 8 Uhr.

Die Vorwahl für Oslo ist 02. Innerhalb der Stadt läßt man sie weg. Die Vorwahlen für Fern- und Auslandsgespräche entnehmen Sie bitte dem Telefonbuch, das eine Anleitung in englischer Sprache hat, die im Inhaltsverzeichnis aufgeführt ist. Die meisten Telefonnummern sind sechsstellig, wobei kleinere Orte auch kürzere Nummern haben können. Die Vokale æ, ø und å kommen in dieser Reihenfolge am Ende des Alphabetes.

FÜR DEN NOTFALL

SICHERHEIT & KRIMINALITÄT

Verglichen mit anderen Großstädten Europas und der USA sind die Straßen Oslos sehr sicher. (Bei steigenden Arbeitslosenzahlen nimmt die Straßenkriminalität etwas zu.) In kleineren Orten sind Übergriffe auf Ausländer noch seltener. Die einzige Bedrohung sind Betrunkene. Die meisten Bars haben gute Rausschmeißer, die Sie bei Bedarf alarmieren können. Auf der Straße wird man von Betrunkenen meist nur angepöbelt, nicht angegriffen. Oft fragen Sie nur nach Zigaretten oder Feuer.

Der Polizeinotruf für Notfälle ist 002. Die Feuerwehr rufen sie mit der Nummer 001, einen Krankenwagen unter 003. Diese Nummern sind gebührenfrei. Ärzte finden Sie im Telefonbuch unter *Leger* (Ärzte). Außerhalb Oslos erfahren Sie die örtlichen Notrufnummern unter 0180 von der Vermittlung (*Nødhjelp* = Hilfe im Notfall). Im Telefonbuch stehen die Nummern von Polizei, Feuerwehr, Notarzt (*Lækjarvakt*), Erster Hilfe und Krankenwagen auf den ersten Seiten.

MEDIZINISCHE VERSORGUNG

In den meisten Städten gibt es einen 24-Stunden-Apothekennotdienst. In Oslo ist es die Jernbanetorgets Apotek, Tel. 02-41 24 82, Fax 02-36 34 10 – gegenüber des Hauptbahnhofes in der Jernbanetorget 4B, in Bergen die Apotek Nordstjernen, Busbahnhof, Tel: 05-31 68 84, in Stavanger erhalten Sie Auskunft unter 04-52 01 28, in Trondheim ist es die St. Olav's Apotek in der Kjøpmannsgate 65, Tel: 07-52 31 22.

In anderen Orten erkundigen Sie sich im Hotel. Erhalten Sie dort keine Auskunft, können Sie es mit der Notrufnummer versuchen, die im Telefonbuch mit einem Kreuz und dem Wort *Lækjarvakt* versehen ist – Notarzt. Wo sich die Apotheken beim Nachtdienst abwechseln und die gerade diensthabende Apotheke ist an jeder Apotheke angeschlagen.

Zahnärztlichen Notdienst (außerhalb der regulären Öffnungszeiten der Zahnarztpraxen) leistet Oslo Kommunale Tannlegevakt, Tøyen Senter, Kolstadgata 18, Tel. 02-67 48 46. Öffnungszeiten: Wochentags 20 bis 23 Uhr, an Wochenenden und Feiertagen 11 bis 15 Uhr und 20 bis 23 Uhr (in der Nähe der Tøyen T-Bane-Station).

UNTERWEGS

VOM FLUGHAFEN

Oslo hat zwei Flughäfen (bei Redaktionsschluß war ein dritter im Gespräch, der bei Anwohnern und der sozialistischen Partei auf großen Widerstand stieß). Fornebu, der internationale Flughafen, ist nur neun Kilometer vom Stadtzentrum entfernt. Die Gepäckaufbewahrung des Flughafens ist täglich von 6.30 bis 23 Uhr geöffnet.

SAS-Busse (Fahrpreis 30 Nkr) fahren alle 15 Minuten nach und von Fornebu. Ein Linienbus fährt jede Stunde zum Flughafen (Nr. 31, mit *Snarøya* gekennzeichnet, von Jernbanetorget gegenüber Oslo-S). Fahrpreis 13 Nkr. Die Fahrzeit von und nach Fornebu dauert etwa 25 Minuten. Ein Taxi würde ungefähr 100 bis 200 Nkr kosten. Zwei Kilometer vom Flughafen entfernt ist die T-Bane Station *Lysaker* und die Oslo-Skien Langstreckenzugverbindung. Taxis und Busse halten regelmäßig in Lysaker um Passagiere zum Flughafen aufzunehmen.

Der Gardermœn Flughafen liegt 50 Kilometer von Oslo entfernt. Er wird von Chartergesellschaften und Maschinen aus Nordamerika angeflogen. Ankommende Fluggäste werden von Bussen erwartet, die zwei Stunden vor Abflug planmäßiger Flüge am Oslo-S Hauptbahnhof abfahren. Fahrpreis 50 Nkr, Fahrzeit 50 Minuten.

INLANDSREISEN

Innerhalb Norwegens gibt es ein ausgezeichnetes Inlandsverkehrsnetz, unerläßlich in einem so großen Land, das zu Land oft unpassierbar ist. Manchmal müssen Sie mehrere Transportmedien kombinieren (etwa Zug und Bus oder Flugzeug und Bus), vor allem bei Reisen jenseits von Oslo.

Die Überwindung großer Entfernungen kann teuer werden, doch es gibt besondere Touristenkarten wie den Fjord Pass, den Bonus Pass (für ganz Skandinavien) und intereuropäische Angebote wie InterRail und Eurail. Innerhalb größerer Städte beinhalten diese Pässe auch Nahverkehrsmittel und den Eintritt in viele Museen.

FLÜGE

Angesichts der teuren Autofahrten und der großen Entfernungen ist Fliegen eigentlich gar nicht so extravagant, könnte man meinen. Besonders, wenn man Inhaber eines „Visit Norway"-Passes ist, der im Sommer Fluggutscheine für Inlandreisen beinhaltet.

Außer SAS (SAS-Gebäude, Ruseløkkveien 6, Oslo 2, Tel. 02-42 99 70) bieten folgende Gesellschaften Flüge innerhalb Norwegens an: Braathens SAFE AS, Ruseløkkveien 26, Oslo 2, Tel. 02-41 10 20, Norsk Air in Gardermoen, Tel. 02-97 82 20, in Bergen Tel. 05-99 82 20, in Sandefjord Tel. 034-70 230, in Skien Tel. 03-54 65 55, in Stavanger 04-65 29 55, in Trondheim Tel. 07-82 60 22 und Wideroes Flyveselskap AS, Mustadsveien 1, Oslo 2, Tel. 02-55 59 60.

BAHNREISEN

Im Süden gibt es viel mehr Bahnverbindungen als im Norden. Sie gehen meist von Oslo aus. Wer nicht gerade nur den Süden oder Großstädte zum Ziel hat, muß streckenweise auf Fähren und Busse ausweichen. Die Bahnfahrt von Oslo nach Bergen gilt ihrer landschaftlichen Reize wegen als eine der schönsten der Welt. Oslo-S (Oslo Sentralstasjon) ist Norwegens geschäftigster Bahnhof und liegt im Stadtzentrum am Ostende der Karl Johansgate an Jernbanetorget. Die meisten Langstrecken- und Schnellzüge fahren hier ab, nur wenige – vor allem Vorstadtzüge – von Oslo-V (West) am Vestbaneplassen in der Nähe des Rådhus (Rathaus).

Für besonders schnelle Züge muß man im voraus buchen. Fahrkartenschalter sind in der Haupthalle des Bahnhofes (Karten für normale Züge kann man auch im Zug noch kaufen). *Trafikanten* ganz unten in dem Glasturm vor Oslo-S hilft bei Transport- und Buchungsfragen. Öffnungszeiten: Wochentags von 7 bis 20 Uhr, an Wochendenden von 8 bis 18 Uhr, Tel. 02-41 70 30.

FÄHREN & SCHIFFE

Fähren: Norwegen ist ein Land, in dem man sich nie weit vom Meer entfernt. Fähren sind unverzichtbare Verkehrsmittel, die Abkürzungen über Fjorde ermöglichen, durch die man viele Kilometer spart. Von Oslo aus legen die Fähren zu den Fjordinseln am Kai bei Aker Brygge ab.

Fähren sind für Pendler in verkehrsreichen Gegenden gar nicht wegzudenken – etwa die Horten-Moss Fähre über den Oslofjord zwischen Vestfold und Østfold. Die Häfen fast aller Orte haben Liegeplätze für Besucher, wobei sich die Liegegebühren auf rund 30 Nkr pro Nacht belaufen.

Schiffe: Die Hurtigrute, Norwegens Küstendampferlinie, ist für die Norweger ein lebenswichtiger Wasserweg und gleichzeitig für Norwegentouristen eine herrliche Möglichkeit, die grandiose Küste kennenzulernen. Im Sommer legt jeden Tag ein Schiff ab und geht auf die elftägige Reise von Bergen nach Kirkenes, auf der es 35 Häfen anläuft. Einzelheiten erfahren Sie im Reisebüro. Hier gibt es für rund 1400 Nkr Küstenpässe für junge Leute von 16 bis 26, die ohne Beschränkungen 21 Tage gelten. Die Dampfer befördern auch Autos, doch nur neuere Modelle haben Auffahrtrampen (anstelle von Winden). Ein Nachteil der Hurtigrute ist, das bis zu sechs Monate im voraus gebucht werden muß.

ÖFFENTLICHE VERKEHRSMITTEL

Die Oslo Card (Osloskortet – Tageskarte 80 Nkr, Zweitageskarte 120 Nkr, Dreitageskarte 150 Nkr, 50 Prozent Kinderermäßigung) gilt ohne Einschränkungen für alle öffentlichen Verkehrsmittel einschließlich städtische Fähren und beinhaltet freien Eintritt in viele Museen. Außerdem gibt es die verschiedensten Typen von reinen Fahrkarten, darunter *Minikort* (4 ermäßigte Fahrten), *Maxikort* (14 ermäßigte Fahrten) und auch Pässe mit längerer Gültigkeit. Telefonische Auskunft erteilt Oslo Sporveier, Tel. 02-41 70 30.

Busse und Trambahn: Oslos Bus- und Trambahnnetz ist umfassend und funktioniert nach Fahrplan. Fahrpläne hängen an jeder Haltestelle. Einfache Fahrten kosten bis zu 14 Nkr. Mit der Oslo Card fährt man umsonst. *Trafikanten* (Touristeninformation) am Oslo-S sagt ihnen, welche Bus- und Tramlinien sie nehmen müssen, um ein gewünschtes Ziel zu erreichen. Manche Busstrecken werden nachts oder frühmorgens befahren (ab 4 Uhr), so daß es rund um die Uhr öffentliche Verkehrsmittel gibt.

U-Bahn: Oslos U-Bahn heißt T-Bane. Acht Linien verbinden Oslo mit Vorstadtgebieten. Die Zugänge sind mit „T" gekennzeichnet. *Trafikanten* gibt Streckenpläne aus. Bei Ost-West Verbindungen durch das Stadtzentrum müssen Sie stets in Stortinget umsteigen. Bis zum anderen Gleis sind es nur ein paar Schritte.

PRIVATE VERKEHRSMITTEL

Auto: Autofahren kann in Norwegen wirklich ein Vergnügen sein – wenn das Wetter paßt und die zurückzulegende Entfernung nicht allzu groß ist.

Die Geschwindigkeitsbegrenzungen liegen bei 50 Stundenkilometern im Ort und 80-90 Stundenkilometern auf Schnellstraßen. An Kreuzungen gilt immer rechts vor links. Die Fahrer rechtsgesteuerter Autos müssen daran denken, ihre Scheinwerfer nach rechts einstellen zu lassen. Vom 1. September bis 30. April muß mit Abblendlicht gefahren werden. Es besteht Gurtpflicht für Passagiere auf Vorder- und Rücksitz. Werden Sie in einen Unfall ohne Personenschäden verwickelt, rufen Sie den Pannendienst unter 23 20 85 oder 42 94 00. Bei Bagatellschäden muß die Polizei nicht verständigt werden, doch die

Fahrer sind verpflichtet, Namen und Adresse auszutauschen. Wer den Unfallort vorher verläßt, macht sich strafbar. Polizei (Rufnummer 002) oder Krankenwagen (Rufnummer 003) sind nur in wirklichen Notfällen zu rufen.

Alkohol: In Norwegen darf man sich in keinem Fall nach dem Genuß von Alkohol ans Steuer setzen. Sie riskieren Geldbußen bis zu (maximal) 10 000 Nkr (ca. 3000 DM) und eventuell eine Gefängnisstrafe. Die zulässige Promillegrenze ist nicht sehr hoch: bereits eine Halbe Bier (die übliche Ausschankmenge) kann Sie in Schwierigkeiten bringen.

Mietwagen: Am Fornebu Flughafen sind mehrere Autovermietungen vertreten und weitere haben Zweigstellen in der Stadt:

ANSA (Auto- und Busvermietung), Pilestredet 70, Tel. 02-60 00 00 oder 60 27 70.

Avis, Munkedamsveien 27, Tel. 02-84 90 60. Fornebu Flughafen Tel. 02-53 05 57.

Budget, Am Fornebu Flughafen, Tel. 02-53 79 24.

Europcar, Fornebu Flughafen, Tel. 02-53 09 39.

Hertz, Hotel Scandinavia, Tel. 02-20 01 21.

Bergen, Stavanger und Trondheim haben eigene Stadtführer, in denen ortsansässige Autovermietungen aufgelistet sind. Ansonsten schauen Sie ins Telefonbuch (Gelbe Seiten) unter *Bilutleie.*

Taxi: Taxis sind überall zu finden, auch in Vororten oder ländlichen Gebieten. Es ist also wirklich nicht nötig, eine Strafe wegen Alkohols am Steuer zu riskieren. In Oslo können Sie telefonisch für die nächste Stunde ein Taxi unter 02-38 80 90 bestellen, oder Sie suchen sich eines am Taxistand oder auf der Straße. In Oslo beginnen die Zähler mit 15 Nkr am Tag, 20 Nkr in der Nacht und 33 Nkr bei telefonischer Bestellung.

Fahrrad: In Oslo gibt es viele Radfahrer, doch Vorsicht ist geboten. Es sind nur wenige Radwege vorhanden. Auf dem Land gibt es gepflasterte Radwege. Die meisten Züge und Busse befördern auch Fahrräder und machen das Fahrrad so zu einem idealen Verkehrsmittel zum Kennenlernen der Umgebung Oslos. Im *Oslo Guide* finden Sie unter *Outdoor Activities* Vorschläge für Radtouren durch die Nordmarka (Oslos Waldgebiet).

Zu Fuß: Es gibt keinen Teil Norwegens, der nicht zu Fuß erkundet werden kann. Die Norweger sind leidenschaftliche Wanderer und so ist Wandern das wohl beliebteste Freizeitvergnügen. Sie können auf Schotterwegen, Pfaden am Seeufer oder auf eigene Faust querfeldein wandern.

Detaillierte Wanderkarten sind bei Den Norske Turistforeningen (Wandererverband), Stortingsgate 28, Tel. 02-41 80 20 zu erhalten (an Wochenenden geschlossen). Ihm kann jeder beitreten. Mitgliedschaftsanträge richten Sie an die obengenannte Adresse. (Der Beitrag beläuft sich auf 120 Nkr für Einzelpersonen. Es gibt Familienermäßigungen.) Als Mitglied darf man die verbandseigenen Hütten benutzen. Für einen geringfügig höheren Beitrag erhalten Sie das Verbandsblatt und Jahrbuch. Die Auswahl an Karten und Führern ist groß. Gesamtkarten von ganz Norwegen werden verkauft, kleinere Wanderkarten gratis abgegeben. Wer Norwegisch versteht, sollte für längere Touren den ausgezeichneten Führer für Oslos Umland *40 Trivelege Turer i Oslo og Omegn* konsultieren.

Autostop: Autostop ist hier nicht so weit verbreitet wie in anderen Teilen Europas, doch auch nicht unmöglich. Die besten Chancen haben Sie auf den befahreneren Straßen im Süden und an der Westküste. Ein Schild ist ratsam.

UNTERKUNFT

Für alle, die nicht im voraus gebucht haben, ist der Tip hilfreich, daß jedes Fremdenverkehrsverband über einen Zimmernachweis verfügt.

HOTELS

Hotels sind in Norwegen generell teuer, doch wie überall in Skandinavien gibt es in der Ferienzeit Sondertarife, wenn der Geschäftsreiseverkehr abnimmt. Daher sind die Sommerferien (Mitte Juni bis Mitte August) verglichen mit dem Normaltarif preislich interessant. Am Wochenende zahlt man gewöhnlich nur den halben Preis.

Der Hotelstandard ist gehoben. Viele Hotels bieten Luxus wie Fitnesseinrichtungen und Sekretariatsservice. Die normalen Wochentagtarife außerhalb des Sommers sind auf Geschäftsreisende zugeschnitten, was zumindest eine Erklärung für ihre Höhe ist. Die neueren Hotels in Norwegen sind besonders auf Konferenzen und Geschäftsreisende eingerichtet. Man spart auch, wenn man mehrere Nächte in einem Hotel verbringt. Für Dauergäste gibt es Sondertarife.

Zu den größeren Hotelketten Norwegens gehören Best Western, Inter Nor, Rica, SAS und Scandic (siehe die Aufstellung im *Norway Accomodation Guide* der Fremdenverkehrsämter – im Ausland gratis, in Norwegen 5 Nkr). Best Western und Rica haben eigene Sondertarifprogramme. Für den Scandinavia Bonus Pass erhält man in vielen Hotels 15 bis 40 Prozent Rabatt. (Ein weiterer solcher Pass ist der Scandinavian Passepartout.)

INFORMATIONEN

Best Western Hotels Norway, Storgata 117, Box 25, N-2601 Lillehammer, Tel. 062-57 266.
Inter Nor Hotels A/L, Dronningensgate 40, Oslo 1, Tel. 02-36 33 35.
Rica Hotel og Restaurantkjelde, Box 453, N-1301 Sandvika, Tel. 02-54 62 40.
SAS International Hotels, Box 325, N-1324 Lysaker, Tel. 02-53 18 00.
Scandic Hotels A/S, Askerveien 61, N-1370 Asker, Tel. 02-78 47 80.
Oslo Hotel Booking, Centrem Grensen 5/7, Tel. 02-42 62 62. Hier sind Buchungen für Hotels in ganz Skandinavien ohne Buchungsgebühr möglich.

Die zentrale Zimmervermittlung in Oslo ist im Touristeninformationsbüro am Oslo-S Hauptbahnhof an Jernbanetorget am Ostende der Karl Johansgate. Sie ist täglich von 8 bis 23 Uhr geöffnet und vermittelt im Gebiet um Oslo alles von Privatzimmern über Pensionen bis zu Hotels. Die Buchungsgebühr beträgt 10 Nkr, manche Zimmer müssen mindestens zwei Nächte belegt werden.

Die folgende Liste beeinhaltet Hotels in ganz Norwegen. Die Preise beziehen sich auf zwei Personen im Doppelzimmer (meist) mit Frühstück. Da die Preise jedes Jahr leicht steigen, könnte es sein, daß die bei Redaktionsschluß korrekten Preise nicht mehr genau stimmen. Bei verschiedenen Preisklassen wurde ein Durchschnittspreis angegeben.

OSLO

Akershus Hotel, Akershuskaia, Oslo 1, Tel. 02-42 86 60. Einmaliges Ambiente – das Hotel ist ein altes deutsches Passagierschiff, das direkt vor der Festung Akershus liegt. Die Zimmer erinnern an Bunker. 520 Nkr.
Bristol, Kristian IV's gate 7, Oslo 1, Tel. 02-41 58 40. Schöne Halle im maurischen Stil, direkt an Oslos Einkaufsmeile. Zimmer mit Antiquitäten ausgestattet. Bei betuchterem Publikum beliebt. 1240 Nkr.
Continental, Stortingsgaten 24-26, Oslo 1, Tel. 02-41 90 60. 1909 gegründet und seitdem in Familienbesitz. Hier werden Norwegens Staatsgäste untergebracht. Im schönen Theatercaféen im venezianischen Stil trifft sich Oslos High Society nach einem Abend im National Theater gegenüber. 1300 Nkr.
Grand, Karl Johansgate 31, Oslo 1, Tel. 02-42 93 90. Gegenüber Stortinget. Eine Suite ist im Dezember für den Friedensnobelpreisträger reserviert. Im Rokoko-Speisesaal finden offizielle Regierungsempfänge statt. Geräumige, im zeitgenössischen Stil ausgestattete Schlafzimmer. Dachpool. 1760 Nkr.
Holmenkollen Park Hotel Rica, Kongveien 26, Oslo 3, Tel. 02-14 60 90. Das hoch im grünen Holmenkollen-Gebiet gelegene, prachtvolle, nostalgische Holzgebäude blickt direkt über Norwegens berühmteste Schanze. In den achtziger Jahren kam ein moderner Anbau hinzu. Mit allem Komfort. 800 Nkr.
Majorstuen, Bogstadveien 64, Oslo 3, Tel. 02-69 34 95. Das preiswerte, freundliche Hotel am Frogner Park liegt in einem beliebten Einkaufsviertel und ist mit Tram, Bus und T-Bane (eine Haltestelle vom Nationaltheateret) gut zu erreichen. 540 Nkr.
Norum, Bygøy Alle 53, Tel. 02-44 79 90. Herrlicher alter Bau westlich vom Stadtzentrum. Ruhig, gemütliches Bistro. 520 Nkr. **Royal Christiania Hotel**, Biskop Gunnerus' gate 3, Oslo. Tel. 02-43 04 85. 1990 luxuriös renoviert, grandioses Atrium, geräumige Zimmer, guter Service, sehr gutes Frühstück und günstige Lage nahe Oslo-S. 1200 Nkr.
SAS Scandinavia Hotel, Holbergsgate 30, Oslo 1, Tel. 02-11 30 00. Luxuriös wie alle SAS-Hotels. Schönes Restaurant, Dachbar. Busverbindung zum Flughafen. 1500 Nkr.
Stefanhotellet, Rosenkrantzgate 1, Tel. 02-42 92 50. Alkohol ist hier nicht gestattet, doch die Lage könnte nicht zentraler sein und die Mittagsbuffets sind eine Schau. 650 Nkr.

OSLO OMEGAN (OSLOS UMGEBUNG)

Rica Hotel Oslofjord, PO Box 160, Sandvika 1330, Tel. 02-54 57 00. In einer hübschen Fjordstadt, nur 7 Kilometer vom Flughafen und 15 Kilometer vom Zentrum entfernt. (Hotelbusse und öffentliche Verkehrsmittel). Herrlicher Blick über Fjord und Inseln. Schöne Marmorhalle. 660 Nkr.
Scandic Hotel Oslo, Drammensveien, 1322 Høvik, Tel. 02-12 17 40. Schönes Hotel mit guten Speise- und Bareinrichtungen, 3 Kilometer vom Flughafen, 6 Kilometer vom Stadtzentrum entfernt. 500 Nkr.

BERGEN

Admiral Hotel, C Sundtsgate 9, Tel. 05-32 47 30. Eines der schönsten Hotels Bergens. Das Restaurant Emily hat eine herrliche Aussicht und gute Küche. 1100 Nkr.
Fagerheim Pensjonat, Kalvedalsveien 49 A, Tel. 05-31 01 72. Freundliche Pension in guter, zentraler Lage. 300 Nkr.
Hotel Norge, Ole Bulls Plass, Tel. 05-21 02 99. Eines der beliebtesten Hotels Bergens, mitten im Zentrum, im Besitz und restauriert von Reso Hotels, 350 Zimmer und Suiten von höchstem Standard. Vier Restaurants, darunter das Feinschmeckerlokal *Grillen*. Wintergarten, Swimmingpool. 1100 Nkr.
Hotel Park Pension, Harald Hårfagresgt 35, Tel. 05-32 09 60. Zimmer verschiedenen Standards. 550 Nkr.
Hotel Rosenkrantz, Rosenkrantz 7, Tel. 05 31 50 00. Komfortables Hotel vom Anfang des Jahrhunderts in einer Straße hinter Bryggen, dem Kai im Herzen der

Altstadt. 129 Zimmer, modernisiert in hellen, freundlichen Farben. Restaurant und Piano Bar. Hoteleigener Nachtklub nebenan. 900 Nkr.
SAS Royal, Bryggen, Tel. 05-31 80 00. Der Einfluß des klassisch norwegischen Baustils auf das Gebäude macht es zu einem außergewöhnlich schönen Hotel. Erstklassige Ausstattung. 1260 Nkr.
Strand Hotel, Strandkaien 2, Tel. 05-31 08 15. Der herrliche Blick über den Hafen verschönt den Aufenthalt. 720 Nkr.
Victoria Hotel, Kong Oscarsgate 29, Tel. 05-31 50 30. Einst Postkutschenstation, hat es heute 43 komfortable Zimmer mit gehobener Ausstattung. Charaktervoll und zentral gelegen. 750 Nkr.

STAVANGER

City Gjestehuset, Madlavn 20, Tel. 04-52 04 37. Typischer Gasthof. 470 Nkr.
SAS Royal Hotel, Løkkeveien 26, Tel. 04-56 70 00. Mit dem für SAS-Hotels üblichen guten Service. 590 Nkr.
Stavanger Somerhotell, Madlamarkveien 6 (Hafrsfjord), Tel. 04-55 70 00. Eine der billigsten Unterkünfte in der Ölstadt. 300 Nkr.

TRONDHEIM

Ambassadeur, Elvegate 18, Tel. 07-52 70 50. Es ist nicht nur eines der preiswertesten Hotels Trondheims, sondern verfügt auch über eine Dachterrasse. 540 Nkr.
Elgeseter „Bed & Breakfast", Tormodsgate 3, Tel. 07-94 25 40. Norwegens vermutlich einzige Bed & Breakfast-Einrichtung. Schöne Lage. (Preise noch nicht bekannt.)
Prinsen, Kongensgate 30, Tel. 07-53 06 50. Zur umfangreichen Ausstattung gehören das Restaurant Coq d'Or, Bistro, Bar, Grillroom, Weinstube und Biergarten. 540 Nkr.
Royal Garden Hotel, Kjøpmannsgt 73, Tel. 07-52 11 00. Schöne Zimmer zuzüglich Solarium, Hallenbad, Sportanlagen, Sauna und mehreren Restaurants. 1100 Nkr.

MOTELS & BILLIGUNTERKÜNFTE

Motels sind eher selten. Eine Motelkette namens Høk betreibt saubere, moderne Motels, wo Sie die Wahl haben zwischen Zimmern und Apartmenthäuschen. Außerdem hat sie gute Cafeterias.

FERIENHÄUSER & CAMPING

Camping ist im norwegischen Sommer eine ausgesprochen beliebte Art zu Reisen. Besorgen Sie sich den *Norway Camping Guide* der Fremdenverkehrsämter. Es gibt über 1400 Campingplätze. Sie sind in Sternenkategorien eingeteilt, die im Führer erläutert werden.

Ferienhäuser mit Selbstversorgung heißen in Norwegen *Hytter*. Eine *Hytte* findet man in Norwegen am einfachsten über die Hytte Formidlingen, Kierschowsgate 7, 0405 Oslo 4, Tel. 02-35 67 10. Ihr Führer ist bei den Fremdenverkehrsämtern erhältlich. *Rorbus* sind einfache Fischerhütten, die vor allem auf den Lofoten im Norden vermietet werden. In Ferienhäuser sind eigene Bettwäsche und Handtücher mitzubringen. Unter *Pensjonat* versteht man Fremdenzimmer in Privathäusern – erkundigen Sie sich bei der Zimmervermittlung.

JUGENDHERBERGEN

In Norwegen gibt es reichlich Jugendherbergen, vor allem in den Wandergebieten um die Fjorde an der Westküste. Norske Ungdomsherberger (NUH) ist dem internationalen Jugendherbergsverband angegliedert und hat den Hauptsitz in der Dronningensgate 26, Oslo, Tel. 02-42 14 10. Eine Gratisbroschüre gibt Auskunft über Preise und Orte.

In einigen Häusern ist im Übernachtungspreis ein Frühstück inbegriffen. Reservierungen sind in der Hochsaison unbedingt erforderlich, da Jugendherbergen die billigsten Unterkünfte und deswegen immer gut besucht sind.

ESSEN & TRINKEN

WAS MAN IßT

In Norwegen ist das Frühstück kräftig, das Mittagessen leicht. Die Abendmahlzeit (*Middag*) hängt von Wochentag und Gelegenheit ab. Durch die Unmengen von Meeresfrüchten und die vielen Wald- und Feldprodukte ist das norwegische Essen gesund und appetitlich, was durch das zunehmende Ernährungsbewußtsein der Norweger noch gesteigert wird. Es gibt immer mehr Werbung für fettarme und zuckerfreie Lebensmittel.

Die Jagdsaison (Anfang Herbst) sorgt für unwiderstehliche Versuchungen: Fasanen, Schneehühner, frische Elch- und Rentiersteaks mit Pfefferkörnern und üppige Saucen aus Waldpilzen. Der Herbst ist auch eine gute Zeit für Meeresfrüchte (erhältlich in Monaten mit „R"). Neben den Hauptmahlzeiten gibt es zahlreiche Kaffeepausen. Zum Kaffee wird bei Einladungen oder zwanglosen Treffen meistens Gebäck serviert. Es kommen Platten mit *Bolle* (Rosinenbrötchen) und *Vienerbrød* (luftiges Gebäck mit Früchten oder Nüssen) und anderes Backwerk auf den Tisch.

Frokost (Frühstück) ist mehr oder weniger eine Abwandlung des Mittagessens *Koldtbord*, ein Buffet mit Brot (probieren Sie mal *Grovbrød*) und *Flatbrød* (eine Knäckebrotvariante), Wurst, Käse (versuchen Sie den pikanten *Gudbrandalsost*, ein delikater, goldfarbener Ziegenkäse), Eiern, Hering, *Gravlax* (marinierter Lachs), Getreideprodukten und Kaffee und Tee. Zur mittäglichen Version gehören noch warme Gerichte wie gebratene Fleischscheiben, Fleischbällchen oder Fisch. *Øllebrød*, in Bier eingelegtes Rindfleisch, das in Pitta-Brot mit Salat serviert wird, gibt eine herzhafte, nicht zu teure Mittagsmahlzeit ab. Ein mit Krabben oder Schinken belegtes Brot ist ebenfalls ein Standardessen.

Ißt man heute in einem Restaurant in der Stadt, bekommt man, was das Herz begehrt. In Privathaushalten serviert man Ihnen vielleicht Lammtopf oder Fischragout. Als Beilage zu warmen Mahlzeiten werden Salzkartoffeln mit Dill oder Petersilie gereicht. In entlegeneren Gegenden richtet sich der Speisezettel umständehalber nach dem Angebot. *Smørbrød*, das spät abends *Aftens* heißt, ist ein Imbiß aus Roggenknäcke mit Butter, Käse und Salami oder Schinken.

Als Dessert wird Eis ebenso gern gegessen wie Apfelkuchen. Im Sommer werden frische Beeren aus Norwegens Wäldern zu allen möglichen Leckereien verarbeitet.

WO MAN IßT

Die Speisekarten von Lokalen enthalten heutzutage ein breites Angebot an Gerichten. Besonders beliebt ist Pizza oder orientalische Küche. Auch kontinental-europäische Speisen spielen immer noch eine Rolle (etwa Wiener oder französische Spezialitäten). Doch auch die einheimische Küche ist auf dem Vormarsch.

Mittags bieten viele Restaurants Tagesmenus zu einem Festpreis. Kleine Speisen werden in zwangloseren Lokalen angeboten, die *Stovas, Kaffistovas, Kros*, Bistros, Kafés, Kafeterias oder *Gjæstgiveris* heißen können und oft neben Kaffee und alkoholfreien Getränken auch Bier und Wein ausschenken. Ansonsten können Sie sich auch einen Hot Dog (*Pølser*) oder eine Waffel an einer Imbißbude kaufen, die bis spät in die Nacht geöffnet sind, um das Publikum von Bars und Nachtklubs zu bedienen. Und nicht zuletzt gibt es auch noch McDonald's.

Beim Abendessen im Restaurant ist die Speisenauswahl erfreulich groß, die Rechnung unerfreulich hoch. In jeder größeren Stadt sollten Sie alle Spezialitäten des Landes vorfinden.

Folgende Zeichen geben einen groben Überblick über die Preise für ein typisches dreigängiges Abendmenü für eine Person – ohne Wein, wohlgemerkt. * = weniger als 100 Nkr, ** = 100-250 Nkr, *** = über 250 Nkr.

OSLO

Brasseriet (SAS Hotel), Holbergsgate 30, Tel. 02-11 30 00. Kontinentale Küche, aufgelockert durch ausgefallene norwegische Fischspezialitäten. Fisch und Fleisch in delikaten Saucen. ***

Café de Stijl, Radhusgate 5 (Eingang Skippergate), Tel. 02-42 44 47. Bistro/Bar mit herrlichen frischen Speisen im Angebot. Knackiger griechischer Salat, im Wok gedünstetes Hühnchen, riesige Stücke Quiche und frische Salate. Gigantische Tassen Kaffee, Tee und Kakao. *

Costas Brasserie & Bar, Klingenberggate 4, Tel. 02-42 41 30. Hübsches Lokal im italienischen Stil, vorne als hübsche Brasserie eingerichtet. Leichte, frische Speisen. Bruce Springsteen hat hier schon verkehrt. **

Gamle Raadhus, Nedre Slottsgate 1, Tel. 02-42 01 07. Nostalgisches Restaurant in einem Bau aus dem 17. Jahrhundert. Herzhafte, norwegische Spezialitäten mit Überraschungen wie Wels. **

Grand Café, Karl Johansgate 31, Tel. 02-33 48 70. Eine Gedenkstätte für Ibsen, der hier viele Stunden verbrachte. Von Gebäck und Kaffee zu Elchtopf, Walfischplatte und Salatbar ist alles zu empfehlen.**

Harlekin Homansbyen, Hegdehaugsveien 30B, Tel. 02-60 75 90. Die Speisekarte ist stark französisch beeinflußt, hat aber einen norwegische Einschlag – wie etwa bei Ochsenfilet. Auch „kleine Gerichte", Pizza, Pasta, Fisch und Braten. **

Holberg's Arstidene, SAS Hotel, Holbergsgate 30, Tel. 02-11 30 00. Phantasievolle Menus mit ausgefallenen Kalb- und Wildgerichten. ***

Hotel Bondeheimen/Kaffistova, Rosenkrantsgate 8, Tel. 02-42 95 30. Dieses Restaurant gehört dem Landwirtschaftsverband und ist bekannt für seine norwegischen Spezialitäten, serviert in Cafeteria-atmosphäre. Die Portionen sind reichlich.

Hotel Stefan, Rosenkrantzgate 1, Tel. 02-42 92 50. Zu Recht berühmtes Mittagsbuffet. **

Kafé Celsius, Rådhusgate 19, Tel. 02-42 45 39. Mittag- und Abendtisch oder Kaffee/Snacks/Wein und Bier. Pilzpastete, Nudelgerichte, Salate und Fischsuppen.**

L'Ocean, Rådhusbrygge 4, Tel. 02-41 99 97. An diesem Restaurantschiff am Kai sollten Sie Meeresfrüchte essen. Im Sommer fährt es mittags aus. ***

Markveien Mat og Vinhus, Torvbakkgate 12 (Eingang Markveien 57), Tel. 02-37 33 97. Keine feste Karte. Der Besitzer kauft täglich frisch auf dem Markt. Frische Salate, ausgezeichnete Wildsteaks in der Saison. Ausgefallene Aufmachung. ***

Restaurant Blom, Karl Johansgate 41B, Tel. 02-41 58 40. Große Auswahl delikat zubereiteter, norwegischer Spezialitäten wie Rentier im Teig mit Portwein.***

Stortorvets Gjæstgiveri, Grensen 1, Tel. 02-42 88 53. In der gemütlichen Atmosphäre dieses authentischen Kristiania-Gasthofes werden traditionelle Mittags- und Abendessen serviert, begleitet von live gespielten Jazzrhythmen. **

Teppanyaki, Aker Brygge Stranden 3, Tel. 02-83 05 79. Reiche Auswahl an leckeren, japanischen Gerichten. Ausgezeichneter Service. **

Vegeta Vertshus, Munkedamsveien 3B, Tel. 02-41 29 13. Vegetarierparadies. Fiel sogar dem Kritiker der *New York Times* auf. Durch Selbstbedienung können Sie von vielen Speisen eine Kostprobe genießen. *

BERGEN

Bellevue, Bellevuebakken 9, Tel. 05-31 02 40. Blick aus diesem Restaurant in einem Bau aus dem 17. Jahrhundert ist phantastisch. Norwegische und kontinentale Küche. ***

Bryggen Tracteursted, Bryggen 6, Tel. 05-31 40 46. Ihre Auswahl vom Fischmarkt wird nach Ihren Wünschen vom Koch zubereitet. Im schönen, alten Hanseviertel. **

Holbergstuen, Torvalmenning 6, Tel. 05-31 80 15. Auch hier wird Fisch vom Markt nach Ihren Wünschen zubereitet. Lebendige Atmosphäre. **

Wesselstuen, Engen 14, Tel. 05-32 39 00. Einem treuen, einheimischen Publikum wird hier Fisch und Eintopf serviert. **

STAVANGER

La Gondola, Nytorget 8, Tel. 04-53 42 35. Pikante Fischragouts und Suppen und reiche Auswahl an Meeresfrüchten, auf norwegische oder italienische Art zubereitet. Auch Steaks und Pizza. **

Sjøhuset Skagen, Skagenkaien, Tel. 04-52 61 90. In dem mit Antiquitäten ausgestatteten Bootshausrestaurant werden Fischspezialitäten serviert. **

Viking, Jernbaven 15, Tel. 04-58 87 47. Wer im Herbst nach Stavanger kommt, sollte hier unbedingt Wild essen. Ansonsten gibt es das ganze Jahr über feine Fischgerichte. **

TRONDHEIM

Bryggen, Bakklandet 66, Tel. 07-53 40 55. Französische Küche. ***

Coq d'Or, Prinsen Hotel, Kongensgate 30, Tel. 07-53 06 50. Kontinentale Küche. ***

Daniel, Tinghusplass 1, Tel. 07-52 47 30. Spezialität ist Steak. **

Grenaderen, Kongsgården, Tel. 07-52 20 06. Einheimische Gerichte, Meeresfrüchte, Gartenrestaurant. Im Sommer Live-Musik. **

Peppe's Pizza Pub, Kjøpmannsgate 25, Tel. 07-53 29 20. Gut besuchte Pizzeria in einem alten Lagerhaus. **

GETRÄNKE

Niemand erzählt von einer Norwegenreise, ohne sich über die hohen Preise für alkoholische Getränke zu beklagen. Stärkere Biere kosten rund 30 Nkr pro halben Liter. *Lettøl* (alkoholärmeres Bier) kostet um 25 Nkr. Und dann geht es aufwärts. Ein Glas Wein kostet 20 bis 30 Nkr. Flaschenweine beginnen in der Speisekarte bei 120 Nkr. Härtere Spirituosen kosten noch mehr. (Kein Wunder, daß hier viel schwarz gebrannt wird.)

Wer sich alkoholische Getränke leisten kann, bekommt sie in Oslo fast rund um die Uhr. Schnaps wird in Oslo bis Mitternacht ausgeschenkt, Wein und Bier bis sechs Uhr früh. Außerhalb Oslos ist das sehr unterschiedlich. Die Kristling Folket Parte (Christlich Demokratische Partei, gehört der Regierungskoalition an) kämpft für die Prohibition. Gegenden, in denen sie besonders stark ist, sind buchstäblich trocken.

Hotels und deren Restaurants bilden Ausnahmen zu den in der jeweiligen Region üblichen Gepflogenheiten. So gibt es in Oslo „alkoholfreie" Hotels/Restaurants und in „abstinenten" Gegenden welche mit Alkoholausschank. Die Vinmonopolet (staatlichen Spirituosenläden) der Städte sind wochentags von 9 bis 17 Uhr, samstags von 9 bis 14 Uhr geöffnet und an Wahltagen, Feiertagen und dem Tag vorher geschlossen.

Die Norweger trinken meist Bier – wobei stärkere Trinker *Akevitt* bevorzugen, ein Schnaps aus Kartoffeln und Kümmelkörnern, der gewöhnlich mit einem Bier hinuntergespült wird.

KULTURELLES

MUSEEN & GALERIEN

Norwegens Museen sind meist klein und einem bestimmten Thema gewidmet, keine riesigen Sammelsurien. Eine Spezialität sind dabei die Sammlungen rund um die großen Entdecker – nicht verwunderlich angesichts der Tatsache, daß die berühmtesten Norweger Entdecker waren. In städtischen

Museen gibt es normalerweise englischsprachige Broschüren und Führungen.

Manche Museen verlangen keinen Eintritt. Um freien Eintritt oder eine Ermäßigung zu bekommen, besorgen Sie sich Oslo Card, Stavangers Museumskort, etc. Die im folgenden aufgeführten Öffnungszeiten in der Sommersaison sind länger, als in den anderen Jahreszeiten:

OSLO

(Vollständige Liste in *What's On in Oslo* und *Oslo Guide.*)

Museum für Angewandte Kunst, St. Olavsgaate 1. Eine reichhaltige Sammlung von zeitgenössischen und älteren Wandteppichen, Trachten, Geräten, Porzellan, Glas und Möbeln – Schwerpunkt auf Design. Öffnungszeiten: Dienstag - Sonntag 11 bis 15 Uhr, Dienstag abend 19 bis 21 Uhr.

Nasjonalgalleriet, Universitetsgate 13. Umfassende Sammlung norwegischer Kunst von damals und heute. Die norwegische Romantikschule ist stark vertreten. Ein Munch-Zimmer und große Auswahl an internationalen Künstlern. Die Zeitgenossensammlung ist größtenteils ins neue Museum für moderne Kunst am Bankplassen umgezogen. Öffnungszeiten: Montag, Mittwoch, Freitag und Samstag 10 bis 16 Uhr, Donnerstag 10 bis 20 Uhr, Sonntag 11 bis 15 Uhr.

Widerstandsmuseum, Akershus Fortress, Bau 21. Eine eindringliche Darstellung der Zwangsherrschaft der Nazis in Norwegen und des tapferen Aufbegehrens der Widerstandskämpfer. Ausgezeichnete englische Textdarstellung der heiklen Beziehungen zwischen Großbritannien und Norwegen. Darstellungen von Schlachten, der geniale Vertrieb der Untergrundzeitungen, die bewundernswerte Initiative der Lehrer gegen Nazi-Doktrinen und vieles mehr.

Munchmuseet, Tøyengate 53. Hunderte von Gemälden und Zeichnungen des Vaters des Expressionismus, Edvard Munch. Im Museumsladen werden Drucke verkauft. Öffnungszeiten: Montag bis Samstag 10 bis 20 Uhr, Sonntag 12 bis 20 Uhr.

Theatermuseum, Nedre Slottsgate 1. Für Ibsen-Fans: viele, manchmal bedrückende Details aus seinem Leben als Schriftsteller. Norwegische Theatergeschichte des 19. Jahrhunderts in einem Bau aus dem 17. Jahrhundert, der einer der ältesten Oslos ist. Öffnungszeiten: Mittwoch 11 bis 15 Uhr, Sonntag 12 bis 20 Uhr.

Ski Museum, Holmenkollen Ski Center. Norwegische Skigeschichte (über 1000 Jahre), aufregende Geschichten von wagemutigen Entdeckern, die berühmte Schanze. Öffnungszeiten: Täglich 9 bis 18 Uhr.

BYDGDØY MUSEEN
(alle auf der Halbinsel Bygdøy):

Heimatmuseum, Museumsveien 10. Traditionelle Bauernhäuser und interessante Ausschnitte aus Kultur- und Folkloregeschichte. Gelegentlich Symposien (etwa: „Ibsen, Freud und die Psychoanalyse"). Öffnungszeiten: Montag bis Samstag 10 bis 18 Uhr, Sonntag 11 bis 18 Uhr.

SCHIFFE:

Fram Museum, Bygdøynes. Das Originalschiff, das Amundsen und Nansen für Polarexpeditionen benutzten. Öffnungszeiten: täglich 10 bis 17.45 Uhr.

Kontiki Museum, Bygdøynes. Thor Heyerdahls unglaubliche Seereisen und die Boote, die er dabei benutzte. Öffnungszeiten: täglich 10 bis 18 Uhr.

Schiffahrtsmuseum, Bygdøynesveien 37. Norwegische Seefahrtgeschichte. Öffnungszeiten: täglich 10 bis 20 Uhr.

Wikingerbootmuseum, Huk Aveny 35. Die restaurierten Boote *Oseberg, Gokstad* und *Tune Viking* und weitere Exponate. Öffnungszeiten: täglich 10 bis 18 Uhr. Siehe auch die Zusammenstellung privater Kunstgalerien im Abschnitt Galerien im *Oslofuhrer.*

BERGEN

Städtisches Kunstmuseum Bergen, Stadtpark (Permanenten). Zwei Jahrhunderte norwegischer Kunst gemischt mit Kostproben anderer europäischer Künstler. Öffnungszeiten: Montag bis Samstag 11 bis 16 Uhr, Sonntag 12 bis 15 Uhr.

Hansemuseum, Bryggen. Gegenstände aus der Hansezeit in schön erhaltenen Holzbauten mit Innenräumen im Stil des 16. Jahrhunderts. Öffnungszeiten: täglich 10 bis 16 Uhr.

Historisches Museum, Sydneshaugen. Geschichte und Ethnographie der Westküste bis in prähistorische Zeiten. Öffnungszeiten: Samstag bis Donnerstag 11 bis 14 Uhr.

Ole Bull Gedenkstätte auf Lysøen (Fähre vom Buena Pier/Sorestraumen). Das Haus des verehrten Geigers ist heute seine Gedenkstätte, umgeben von 13 Kilometern Wanderwege. Erkundigen Sie sich nach Öffnungszeiten und Fährenfahrplan.

Troldhaugen (Griegs Haus), Nordås Lake, Hopsvegen. Das Heim des Komponisten ist heute ein Musikmuseum mit einem Kammermusiksaal. Im Sommer mittwochs und sonntags abends Darbietungen. Öffnungszeiten: täglich 10.30 bis 13.30 und 14.30 bis 17.30.

STAVANGER

Kunst und Handwerk: Wer sich für Künstler- und Handwerkerateliers interessiert, sollte das Fremdenverkehrsamt anrufen (04-52 84 37).

Stavanger Museum, Musegate 16, Strandgaten 17-19 und Øvre Strandgaten 88. Dieser Museumskomplex beherbergt kulturelle, historische, archäologische und Seefahrts- und Fischereisammlungen. Öffnungszeiten: Dienstag bis Sonntag 11 bis 15 Uhr.

TRONDHEIM

Musikgeschichtliches Museum, Ringve Manor, Sverresborg. Eine phantastische Sammlung alter und neuer Instrumente. Ausschließlich Führungen (im Sommer jede Stunde). Öffnungszeiten: wochentags 10 bis 15 Uhr, am Wochenende 10 bis 14 Uhr.
Trondelag Heimatmuseum, Wullumsgaarden. Eine herrliche Sammlung alter Kirchen, Häuser und Scheunen. Öffnungszeiten erfragen Sie bitte telefonisch unter 07-52 21 28.
Museum der Universtät von Trondheim, Erling Shakkesgate 47. Zoologische und naturgeschichtliche Sammlung seit der Frühgeschichte, außerdem Exponate zu Lappen- (oder Sami-, wie sie sich selbst nennen) Kultur und eine Briefmarkensammlung. Öffnungszeiten: wochentags 11 bis 15 Uhr.

MUSIK & OPER

Im Sommer findet Kunst im Norwegen im Freien statt. Auch klassische Musik und Oper bilden da keine Ausnahme. Daten entnehmen Sie bitte *What's On in Oslo*. Die sehr aktiven **Oslo Philharmoniker**, von Edvard Grieg gegründet, unter Mariss Jansons spielen oft mit namhaften Gastdirigenten oder -solisten.

In **Holmenkollen** finden auf einer im See treibenden Bühne Orchester- und Operndarbietungen statt. Im September wird am **Youngstorvet** (Youngmarktplatz) eine „Drive in-Oper" aufgeführt, vor dem Opernhaus im Freien. Zwei weitere Schauplätze von Sommerkonzerten sind die **Festung Akershus** und das **Henie Onstad Kunstcenter** (Høvikodden). Bergens phantastisches **Internationales Festival** Ende Mai bietet Musik, Theater, Ballet, Oper und Folkloredarbietungen (Informationen unter 05-32 04 00).

Ob mit norwegischen oder ausländischen Künstlern, ob in der Sommer- oder Wintersaison, Norwegen hat stets ein großes, abwechslungsreiches Musik- und Opernangebot (Veranstaltungsplan in lokalen Führern. Manche englischen und amerikanischen Zeitungen geben zu Sommeranfang einen Überblick über alle europäischen Festivals). So haben Sie vielleicht Gelegenheit, Dirigenten und Solisten zu sehen, die sie nur von Plattencovers kennen, und Griegs Musik von norwegischen Interpreten zu hören.

THEATER & TANZ

Das Theater erlebt eine Blütezeit in Norwegen. Kleine, zeitgenössische Bühnen schießen aus dem Boden. Allerdings sind die Vorstellungen in norwegischer Sprache. Eine Ausnahme ist das **Gløgerne Kommer Festival** der darstellenden Kunst im September, an dem Künstler aus aller Welt teilnehmen.

Auch der Tanz ist allgemein im Kommen und spielt beim Gløgerne Kommer eine große Rolle. Klassisches Ballett wird im Osloer Opernhaus aufgeführt. Traditionelle Volkstänze sieht man vielerorts am Nationalfeiertag (17. Mai) und auch in **Oslo's Konserthus**, jeweils montags und donnerstags um 21 Uhr im Juli und August, wenn die Volkstanzgruppe der Jungbauernunion auftritt.

KINO & FILM

Die Norweger lieben Filme, was sich in der riesigen Zahl von Kinos niederschlägt. In Oslo allein gibt es 30 Stück. Erstaufführungen und Repertoirefilme werden stets in der Originalsprache mit norwegischen Untertiteln gezeigt. Programme finden Sie an Kiosken, in Zeitungen und Stadtführern. Kartenvorbestellung ist möglich und zumindest für Sonntag abend auch empfehlenswert, denn dann geht jeder Norweger ins Kino.

NACHTLEBEN

Oslo, dessen Nachtleben früher als langweilig galt, scheint nun einen Wettstreit mit Stockholm und Kopenhagen um das aufregendste Nachtlebens zu haben – und diese Anstrengungen beginnen Früchte zu tragen. Eine Vielzahl von neuen Clubs und Kneipen sind auf der Bildfläche erschienen, aber viele von ihnen können ihre Investitionen nicht schnell genug wieder erwirtschaften und gehen deshalb bankrott. Es ist ratsam sich vor Ort eine aktuelle Liste der bestehenden Lokalitäten zu besorgen.

In Bergen, Stavanger und Trondheim ist das Nachtleben weniger ausgeprägt. In kleineren Städten kann es Ihnen passieren, daß gar nichts los ist. Ersatzweise können Sie sich von einem der Video-Clubs im Ort einen Recorder ausleihen.

Berühmte nicht-klassische Musiker (Rock- und Jazz-Gruppen) machen auf ihren Europatourneen oft in Oslo Halt. 1989 begann Paul McCartney seine Tournee hier. Vor allem Jazz-Musiker scheinen sich in den nordischen Ländern wohlzufühlen.

Zwei Dinge sollten Sie beachten, falls Sie in der Nacht weggehen wollen: die hohen Alkoholpreise und die Altersbeschränkungen: manche Clubs schreiben ein Mindestalter von 26 vor (auch wenn 21 oder 23 Jahre die üblichen Beschränkungen sind).

OSLO

Jazz:

Amalienborg Jazzhouse, Arbeidergate 2. Tel. 02-42 30 24.
Guldfisken, Rådhusgate 2. Tel. 02-41 14 89.
Hot House, Rosenkrantzgate Pilestredet 15B. Tel. 02-20 39 89.
Oslo Jazzhus, Toftesgate 69. Tel. 02-38 37 65.
Stortorvets Gjæstgiveri, Grensen 1. Tel. 02-42 88 63.
Storyville, Universtetsgate 26. Tel. 02-42 96 35 (angegliedert an das New Orleans Restaurant Chez Bendriss).

Verschiedene Rock- und Musikkneipen, Clubs und Tavernen:

Barock, Universitetsgate 26. Tel. 02-42 44 20. Große Rock Bar (Bar-Rock,!!) und Restaurant.
Brødrene Berg, Søstrene Larsson, Victoria på Karl Johann, Karl Johannsgate 35. Tel. 02-42 97 10. Piano Bar, nach Chagall eingerichtet.
Café Celsius, Rådhusgate 19. Tel. 02-42 45 39. Geräumiges Café mit Kaminfeuer, im gleichen Gebäude wie die Künstlervereinigung.
Café Frølich, Drammensveien 20. Tel. 02-44 06 17. Zweistöckiges, schwarz-weiß geziegeltes Café indem gelegentlich Jazz gespielt wird und Verzehrpflicht besteht.
Costas Brasserie & Bar, Klingenbergate 4. Tel. 02-42 41 30. Beliebte Bierkneipe.
Cruise Kafé, Aker Brygge 1, Tel. 02-41 03 69. Wahre Massen kommen, wenn das Cruise mit einer auswärtigen Band aufwartet.
Eilefs Landhandleri, Kristian IV's gate 1. Tel. 02-42 53 47. Hübsch dekorierte Kneipe – beachten Sie die Kostüme an der Decke.
Kafé de Stijl, Rådhusgate 5 (Eingang Skippergate). Dieses Bistro ist ein zwielichtiger Ort, an dem man im Halbdunkeln tanzen kann; halb schwul halb cool.
Metropol, Akersgate 8. Tel. 02-42 17 67. Homosexuellen-Diskothek.
Nordraak, St. Olafs gate 32 (Eingang Marieboesgate). Tel. 02-20 32 32. Aufwendig mit alten Torgata-Bädern aufgemacht; sehr abwechlungsreicher Veranstaltungsplan von Live-Aufführungen mit teils kitschigen Bühnenshows.
Sardine's, Munkedamsveien 15. Tel. 02-83 00 75. Hier werden die großen Musicals aus aller Welt aufgeführt, unter anderem auch als Gastspiel-Produktionen aus England und Übersee.
Smuget, Kirkegate 34, Tel. 02-42 52 02. Bistro und Disko in einem, mit einer kleinen Bühne für Live Aufführungen, gemischte Musik.

BERGEN

(Zwei Hotels, **Norge** und **SAS**, haben Tanzclubs die bis 3 Uhr morgens geöffnet haben.)

Christian Nattklub, Chr Michelsensgate 4. Tel. 05-32 02 62. Gut besuchter und komfortabler Klub um sich zu erholen.
Holms Discotek Steakhouse, Kong Oscargate 45. Tel. 05-31 59 30. Hauptsächlich Essen, Tanzen und Trinken – und das alles unter einem Dach.
Hulen Studentkro, Nygårdsparken, Olaf Ryes veien 47. Tel. 05-32 32 87. Studenten Treff, mit Live-Musik unter der Woche und Diskonächten am Wochenende – Studentenausweis nützlich.
Theaterkafeen, Chr Michelsensgate 10. Tel. 05-32 78 32. Belebte Bierkneipe.

STAVANGER

(Die meisten großen Hotels haben Nachtklubs.)
Cobra Club, Atlantic Hotel, Jernbaneveien 1. Tel. 04-52 75 20. Teuer eingerichtete Diskothek.

TRONDHEIM

Café Beverly, Handelsstandes Hus. Tel. 07-52 24 23. Ruhige Atmosphäre.
Gatsby Club, Handelsstandes Hus. Tel. 07-53 17 97. Ein bißchen rauer.
Hollywood, Handelsstandens Hus. Tel. 07-52 31 45. Diskothek.
Sommerrestauranten, Prinsen Hotel, Kongensgate 30. Tel. 07-53 06 50. Entweder Live-Musik oder Diskothek.
Studenteramsfunnet, Elgersgt. Tel. 07-52 21 57. Studenten-Publikum, gelegentlich Live-Musik, Sieben Nächte in der Woche geöffnet.
Studio Horten, Royal Garden Hotel, Kjøpmannsgate 73. Tel. 07-52 11 00. Tanzen bis zum Umfallen.

EINKAUFEN

WAS MAN KAUFT

Keramik, Glas, Zinn, Web- und Strickwaren und manchmal auch Pelze lohnt es sich, in Norwegen zu kaufen. In den beiden größten Kaufhäusern **Glasmagasin** und **Steen & Strøm** gibt es all diese Artikel in großer Auswahl. Wer sich für kleinere Fachgeschäfte interessiert, kann im *Where to shop* Führer nachlesen, oder unter „Shopping" im *Oslo Guide*. Die

Einkaufsmeilen sind Karl Johansgate, Grensen und Bogstadveien.

Mit Ausnahme von Oslo sind die meisten norwegischen Städte so komplex, daß man am besten einen Schaufensterbummel macht und sich die vielversprechendsten Läden aussucht.

Wer norwegische Kunst kaufen möchte, hat reichlich Gelegenheit dazu – von Süden bis Norden gibt es in Norwegen Galerien in Hülle und Fülle. Lassen Sie sich von Einheimischen beraten.

EINKAUFSVIERTEL

Unkonventionelles Einkaufen: In den meisten Städten Norwegens gibt es noch Markttage. Manche Märkte sind stark spezialisiert (etwa auf Blumen oder Fisch), während auf anderen alles mögliche feilgeboten wird. **Basarhallene** in Oslo ist eine Ansammlung schöner Boutiquen hinter der Domkirke. Oder Sie versuchen es im **Grünerløkka**-Viertel (Markveien). Grensen ist eine Straße mit Sonderangeboten, vom Kleid bis zur Schallplatte. Besuchen Sie mal den Pop- und Rockplattenladen „Utopia“ in der Pilestredet 15. Außerhalb Oslos müssen Sie sich nach Markttagen und Saisonmärkten erkundigen.

ÖFFNUNGSZEITEN

Die Geschäfte sind unter der Woche meist von 9 bis 17 Uhr geöffnet. Am langen Donnerstag haben viele bis 19 Uhr auf. Im Sommer schließen die Geschäfte oft früher, vor allem am Freitag. Die Öffnungszeiten am Samstag sind von 9 bis 14 Uhr. An den Fußgängerpromenaden von **Aker Brygge** und **Oslo City** sind die Läden oft länger offen, manchmal bis 20 Uhr.

Für steuerfreien Einkauf, d.h. Rückerstattung der Mehrwertsteuer, lassen Sie sich bei Einkäufen im Wert von mehr als 300 Nkr einen Steuerbon geben. (Dazu müssen Sie sich als nichtskandinavischer Staatsbürger ausweisen können.) Die Waren werden versiegelt und so Sie legen sie bei der Ausreise am Mehrwertsteuererstattungsschalter am Flughafen, auf der Fähre oder an der Grenze vor. Auf der Rückseite des Steuerbons tragen Sie vor der Vorlage Ihren Namen, Adresse und Passnummer ein. Der Betrag kann oft in Ihrer Landeswährung ausbezahlt werden.

SPORT

AKTIVER SPORT

Wenn ein Norweger eine Sportart als Vorwand gebrauchen kann, sich im Freien aufzuhalten, so tut er das. Daher ist das Angebot hier groß. Alle Norweger sind sportbegeistert. (Eine umfassende Aufstellung der Möglichkeiten in Oslo und Umgebung finden Sie im *Oslo Guide* unter „Outdoor Activities“.) Es gibt ein „Waldsafari“-Programm, im Rahmen dessen man einen halben oder ganzen Tag lang an verschiedenen Aktivitäten in der „Marka“ (dem Osloer Wald) teilnehmen kann. Hin- und hergefahren wird man im Land-Rover. Details erfahren Sie beim Hauptfremdenverkehrsamt.

Skifahren und Wandern: Dies sind die hauptsächlichen sportlichen Betätigungsfelder. Es gibt zuviele Skigebiete, um sie alle hier zu erwähnen. Die örtlichen Fremdenverkehrsämter informieren über Pisten und Loipen. Wandern kann man überall. Es ist kombinierbar mit anderen Aktivitäten wie Beerensammeln oder Badeausflügen zu einem See. Den Norske Turistforening (Stortingsgate 28, Oslo 1, Tel. 02-41 80 20) gibt Informationen und Karten für ganz Norwegen aus und kann Wandertouren von Hütte zu Hütte empfehlen. Auch Ausländer können die Mitgliedschaft beantragen, die ihnen Zutritt zu den Verbandshütten und Gratisbroschüren einträgt.

Schwimmen: Eine weitere norwegische Leidenschaft. In Oslo gibt es über 30 öffentliche Badeanstalten. Obwohl die größte Sorge von Greenpeace Norwegen momentan die Verschmutzung des Oslofjordes ist, ignorieren die meisten Schwimmer diese Gefahr. Jeder, der am Fjord lebt, hat seinen Lieblingsstrand. Im Landesinneren gibt es viele Seen.

Bootssport: *Det Kongelige Norske Motorbåt-Forbund* (der königlich norwegische Motorbootverband) ist die nationale Vereinigung für Freizeit- und Wettkampfmotorboote. Über ganz Norwegen sind Hunderte von Motor- und Segelbootvereinen verteilt, die Lokal- und Regionalinteressen vertreten.

Ausländische Besucher sind in Bootskreisen immer willkommen. Der traditionelle, zuverlässige Führer über norwegische Yachthäfen, *Guest Harbours in Norway* (Oslo, 1987, NORTRA Publications, ISBN 82-90103-39-5) wird dreisprachig herausgegeben, mit norwegischem, englischem und deutschem Text. Darin finden Sie alles Wissenswerte über Hafenanlagen und -einrichtungen.

Die gefragtesten Bände des sechsbändigen *Den Norske Los* (Norwegenlotse), das akribisch detaillierte Handbuch über alle schiffbaren Gewässer, wird demnächst mit norwegischem und englischem Text erscheinen. Band 3 über die Südwestküste von südlich von Stavanger bis nördlich von Bergen ist 1990 erschienen. Band 2 über Oslofjord und Südküste wird 1991-92 erscheinen.

Ohne eigenes Boot ist Segeln in jeder Form ein kostspieliger Spaß, selbst mit einem kleinen Katamaran oder einem Surfbrett. Ausrüstung verleiht das Wassersport- und Windsurfcenter in Oslo, Bygdøyakkee 60A, Tel. 02-44 79 78.

Fischfang: Im Sommer gibt es viele Bootstouren. In manchen Fjordstädten können interessierte Gruppen Boote für Angel- oder Vergnügungstouren chartern. Ob im Meer, am Fjord, am See oder Fluß, Norwegen ist ein Anglerparadies. Erkundigen Sie sich vor Ort nach befristeten Angelscheinen (siehe *Angling in Norway* des Fremdenverkehrsamtes).

ALS ZUSCHAUER

Im norwegischen Lillehammer finden auch nach den Olympischen Winterspielen 1994 Wintersportereignisse statt. Es liegt am Nordende des Mjøsa-Sees, Norwegens längstem und meistfrequentiertem See. Im Sommer gibt es hier Dampferfahrten. Am Südende des Sees liegt Eidsvoll, der Geburtsort der norwegischen Verfassung.

Die Daten der jährlichen Skiwettbewerbe entnehmen Sie bitte Führern oder der Broschüre *Winter in Oslo*. Es gibt in Norwegen mehrere Pferde- und Trabrennbahnen. Andere beliebte Sportarten zum Zuschauen sind Marathons, Fußball, Eishockey und Bootsrennen. Genaueres dazu erfahren Sie aus den jeweiligen Regionalführern.

BESONDERE HINWEISE

GESCHÄFTSREISENDE

Die Norweger sind, was Geschäftsgebaren anbelangt, nach allen Regeln der Kunst ausgerüstet. Lassen Sie sich nie ohne festen Händedruck, schicke Visitenkarte und, wenn möglich, Autotelefon erwischen. (Noch mehr her macht ein Autofax.)

Wie alle Skandinavier ist den Norwegern ihr Sommerurlaub am Fjord oder in der Berg-*Hytte* (Holzsommerhaus) heilig. Von Mitte Juni bis Ende Juli/erste Augustwoche sind Büros und Fabriken leer und es ist fast unmöglich, einen Termin zu bekommen oder geschäftliche Gespräche zu führen. Auch der Mai mit seinen vielen Feiertagen ist ein ungünstiger Monat. In geschäftlichen Angelegenheiten müssen Sie hier mit allem rechnen. Die Norweger nehmen ihren Job ernst, doch sie wissen auch, wie man eine angenehm entspannte Arbeitsatmosphäre schafft. In Norwegen zieht man ins Büro dasselbe an, wie in anderen Ländern. Im Sommer kleidet man sich aber manchmal lässiger, aus Rücksicht auf die höheren Temperaturen.

Die Norweger treiben wie die anderen Skandinavier nur selten doppeltes Spiel. Oft erwähnen Sie sogar zuerst die Nachteile einer Angelegenheit, wie um den Weg frei zu machen für eine Einigung. Überschwenglichkeit und Übertreibung werden Sie hier vermissen. Die ungewohnte Offenheit ist etwas gewöhnungsbedürftig, doch Sie werden es schnell schätzen lernen, keine Haare in der Suppe suchen zu müssen.

Suchen Sie jemanden im Telefonbuch, finden Sie hinter dem Namen die Berufsbezeichnung, was nicht nur eine Frage des Berufsstolzes ist, sondern in einem Land mit einer begrenzten Anzahl von Nachnamen sehr hilfreich sein kann.

Soviel zu Verallgemeinerungen. Natürlich gibt es auch Ausnahmen. Merken müssen Sie sich nur, daß mittags wenig Alkohol getrunken wird und der Arbeitstag um 15.30 oder 16 Uhr endet.

Für Tourismus, Geschäftsbeziehungen, Dienstleistungen und Handelsangelegenheiten gibt es in Oslo zwei Organisationen:

NOTRA (norwegischer Handels- und Fremdenverkehrsverband), Havnelageret, Langkaia 1, PO Box 499 Sentrum, Oslo 1, Tel. 02-42 70 44.

Oslo Promotion, Rådhusgate 23, Oslo 1, Tel. 02-33 43 86.

KINDER

Norwegen ist ein sicheres, kinderfreundliches Reiseland. Deshalb sind Kinder hier auch schon relativ früh allein unterwegs. Kinder reisen und übernachten meist zu ermäßigten Preisen.

Preiswerte Freizeitangebote für die ganze Familie gibt es genug: Wandern, Schlittschuhlaufen, Skilaufen oder Schwimmen zum Beispiel. Die folgende Liste enthält Attraktionen in und um Oslo, die spezielle für Kinder konzipiert sind.

Bogstadveien Aquarium und Zoo, Bogstadveien 53, Oslo.

International Children's Art Museum, Lille Frøensveien 4, Oslo 3.

Minigolf und Minizoo Ekeberg, bei Ekeberghallen, Tel. 02-68 26 69.

Tusen Fryd Freizeitpark, Ås, Østfold, Tel. 09-94 63 63. Mit dem Bus 541 von Oslo-S oder Rådhuset.

BEHINDERTE

Ein Verzeichnis für Behinderteneinrichtungen beim Fremdenverkehrsamt gibt es nicht mehr, doch Sie können sich an den Norwegischen Behindertenverband, Nils Hansensvei 2, Oslo 6, Tel. 02-15 12 14 wenden. Für das übrige Norwegen erhalten Sie telefonische Auskünfte unter 02-64 86 10. Hotels sind in Unterkunftsführern mit Symbolen für behindertengerechte Eingänge und Toiletten gekennzeichnet. Im *Oslo Guide* unter „Outdoor Activities" finden Sie Aufstellungen behindertengerechter Einrichtungen, zum Beispiel im Bogstad-Skigebiet in der Nordmarka.

SPRACHE

Ja	*Ja*
Nein	*Nei*
Guten Morgen	*God morgen*
Guten Tag (ab mittag)	*God eftermiddag*
Guten Abend	*God kveld*
Heute	*I dag*
Morgen	*I morgen*
Gestern	*I går*
Hallo	*Hei*
Tagchen	*Goddag*
Auf Wiedersehen	*Adjø*
Danke	*Takk*
Wieviel kostet das?	*Hvor mye koster de?*
Es kostet	*Det koster*
Wie komme ich nach…?	*Hvordan kommer jeg til...?*
Wo ist...?	*Hvor er...?*
Rechts	*Høyre*
Nach rechts	*Til høyre*
Links	*Venstre*
Nach links	*Til venstre*
Geradeaus	*Rett frem*
Sprachführer	*Parlør*
Wörterbuch	*Ordbok*
Geld	*Penger*
Kann ich bestellen?	*Kan jeg få bestille?*
Die Rechnung bitte	*Kan jeg få regningen?*
Den Schlüssel bitte	*Kan jeg få nøkkelen?*
Wieviel Uhr ist es?	*Hvor mye er klokken?*
Es ist	*Det er (klokken er)*
Wie heißen Sie bitte?	*Hva er navnet?*
Mein Name ist	*Mit navn er*
Haben Sie deutsche Zeitungen?	*Har dere tyske aviser?*
Sprechen Sie Englisch?	*Snakker due engelsk?*
Ich spreche nur Deutsch	*Jeg snakker bare tysk*
Kann ich helfen?	*Kan jeg hjelpe?*
Ich verstehe nicht	*Jeg forstår ikke*
Ich weiß nicht	*Jeg vet ikke*
Es ist verschwunden	*Den har forsvunnet*
Apotheke	*Apotek*
Krankenhaus	*Sykehus*
Arzt	*Lege*
Polizeidienststelle	*Politistation*
Parkplatz	*Parkering*
Kaufhaus	*Kjopesenter*
Toilette	*Toalett*
Herren	*Herrer*
Damen	*Damer*
Frei	*Ledig*
Besetzt	*Opptatt*
Eingang	*Inngang*
Ausgang	*Utgang*
Kein Zutritt	*Ingen adgang*
Offen	*Åpent*
Geschlossen	*Stengt*
Drücken	*Skyv*
Ziehen	*Trekk*
Rauchen verboten	*Røyking forbudt*
Frühstück	*Frokost*
Mittagessen	*Lunsj*
Abendessen	*Middag*
Essen	*Spise*
Trinken	*Drikke*
Prost	*Skål*
Flugzeug	*Fly*
Bus	*Buss*
Auto	*Bil*
Zug	*Tog*
Kleidung	*Klær*
Mantel	*Frakk*
Jacke	*Jakke*
Anzug	*Dress*
Schuh	*Sko*
Bluse	*Bluse*
Pullover	*Genser*
Vermieten	*Leie*
Frei	*Ledig*
Zimmer zu vermieten	*Rum til leie*

Ferienhaus	*Hytte*
Lebensmittelladen (auf dem Land)	*Landhandel*
Geschäft	*Butikk*
Essen	*Matt*
Zu kaufen	*Kjøpe*
Sauna	*Badstue*
Spirituosenhandlung	*Vinmonopol*
Waschen	*Vaske*
Wäscherei	*Vaskeri*
Reinigung	*Renseri*
Schmutzig	*Sølet*
Sauber	*Ren*
Fleck	*Flekk*
1	*en*
2	*to*
3	*tre*
4	*fire*
5	*fem*
6	*seks*
7	*syv*
8	*åtte*
9	*ni*
10	*ti*
11	*eleve*
12	*tolv*
13	*tretten*
14	*fjorten*
15	*femten*
16	*seksten*
17	*sytten*
18	*atten*
19	*nitten*
20	*tjue*
21	*tjue-en*
22	*tjue-to*
30	*tretti*
40	*førti*
50	*femti*
60	*seksti*
70	*sytti*
80	*atti*
90	*nitti*
100	*hündre*
200	*tohundre*
1000	*tusen*

Nützliche Adressen

TOURISTENINFORMATION

Touristeninformations- und Unterkunftsbüro, Sentralstasjon (Oslo-S), Jernbanetorget, Tel. 02-42 44 60. Öffnungszeiten: täglich 8 bis 23 Uhr.
Touristeninformation, Rathaus (Rådhuset), Tel. 02-42 71 70. Öffnungszeiten: Im Winter: Montag bis Freitag 8.30 bis 16 Uhr, Samstag 8.30 bis 14.30 Uhr. Im Sommer: Montag bis Samstag 8.30 bis 19 Uhr, Sonntag 9 bis 17 Uhr.
Landslaget for Reiselivet i Norge (Norwegischer Reiseverband/NTA), Langkaia 1, Oslo 1, Tel. 02-42 70 44. Zweigbüros in größeren Städten und Urlaubsorten. Öffnungszeiten an Wochentagen meist 9 bis 17 Uhr, manche sind auch Samstags geöffnet.
Norwegisches Fremdenverkehrsamt (NORTRA), Havnelageret, Langkaia 1, Postboks 499 Sentrum, 0105 Oslo 1.
Norwegischer Exportrat, Drammensveien 40, 0255 Oslo 2, Tel. 02-11 40 30.
Handelskammer Oslo, Drammensveien 30, 0255 Oslo 2, Tel. 02-56 36 29.

Auslandsdienststellen des Norwegischen Fremdenverkehrsamtes:
Norwegisches Fremdenverkehrsamt, Norwegen Zentrum, Mundsburger Damm 27, Postfach 76 08 20, D-2000 Hamburg 76, Bundesrepublik Deutschland (für Deutschland, Schweiz und Österreich), Tel. (040) 22 71 08 10, Fax (040) 22 71 08 15.

Im Norwegen-Katalog des Fremdenverkehrsamts finden Sie Bestellcoupons für Spezialbroschüren, Karten und Büchern. Beim Fremdenverkehrsamt erscheint außerdem einmal jährlich das umfangreiche (250 Seiten) Reisehandbuch, DM 12.- plus DM 5.- Versand.
Norska Turistbyrån, Brunnsgatan 21 B, S-111 38 Stockholm, Schweden.
Norges Turistkonto, Trondhjems Plads 4, DK-2100 København Ø, Dänemark.
Norges Turistbyrå, Georgsgatan (Yrjönkatu) 23, PB 709, SF-00101 Helsinki, Finnland.
Office Nationale du Tourisme de Norvege, 88 Ave Charles de Gaulle, F-92200 Neuilly-sur-Seine, Frankreich.
Noors Nationaal Verkeersbureau, Saxen Weimarlaan 58, NL-1075, CE Amsterdam, Niederlande.

Noors Verkersbureau, Louizalaan 130A, B-1050 Brüssel, Belgien.
Ufficio Nazionale Norvegese per il Turismo, Piazza Castello 20, I-20121 Mailand, Italien.
Scandinavian Tourist Board/Norway, Sanno Grand Building, Room 401, 14-2 Nagatacho 2-chome, Chiyodaku, Tokyo 100, Japan.

Touristeninformation in Norwegen
Es gibt Hunderte von Informationsbüros in Norwegen, die auf Karten und Schildern mit „I" gekennzeichnet sind.

BOTSCHAFTEN

Botschaften in Oslo
Deutsche Botschaft: Oscarsgate 45, Oslo 2, Tel. 02-55 20 10.
Österreichische Botschaft: Sophus Lies gt. 2, Oslo 2, Tel. 02-55 23 48.
Schweizer Botschaft: Ryonny Allé 78, Oslo 2, Tel. 02-43 05 90.
Britische Botschaft: Thomas Heftyesgate 8, Oslo 2, Tel. 02-56 38 90 oder 56 38 97.
Amerikanische Botschaft: Drammensveien 18, Oslo 1, Tel. 02-56 68 80.
Kanadische Botschaft: Oscarsgate 20, Oslo 3, Tel. 02-46 69 55.

Norwegische Vertretungen:
- **in der BRD:** Klg. Norwegische Botschaft, Mittelstraße 43, 5300 Bonn 2, Tel. 0228-81 99 70.
- **in Österreich:** Bayernstraße 3, Postfach 131, 1037 Wien, Tel. (222) 715 66 92-94.
- **in der Schweiz:** Dufourstraße 29, 3000 Bern 6, Tel. (31) 444 676.

Visuelle Beiträge

Fotografie	
Seite 150/151, 282L	**Alesund Tourist Board**
9, 25, 29, 109, 121, 182, 204, 208	**Aslak Aarhus**
251, 254	**Bergen Tourist Board**
180, 181, 295	**Michael Brady**
24, 28, 41, 106, 123, 141, 168, 169, 187, 202, 219, 287, 305	**Trygve Bølstad**
18/19, 20/21, 82/83, 88, 148/149, 209, 214/215, 250, 276/277, 296, 322/323, 349	**Fritz Dressler**
3, 16/17, 129, 157, 171, 176/177, 229, 266/267, 274, 294R, 298, 303, 338	**Hauke Dressler**
69, 76, 103, 206, 216, 246, 249, 252, 253, 255, 256, 261, 264, 265, 272, 292, 306, 360	**Tor Eigeland**
118, 140, 293	**Paul Gogarty**
22, 107, 146/147, 173	**Ole B. Frøshaug**
23, 53, 79, 98, 99, 132, 133, 163, 164, 165, 175, 185, 188/189, 191, 196R, 205, 258/259, 302, 307, 310/311, 317, 321, 324/325, 326, 327, 330, 331, 332, 333, 334, 336/337, 339, 348	**Stefan Hauberg**
167, 227	**Ola Heining**
48, 50, 136/137	**Marie Holstein**
237, 238, 240, 241, 243, 285	**Hordaland Tourist Board**
67, 134	**Kobal Collection**
128, 156, 234, 260, 315, 320, 329, 335	**Mats Lindén**
14/15, 52, 96/97, 104/105, 110, 143, 144/145, 160, 161, 162, 174, 178, 183/184, 186, 190, 196L, 198/199, 200, 203, 210/211, 212/213, 218, 231, 232, 233, 235, 244/245, 257, 268, 275, 278/279, 283, 288, 297, 299, 300/301, 312, 314, 316, 319, 343, 344, 347	**Nor-Ice**
131	**Norwegian Literature Aboard**
101, 318	**Norwegian State Railways**
166, 179	**Anita Peltonen**
36, 38, 39, 55, 57, 58, 59, 60/61, 63, 100, 142, 304, 340L, 356	**Robert Meyer Collection**
42, 220, 221, 222, 223, 230	**Rogaland Tourist Board**
85, 263	**David Simson**
313, 341, 345	**Robert Spark**
226	**Stavanger Museum**
56	**Stavanger Tourist Board**
Cover, 14/15, 26, 27, 30/31, 32, 35, 37, 43, 45, 46, 47, 49, 51, 54, 62, 64, 65, 66, 68, 70, 71, 72, 73, 74, 75, 78, 80, 81, 84, 86, 89, 90/91, 92, 93, 94, 95, 108, 111, 112, 113, 114, 115, 116, 117, 119, 122, 124/125, 126, 127, 133, 135, 154/155, 170, 172, 194, 195, 197, 198/199, 201, 207, 225, 247, 269, 271, 281, 282R, 284, 289, 290, 291, 294, 309, 340R, 346, 359	**Topham Picture Source**
350/251, 352, 353, 354, 355, 357, 358	**Bobby Tulloch**
239, 242	**Voss Tourist Board**
Karten	**Berndtson & Berndtson**
Illustration	**Klaus Geisler**
Design Consulting	**V. Barl**

Register

A

B

C

M

N

O

P

Q,R

S

T

U

V

W

A B C D E G H I J a b d e f g h i j k l